筚路蓝缕谱华章

——中国水利水电第十四工程局有限公司
创新发展之路

高　丽　王曙平　主编

中国建筑工业出版社

图书在版编目（CIP）数据

筚路蓝缕谱华章：中国水利水电第十四工程局有限公司创新发展之路/高丽，王曙平主编．— 北京：中国建筑工业出版社，2021.11
ISBN 978-7-112-26779-8

Ⅰ.①筚… Ⅱ.①高…②王… Ⅲ.①水利水电工程-工业企业管理-概况-昆明 Ⅳ.①F426.9

中国版本图书馆 CIP 数据核字（2021）第 210935 号

1954 年组建成立的水电十四局，在改革开放的大潮中，弘扬壮大鲁布革精神，实践推广项目法施工经验，实现了从江河走向城市、从云南走向全国、从中国走向世界的辉煌历程。

本书基于企业实践，从党建引领、企业经营管理创新、项目管理变革、科技创新、多元化经营、国际化经营、企业社会责任履行等方面，总结阐述了中国水利水电第十四工程局有限公司的经验做法，并对建筑企业在新时代、新征程中发展成为世界一流企业的路径进行了构想，从侧面展现了中国建设工程项目管理发展与治理体系创新的历程，供读者参考借鉴。

责任编辑：周方圆　封　毅
责任校对：姜小莲

筚路蓝缕谱华章
——中国水利水电第十四工程局有限公司创新发展之路
高　丽　王曙平　主编

*

中国建筑工业出版社出版、发行（北京海淀三里河路 9 号）
各地新华书店、建筑书店经销
北京建筑工业印刷厂制版
北京富诚彩色印刷有限公司印刷

*

开本：787 毫米×1092 毫米　1/16　印张：20½　字数：388 千字
2021 年 11 月第一版　　2021 年 11 月第一次印刷
定价：**170.00** 元
ISBN 978-7-112-26779-8
（38545）

版权所有　翻印必究
如有印装质量问题，可寄本社图书出版中心退换
（邮政编码 100037）

编写委员会

顾　问：张基尧
主　任：王曙平
副主任：范开平　孙跃东　崔志强　杜靖川
委　员：（按姓氏笔画排序）
　　　　王　林　孔祥辉　朱光全　刘昆会
　　　　李小岗　李云峰　李红东　杨元红
　　　　张　辉　张德高　陈石益　范小平
　　　　顾　谦　徐　彬　高　丽　蒋丽生

主　编：高　丽　王曙平
副主编：顾　谦　杜靖川　王　林　蒋丽生
　　　　陈石益　李小岗　李红东

主编简介

高丽，经济学博士，云南大学工商管理与旅游管理学院教师，硕士生导师。长期致力于企业能力及发展研究，先后参与数个国家社科基金项目及财政部项目研究，主持多个云南省级项目研究工作，在核心期刊发表论文多篇，所编撰的多篇企业管理案例入选中国管理案例共享中心案例库。

王曙平，中国人民大学经济学硕士，正高级经济师，现任中国电力建设集团党委委员，中国水利水电第十四工程局有限公司党委书记、董事长，第十二届云南省政协委员，参与鲁布革、三峡、小湾电站建设，长期从事企业战略规划、生产经营及改革创新工作，参与创作的《水电工程联合体的组织与管理》获全国工程建设企业管理现代化成果一等奖；主编的《深化"一线三关"管理，提升成本中心价值创造能力》获电力行业企业管理创新成果一等奖，在各类期刊发表论文数篇。

序言

百年沧桑巨变，百年壮丽征程。百年来，伟大的中国共产党带领全国人民开拓进取，奋力前行，从一穷二白走向繁荣富强，从温饱不足迈向全面小康，迎来了中华民族的伟大历史复兴，谱写了波澜壮阔的不朽篇章！这是中国人民和无数个经济主体所创造的伟大成就。在这一辉煌的画卷中，企业是中国经济改革发展不可或缺的重要力量，为经济发展、社会进步、国家富强、人民富裕作出了巨大的贡献。自改革开放以来，在党的改革开放战略的指引下，全国无数企业经历了思想意识、制度体制、市场观念等多方面的重大变革，自力更生，艰苦奋斗，从封闭落后迈向开放进步，从弱小平凡走向出类拔萃，在新中国的经济舞台上写下了壮丽篇章。

一个企业的发展镌刻着时代发展的烙印。作为中国电建集团的骨干企业，始建于1954年，发端于祖国西南边陲的水电十四局，其发展历程，从一个侧面反映着中国经济的改革发展的历程，体现了改革开放伟大战略对中国企业成长壮大的决定性作用，充分展现了中国央企的情怀与担当。参与鲁布革工程建设，无疑是水电十四局发展历史上的最重要转折。作为国家第一个引进外资的基建项目，鲁布革是祖国给予中国水电建设者的一份厚礼，也是时代给予水电十四局的重大而独有的机遇。作为鲁布革工程的建设者，水电十四局是形成鲁布革经验的直接参与者和践行者，也是从"鲁布革冲击"中率先崛起的最大受益者，更是以敢为人先的探索精神、勇于担当的拼搏精神和务实敬业的进取精神为核心的鲁布革精神的发扬者和传承人。

于我而言，参加鲁布革建设的岁月是我人生中思想撞击最重大、最复杂的时期。融入鲁布革改革的洪流，亲历先进管理方式和传统管理模式的博弈，认识建设管理体制改革的重要和急迫，体会新技术彰显出来的科学技术是第一生产力的真理，感受周围同志们对水电事业的热爱和对祖国的忠诚，在求索、反思中，在对比实践中，对改革开放的深远意义有了更直观更深刻的认识，促使自己的思维方式和工作方法发生了重大变化。

2021年是中国共产党建党100周年，恰逢国务院五部委学习推广鲁布革经验35

周年，水电十四局作为由中国亚洲经济发展协会建筑产业委员会，中国（双法）项目管理研究专家委员会与山东科技大学、西北工业大学，以及中建八局等数十家企业成立的住房和城乡建设部《建设工程项目管理创新发展与治理体系现代化建设》课题研究单位在课题研究的基础上结合企业推行项目管理的实践，编写了《筚路蓝缕谱华章——中国水利水电第十四工程局有限公司创新发展之路》，对参与鲁布革建设和继鲁布革后水电十四局的发展做了一些总结，用自身的成长案例，印证了党的改革开放政策为施工企业带来的生机和活力。该书布局合理，结构严谨，内容详实，以凝练的文字梳理总结了水电十四局的发展历程和发展经验，谋划并推动着新时代下的新发展。它既是一本优秀的企业发展史，又是一本良好的现实教材，更是一本富有启发性的书籍。本书系统介绍了水电十四局经鲁布革冲击洗礼后，如何深入总结践行鲁布革经验，弘扬发展鲁布革精神，聚焦主责主业，强化责任担当，最终发展成为国内一流综合性建筑企业和中国电力建设集团有限公司骨干企业的成长道路。对于水电十四局来说，本书不仅有助于回顾历史，总结经验，明确今后的前进道路，激发企业发展的内在动力，推动水电十四局不断创新发展。而且，此书还可以作为教材，让水电十四局的后来人了解企业过往，认知企业的光荣传统，发扬企业的优良作风，与时俱进，在传承中继往开来，勇立潮头，写就更为精彩的未来；对于建筑行业的同仁来说，水电十四局的经验和做法具有较好的借鉴及启发意义，可做他山之石，供大家在竞争与创新中参考、交流，共同推动建筑行业的整体进步；对于社会公众来说，通过对水电十四局发展历程的了解，窥斑见豹，可以感知中国建筑行业乃至中国经济发展的内在规律，有助于公众坚定信心，振奋精神，为齐心协力全面建成社会主义现代化国家而共同努力。

习近平总书记曾明确指出："谁说国企搞不好？要搞好就一定要改革，抱残守缺不行，改革能成功，就能变成现代企业。"经鲁布革淬炼，由云贵大山峡谷中走向世界的水电十四局用自己的经历验证了总书记的指示。改革创新是企业发展永恒的主题，真心期望我们的企业以史为借鉴，迈步从头越，在改革中前进，在创新中发展，发扬特别能吃苦、特别能战斗、特别能忍耐和特别能奉献的国企精神，真抓实干，创新发展，为实现第二个百年目标，实现中华民族伟大复兴中国梦作出更大贡献。

以此为序，祝愿水电十四局不忘初心，创新不辍，继承水利水电行业优良传统，弘扬丰富鲁布革精神，为中国建筑行业的高质量发展作出更大努力。

2021 年 8 月

前言

中国水利水电第十四工程局有限公司（以下简称"水电十四局"）是中国电建集团的骨干子企业，于 1954 年创立于云南。自成立以来，水电十四局一直牢记初心，不忘使命，听党指挥，坚决服从党的领导，自觉服务于国家战略安排，履行着国有企业的使命与责任，奋发图强，开拓进取。建立初期，水电十四局响应党的号召，建设边疆，服务社会；在改革开放初期，水电十四局顺应时代经济发展需要及国家改革要求，主动担负起水电体制改革试点任务，在鲁布革水电站与外国企业同台竞争，在碰撞中直面鲁布革冲击，参与创造和总结了鲁布革经验，铸就了鲁布革精神，将鲁布革工程发展成为中国建筑体制改革的突破口、水电体制改革的风向标，并最终引发了中国建筑体制改革，其影响一直延续到今天。水电十四局勇于打破计划体制的束缚，不断创新经营模式及管理体制，勇立潮头，直面内资及外资企业竞争，并在竞争中持续壮大；水电十四局率先推行并不断完善项目管理，促进了中国建设行业管理的科学化、规范化、现代化。

水电十四局解放思想，奋发图强，积极参与国家重大工程项目建设，在中国水利水电及大建筑行业立下赫赫战功，在广蓄工程大显神威，三峡工程奋力拼搏，小浪底工程力挽截流狂澜，南水北调工程攻坚克难，发展成为赫赫有名的水电劲旅、地下铁军。水电十四局开拓创新，顺应经济发展趋势，从单一的水利水电业务发展成为以"水、能、城"为核心，以建筑业为主，以新能源发电、装备制造和投资运营为辅的"一主三辅"发展格局，高速公路投建营、铁路建设、城市轨道建设、清洁能源开发、水环境综合治理等各领域都活跃着水电十四局的身影；水电十四局自我革新，从施工承包方式发展成为"投、建、营"一体模式；水电十四局饱含家国情怀，服务国家战略，彰显央企担当，国内工程树品质标杆，海外项目筑中国品牌，川藏铁路、滇中引水圆百年梦想，中老铁路促"一带一路"互联互通……

励精图治的水电十四局发扬鲁布革精神在改革开放大潮中锐意进取，创造了一个个施工奇迹，树立了一座座工程丰碑。截至 2021 年 8 月，水电十四局 11 次荣获鲁班奖，3 次荣获大禹奖，10 次荣获詹天佑奖，成为中华人民共和国成立七十周年"功勋企业"。

水电十四局的发展与中国改革开放的历史进程紧密地结合在一起，水电十四局的发展历程记录着中国经济发展的重要时刻，反映着中国建筑行业的发展趋势，展现着中国企业的情怀与担当，水电十四局近 70 年发展中所进行的有益探索及积累既是企业的宝贵经验，也是建筑行业、企业管理实践及学术界的宝贵财富。2021 年，是中国共产党建党 100 周年，恰逢"国务院五部委学习推广鲁布革经验 35 周年"，值此盛世，全面梳理、系统总结水电十四局成长历程中，从管理学的角度总结水电十四局的成功经验，剖析其成功原因，探索企业发展的内在规律，具有重大的现实意义和实践价值。同时，对于企业史、企业管理的研究者与爱好者来说，这是一部优秀企业的发展史，是对企业成长的系统思考，透过本书看到中国改革发展的脉络和企业奋进的历程；对于水电十四局的职工特别是新入职员工，通过本书可以全面了解企业的发展历程，赓续企业的优良传统和实干作风；对于建筑行业的其他同仁而言，这是一本蕴含价值的参考书，阅读本书能看到中国建筑行业的发展趋势及企业发展规律，可以从中习得经验，受到启发，促进行业内的交流共享与共同进步，探索新征程中新的发展思路；对于社会公众而言，这是一本内容丰富、正能量充盈的读物，弘扬了社会主义核心价值，展示的国家重大工程及中国功勋企业风采将进一步激发公众的民族自尊心与自豪感。

全书由九个章节构成：第一章回顾企业成长历史，描述水电十四局历经多年发展成为国内一流综合性建筑企业的成长道路；第二章讨论水电十四局在党建引领下，凝心聚力营造良好经营环境，打造山水文化，以文化兴企，以人才强企；第三章总结水电十四局如何通过经营模式及管理体制创新来激发企业内生活力；第四章研究了项目法施工的探索及实施，分析了完善的项目管理体系及相应制度建设对企业生产经营效率的贡献；第五章聚焦于水电十四局科技创新的制度安排及技术创新内容，研究了创新对企业核心竞争力提升及内生发展所带来的重大影响；第六章研究了水电十四局的多元化，探讨水电十四局如何围绕核心能力开拓新领域，并在新业务中获得竞争优势；第七章总结了水电十四局国际化发展经验，分析水电十四局如何在更广阔的世界舞台上获得更长远、更高质量的发展；第八章介绍了水电十四局不忘初心使命，勇于担当，积极履行社会责任，让社会责任赋能企业发展。第九章是未来展望，研究企业在大变局新征程中，如何坚守高质量发展道路，将企业建设成为具有国际竞争力的世界一流企业。

本书由张霓、陈曦编写第一章和第四章；余虹编写第二章；朱永明、周伯谦编写第三章；朱永明、朱艳芬、张玉彬编写第五章；杜靖川、袁梦编写第六章；高丽、高云霞编写第七章；孔莉、孙玉凤、刘春兰编写第八章；高丽、牛纪奎、李蕊伶编写第九章。最后由高丽与王曙平总纂定稿。

本书在编撰过程中得到了张基尧同志（曾任水电十四局副局长、中国水电总公司总经理、国家水利部副部长、国家南水北调工程建设委员会办公室主任、全国政协人口资源与环境委员会副主任）的关心和厚爱，对本书进行细致批阅和指导，提出了修改完善意见，并欣然为本书作序。汪先绪书记（曾任水电十四局党委书记、三峡总公司工程建设部党委书记、金沙江筹建处副主任）、陆承吉（曾任水电十四局第一副局长、小浪底建设管理局局长、水利部副总工程师）和朱世熙（曾任水电十四局党委办公室主任、副总经济师）等老同志接受了当面访谈，老一辈水电人的忠诚担当及奋斗开拓精神深深激励着编写团队。北京建筑大学经济与管理工程学院尤完教授对本书撰写给予指导。本书编写中还使用借鉴了相关研究者的研究成果，在此，对以上所有及以各种形式为本书编撰提供支持的同志表示衷心的感谢。

由于编者水平有限，书中难免有不足之处，敬请广大读者不吝赐教，批评指正。

编者

2021 年 8 月

目录

第一章 成长蜕变，砥砺前行 ... 1
第一节 起步：萌芽中奠定基石 ... 2
一、响应号召，汇聚云南 ... 3
二、山水为家，筑基建设 ... 6
第二节 改革：鲁布革冲击 ... 8
一、重要转折——鲁布革水电站项目 ... 8
二、鲁布革冲击所带来的启示 ... 12
三、推广鲁布革经验，造就鲁布革精神 ... 13
四、鲁布革冲击的作用和影响 ... 15
第三节 传承：跨越式发展 ... 19
一、水电劲旅，峥嵘初显 ... 19
二、地下铁军，攻城克坚 ... 22
三、全面拓展，多业并进 ... 26
第四节 奋进：走进新时代 ... 28
一、新时代新机遇 ... 28
二、新时代新发展 ... 30
三、新时代新成效 ... 31

第二章 党建引领，凝心聚力 ... 37
第一节 坚持党建引领，铸就卓越团队 ... 38
一、发挥国企党建的政治引领，领航公司发展方向 ... 38
二、发挥国企党建的组织引领，破解公司发展难题 ... 39
三、发挥国企党建的思想引领，汇集公司发展活力 ... 40
四、发挥国企党建的作风引领，筑牢公司廉洁防线 ... 41

	第二节　坚守初心使命，打造特色文化	43
	一、企业文化的形成与发展	43
	二、企业文化的内容及体系	47
	三、企业文化的落实与践行	53
	第三节　发挥人才优势，助力企业成长	57
	一、加强人才队伍建设，促进创新驱动发展	57
	二、创新人才管理机制，增强人才发展活力	60
	三、技术赋能人才管理，助力企业发展升级	66

第三章　创新驱动，变革发展　　70

第一节　变革之路——创新历程　　71
　　一、经营方式变革　　71
　　二、管理体制变革　　76
　　三、建设项目管理变革　　81
第二节　创新活力——驱动机制　　92
　　一、企业内部市场化改革　　92
　　二、资源配置演进　　95
　　三、组织变革助推创新　　98
第三节　创新特色——制度、方法、亮点　　101
　　一、加强和改进党对国有企业的领导　　101
　　二、股权多元化和混合所有制改革　　102
　　三、精细化管理铸就精品工程　　103
　　四、企业创新成效　　104

第四章　项目管理，中国实践　　108

第一节　项目法施工的发展　　108
　　一、项目法施工试点：鲁布革项目　　109
　　二、项目法施工实践：广蓄工程　　114
　　三、项目法施工推行　　119
第二节　项目管理的中国发展　　124
　　一、项目法施工理念创新　　125
　　二、项目管理机制形成　　129
第三节　项目管理引致企业行业变化　　135
　　一、项目管理对企业的意义　　136

　　　　二、项目管理对行业的意义　　　　　　　　　　138

第五章　技术创新，成长源泉　　　　　　　　　　143
　　第一节　技术创新制度及激励　　　　　　　　　　143
　　　　一、企业技术创新相关制度　　　　　　　　　144
　　　　二、企业技术创新资金支持　　　　　　　　　145
　　　　三、企业技术创新激励机制　　　　　　　　　147
　　　　四、构建产学研用开放式技术创新体系　　　　148
　　第二节　施工科研及技术创新　　　　　　　　　　148
　　　　一、大型复杂地下洞室工程施工　　　　　　　149
　　　　二、当地材料坝填筑　　　　　　　　　　　　161
　　　　三、高水头大容量（含可逆式）水轮发电机组安装和
　　　　　　金属结构制安　　　　　　　　　　　　　168
　　　　四、城市轨道交通施工建设　　　　　　　　　175
　　　　五、高速铁路、公路工程施工技术　　　　　　176
　　　　六、隧洞TBM快速掘进施工技术　　　　　　178
　　　　七、新能源风电投资、建设、运营管理　　　　179
　　　　八、其他技术突破　　　　　　　　　　　　　179
　　第三节　施工技术创新成就　　　　　　　　　　　181
　　　　一、科技成果进步奖及科技成果鉴定　　　　　181
　　　　二、专利展示　　　　　　　　　　　　　　　183
　　　　三、施工工法展示　　　　　　　　　　　　　184
　　　　四、标准制修订情况　　　　　　　　　　　　185

第六章　百花齐放，多元并进　　　　　　　　　　187
　　第一节　多路并进发展多元化　　　　　　　　　　188
　　　　一、市场多元化　　　　　　　　　　　　　　189
　　　　二、能源业务多元化　　　　　　　　　　　　191
　　　　三、交通建设多元化　　　　　　　　　　　　193
　　　　四、城市发展建设多元化　　　　　　　　　　195
　　第二节　多元化业务创新发展的主要动力和路径　　197
　　　　一、战略思想的适时转变　　　　　　　　　　198
　　　　二、核心能力的延伸与发挥　　　　　　　　　199
　　　　三、顺应社会经济发展的趋势和要求　　　　　202

　　　　　四、品牌建设与市场深耕　　　　　　　　　　205
　　第三节　多元化业务创新发展案例　　　　　　　　　206
　　　　　一、京沪高铁　　　　　　　　　　　　　　　206
　　　　　二、成都地铁　　　　　　　　　　　　　　　208
　　　　　三、晋红高速　　　　　　　　　　　　　　　210
　　　　　四、珠三角地区水环境综合治理　　　　　　　211
　　　　　五、滇中引水　　　　　　　　　　　　　　　213
　　　　　六、风电建设　　　　　　　　　　　　　　　215

第七章　跨国发展，走向世界　　　　　　　　　　　217

　　第一节　国际化经营历程　　　　　　　　　　　　218
　　　　　一、初出国门——国际化起步阶段　　　　　　218
　　　　　二、走进世界——国际化发展阶段　　　　　　221
　　　　　三、走下去——国际化结构调整期　　　　　　224
　　第二节　国际化发展与创新　　　　　　　　　　　228
　　　　　一、自觉服务国家战略，积极担当央企使命　　228
　　　　　二、顺应全球发展，拓展国际市场　　　　　　231
　　　　　三、国际化运营发展变革　　　　　　　　　　235
　　第三节　国际化经营讲好中国故事　　　　　　　　239
　　　　　一、功勋企业的中国精神与中国力量　　　　　239
　　　　　二、地下铁军的中国速度与中国质量　　　　　241
　　　　　三、水电劲旅的中国方案与中国品牌　　　　　244
　　　　　四、中国央企的中国担当与中国情怀　　　　　248

第八章　匠者初心，国企使命　　　　　　　　　　　252

　　第一节　中国特色的责任基因　　　　　　　　　　253
　　　　　一、履行社会责任的历程　　　　　　　　　　253
　　　　　二、履行社会责任的特点　　　　　　　　　　256
　　第二节　质量与技术并举的责任核心　　　　　　　259
　　　　　一、不断树立工程质量标杆　　　　　　　　　259
　　　　　二、始终严把安全质量底线　　　　　　　　　263
　　　　　三、持续攀登技术创新高地　　　　　　　　　266
　　第三节　建设"世界一流企业"的战略责任　　　　269
　　　　　一、环境责任显本真　　　　　　　　　　　　270

二、经济责任促发展　　274
　　三、社会责任创和谐　　277

第九章　世界一流，未来可期　　291
第一节　大变局，新征程　　291
　　一、国内环境变化带来新机遇　　292
　　二、国际环境带来新挑战　　294
　　三、新需求促进行业发展新趋势　　294
第二节　高质量发展　　296
　　一、创新发展，引领前行　　297
　　二、协调发展，行稳致远　　298
　　三、绿色发展，和谐共生　　299
　　四、开放发展，合作共赢　　300
　　五、共享发展，共创未来　　301
第三节　建设世界一流企业　　302
　　一、建设一流企业的内涵　　302
　　二、建设世界一流企业的战略规划思路　　304
　　三、建设世界一流企业的路径　　305

参考文献　　311

第一章

成长蜕变，砥砺前行

> 要增强爱国情怀，把企业发展同国家繁荣、民族兴盛、人民幸福紧密结合在一起，主动为国担当、为国分忧，带领企业奋力拼搏、力争一流，实现质量更好、效益更高、竞争力更强、影响力更大的发展。
>
> ——习近平

一个企业的发展总镌刻着时代发展的烙印，作为中国电力建设集团有限公司的骨干子公司，中国水利水电第十四工程局有限公司（以下简称：水电十四局）的成长反映着中国建筑企业的发展历程，记录着国家经济发展的重要时刻。在党旗的引领下，水电十四局始终怀抱国有企业的初心与情怀，践行中国央企的使命与担当。

1954年5月10日，水电十四局成立于激情年代，扎根祖国西南边陲，服务云南经济。

1984年10月，水电十四局勇立改革潮头，直面鲁布革冲击，参与创造鲁布革经验，共同铸就中国水利水电事业的里程碑。

1988年，水电十四局中标广州蓄能水电站项目，在中国第一家抽水蓄能水电站工程施工中成为赫赫有名的地下铁军，引领中国水电建设的第二次改革浪潮。

1996年，水电十四局参建三峡电站、黄河小浪底水利枢纽工程，在国际大工程中展示中国水电劲旅的企业实力和顽强作风，危难时刻挺身而出，保证工程顺利完工，彰显中央企业的责任与使命。

1997年，水电十四局自我革新，突破水利水电业务，参建了云南省第一条高速公路，此后，水电十四局不断谱写新篇章，第一条地铁、第一条高铁陆续动工完成……在大建筑领域开拓创新。

2008年，水电十四局投资大理者磨山风电项目，开启了新能源建设的第一步，同时也为后期"投资、建设、营运"发展模式奠定了坚实基础。

2009年，水电十四局参建的鲁布革水电站、黄河小浪底水利枢纽工程、三峡长江三峡水利枢纽工程等作为经典工程入选"新中国成立60周年'百项经典暨精品工程'"。

2016年，水电十四局参建了深圳市茅洲河水环境综合整治项目，在水环境综合治理领域开辟新篇章。

2018年，水电十四局参建了滇中引水工程，从南水北调到滇中引水，国家重大水利工程中水电十四局从不缺席。

2019年，水电十四局被中国施工企业管理协会评选"庆祝中华人民共和国成立七十周年'功勋企业'"。

2020年，水电十四局参建了川藏铁路，在天路的修建中展示铁军风采。

除了奋战在国内重大工程中，水电十四局也活跃在世界舞台上。1978年，水电十四局开工建设喀麦隆拉格都水电站，此后又建设了中非姆巴利水电站、刚果（金）金沙萨至马塔迪公路，2008年动工兴建加蓬大布巴哈水电站，2009年开建厄瓜多尔辛克雷电站，2012年，建设斯里兰卡莫若噶哈坎达大坝，2014年建设斯里兰卡卡鲁干葛大坝，2017年参与中老铁路建设。在所有的海外工程建设中，水电十四局发扬中国精神，打造精品工程，讲述中国故事，创造中国奇迹。

成立近70年来，水电十四局活跃在国家重大工程的第一线，奋战在"一带一路"的建设现场，从鲁布革电站到三峡工程，从南水北调工程到滇中引水工程，从中老铁路到川藏铁路，水电十四局创造了一个个施工奇迹，树立了一座座工程丰碑，成为功绩卓著的国家功勋企业。

第一节　起步：萌芽中奠定基石

新中国成立之后，中国第一代领导人从世界各国经济，特别是发达国家的经济发展经验中体会到，只有大力发展工业经济，形成完整的工业体系，才能让经济进入良性发展通道。"一五"计划中，中央要求全国加快推进各经济领域的社会主义改造，集中力量进行工业化建设，并以苏联帮助中国设计的156个建设项目为中心，重点发展694个建设项目，这形成了中国社会主义工业化的初步基础。在重工业体系的建设过程中，生产基础能源以满足工业发展的能源需求成为国家发展战略的重中之重，加强电力行业建设成为国家发展重工业体系的关键环节。云南因突出的水电资源成为全国水电建设的重点省份。1954年5月10日，经燃料工业部批准，云南水力发电工程局（水电十四局的前身）成立。此后，水电十四局奔赴在水利水电建设的第一线，从小到大，由弱变强，发展成为中国水电事业发展的重要建设者、中国经济发展的重要贡献者与见证者。

一、响应号召，汇聚云南

（一）厉兵秣马，创建企业

水电能源是可再生能源，绿色环保且成本低廉，但早期投入大，自然条件要求高。中国拥有世界上最丰富的水电资源，70%的水能资源分布在西南地区，长江、金沙江、澜沧江、怒江等大江大河都在云南境内汇聚。新中国成立初期，水力资源丰富的云南成为水电建设的重点省份。除自然条件外，云南拥有中国历史上第一座近代建设的水电站——石龙坝水电站，对已有的石龙坝水电站进行升级改造既能锻炼新中国自己的水电建设人才，又能有效节约成本。因此，1950年8月，燃料工业部决定拨款扩建云南石龙坝水电站，该电站也成为"一五"计划期间全国的重要建设项目（表1-1）。

"一五"计划期间水电建设项目表　　　　　　　　　　表1-1

电站名称	发电容量（万kW）	性质	备注
官厅	3	与水利部配合项目	
梅山	4	与水利部配合项目	
大伙房	3.2	与水利部配合项目	
模式口	0.6	配合北京引水渠工程	
石龙坝	0.3	扩建	1910年建
丰满	43.5	改建设工程	"日伪"时所建
古田溪一级	6.2	新建工程	1948年国民政府成立"古田溪水力发电工程处"进行建设
黄坛口	3	新建工程	
上犹江	6	新建工程	满足赣南钨矿用电需求
龙溪河四级	10.45	新建工程	龙溪河四级电站国民时期即已经进行部分筹建

续表

电站名称	发电容量（万kW）	性质	备注
以礼河（计四级）	35.2	新建工程	满足东川铜矿要求
六郎洞	2.64	新建工程	
乌拉泊	0.24	新建工程	
新安江	58	新建工程	满足上海电力需求
流溪河	4.2	新建工程	为解决下游农田灌溉及防洪问题

资料来源：根据《第一个五年计划中的水力发电建设》附表1 第一个五年计划水电建设项目（摘自《中国水力发电年鉴（1949-1983）》，第116-117页）相关数据整理而得。

1950年10月，云南水力发电工程筹备处成立，由燃料工业部水力发电工程局领导，委托云南省人民政府代管；1951年1月，云南水力发电工程处成立，主要负责石龙坝电站改扩建工程工作，工作重点有两个：一是从全国各地抽调招揽水电建设专业人才，完成工程处人才储备；二是对云南各地进行地质勘测，对云南省的水电建设条件进行摸底。1954年5月10日，在云南水力发电工程处基础上成立了云南水力发电工程局。

1954年6月，石龙坝水电站改扩建工程开工；当年12月底，第一台3000kW机组投入运行；1958年6月28日，石龙坝电站全部改扩建工程完工，新厂装机6000kW全部投入运行。水电站的改扩建工作得到了国家的大力支持，电站组装了当时功率最高的3000kW的机组，改建后的装机容量相当于1912—1949年37年装机容量的13.5倍。

石龙坝的改扩建与云南水力发电工程局的成立，标志着新中国的水电建设进入了一个全新的时期，也对云南水电行业的发展产生了重大影响。在石龙坝电站的建设过程中，水电十四局组建、锻炼了自己的专业人才队伍，为企业的后续发展奠定了坚实基础。

（二）立足边疆，勇挑重担

1958年1月国家明确提出"水主火辅"的电力开发策略，水电建设成为电力建设的主导方向，全国兴起了水电站建设高潮。根据数据统计显示，从1956年起，全国新开工的大中型水电站数量增加明显，1958年新开工数量呈跳跃式增长，达到55项。

云南作为水资源大省，在这波建设热潮中获得了更多的发展机遇。水电十四局作为云南水电建设的主力军，开展了"三河大会战"，在以礼河、绿水河和西洱河上兴建了10座梯级水电站及一批地方小水电，为云南的工农业发展提供了强大电能。

1. "三河大会战"之以礼河水电站建设

以礼河梯级水电站，是新中国成立初期的全国五大水电工程之一，也是水电十四局在20世纪50年代承建的国内第一座高土坝、高水头、跨流域引水、梯级连续开发的水电站，整个梯级电站总水头达1413m，是防洪发电、灌溉综合利用工程，主要为云南东川铜矿、会泽铅锌矿及昆明地区提供能源。电站包括毛家村水库及电站、水槽子水库及电站、盐水沟水电站、小江水电站，其中盐水沟水电站、小江水电站是当时国内已有的水头最高的两座中型水电站。电站从1954年开始施工准备工作，1956年7月主体工程开工，1973年电站全部竣工投产。以礼河电站的建设历经18年，建设期间经历了"大跃进"及"文化大革命"，几经开工、停工、复工，也碰到很多工程技术问题，但最终成功建成。建成之后，以礼河水电站的供电量占云南省当时发电总量的2/3以上，为云南地方经济发展提供了大量动能。

以礼河电站的建设周期长、工程复杂、建设规模大，水电十四局广大职工充分发挥积极性和主动性，克服困难，攻克技术难关，取得了显著成绩。在工程建设过程中，水电十四局施工团队经过长期不懈努力，建成了当时的"亚洲第一大土坝"——毛家村土坝，并在地下工程开挖、土坝施工、地下埋藏式高压钢管制作安装等方面积累了大量宝贵经验，锻炼了队伍，培育了200多名技术专家，这些人才后来成为中国水电事业的技术骨干和中坚力量（图1-1）。

图1-1 运行半个多世纪的以礼河水电站毛家村大坝

2."三河大会战"之绿水河水电站建设

绿水河水电站是一座暗河引水发电工程,也是我国自行设计、制造、施工的中型高水头引水式电站。电站总装机 5.75 万 kW,年平均发电量 3.3 亿 kW·h。工程于 1958 年 5 月开工,1972 年 10 月第一台机组投产,1974 年 4 台机组全部投产发电。电站是在"边勘测、边设计、边施工"的情况下开工建设的,由于工程地质复杂,水电十四局在施工过程中攻克了罕见的钢管外压失稳和钢管鼓包等技术难关,积累了在喀斯特地区施工的宝贵经验。电站投产后发挥了重要作用,解决了云南锡业的生产用电问题,缓解了滇南地区的电力紧张局面。

3."三河大会战"之西洱河水电站建设

西洱河水电站是一座四级梯级水电站,以天然湖泊——洱海为调节池,4 个梯级电站沿西洱河顺河布置,电站以发电为主,兼顾防洪、排涝、灌溉等综合利用。电站最大利用水头 608m,最大引水流量 57m³/s,共安装 13 台水轮发电机组,总装机 25.5 万 kW,多年平均发电量 11.07 亿 kW·h。电站施工从第四级开始,施工的顺序是四、二、一、三级。1958 年 9 月,四级电站主体工程开工;1987 年 12 月,三级电站最后一台机组发电。由于受"文化大革命"影响,整个梯级电站施工期近 30 年。

西洱河梯级水电站的特点是:隧洞较长、建设周期长、地质情况复杂。在建设的过程中,针对隧洞建设难题,水电十四局再次显示了在水电施工管理与技术方面的实力。1983 年 4 月,西洱河水电站三级建设中,水电十四局首次进行了国产掘进机全断面开挖试点以及新奥法(即新奥地利隧道施工法)施工实验,"新奥法"在主洞施工应用长度达 1044m。全断面隧洞联合掘进机等技术获得全国科学大会奖,新奥法获得国家计委、科委、经委和财政部的表彰。

除三河大会站外,水电十四局在"一五"至"三五"期间,完成了六郎洞水电站、大寨水电站的建设。这些电站分布在滇东北、滇南、滇西等地,解决了当地的生活用电,为工业建设提供动能,造福一方百姓,为云南的经济建设作出了不可磨灭的贡献。

二、山水为家,筑基建设

从 1954 年创立到改革开放前夕,水电十四局穿行于云南高原的山水之间,自力更生,吃苦耐劳,扎根边疆,专注建设,发展成为云南工业体系的重要组成部门及云南经济发展的中坚力量。其早期发展呈现如下特点：

（一）在峥嵘岁月秉承激情理想，攻坚克难铸就企业底色

众所周知，水力发电工作长期与深山老林、险滩急流为伴，水电工人是崇山峻岭的开拓者和建设者，他们与水相伴，以山为家，施工条件艰苦，从事常人难以想象的繁重体力劳动。在石龙坝电站施工时，工人们不畏雨雪风霜，不怕艰难危险，崩山炸石，奋力赶工；在绿水河施工时，当地气温高达42℃，空气湿度超过80%，又是疟疾的高发区，工人们不避蚊虫叮咬，日夜奋战。除艰苦的自然条件外，当时的施工装备条件差，技术水平较为落后，更受到"文化大革命"等影响，工程施工上马下马，停停建建，工期漫长。在这样的条件下，水电十四局的建设者们克服了生活上的诸多困难，怀抱着为国奉献的理想，热血奋战，排除万难，创造条件完成任务，形成了艰苦奋斗的传统和作风。最终在云南高原上的螳螂川、以礼河、西洱河、六郎洞、绿水河、黄泥河共6条支流上，建成了14座大、中、小型水电站，为云南省的经济发展提供了充足的能源。

同时，由于水电行业的特殊性和时代特点，企业具有鲜明的企业办社会的特点，两万多的企业从业人员及四万多的家属形成了一个小社会，长期扎根在深山峡谷，默默为国奉献，在中国水电史上写下了可歌可泣的一页。

（二）施工中积累丰富经验，成为能打硬仗的专业团队

云南地形复杂，每一工程项目都有不同的地质特点。水电十四局在以礼河电站毛家村土坝建设中遭遇洪积红色黏土均匀性差、降低天然含水量困难、埋藏式钢管安装困难等问题；在绿水河施工中解决钢管外压失稳和钢管鼓包等问题；在西洱河电站施工中碰到岩石破碎、断层多、隧洞地下涌水量大等困难。水电十四局工作人员学习先进，进行了大量综合试验，开展了技术攻关，最终圆满解决各种问题，并在地下工程、土坝建设、隧洞挖掘各方面积累了丰富的经验，形成了多项专利技术，成为一支水电水利行业的专业团队。

（三）发展中形成开放包容，学习进取的企业传统和作风

水电十四局建局初期，从全国各地调来了大量的专业技术人员，特别是从沿海地区的水利工程学校选调了大量水电建设专业人才，在后期建设中，水电总局又抽调各种技术人员充实水电十四局，这些技术骨干来自五湖四海，具有不同的文化习

惯和背景，参与过多个工程项目，视野开阔，致使水电十四局在建局之初就具有多元文化融合的特点。此外，在具体项目的技术攻关中，项目团队要与全国的勘测设计院、水利水电研究院等进行沟通合作，这使得水电十四局虽身处边疆，但在技术及文化上却与全国同频共振，形成了开放包容的文化基因。早期的很多项目都是在"边勘测、边设计、边施工"中完成，水电十四局在项目建设过程中展现出良好的学习能力及适应能力，这也为后期的发展打下了坚实基础。

第二节　改革：鲁布革冲击

历史的车轮滚滚向前，改革开放的号角吹响，新中国进入了全新的发展时期，由计划经济走向市场经济，竞争与市场成为企业耳熟能详的新鲜词汇，生产要素的配置方式也不再与传统的计划经济体制相同。制度的改革催生了经济发展活力，社会主义市场经济建设舞台上，中国企业创造着一个又一个的传奇故事，而水电十四局正是书写传奇的众多企业之一，在中国建筑行业留下了自己的名字与故事，这个传奇开始于一个叫鲁布革的水电站。

一、重要转折——鲁布革水电站项目

（一）破冰：鲁布革电站立项

1981年6月，国家批准建设鲁布革水电站，该水电站是一个以发电为主，兼顾灌溉的综合利用水电工程，装机容量60万kW，是当时的国家重点工程。工程主要由三部分组成：第一部分是首部枢纽工程，拦河大坝为堆石坝，最高位103.5m；第二部分为发电引水系统，由电站进水口、引水隧道、调压井、高压钢管四部分组成，引水隧道总长9.38km，开挖直径8.8m，差动式调压井内径13m，井深63m；第三部分为厂房枢纽，厂房设在地下，总长125m，宽18m，最大高度39.4m，安装15万kW的水轮发电机四台，总容量60万kW，年发电量28.2亿kW·h。这是一个体量巨大、建设工程复杂、投入资源要求高的重大项目，早在1977年，国家水电部便开始着手进行鲁布革电站建设的准备工作，1979年，水电十四局人员开始进场，逐步展开通风、通水、通电、通路等"四通一平"工作，着手编制施工组

织设计，开展野外筑坝材料碾压试验。

当时，水电部在中央改革开放的统一布置下，研究了整个水电行业的发展情况，决定选取一些项目作为水电建设行业对外开放，引进外资的改革试点项目。在项目的筛选过程中，鲁布革由于项目规模适中，施工条件成熟，被选中作为水电部改革开放试点项目。1981年6月，国家财政部、水电部批准鲁布革电站引用世界银行贷款，鲁布革水电站成为我国第一个使用世界银行贷款、部分工程实行国际招标的国内大型水电建设项目。其中，电站首部和厂房枢纽仍为内资工程，由水电十四局负责施工；电站引水隧洞工程为外资工程，在全世界范围内公开招标。根据与世界银行的贷款协议，鲁布革电站引水隧洞工程先后吸引了多个国家的建筑施工企业前来竞标，在中国、日本、挪威、意大利、美国、德国、南斯拉夫、法国等国承包商的激烈竞争中，日本大成公司以低于标底43%的投标价中标。

由此，鲁布革电站形成了一项工程三方建设的格局：一方是由挪威专家咨询，水电十四局承建的厂房枢纽工程；一方是由澳大利亚专家咨询，水电十四局承建的首部枢纽工程；一方是日本大成公司承建，水电十四局提供劳务队伍的引水系统工程。

（二）震撼：鲁布革电站带来冲击

1984年10月26日，鲁布革水电站正式开工建设，建设过程中，水电十四局人深切感受到了"新、旧"两种观念、两种体制及两种效率的冲击，工作人员心态也发生着一波三折的转变，招标时困惑想不通为什么要由外国人承建工程项目，进行项目咨询；也不明白日本大成公司的工程报价为何能低于己方报价3600万元；同时，对于施工时需要接受世界银行咨询团的咨询要求感到迷惑，在中国建设水电站，凭什么要由外国人来指手画脚；水电十四局上下不适应、不习惯、不服气等心态应有尽有。随着施工工作的开展，日本大成公司施工现场的管理及其成效又冲击着水电十四局员工。

中标以后，日本大成公司派了一支30多人的管理队伍到工地上组建了精干的施工事务所，又从水电十四局聘请了424名工人具体施工，他们在短时间内就让工人熟悉管理流程，组织施工并且获得了极高的建设效率，开挖了两三个月，单月平均进尺222.5m，这一速度相当于我国当时同类工程的2~2.5倍。1986年8月，大成公司在开挖直径8.8m的圆形发电引水隧洞中，创造出单头进尺373.7m的国际先进纪录。1986年10月30日，隧洞全线贯通，比合同计划提前了5个月，工程质量优良。近距离对比，"面对面"较量的后果居然是这样，而且比较的还是水电十四局最为擅长的隧洞掘进，水电十四局人震惊了。随着多国之间竞争的持续，通过相互间的碰撞而形成了鲁布革冲击[①]。

1. 鲁布革冲击，冲击了封闭状态中狭隘自满的思想观念，唤起了竞争意识

鲁布革电站改革开放，先后引来了7个国家的百名咨询专家、承包商、制造商。异域他乡的价值观念、思维方式和新技术、新设备、新经验与国内的传统施工做法大相径庭，令人开阔眼界，增长见识，水电人也在比较中认识到当时国内水电建设同国外相比所存在的巨大差距。日本大成公司在引水隧洞单向全断面掘进中所创造的平均月进尺及最高月进尺纪录尤其刺激着水电十四局的员工，因为这样的纪录是由水电十四局提供给大成公司的劳务工人们在大成公司的管理下创造的。与之形成鲜明对比的是，水电十四局承担的首部枢纽工程于1983年开工建设后，因为种种原因，工程进展迟缓。世界银行特别咨询团于1984年4月和1985年5月先后两次到工地考察，都认为按期截流目标难以实现。

承认落后是一种痛苦，巨大差距刺激了干部员工的自尊心。强烈的反差引起了深刻的反思：同样的中国工人在同一条河流上，为什么施工效率却截然不同？日本大成公司的技术、设备也不是世界一流的，为什么能够创造出世界一流的施工纪录？经过反思，大家慢慢意识到，根源在于体制和管理。改变落后的愿望，奋起竞争的意识变得非常强烈。

2. 鲁布革冲击，冲击了旧的管理体制和自营管理机制，增强了改革意识

由于引进世界银行贷款，世界银行要求贷款国成立项目管理机构，实行项目管理，这推动我国以往行政式直线管理转变为项目式矩阵管理，引起了新旧体制的碰撞。贷款项目实行招标竞争，又改变了工程任务的指令性分配，冲击了自营管理机制。在引水系统工程的合同管理中，日本大成公司因路面标准不够导致轮胎超耗提出索赔，又引起管理方式的变革。正是在这些碰撞、冲击和变革中，经国务院批准，鲁布革厂房项目学习日本大成公司的施工经验，鲁布革阵痛促成了新的管理机制诞生。

3. 鲁布革冲击，冲击了因循守旧、循规蹈矩的传统习惯，树立了创新意识

鲁布革电站之前，我国几十年一贯制的管理方式禁锢了人们的创造精神，使人们习惯于传统方式而不思革新，所形成的一定之规也较为保守，如工程设计比较保守，安全系数取值极大，结果增加了工程量，加大了工程造价。鲁布革电站对外开放带来了先进的设计思想和理念，冲击了传统的技术规范和习惯做法，国外专家的

---

① 张基尧. 开拓者的足迹［N］. 小浪底工程报，1997-06-14.

建议和做法可以优化工艺，节省成本，取得更好的施工效果，这促使工程技术人员进一步转变观念，认识到技术工作应以效益为前提；干部工人的创新意识也大大增强，创新与探索成为鲁布革的普遍实践活动。

（三）奋发：学习中创造出鲁布革经验

1985年11月，经国务院批准，鲁布革厂房开挖学习日本大成施工经验的试点，水电十四局组建了厂房指挥所，按照精干管理机构、优化劳动组合、改革分配制度、强化施工措施的新思路，组织精兵强将进入现场施工。指挥所成立40天，完成的产值相当于1984年全年的总和。到1986年底，在13个月中，指挥所不仅把原来拖后的3个月时间抢了回来，还提前4个半月结束了开挖工程，安装间混凝土提前半年完成[①]。新的管理机制发挥了巨大威力，同试点前相比，施工人员减少35%，月均完成产值提高50%，劳动生产率大幅提高。

与此同时，工期滞后的首部枢纽工程也掀起了学习外国先进经验，赶超先进施工水平的热潮，加强了施工目标管理，吸收和采用先进技术，推行经济责任制，加快了施工进度，按期实现了截流，安全渡过了三个汛期，保证了电站施工总进度。水电十四局在学习中参与创造了鲁布革经验，其具体做法包括：

1. 建立精干的管理机构，打造权威的指挥系统

参照日本大成公司鲁布革事务所的建制，建立精干有力的生产指挥所，指挥所对厂房工程实行统一指挥，实行所长负责制，下属管理人员如主任和工长由所长聘任，在系统管理上分生产管理、机电管理、技术管理、政治部四个系统。各主任职责分明，各司其职，分工明确，联合办公，统一指挥。所长对承包合同全面负责，也拥有较大的权限，有权在公司内部采取调用和招聘的办法挑选干部和工人，有权根据指挥所规定处分和辞退干部和工人，有权决定内部分配办法，根据勤绩功过奖惩职工。

2. 组织精兵强将实施高效施工，改革内部分配方法

指挥所集中了公司的精兵强将，选出429名职工组成施工队伍。实行所长—主任—工长—班长—工人五级串联式管理，不设副职，工人一专多能。同时，改革内部分配方法，实行产值工资加津贴、加进度奖、加浮动工资制度。奖金和施工完成的工程量、进度、质量、安全、成本挂钩，上不封顶下不保底。分配向一线职工倾

---

① 杨飚. 鲁布革冲击［N］. 人民日报，1987-08-06.

斜，向承担脏、重、累活的职工倾斜。

3. 明确管理目标，制定周密施工计划

指挥所学习日本大成公司经验，加强了施工目标管理，加大了施工进度节点控制力度，指挥所周密制定了年、季、月、旬施工网络计划，确定控制性关键线路，强调具体落实，加快了施工进度。

4. 学习先进技术及工艺方法，优化施工程序

消化吸收国外先进管理和先进技术，在挪威咨询专家和澳大利亚咨询专家的指导下，优化施工程序，培训各类技术工人，加强设备的维修保养。其中澳大利亚咨询专家提出 10 多项优化设计方案，加快了工程进度，节约了施工成本。如地下厂房立柱式吊车梁改为岩壁式吊车梁、大坝防渗心地土料改为风化料等，这些优化方案被采纳实施后，共节约成本 4600 多万元。

5. 采用混合编组，促使工人一专多能

改变以往的团队组织方式，在劳动组合上按工作需要进行编组，工种之间实现有机配套，工人一专多能，提高施工团队工作效率。

新的机制和生产方式发挥出巨大的生产力，有效地克服了原来施工队伍机构臃肿、指挥不灵、管理落后、效率低下等弊端。工程进度加快，工程质量提高，施工安全有了保障。1985 年 10 月至 1986 年 10 月，厂房工程指挥所完成的工程量为 1984 年总量的 1.86 倍，石方开挖量为 1984 年总量的 1.19 倍，混凝土浇筑量为 1984 年总量的 1.69 倍，全员劳动生产率达到 17276 元／（人·年）。

不可思议的中国人，以不可思议的方式创造了"鲁布革经验"，中国施工建筑业进入了新的发展时期。

二、鲁布革冲击所带来的启示

作为一个改革的突破口，鲁布革改革试点承担着重要的历史使命，那就是通过这一突破口的改革实验探索出基于中国国情，具有中国特色的项目建设管理和项目法施工新路子。鲁布革电站是第一个采用国外管理机制在中国土地上进行的工程试点，由于体制机制的原因，工程项目管理中并不能完全效仿发达国家的经验，也在具体实施中暴露出一些问题，反映出我国当时的建筑管理体制存在障碍、职责划分还需明晰、市场运作有待规范、政策保障有待加强等问题，这为后期建筑行业的改革带来了许多启示。

（一）建筑管理体制的改革需要顶层设计和配套的政策支持

建筑企业的施工与社会及其他行业密切相关，计划经济体制下体制障碍及制度约束禁锢着企业施工人员及社会相关部门的观念及行为，最终影响着施工效果。在鲁布革厂房项目试点中，出现了一些问题，如：购买了工程所需的乳状炸药而找不到存放的仓库；厂房集水井混凝土浇筑时，早已订购的搅拌车和混凝土泵车不能及时到位；计划内所需的砂石原料供应中断，这些问题影响了工程进度但却不是企业能自主解决的。因此，改革必须顶层谋划，统筹推动，建立起有利于企业发展及项目管理的体制机制、政策和社会环境，才能增强企业的生机与活力。

（二）建设管理体制改革需要处理好各方利益，打破大锅饭心理

项目建设施工中涉及多方利益，鲁布革厂房项目改革中出现前后方利益分配的矛盾，因此，在建设管理体制中必须处理好长远利益与短期利益，要高度重视各方利益的分配，改变员工吃大锅饭的心理，增强生存危机感和责任感，主动融入行业竞争中。日本大成公司对员工和劳务人员按高于当地收入水平的数倍或数十倍付给报酬，也可以对不称职者"炒鱿鱼"，随时解除劳动合同，这在国内施工企业中是难以做到的。与之形成鲜明对比的是，厂房试点项目中一线员工与后方支持间不能形成有机协调与配合，"不患寡而患不均"的思想观念影响着施工的进度及施工效果。

（三）建设项目改革是建筑企业改革的突破口，两者的改革需要同步推进

建筑企业与建设项目互相依存，企业是项目的依托，项目是企业的窗口。鲁布革厂房项目的试点显示，没有企业的改革，光靠一线的改革是难以为继的。项目改革是企业改革的突破口，项目改革倒逼企业树立市场经济观念，建立内部经营机制，在内部模拟市场运作方式提高资源配置效率，精简机构和人员控制成本，加强技术开发，逐步发展成为真正意义上的市场主体。而企业的改革也必然推进项目改革走向深化。

三、推广鲁布革经验，造就鲁布革精神

1986年，时任国务院副总理李鹏同志视察鲁布革水电站工地时感叹："看来同大成公司的差距，原因不在工人，而在于管理，中国工人可以出高效率。"1987年

6月，李鹏同志在国务院召开的全国施工工作会议上要求国家有关部门对鲁布革管理经验进行全面总结，在建筑行业推广鲁布革经验。1987年8月6日《人民日报》头版头条发表题为《鲁布革冲击》的长篇通讯，引起整个水电建设行业与社会的强烈反响（图1-2）。

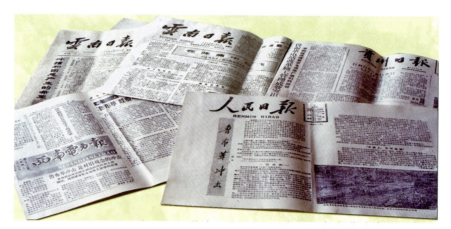

图1-2　国内各类报刊对鲁布革冲击的报道

原建设部、水电部等相关部门持续跟进鲁布革试点工作，总结鲁布革项目中的经验及教训，要求建筑、铁路、公路、水电等设计、施工单位到鲁布革学习交流。鲁布革项目成为中国建筑建设行业改革开放的里程碑和突破口，参与了鲁布革经验创造的建设者们在改革开放中不断成长，产生了"项目法"施工的思想和实践，并持续影响着中国的水电与建筑行业。

伴随鲁布革经验同时产生的是鲁布革精神，精神的形成并非一日之功，从受到冲击到奋起拼搏，鲁布革体现了"穷则变，变则通，通则久"的中国智慧。鲁布革厂房施工时，水电十四局的技术装备条件较差，职工的工资收入与外资相比差距也很大。当时的收入按高低排序，为日本大成公司提供劳动的职工收入最高，川崎重工分包商的职工次之，厂房开挖试点的职工再次之，承担"内资工程"职工排在最后。大成公司劳务人员收入比"内资工程"职工收入高6倍以上。然而，精神的力量是巨大的，占绝大多数的"内资工程"职工没有因为收入低而松懈，相反，从管理人员到一线员工都凭着一股民族奋斗精神，夜以继日顽强拼搏。他们在"为国争光，为局争气""决不在外国人面前丢脸"的口号激励下，干部工人们在工期落后一年的艰难情况下奋力拼搏，终于实现了鲁布革按期截流的目标；在技术、装备不如大成公司的条件下，创造了泄洪洞大断面扩挖月进尺245m的纪录、大坝填筑年强度100多万立方米，并最终赢得鲁布革第一台机组比国家计划提前95天发电投产的胜利。其中，鲁布革截流尤其振奋人心，使曾经断言"即使拥有装备精良的设备和训练有素的人也很难按期截流"的世界银行咨询专家感到惊讶，当时一位外国专家感叹说："中国人真是不可思议"。此后，这种精神的力量一直在水电十四局的施工项目及中国建筑施工单位中发挥着重要作用，激励着水电人拼搏进取，最终创造出瞩目成就。

不服气的中国人在鲁布革阵痛中直面困难和挑战，奋力改革，充分发扬敢为人先的探索精神、勇于担当的拼搏精神、务实敬业的进取精神，最终迎来了中国水电事业的春天。鲁布革精神也成为中国社会主义市场经济体制建设中重要财富，今天还在持续地产生影响。

四、鲁布革冲击的作用和影响

鲁布革是中国建筑史上的里程碑，鲁布革冲击波带来了思想的解放，鲁布革的成功经验是改革、发展和创新。

（一）鲁布革对中国工程建设项目的影响

鲁布革项目是中国第一个引进外资，第一个启动世界银行贷款，第一个公开招标，第一个在水电建设项目中实行业主负责、招标承包和建设监理制度的工程项目。此后，水电十四局又在厂房项目中学习日本大成公司经验组织施工，对"项目法"施工进行早期尝试。

1987年，国家五部委选择了18家（后扩大到50家）不同类型的大中型国有企业进行综合改革试点，提出了"按照项目法组织施工"。1988年国家计委施工局在西安听取铁一局关于推行项目法施工的经验介绍之后，再次明确"按承包工程项目所必需的生产力要素来组织劳动者和生产资料的合理投入，使这些要素在工程现场得到优化配置"。1989年10月，国家五部委成立联合调查组，分别对13个省市18家试点企业进行了检查，并于1990年3月和8月两次在北京和广西桂林召开"试点工作经验交流会"和"项目法施工研讨会"。会议总结报告指出："项目法施工"是为了改变传统的施工管理方式，借鉴"鲁布革"工程管理经验而提出来的，要求广大建筑业企业以"项目法施工"为突破口，按照项目的内在规律组织施工，进行企业管理体制全面改革。实践证明，从学习"鲁布革"经验到"项目法施工"，再到"项目生产力"理论的创新提升，我国建设工程项目管理理论不断发展深化，在引导企业适应社会主义市场经济，发展建筑生产力方面发挥了重要作用。

（二）鲁布革项目对中国建筑企业的影响

1987年，国家计委、国家体改委、劳动人事部、建设部、国家工商行政管理局等部门先后发出了《关于批准第一批推广鲁布革工程管理经验试点企业有关问题的通知》《关于进一步做好推广鲁布革工程管理经验创建工程总承包企业进行综合改革试点的通知》，同年，"中国建筑工程鲁班奖（国家优质工程奖）"设立，引导企业提升质量管理能力，促进了全行业工程质量水平的提高。学习鲁布革工程管理经验成为全国建筑行业的改革方向、重要任务和行动标准。

广大建筑企业通过学习、借鉴、推广、发展、创新"鲁布革"经验，从推行"项目法施工"开始，以工程项目管理为抓手，大力促进建筑业企业逐渐实现管理制度化、规范化、精细化、信息化和科学化，促使企业的核心竞争力不断提高。特别是政府主管部门以50家试点企业为抓手，30多年来培育发展了一大批具有现代企业制度和创新管理理念，拥有雄厚人力资源和技术、设备及融资等综合实力的领军企业。而在项目经营中，培养和造就了一大批懂法律、会经营、善管理、敢负责、作风硬、具有一定专业技术的建设工程项目管理人才队伍，明确了项目负责人在建筑业企业中的重要地位和作用，加速了项目经理职业化建设。

中国建筑集团、中国中铁、中国水利水电建设集团、北京城建集团、上海建工集团、武汉建工集团等都是学习与传承鲁布革精神的佼佼者，正是因为涌现了这样一大批传承"鲁布革"精神，勇于改革创新的建筑企业，我国建筑行业才能为中国城乡巨变和现代化建设作出巨大贡献，谱写出壮丽篇章，取得举世瞩目的成就。

（三）鲁布革对中国建筑行业制度产生重要影响

"鲁布革经验"开启了我国工程建设领域改革的新篇章，鲁布革项目之后，计划经济的自营体制宣告结束，全国工程建筑领域开始试行项目法人制和招标投标制，强化合同管理，并在后续的发展中陆续形成了一套具有中国社会主义市场经济特色的工程建设管理体系的法律制度与规章制度，中国新的水电建设体制逐步确立，新的管理制度带来了效率的极大提升，中国"基建狂魔"的道路自此开启。

1995年至1996年，国家建设主管部门按照国际惯例就推行项目管理进行了大量的调查研究，先后两次发布推行项目管理的指导意见，提出了推行工程项目管理，实现"四个一"的管理目标，推动了"项目法施工"的实施进程。

1998年3月,《中华人民共和国建筑法》正式开始实施,随后,《招标投标法》《建设工程项目管理规范》《建设工程监理规范》等一批法律法规和规范陆续发布,建筑市场管理向法制化、规范化发展。在此背景下,中国建筑率先提出"法人管项目"理念,法人逐步发展成为工程项目的市场主体,进一步丰富了项目管理的内涵。

鲁布革电站还让我国建筑行业充分认识到国际招标的重要性和影响力。我国国际招标起步较晚,始于20世纪80年代。1985年,中国机电设备招标中心成立,负责起草了我国最早的关于国际招标的专项规定《申请进口机电设备国内招标投标管理暂行办法》,这一办法被视为《机电产品国际招标投标实施办法》的雏形,虽然起步较晚,但随着法律制度的不断完善,国际招标体系也越来越成熟。

鲁布革电站是中国水电行业改革与发展的成功样本,鲁布革项目为水电行业作出了良好的改革开放示范,激励了后续改革者,为中国项目管理方法形成奠定了良好的基石,创造了鲁布革经验,铸就了鲁布革精神,也对劳动生产率和报酬分配等方面产生了重大影响。它的影响早已超出水电系统本身,对人们的思想造成了强烈冲击,在中国改革开放史上占有一席之地。

(四)鲁布革对中国建筑行业的影响

"鲁布革冲击"和"鲁布革经验"成为中国建筑业改革发展的起始点和里程碑,建筑行业学习和借鉴国际先进的管理方法和模式,促进了我国建设工程项目管理实践运用和理论研究创新发展。基于实践创造和理论探讨,"项目法施工"从初期的设想逐渐发展成为可操作的新型施工管理模式,并结合中国国情及实际,在理论上不断突破和成熟,最终形成了一套具有中国特色并与国际惯例接轨、适应市场经济、操作性强、比较系统的工程项目管理理论和方法。

中国水电建设事业要发展,要有效地缩短工期,降低工程造价,提高工程质量,保证安全施工,必须要对外开放。也只有对外开放,才能引进外资,引进国外先进的技术和设备;只有开放,才能学习国内外先进的管理;只有开放,才能更新广大干部和职工的观念,增强市场经济意识和竞争意识。

中国水电建设事业要发展,要适应投标工程的要求改革水电建设体制,尝试"项目法施工"这一新型的施工管理模式。要把水电施工企业由单一施工的劳动密集型企业,逐步演变为三个层次的经济联合体:第一层是智力密集型的主体,具有设计、科研、采购和监理总承包能力的承包公司;第二层是技术和劳务密集型的专业施工公司；第三层是以安置富余人员为主，重视经济效益，与基地相结合的二、三产业公司，最终形成以总承包公司为龙头，以专业施工队伍为依托，总包与分包、前方与后方分工协作、互为补充的管理制度。

中国水电建设事业要发展，必须打破狭隘封闭的观念，树立改革开放的意识，直面挑战和困难，积极创新，拼搏进取。同时，坚守我国的优良传统，充分发挥党组织的领导作用，培养专业精干的项目管理人才，增强团队的凝聚力，带领员工积极投身于市场竞争中，在实践中进步完善，取得核心竞争力。

学习鲁布革经验，传承和发扬鲁布革精神，推动了建筑行业解放和发展生产力，引导建筑企业昂首走向市场。广大建筑企业开始运用工程项目管理的思想和方法进行工程管理，并在市场的竞争中显示出越来越强的生命力，建设和完成了一大批高质量、高速度、高效益的代表工程，充分展示我国建筑业的科技水平和竞争实力。

据国家统计局发布的数据，2020年全国建筑业总产值已经达到26.39万亿元，同比增长6.2%。2020年中国建筑业企业数量为116716个，同比增长12.4%；建筑业企业从业人数为5366.9万人[1]，与鲁布革时期相比增长了3.04倍。建筑业已经成为我国的核心支柱产业，不但大大改善了城乡面貌和人居环境，加快了基础设施建设和城镇化进程，而且带动了相关产业的发展，缓解了就业压力，为社会经济和谐发展作出了巨大的贡献。

（五）鲁布革推动了我国市场经济的改革

鲁布革的改革试点也推动了我国市场经济的改革，"新""旧"两种体制的撞击倒逼施工企业进行改革，而企业的改革又推动着市场的改革（图1-3）。1987年7月，李鹏副总理明确要求电力体制改革的方向是政企分开，促进企业自主经营，同时，开放电力投资市场，逐步营造有利的市场环境，引导水电行业走向国家宏观调控、市场化运行、企业化管理的发展道路。

1992年春，邓小平同志的南方谈话冲破了关于市场和计划争论的框框和限制；1992年10月，党的十四大提出建立社会主义市场经济体制的目标，要求完善市场环境，转换建筑企业经营机制，使建筑业企业成为真正的市场竞争主体，中国的市场经济改革开始了加速度的发展。

---

[1] 中国建筑业协会. 2020年全国建筑业总产值26.4亿元［EB/OL］.［2021-03-12］. http://www.cbminfo.com/mobile/_470515/_1577012/7054241/index.html.

图 1-3　鲁布革水电站大坝

第三节　传承：跨越式发展

鲁布革项目开启了中国水利水电建设的改革大潮，鲁布革冲击帮助中国建筑企业解放思想，逐步成长为自主经营、自负盈亏、自我发展、自我约束的市场经济主体。在这一大潮中，水电十四局本着开放进取精神，勇立潮头接受市场洗礼，不断巩固强化水电水利业务竞争力，在广蓄工程、三峡枢纽、黄河小浪底工程中再立奇功，成为行业内大名鼎鼎的水电劲旅及地下铁军，还不断开拓进入新的市场，在高速公路、高铁项目、市政工程等领域取得突破，动态发展竞争力，同时，也积极开发海外市场，扬名国际。水电十四局在激烈的市场竞争中走出特色发展道路，获得了跨越式发展。

一、水电劲旅，峥嵘初显

鲁布革项目之后，水电十四局在社会主义市场经济体制建设过程中面临的主要问题是：作为市场经济下的企业主体，如何在激烈的市场竞争中突出重围，突破地域限制，拓展市场。为此，公司上下勠力同心，积极实践"项目法"施工，在实战中提升能力，改革创新，通过精品工程树立口碑，赢得市场赞誉。

（一）自成一派，积极实践

漫湾电站是澜沧江开发的第一个电站，也是水电十四局继鲁布革电站之后，通过招标投标中标后参与建设的又一大型电站。电站于1985年9月开始施工准备工作，1986年5月导流洞工程开工，1987年12月大江截流成功，1993年6月30日第一台机组投产发电。

水电十四局凭借强劲的实力，在招标竞争中最先夺得对外公路工程和两条导流洞、一条泄洪隧洞工程的标的，在后续的建设中，又因出色的表现，陆续承担了砂石料场系统、凝灰岩粉厂的建设与生产、大坝15坝段庚、辛坑的混凝土浇筑、15号至18号坝段开挖收尾工程、左岸边坡及三洞口处理工程、水垫塘工程、电站整个引水发电和排砂孔钢管的制作安装及下游围堰拆除等多项工程，并且在二期工程中继续中标，获得电站进水口工程以及电站建设物资运输等项目。漫湾电站建设中，水电十四局出色完成了所有的建设任务并获得了业主方的高度肯定与赞扬。云南省政府作为业主方给水电十四局颁发了"励精治国，献身水电；开发沧江，再展宏图"的锦旗。

水电十四局走遍了云南的山山水水，在建设水利水电工程中坚持"大、中、小并举"的方针，先后承建参建了昆明晋宁东冲水库、牟定中屯水库、元江章巴水库、蒙自五里冲水库、曲靖花山水库、青峰水库、永德忙海水库、景洪葫芦岛电站、丽江黑白水二级与三级电站、罗平东方红电站二期工程、德宏槟榔江电站、盈江汇流电站、户宋河电站、中甸冲江河电站、富源三岔河电站、澄江罗碧电站、云龙新桥电站、双柏鱼庄河电站、剑川弥沙河一级电站、元江依萨河电站、墨江坝卡河电站、腾冲龙江二级电站等项目，在云南省内完成装机容量达170万kW。

这一时期，水电十四局通过大大小小的项目建设进一步熟悉了"项目法施工"，从招标阶段就按项目管理的流程进行工作规范，根据项目建立相应的分公司，按项目经理负责制进行权责划分，充分调动个体的劳动积极性，制订行之有效的绩效考核方法。在建设阶段，采用分段承包方式明确职责，又注重相互协作，树立服务业主的意识，按照业务的要求对施工的各个环节进行改进。在这些项目的锻炼中，水电十四局具备了更强的竞争力，为进一步拓展市场创造了有利的条件。

（二）走出云南，竞争投标，广蓄工程铸就"地下铁军"

水电十四局在鲁布革项目中的亮眼表现，为企业走出云南省、开拓市场营造了有利条件。1987年，水电十四局首次尝试省外竞标并夺标承建福建南一水库工程，拉开了走出云南，进入全国水电项目建设市场的序幕。南一项目历经5年顺利完成，水电十四局一如既往表现优秀，结合福建当地的地质条件产生了多项技术创新专利，获得了业主方福建政府的多次表扬及高度评价，此时的水电十四局已逐步发展成为全国知名的水电劲旅。

1988年，水电十四局迎来了广州抽水蓄能水电站（以下简称：广蓄电站）项目的招标投标。广蓄水电站是当时我国又一重大建设项目，属于大亚湾核电站配套项目，担负着广东电网的调峰填谷任务，参与系统调相、调频，提供事故备用，承担着保证大亚湾核电站的安全稳定生产、优化广东电网和香港中华电力公司电网的重要责任。广蓄电站投资规模巨大，业主方由广东省电力集团公司、国家开发投资公司、广东核电投资有限公司三家企业合资成立了联营公司，总投资60亿元人民币，在当时属于投资金额体量巨大的项目，全国多家建设企业参加了竞标。

经过激烈的招标投标竞争，水电十四局在竞标中脱颖而出，以自己的优势先后中标十一个建设项目，囊括了广蓄电站一期从土建到机电安装的全部主体工程。为了高速优质完成广蓄电站的建设，水电十四局于1989年4月成立了广东分局，实施局长负责制，全面试行项目法施工。

水电十四局在广蓄电站建设中进一步完善了具有中国特色的项目法施工，将竞争机制引入企业内部，建立内部模拟市场，充分激发项目参与人员的积极性，在建设中取得快速、高效、优质的效果，如在地下开挖中，创造了尾水洞掘进月进尺181m、月开挖量1.65万m^3的业内新标准。李鹏总理称赞"广州抽水蓄能电站是以惊人速度，以改革开放的速度来建设的"。除此而外，项目施工技术和工法达到国内同行业领先水平，获得多项新技术与专利授权。1991年，水电十四局广东分局因表现突出荣获能源部"质量管理先进企业"称号。

广蓄电站分两期开发，一期工程装机容量4×30万kW，1989年5月25日主体工程开工，1993年6月完工。二期工程装机容量和一期相同，1994年9月主体工程开工，1998年10月工程完工。广蓄电站一期项目只用了49个月时间便完成了第一台机组发电投产任务，比国家批准的建设工期提前1年，并创下了多项全国第一。广蓄电站一期工程的成功在国内外引起了强烈反响，水电十四局因优异表现获得业主方的高度信任，通过议标的方式承包了广蓄电站二期工程。因为电站贷款涉及法国银行，部分电力输往中国香港，电站能否高速度、高质量建成，关系到我国当时在国际市场的信誉，通过业主方和施工方的共同努力，广蓄电站最终的建设工期与国外同等规模的水电站相比整整缩短了 2 年，水电十四局树立了水电建设行业的"中国速度"标杆，也获得了"地下铁军"的称号。

广蓄电站是当时我国和亚洲最大的抽水蓄能水电站，广蓄电站的成功建成使水电十四局独立承包登上了建设百万千瓦电站的新台阶。能在如此体量的建设项目中获得多方认可，充分说明了水电十四局经过鲁布革项目洗礼后，励精图治，革故鼎新，奋发图强，已发展成为具有雄厚实力及良好声誉的优秀建筑施工企业。

二、地下铁军，攻城克坚

广蓄电站让水电十四局在全行业树立了良好的口碑与信誉，黄河小浪底与三峡工程建设中的出色表现让水电十四局发展成为中国建筑行业中名副其实的水电劲旅。

（一）走向全国，硕果累累

20 世纪 90 年代，水电十四局征战全国，在福建、广西、江西、浙江、重庆、贵州、四川、河南、广东、湖北各地通过竞标议标的方式参建承建了包括黄河小浪底工程与三峡工程等 50 多个大中型工程，通过这些工程建设，水电十四局探寻到了新的合作方式，在项目运营中普遍运用松散联营、紧密联营等多种联营方式，为完成巨型建设工程积累经验，同时，还通过与国外建设承包商的合作竞争中进一步熟悉国际工程建设规则，为企业海外市场的发展奠定了坚实基础。

（二）千锤百炼，铸就精品

水电十四局参与了国内众多水电站的建设，留下了很多可歌可泣的事迹。其中，黄河小浪底水利枢纽主体工程与三峡水利枢纽工程在企业的发展史上留下了浓墨重彩的一笔，水电十四局从中获得了国际工程施工的新知识和新经验，也在继鲁布革项目之后，再次与国际建筑巨头竞争合作，有机会全面探索有中国特色的水利水电工程管理模式。

1. 黄河小浪底水利枢纽主体工程（以下简称：小浪底工程）

小浪底工程是国家"八五"重点建设项目，是新中国成立以来黄河治理开发里程碑式的特大型综合利用水利枢纽工程。工程规模宏大，地质情况复杂，水沙条件特殊，技术难题多，运用要求严格，是世界坝工史上极具挑战性的工程之一。小浪底工程在规划、设计、施工等阶段积极推广应用新技术、新工艺、新材料，设计建造了当时国内最深的混凝土防渗墙，填筑量最大、最高的壤土斜心墙堆石坝，世界坝工史上罕见的复杂进水塔群、最密集的大断面洞室群、最大的多级孔板消能泄洪洞及最大的消能水垫塘，其总体设计、施工居国内领先水平，多项成果达到国际先进水平。

黄河小浪底是一次全面与国际承包商合作的项目，先后有50多个国家及地区的70多家外商在决标后进入工地，形成上万名中外建设者挑战小浪底的格局，这标志着中国水利水电工程管理与国际全面接轨。水电十四局在此次工程竞标中表现突出，不但与意大利的英波吉罗公司、洛德公司、德国的霍梯夫公司以股份联营的方式结成投标实体参与了投标竞争，夺得了大坝工程标，还以议标的方式获得了小浪底三条导流洞前期导洞的标的，最终圆满履行了11个承包和分包合同。

最值得铭记的是，小浪底开工2年后，导流洞这个事关截流的最关键项目却一直进展不大，负责该标段工程的外国承包商，在已由中方打通了导流洞中导洞、地质情况相对明朗的情况下，却以1号、2号导流洞相继出现塌方、不能安全施工为借口停止施工，并在1995年8月向监理提出了推迟1年截流并索赔数亿元人民币的"惊人之举"。推迟截流必然会导致国家重大的经济损失，也会影响国家声誉。在此危急关头，水电十四局向水利部及小浪底建管局递上了请战书，愿意临危受命，奋战2年时间确保按期截流。最终，水电十四局作为主要责任方，与水电第一、三、四工程局组成OTFF（4个工程局首英文字母缩写）联营体，接受业主指令，向外国承包商分包了导流洞工程的劳务和劳务管理。并在国际施工合同的约束下，与合作伙伴一起充分发挥中国项目管理方法的优势，用"为国争光，造福于民"的爱国主义精神激励员工，调动施工建设人员的积极性。经过21个月的奋战，OTFF联营体不仅夺回了外国承包商延误的工期，而且提前实现了截流目标，让国家避免了高额的违约损失，此一役充分展示了中国水电人拼搏奋进的精神气质和国家利益至高无上的爱国主义情怀。工程竣工后，小浪底工程由时任国家主席江泽民亲自命名为"爱国主义教育基地"，而水电十四局"特别能吃苦、特别能战斗、特别能奉献、特别能忍耐"的施工作风及以国家利益为重，勇担使命的精神气质深受赞誉。

2. 三峡水利枢纽工程（以下简称：三峡工程）

三峡工程是世界上规模最大的水利枢纽工程，功能有十多种，包括防洪、发电、航运等。三峡工程 1992 年获得中国全国人民代表大会批准建设，1994 年正式动工兴建，2003 年 6 月 1 日下午开始蓄水发电，于 2009 年全部完工。三峡工程的规模、建设工期及工程涉及的功能世所罕有。

1993 年，三峡工程业主——中国长江三峡工程开发总公司主持召开了三峡工程首次对外招标，即"三桥一隧"的招标。所谓"三桥一隧"，指的是黄柏河大桥、下牢溪特大桥、乐天溪特大桥三座大桥和全长达 3000 多米的木鱼槽隧道。三峡工程第一标招标时，群雄逐鹿，中央各部委系统的数十家骨干施工企业积极参与，都把夺得三峡工程第一标作为无上光荣，立志在三峡工程中大展拳脚，青史留名。而水电十四局以"舍我其谁"的气概参与竞争迎接挑战，凭借良好的社会信誉及强劲的实力拿下第一标，毫无争议地承建了木鱼槽隧道进口端。

此后，水电十四局又与水电一局、水电十一局组建了以十四局为责任方的三联公司，与水电四局组成了以水电四局为责任方的青云公司参与投标。两个公司都中标了三峡工程项目，其中三联公司一举中标长江三峡永久船闸工程，这一工程是三峡工程五大组成部分之一。永久船闸二期工程包括 15 条输水平洞、12 条斜井、36 条竖井，地下石方开挖总量达 71 万 m^3，洞井开挖总长度 3714m，工程量大，工期长，结构复杂，像一座地下迷宫。三联公司采用先进项目管理方法，走出了一条具有中国特色的项目管理新路子。

能够参与这样一个跨越百年的伟大工程，无疑又一次证明了水电十四局的实力及行业影响力。在三峡工程的施工过程中，水电十四局的项目管理法已经形成了较为完整的体系与运作机制，总结出了"均衡生产、文明施工、提高质量、确保安全、降低成本"的二十字施工口诀，并且在施工过程中通过规范的管理方式将其落到了实处，施工管理科学化、制度化、规范化，如期优质完成了施工任务，得到了业主和监理的好评，并取得了较好的经济效益（图 1-4）。

无论是小浪底工程还是三峡工程，水电十四局都严格控制工程进度及质量，并在国际大项目中努力学习国际工程管理经验，进一步完善项目管理方法，与国际全面接轨，加强企业队伍的锤炼，同时也不断将两大工程中的经验和做法运用到其他项目中。如水电十四局在新疆、广西、云南等水电工程上都采取了联营方式，与不同的施工单位组成了新云联营体、1478 联营体、滇桂联营体和 141 联营体参与竞标，以此提高中标效率，在建设项目的过程中则实现了合作共赢，共同进步。

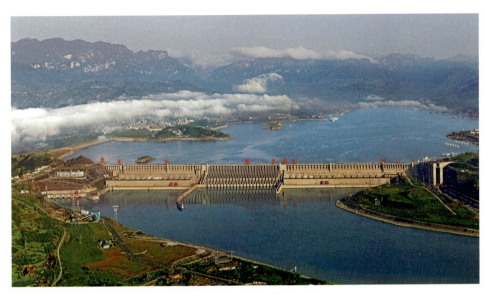

图 1-4　长江三峡水利枢纽工程

3. 南水北调工程

南水北调工程是我国的战略性工程，旨在通过调水工程解决国内水资源分布不均问题，提高水资源综合利用效率。南水北调工程规划共有东线、中线和西线三条调水线路，通过三条调水线路与长江、黄河、淮河和海河四大江河的联系，构成以"四横三纵"为主体的总体布局，实现中国水资源南北调配、东西互济的合理配置格局。南水北调工程是世界上最大的调水工程，调水规模最大，工程横穿长江、淮河、黄河、海河四大流域，涉及 10 余个省（自治区、直辖市），规划年调水量 448 亿 m^3，土石方开挖量和填筑量分别达到 17.8 亿 m^3、6.2 亿 m^3，混凝土量 6300 万 m^3；工程的调水距离长，规划中的东、中、西线干线总长度达 6350km。南水北调工程一启动，作为水电劲旅的水电十四局就投身于这项重大的国家工程建设中，从 2005 年开始，水电十四局进行了南水北调中线京石段应急供水工程（北京段）西四环暗涵工程、惠南庄片项目工程及石家庄至北拒马河段应急供水工程、南水北调中线一期工程总干渠焦作 1 段和黄河北到羑河北焦作 2 段施工工程、南水北调中线一期工程天津干线工程西黑进口闸至有压箱涵段、保定市 2 段、廊坊市段工程、南中线一期工程总干渠陶岔渠首至沙河南（委托建管项目）白河倒虹吸工程等工程建设。施工期间，水电十四局员工秉承生态环保理念，勇于担当，冒酷暑、战严寒、迎风沙、忍寂寞，研究措施，改进工艺，攻克一个又一个技术难关，团结协作，以创新务实精神推进工程建设，为中国水网的建成、中国水环境的治理及中国水安全的贡献自身力量（图 1-5）。

图 1-5 南水北调工程

三、全面拓展，多业并进

伴随着中国经济的发展，水电行业也发生了巨大的变化，水电开发从大规模集中发展进入适度有序开发阶段，重大项目越来越少，而开发的成本也越来越高。面临这一情况，多家水电企业一方面进行市场开发，加大国际市场开发力度；另一方面拓展业务，加大相关多元化发展，走"大建筑"发展道路。而水电十四局顺应这一趋势变化，及时转换赛道，寻求新市场新业务，由国内市场转向国际市场，由水电施工走向大建设。

（一）勇于开拓，进军国际

水电十四局早期建设的喀麦隆拉格都水电站和中非姆巴利水坝工程给公司带来了良好的国际口碑，历年海外工程施工积累了丰富经验，提高了企业施工管理协调能力，这些条件为水电十四局进军海外市场奠定了坚实基础。1994年，水电十四局获得对外经营权后，积极进军国际市场，完成了约375.78亿元人民币的国际项目建设收入，累计签订了约643.57亿元人民币的合同金额，建设项目遍及缅甸、老挝、泰国、斯里兰卡、马尔代夫、马来西亚、新加坡、喀麦隆、中非、马里、塞内加尔、加蓬、刚果（金）、刚果（布）、马达加斯加、厄瓜多尔等20多个亚洲、非洲和南美洲的国家和地区。其范围也超越了水电行业，建工程项目涉及电站、水利、公路、桥梁、轨道交通、市政、房建、矿山、机场、新能源等领域。

（二）锐意进取，跨界破界

与此同时，水电十四局凭借在水电建设行业积累下的丰富建设项目经验，在国内市场上跨界开拓，多元发展，全面迈进大建筑发展阶段。在公路、铁路、地铁、市政、环保、火电工程等领域承建了多项工程。先后参与了云南、四川、福建等地多条高速与高等级公路工程建设，开展了广州、西安、天津、成都等地的地铁建设，承接了京沪、内蒙古、贵广、青藏铁路的部分工程建设。此外，在水环境综合利用方面进行了新的业务拓展，承建了云南、四川等地的水务工程，参与了珠三角地区水环境治理，并且进入火电工程以及多项市政及工业与民用建筑工程领域，还进一步地切入了风电、核电等新能源领域。

在跨界开拓的过程中，水电十四局继续发扬与传承鲁布革精神，不断根据新的领域调整项目管理方法，在技术上积极创新，在管理上提升效率，以技术标准制订施工目标驱动项目运行，科学合理编制施工进度网络计划和施工措施，细化节点目标，在管理中重视日报制度，要求信息公开透明，及时精准，从而取得了高效的项目建设结果，在多个领域获得业主方的认可与褒奖。

（三）勇于创新，再攀高峰

一路奋发，一路向上，在社会主义市场经济体制建设的过程中，水电十四局深知只有不断创新，才能在市场竞争中获得持久的竞争优势。多年来，水电十四局一直是行业内的创新者和改革者，不断追随市场变化和技术变化，关注技术创新和管理创新，勇于创新，敢于学习新机制、新方法，因地制宜进行设计，而在拓展市场与跨界发展的过程中，针对不同的项目和领域，不断学习新知识，革故鼎新，与时俱进，在提升企业创新能力的同时，培育了大量的专业人才。

多年的改革与发展结出了累累硕果，水电十四局打造出了属于自己的金字招牌，工程质量过硬、公司实力雄厚、信誉卓著。公司参与建设的项目多次获得"中国建筑工程鲁班奖""中国土木工程詹天佑大奖""大禹水利科学技术奖""国际堆石坝里程碑工程奖""国家优质工程金质奖"等行业内最高科学技术奖项。公司多次被评为"全国建筑业科技领先百强企业""全国建筑业科技进步与技术创新先进企业""全国建设科技进步先进集体""中施企协技术创新先进企业""中国水电建设集团公司科技进步先进企业""云南省百强企业"；公司的管理模式及精神文化建设也屡获佳绩，企业多次被评为"推进工程项目管理中国优秀企业""全国优秀施工企业"。公司还获得"全国工程建设企业管理现代化成果一等奖"和"国家级企业管理现代化创新成果二等奖"。

此外，水电十四局还拥有较高的社会信誉，多次获得"全国百家产品质量信得过企业"，连续 28 年获得"守合同、重信用企业""全国电力行业首批 AAA 级信用企业""中国优秀诚信企业"；被授予"全国用户满意工程企业""全国用户满意施工企业""全国和谐劳动关系优秀企业"等荣誉称号；同时，注重思想政治工作，获得"国务院国资委思想政治工作先进单位""中央驻滇企业党建工作先进单位""云南省企业党建工作先进单位"等荣誉称号。

60 多年来，地处西南边陲的水电十四局一直高举党旗，不忘初心使命，勇于担当作为，和共和国一起同呼吸共命运，解放思想，改革开放，励精图治，不断成长进步。

第四节 奋进：走进新时代

党的十八大报告重申"两个一百年"奋斗目标，绘制了全面建成小康社会、加快推进社会主义现代化的宏伟蓝图。2013 年，第十二届全国人民代表大会与第十二届人民政治协商会议把党的主张通过法定程序转化为国家意志，转化为各族人民实现"中国梦"的共同行动。十八大报告提出："深化改革是加快转变经济发展方式的关键。经济体制改革的核心问题是处理好政府和市场的关系，必须更加尊重市场规律，更好发挥政府作用。"

新时代，必然带来新征程与新任务，水电十四局全面深入学习理解党中央的战略蓝图，传承鲁布革开拓创新、奋斗进取的精神，在新时期创造了新辉煌，2019 年荣膺中华人民共和国成立 70 周年"功勋企业"称号。

一、新时代新机遇

（一）十八大召开后电建集团提出发展新思路

2011 年，为符合行业发展与国家战略的需要，国家电力体制改革、国有企业布局结构进行调整,成立了中国电建集团,水电十四局成为中国电建集团的子公司,并发展成为集团的骨干企业。

2012年,党的十八大胜利召开,国有企业改革提速,而此时的电建集团已跻身世界500强,经营规模和经济效益持续快速增长,国际国内市场影响力和行业地位明显增强,成功跨入A级中央企业行列。电建集团提出了承担"大使命",实施"大集团、大市场、大品牌"战略,提供集成式、全产业链、综合性基础设施建设服务,在清洁可再生能源和水利工程建设行业奋力争先,力争发展成为拥有核心技术和国际知名品牌,成为具有较强国际竞争力的质量效益型、世界一流、综合性建设集团战略目标。

在此战略目标指引下,中国电建集团进一步强化自主经营、自负盈亏、自我发展、自我约束的市场竞争主体作用,要求各子公司各经营单位基于集团公司的战略目标制定企业发展目标,并在经营战略、市场领域、产品结构、商业模式、科学技术等方面进行转型升级;在内部管理上推进管理机制改革,以降低交易成本为目标,深化内部体制机制创新,调整结构转型升级,进行精益管理,走质量效益型发展之路。

(二)把握机遇,主动迈向"大建筑"

作为水电行业的改革先锋,水电十四局在建局的六十多年来,与时俱进,不断改革创新。2011年电建集团成立之前,水电十四局以水电劲旅、地下铁军闻名于整个建筑行业,全国大型水电站80%的地下厂房工程都由水电十四局承建。随着经济形势的变化,水电十四局响应集团"大建筑"发展战略构想,主动进军高铁、地铁、高速公路等建设项目,在风电、核电等新能源行业异军突起,成为水环境综合治理新秀。同时,水电十四局的角色也发生了改变,从原来单一的建设者发展成为总承包商,从建设模式转变为"投资、建设、营运"于一体的发展模式。

(三)新使命与愿景

结合电建集团的发展战略,根据已有的发展经验,水电十四局深刻意识到企业文化建设是有效管理模式产生的土壤,而清晰明确的企业使命与战略目标将在工作中发挥重要的指引作用。为此,公司努力建设特色企业文化,明确新时期的企业使命,为企业的发展指明了方向。

水电十四局以"和建天下,品臻致远"的八字箴言作为企业使命,并提出跟随集团脚步建设和谐共荣的商业生态，成为集团价值链的重要组成单位。公司2016—2020年规划中明确了战略定位：要将水电十四局建设成为集科研设计、施工和投融资经营于一体，以国内基础设施工程、国内水利水电工程和国际工程三大核心业务为主，资产经营为重点，管理现代化、经营国际化、具有较强竞争力的质量效益型的国内一流综合性建筑企业和中国电力建设集团股份有限公司骨干企业。

"和建天下"是一种态度，也是一种胸怀，志在通过建设和谐的商业生态，打造亲和、道和、和睦、和谐的"四和工程"。"品臻致远"是目标也是标准，展示出水电十四局对工程质量精益求精的追求，也体现出水电十四局对企业成长特质的要求。在这一使命与目标的指引下，水电十四局在具体目标制订、企业运营管理、人力资源培训、企业文化建设方面进行了详细的阐释与任务分配。

二、新时代新发展

新时代，为实现将公司打造成为建筑工程总承包商、基础设施投资运营商和清洁能源开发经营商的战略目标，水电十四局进一步做好企业文化领航工作，用"三水七魂"注解团队精神，以三足鼎立引领企业发展，以三维拓展促进企业运营。

（一）山水文化承载新时期企业精魂

水电十四局适应企业的战略调整与业务变化，在鲁布革精神的基础上将企业文化内核进行了丰富与扩容，让企业精神的承载体完成了由单一铁军精神向含义丰富的"山水精魂"的转变。山水文化强调了水电十四局在企业发展过程中刚柔并济的特点，既能长年累月奋斗于高峡深山，吃常人不能吃得苦，又总是走在管理变革的前沿，能因时求变，像水一样适应形势变化，一次次成为改革的先锋模范，而这也是鲁布革精神的传承与发展。

（二）三足鼎立战略引领企业发展方向

水电十四局基于历史沿革提出了三足鼎立发展的企业战略。三足鼎立有两个含义：

第一，在业务发展上，保持原有业务优势，巩固水利水电业务与大建筑业务的优势，同时结合国家"一带一路"发展倡议，努力发展国际业务。将国内基础设施工程、国内水利水电工程和国际工程三大业务发展成为公司核心业务，积极发展清洁能源。

第二，在市场角色上，由单一的建设者转变为建设者＋投资者＋运营方的结合者。为此，企业要强化建筑的科研设计、施工和投融资经营能力，能通过角色的转变带来更多维的收入来源。

（三）三维拓展模式促进企业运营

结合企业战略进行了企业运营模式的变革，提出了"三维拓展"运营模式。通过"产业链"、"产品线"和"市场半径"三个方向开拓市场。通过全方位扩大发展规模，优化公司业务结构，使公司发展与产业趋势保持一致。如图1-6所示，在产业链条上从施工环节出发，打通企业价值链条，拉通企业从科研设计到项目运营的环节，完成完整的价值创造，同时在多个行业完成企业核心产品的构建，并以现有的区域市场为基础，实现国内、国际市场的突破。总而言之，让企业的运营从扁平化向立体化转变，形成独具特色的商业生态运营系统。

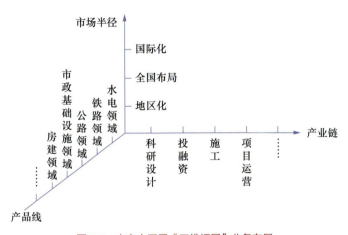

图1-6　水电十四局"三维拓展"业务布局

三、新时代新成效

党的十八大以后，水电十四局的发展取得了骄人的成绩，企业产值大幅度提高，业务转型顺利进行，企业内生发展能力及动力增强。

（一）新时代企业发展成效

1. 企业经营规模持续扩大，业务板块更趋合理

从2001年到2020年，水电十四局的产值快速增长，从15.94亿元增长到236.58亿元，具体如图1-7所示。除规模扩大外，企业利润也实现了巨大增长。

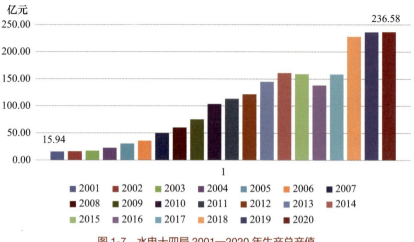

图1-7 水电十四局2001—2020年生产总产值

与之同步的是，水电十四局的业务结构也处于不断调整中，国际业务整体呈现上升趋势，在国内能源电力业务中，传统的水利水电业务下降明显，新能源崭露头角；地铁、铁路、公路等基础设施业务发展迅速，水资源与环境业务异军突起。水电十四局发展成为在新型业务中拥有核心竞争力的国内一流建筑企业，具体如图1-8所示。

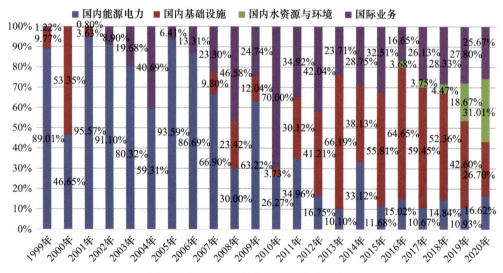

图1-8 水电十四局各业务板块新增合同占比

2. 不断创新组织结构，调整管理模式

水电十四局结合企业使命与愿景，不断完成组织变革与管理体制改革，根据国际业务战略目标成立了海外事业部董事会和"亚太、非洲、美洲"3个洲际事业部，改组了海外事业部；结合企业的税收要求，实现了企业分公司的并入；结合企

业业务发展的要求，将轨道分公司等八家分公司改成事业部／中心制；对原曲靖分公司、大理分公司进行同质化重组整合，成立了土木工程事业部；2020年按照"战略＋运营管控型"的定位，完成了水电十四局总部机构改革。

3. 明确权责，加快现代企业制度建设

结合国有企业改革方案及"双百行动"，顺利实施股权多元化改革，引入战略投资者，积极推动混合所有制改革。同时，以制度为驱动，建立健全法人治理结构，构建"制衡有效、权责对等、各司其职、运转规范"的法人治理体系，完成了以公司章程为基础、以各治理主体议事规则为主体、以相关配套规范性文件为支撑的公司治理制度体系建设，有效推动"三会一层"以制度约束、按章程行权、依规则运行。

4. 完善市场化经营机制，有效降低了企业的交易成本

在水电十四局总部层面、二级经营单位层面全面实施经理层任期制和契约化管理，与各级管理层签订了"两书一合同"，使职责权限、目标责任、业绩利益、续聘退出相统一、相挂钩，积极落实经营管理层权责清单制，充分予以授权放权，以授权进行赋能，激发经营层内部活力。同时，在人才激励上，建立市场化中长期薪酬分配机制，在二级单位经理层及项目部试行限制性虚拟股权激励、超额利润分享、绩效奖金递延考核兑现等组合式中长期激励措施，形成岗位靠竞争、业绩看考核、收入凭贡献的良好竞争氛围。

（二）新时期的发展格局

2020年，水电十四局已经快速发展成为集水利水电、公路、铁路、城市轨道交通、市政环保、房屋建筑施工和勘察设计、产业投资运营为一体，经营范围覆盖国内外的大型综合建筑企业，跻身中国建筑业百强。

新时期，水电十四局构建了以建筑业、新能源发电、装备制造和高速公路运营结合的"一主三辅"发展格局。"一主"是建筑业，"三辅"则是指能源发电、装备制造和高速公路运营三大业务。

1. 做大做强"一主"业务

"一主"业务包括水利水电业务、基础设施业务及国际工程。

在水利水电业务方面，水电十四局承建、参建了多项国家重点水电工程及引水调水等水利工程，同时在国外也参建了多项水利水电工程。除鲁布革电站和广蓄电站外，参建了在世界排名靠前的三峡、溪洛渡、白鹤滩等特大型水电站，打造出船

闸地下输水系统、地下厂房、尾水系统等精品工程，不断树立行业新标准。基础设施业务方面，作为中国电建第一个高速公路"鲁班奖"获得者，水电十四局先后参建福建、四川、新疆、贵州、重庆、云南等省份的公路工程，并且形成新的核心竞争优势。自 2008 年开始涉足铁路施工领域，先后参与京沪、贵广、西成、中老等铁路建设。在城市轨道交通工程建设中，先后参建了广州、天津、西安、无锡、深圳、成都、武汉、昆明、郑州等城市轨道工程。公司的水资源与生态治理业务不断取得新突破，先后参建了深圳茅洲河水环境治理、王母河水环境治理、广州白云城中村污水治理改造、深涌流域等黑臭河涌综合整治工程、东莞市石马河流域综合治理、安徽省南陵水环境综合治理、惠州金山新城水资源项目、龙岗河流域观澜河流域消除黑臭及河流水质保障工程等。

尤其需要强调的是，无论是在传统水利水电行业，还是在大建筑领域，水电十四局一直服从国家战略安排，积极投身于国家重大工程项目建设中。川藏铁路是习近平总书记亲自谋划、亲自部署、亲自推动的世纪性战略工程，政治意义和战略意义重大，是工程界的"珠穆朗玛峰"，具有技术含量高、工程风险大、施工难度大等特点。2020 年，川藏铁路进入工程实施阶段，水电十四局中标川藏铁路雅安至林芝段的 CZXZZQ-1 标段，这是川藏铁路雅安至林芝段先期开工段"两隧一桥"及施工供电工程 7 个标段中中标金额最大的一个项目，高达 44.69 亿元。施工以来，水电十四局根据"精品工程、安全工程、绿色工程、创新工程、廉洁工程"的要求，以将川藏工程打造成样板工程、百年工程，建设成为经得起历史和运营检验的精品工程为指导思想，按照"引领建造、勇争第一"的总体要求，加强班子建设，要求班子成员忠实履行职责、精诚协作、不惧艰难，充分发挥项目管理核心领导作用；同时，充分发挥项目经理的管理作用和基层党组织的战斗堡垒作用，坚持以"建设一流工程，创建一流队伍，培养一流人才"为目标，着手打造富有战斗力、凝聚力的优秀团队，认真分解各项工作任务，不断优化施工方案，加大技术攻关力度，科学安排施工组织，狠抓安全生产责任，重视生态环境保护，切实做好疫情防控工作，高质量推进工程建设。施工以来，水电十四局攻坚克难，率先完成征地拆迁等工作，在色季拉山隧道施工中应用"钻爆法＋TBM 法"，对 TBM 设备运输、组装和运行制定管理计划；尼洋河特大桥采用多线平行施工，搭载"一平台五系统"实现项目管理信息化，从"人机料法环"五方面组织生产，确保"桥快隧稳"，采用先进工艺、设备降低施工成本，保护了当地脆弱生态环境。水电十四局项目部还在川藏铁路"开工即优，首战必胜"的劳动竞赛活动中获得西藏段第一名、全线第三名的好成绩，高超的现场施工组织管理能力提高了生产效率。水电十四局还注意环境保护，在项目施工中贯彻落实习近平总书记关于"绿水青山就是金山银山"的建设理念，如在林芝镇横洞项目施工中，项目部开创性地采用零刷坡进洞，进洞29m就完成首板明洞浇筑，避免大量刷坡对地表植被的破坏，确保软弱围岩地层隧道安全进洞施工，这一做法受到了中国环境监测总站的高度赞扬，为川藏项目高起点高标准高质量建设奠定了坚实基础（图1-9）。

图 1-9 川藏铁路色季拉山隧道出口

国际工程方面，水电十四局以亚太、非洲、美洲事业部为依托，不断加大属地化经营规模，倡导绿色文明、合作共赢，持续开拓具有较强竞争力的国际工程市场。

2. 积极开拓"三辅"业务

"三辅"具体包括能源发电业务、装备制造业务和高速公路运营业务三大支柱业务。

能源发电业务方面，水电十四局自主投资建设大理风力发电、光伏发电项目群等多个能源发电项目，控股运营电力项目7个。装备制造业务方面，水电十四局与中铁工程装备集团有限公司合资成立中铁电建重型装备制造有限公司，建设西南最大盾构装备制造基地，已成功下线我国自主研制的国内第一台最大直径敞开式硬岩掘进机"彩云号"。高速公路运营业务方面，参与投资建设并运营晋红高速公路、江通高速公路，自主投资建设并运营贵州凯里环城北高速公路、宜昭高速公路等超百亿的大型基础设施。

水电十四局的发展与中国改革开放的历史进程紧密地结合在一起，是千千万万为中国经济发展作出了伟大贡献的企业缩影之一，在建党一百周年之际，本书回望历史，将从以下七个方面梳理与研究水电十四局的发展历程，总结经验，探索企业内在发展规律，以为企业的后续发展提供有益的借鉴。

第一，在党建引领下，水电十四局坚守弘扬企业精神，重视发展企业文化，营造企业发展有我、干事必成的企业生态，发扬团队精神，凝心聚力，以文化兴企，以人才强企，提升公司整体竞争力。

第二，水电十四局顺应时代发展要求，创新经营模式及管理体制，激发企业内生活力。

第三，从项目法施工尝试到项目法施工探索和完善，水电十四局建立了完善的项目管理体系，通过制度建设和管理升级提升生产经营效率。

第四，水电十四局重视技术创新，充分利用吸纳内外资源，创新驱动企业内生发展。

第五，水电十四局围绕核心能力，动态开拓多元化，在新领域中获得竞争优势。

第六，水电十四局是走出国门，参与国际竞争的先行者，一直谋求在更广阔的世界舞台上获得更长远、更高质量的发展。

第七，水电十四局不忘初心使命，勇于担当，积极履行社会责任，让社会责任赋能企业发展。

对于各方面经验的形成及其发展，本书将在具体章节中进行阐释。通过全面的经验总结，系统地梳理，深入地思考和深刻的剖析，水电十四局将以史为鉴，传承发展鲁布革精神，奋发进取，在新征程中取得更大胜利。

第二章

党建引领，凝心聚力

坚持党的领导、加强党的建设，是我国国有企业的光荣传统，是国有企业的"根"和"魂"，是我国国有企业的独特优势。

文化是一个国家、一个民族的灵魂。文化兴国运兴，文化强民族强。没有高度的文化自信，没有文化的繁荣兴盛，就没有中华民族伟大复兴。

人才是实现民族振兴、赢得国际竞争主动的战略资源。要坚持党管人才原则，聚天下英才而用之，加快建设人才强国。

——习近平

坚持党的领导、加强党的建设，是国有企业的独特优势，也是新时期国有企业党建工作的根本要求。在党的领导下形成的优秀团队是企业发展的重要基石，而企业文化是团队的灵魂，一个企业只有有了自己的特色文化，才能够将不同年龄、不同学历、不同经历的人紧紧凝聚在一起，使之具有积极向上的强烈意愿以及为了共同的目标而努力奋斗的实际行动。

水电十四局60多年的辉煌历程离不开党的领导、企业文化的指引以及全体员工的共同努力。60多年来，水电十四局充分发挥党的核心领导作用，坚守正确的政治方向，立足于高品质的工程建设，不断践行初心使命。在项目的建设中磨炼了"和建天下，品臻致远"的胸怀和品质，在山川的磨砺中铸造了具有企业特色的"山水文化"，以山的品格、水的智慧打造出一支专业高效的团队，带领水电十四局不断走向辉煌。

第一节　坚持党建引领，铸就卓越团队

国有企业作为承担新时代高质量发展历史使命的先锋队，要坚定不移地坚持和加强党的全面领导，切实发挥国有企业党组织的引领作用，扎实推进党的建设与生产经营的深度融合，做到"四个充分体现"，以深度融合发挥新优势、体现新成效，推动国有企业做大、做强、做优。

一、发挥国企党建的政治引领，领航公司发展方向

习近平总书记指出，国有企业是中国特色社会主义的重要物质基础和政治基础，是我们党执政兴国的重要支柱和依靠力量。国有企业的发展必须高举中国特色社会主义伟大旗帜，以党的意志为意志，以党的方向为方向，确保党中央决策部署贯彻落实，做到有令即行、有禁即止。

水电十四局坚持以习近平总书记新时代中国特色社会主义思想为指导，以党的政治建设为统领，以坚定的理想信念宗旨为根基，全面推进党的政治建设、思想建设、组织建设、制度建设、作风建设和纪律建设，筑牢企业的"根"和"魂"；在制定公司发展方向、发展战略、发展规划以及产业布局上，水电十四局全面贯彻落实党的路线方针政策，牢固树立并贯彻落实创新、协调、绿色、开放、共享的发展理念，全方面、全过程贯彻执行党中央、国资委和中国电建的发展要求和决策部署，充分发挥国企党组织"把方向、管大局、保落实"的重要功能，确保公司正确的发展方向和发展道路。

按照新时代国企党建工作的新要求和新任务，水电十四局从严落实《关于新形势下加强和改进基层党的组织建设的意见》，明确了党组织在公司治理体系中的地位和作用，把党建工作要求纳入公司章程，把党的组织内嵌到公司治理结构中，切实把党的领导融入公司治理的各个环节。水电十四局建立和完善了董事长、党委书记一人担任，党委委员总经理兼任党委副书记，"双向进入、交叉任职"的领导体制；修订了公司章程，健全了公司党委会议事规则、董事长办公会议事规则、总经理办公会议事规则等，确保在决策程序上，党组织研究讨论是公司决策重大问题的前置程序；进一步阐明了党组织在决策、执行、监督各环节中的权责和工作方式以及与其他治理主体的关系。同时，公司还要求各级党组织将党建工作与中心工作结合起来，一起谋划、一起部署、一起考核，实现同频共振，在全盘工作中必须发挥

党组织的领导核心作用，在落实各项任务时必须充分发挥党建工作的政治保障作用，在攻坚克难时必须积极发挥党员的先锋模范作用，使党建工作成为助推公司发展的"红色引擎"，把党的政治优势转化为推动公司做大做强做优的竞争优势。

正是在党建的引领下，水电十四局快速发展成为国内最具竞争力的综合性建筑企业，目前已初步构建起以建筑业、新能源发电、装备制造和高速公路运营为核心的"一主三辅"发展格局。

二、发挥国企党建的组织引领，破解公司发展难题

基层组织是党的全部工作和战斗力的基础。加强和改进国有企业党的组织建设，充分发挥党组织的政治核心作用，不仅是国有企业改革和发展取得成功的重要保证，也是建立现代企业制度的客观要求。

水电十四局根据"生产经营和改革发展推进到哪里，党的组织和活动就开展到哪里"的原则，通过"四同步四对接"，在下属单位及项目中做到了党的基层组织和党的工作全覆盖，并以全面加强基层党组织建设推动了员工队伍建设。例如，华南事业部将党的政治、思想、组织、作风、纪律、制度建设和反腐败工作全部融入企业生产经营、改革发展等中心工作中，坚持做到"党建是统领，发展是目的，既要抓好中心工作，又要抓好党建工作，充分发挥党组织总揽全局、协调各方的领导核心作用"。在探索区域化管理模式过程中，华南事业部实行了归"类"管"群"的模式，把分散在广东江门、浙江杭州以及上海的38个大小项目进行有效整合，构建为3个项目群，统筹资源，共享优享，形成优势互补。同时，将项目群的党建资源和力量有效整合，形成合力，按照"片区党支部＋基层党小组"模式开展活动。江门片区成立了党支部，15个子项目部成立了党小组，实现了党员队伍的统一管理，党建工作全面加强；片区党支部还充分发挥统领作用，与项目所在地公路局机关党委下辖的5个机关支部结对共建，以"党建进工地，支部建在项目上"为主题开展活动，这样的做法既促进了党建，也推动了项目建设。

另外，水电十四局还积极开展选树基层党组织建设示范点工作，通过设立党员示范岗、建立党员责任区、成立特色党小组、推行"党建＋（进度、质量、安全、征地拆迁等）"模式等，将党组织活动"内嵌"到企业的生产经营工作之中，进一步破解了党建与生产经营"两张皮"问题，为项目的生产经营提供了强劲动力。如白鹤滩项目部党委在"大党建"工作推进过程中，提出"一个党员一面旗帜，五带

"五争五推进"的基层组织建设方案，有力激发了党员的先锋模范作用。设备运营中心党委提出"党员+群众"模式促进效益提升，工程机械施工项目部在党支部书记的带领下，在湛江地下油气库施工中创下了 3 部台车 1 个月总造孔 80372m、1 部台车 1 个月造孔 33393.5m 的历史纪录，造孔进度比正常情况下高出 3 倍。

三、发挥国企党建的思想引领，汇集公司发展活力

开展思想政治工作是国有企业党组织的基本功能，是党组织在国有企业发挥"根"与"魂"作用的主要手段，也是党组织在国有企业独特优势的重要表现。习近平总书记在 2016 年全国国有企业党建工作会议上强调："要把思想政治工作作为企业党组织一项经常性、基础性工作来抓，把解决思想问题同解决实际问题结合起来。"党的十九大报告中指出，"思想建设是党的基础性建设，要不断增强党的思想引领力；要把基层党组织建设成为宣传党的主张、贯彻党的决定、领导基层治理、团结动员群众、推动改革发展的坚强战斗堡垒。"为此，水电十四局始终把思想建设摆在突出位置，以思想建设补精神之钙、固思想之元、守为民之本。

水电十四局坚持把坚定理想信念作为思想建设的首要任务，党委工作优先部署，党员教育重点安排，大力开展党性教育，着力解决好员工的世界观、人生观和价值观问题。一是上好党史教育必修课。水电十四局把党史教育作为党员干部学习培训的必修课，纳入各级党委理论中心组和基层党支部"三会一课"的学习中。组织党员干部进党校、入课堂集中培训，系统学习党的知识，体验"红色激情教学"，强化学习效果。公司领导班子成员以身作则，率先垂范，深入定点联系的党支部讲党课、学党史，与广大党员一起受教育、强党性。二是学好经典榜样见行动。水电十四局各级党组织广泛开展了"读经典、学榜样、强党性"活动，通过研读马克思主义经典著作、通读《习近平谈治国理政》，组织观看《焦裕禄》《杨善洲》《榜样》等先进人物事迹影片，引导广大党员干部重温经典，学习榜样，用实际行动践行共产党员的初心使命。

同时，水电十四局把加强理论武装作为思想建设的重要内容，摆在学习的首要位置，不断拓宽学习的深度和广度，切实用党的科学理论武装党员干部，教育员工群众。一是完善制度规范学。水电十四局党委不断完善以各级党委理论中心组为龙头，以中层领导人员为重点，以基层党支部学习为基础，一级抓一级、层层抓学习的理论学习模式，做到了学习的制度化与规范化。二是集中培训强化学。水电十四

局党委通过举办专题学习培训班、"送党课下基层"、开展主题党日活动等形式，全面加强党员教育培训工作，将政治理论学习、党风廉政教育、专业知识培训融为一体，实现党务知识与业务能力的同步提升。三是拓宽渠道全员学。公司党委在开展好集中宣讲，报纸、电视、网站专题解读等传统理论宣传手段的基础上，充分发挥网络媒体传播速度快、覆盖面广、形式鲜活的优势，通过微信、QQ群、手机APP等载体推送学习文章，开展学习竞赛，营造浓厚学习氛围。

通过党建的思想引领，水电十四局形成了各级党组织坚强有力、党员干部永葆共产党人政治本色、干部员工勠力同心的良好局面，构建了和谐稳定、团结奋斗、勇于创新的文化氛围，极大地激发了员工干事创业的激情，有力地促进了公司各项事业的高质量发展。

四、发挥国企党建的作风引领，筑牢公司廉洁防线

党风廉政建设是立党之本、治国之纲。落实党风廉政建设工作，是国有企业党的建设和公司治理的重要内容，不仅有利于实现国有资产的保值增值，而且可以为企业的经营管理提供强有力的政治保障。事实证明，党风廉政建设是促进国有企业改革发展，实现价值创造的重要基石，是保证国有企业持续健康稳定发展的必然要求。

为确实发挥党建的作风引领，水电十四局持续正风肃纪，全面推进从严治党持续向纵深发展。通过"四举措"，进一步增强了党员干部及广大员工的廉洁从业意识，营造了风清气正的政治生态，筑牢了公司的廉洁防线（图2-1）。

图2-1 获得荣誉

（一）加强廉洁教育，筑牢思想防线

水电十四局通过党委理论中心组学习、理论研讨、专题讲座、"三会一课"等

方法和途径，深刻领会党的十九大和十九届中央纪委第二次全会精神，认真学习习近平新时代中国特色社会主义思想，贯彻落实中央"八项规定"精神、《中国共产党党员领导干部廉洁从政若干准则》、廉洁从业若干规定等，切实增强各级党员干部的党性修养和廉政意识；并深入开展关键岗位廉政风险防控，组织党员干部进行党纪法规知识测试，每逢重大节日节点发送廉政短信，深入基层开展警示教育宣讲等，教育引导党员干部及员工进一步增强廉洁自律意识，筑牢拒腐防变"防火墙"。

（二）完善责任体系，强化纪律执行和问责惩处

水电十四局进一步修订推进"两个责任"落实的指标体系，逐步形成了明责、定责、履责、督责、问责的"五责"管理链条；针对公司关注的重点问题、群众反映的热点问题以及工作中遇到的瓶颈问题，找准问题的切入点和关键点，积极采取措施，有效减少和制止违规违纪行为的发生；对党员干部中出现的一些倾向性问题，及时开展廉政谈话和诫勉谈话，把问题化解在萌芽状态；对涉及人财物的重点部门、重要岗位人员经常开展廉政提醒谈话，做到抓早抓小、防微杜渐；严肃纪律审查和执纪问责，正确运用监督执纪"四种形态"，真抓真管，敢于碰硬，严厉惩处各类违法违纪现象。

（三）夯实廉洁制度，构建预防体系

水电十四局从公司的实际出发，对现有的党风廉政建设制度进行了全面系统地梳理，针对如何进一步加强新时期企业党风廉政建设工作，提出了更为明确规范的要求，凝练出框架清晰、条理完整、适用性强的制度办法，切实提高制度的科学性和规范性，把效能监察融入企业生产经营管理的全过程，树牢干部员工的底线意识、纪律意识和责任意识，切实提升拒腐防变能力，营造干事创业的浓厚氛围。

（四）强化监督检查，规范企业管理

水电十四局严格落实领导干部党风廉政"一岗双责"制度，建立健全监督体系，坚持事前监督把住源头，事中监督控住重点，事后监督守住出口，重点加强对领导人员行使权力、重要岗位和重点人员、重要时间节点、重大事项以及工作纪律执行情况的监督检查，通过严执纪、强监督，构建起"不想腐、不能腐、不敢

腐"的"三不腐"机制，为水电十四局的高质量发展营造出一个清正廉明的良好环境。

第二节　坚守初心使命，打造特色文化

文化是企业的灵魂，是企业繁荣的精神支柱，是企业延续的血脉。一个企业，阶段性的财富与功绩终将尘封于发展的长河，唯有文化的烙印，如相传的薪火，代代传承，将事业点燃，将历史升华。

从改扩建中国第一座水电站——昆明石龙坝电站起步，60多年来，水电十四局以忠诚敬业、艰苦奋斗、顽强拼搏的精神，锐意进取，改革创新，立足云南、面向全国、走向世界。彩云之南的巍峨群山和宽广高原，培育了水电十四局人坚定、担当、务实的大山品质和高远、开放、包容的高原情怀。60多年的征程，水电十四局从筚路蓝缕到事业中兴，铸就了自己的核心竞争力，培育了自己的企业文化，成为国内最具竞争力的综合性大型建筑企业，"地下铁军"声名远播，"水电劲旅"功绩不凡，品牌影响日益扩大，在中国水电发展史上谱写出灿烂的篇章。"铁军"和"劲旅"的称谓不仅是水电十四局60多年发展的历史见证及全面肯定，也是水电十四局企业文化的完美诠释和团队精神的集中体现。

一、企业文化的形成与发展

回顾水电十四局60多年的风雨历程，其企业文化的发展经历了文化基因积淀、文化基因冲击、新文化基因注入和特色文化创新四个阶段。从鲁布革精神的传承，到铁军精神的打造，再到新时代山水精神的创新，镌刻着深厚的传承根基，凝聚着丰富的精神财富，成为一代代水电十四局人奋勇拼搏、阔步发展的强大动力。

（一）文化基因沉淀

水电十四局建局初期，大批的水利专家、规划设计人员、施工人员肩负着国家的重任，积极响应祖国的号召，从全国各地汇集到云南，奋战在云南的大江大河之畔，展开了"三河大会战"，兴建了10余座梯级水电站及一批地方小型水电站。在艰苦

的施工环境中,水电十四局攻坚克难,依靠着手风钻、斗车、三角耙、撮箕等原始的施工工具,高质量地完成了一个个项目,为云南的地方经济发展提供了强大动力,而企业也逐步建成了经验丰富、自力更生、吃苦耐劳的团队,成为云南经济发展与工业体系的中坚力量。第一代水电人用他们的实际行动诠释了家之责任与国之使命,用他们的坚毅品质与奉献精神,开启了中国水电发展历史的新征程(图2-2)。

图2-2　20世纪50年代建设以礼河电站场景

(二)文化基因冲击

1984年,鲁布革电站开工建设。鲁布革全新的招标方式、施工管理体制、施工效率以及多国咨询专家、国外承包商、制造商带来的新技术、新设备、新管理、新经验强烈地冲击着长期处于计划经济时代的水电十四局,水电十四局深刻认识到国内传统水电施工做法与国际现行做法之间所存在的巨大差距,真切地感受到改革巨变所带来的极大危机及巨大挑战,意识到必须睁眼看世界,奋发求进步,才能在竞争中站稳脚跟。

面对鲁布革冲击,水电十四局选择了锐意改革,奋起竞争。在"为国争光,为局争气"口号的激励下,水电十四局认真学习国外先进的施工经验和管理模式,在工期延后的情况下按期实现了鲁布革截流,提前完成了厂房开挖,尝试了"项目法"施工。对水电十四局来说,"鲁布革冲击"既是一个挑战,也是一个机遇。它不仅增强了企业的改革意识,唤起了员工的竞争理念,推进了企业的跨越式发展,而且沉淀了企业"敢为人先的探索精神、勇于担当的拼搏精神以及务实敬业的进取精神"，这就是影响水电十四局几十年发展的"鲁布革"精神。正是在这种精神的引领下，水电十四局及其他水电企业不忘初心，砥砺前行，开创了中国水电发展历史的新局面。

（三）新文化基因注入

继鲁布革之后，水电十四局全面参与市场竞争，实施南下、东进、北上的战略挺进，在华南、华东、华中、华北承建了广蓄、天荒坪、天生桥、棉花滩等大型电站，并进军长江、黄河，参加了三峡、小浪底两个特大型工程的施工，在南水北调工程建设中持续跃进，成为竞争中的强者。20世纪90年代初，水电十四局以改革先锋的姿态，在广蓄项目中大胆实践"项目法施工"，独创了"均衡生产、文明施工、科学管理"的施工管理经验；在三峡、小浪底项目建设中，推进了中国水利水电工程项目管理的国际接轨；在南水北调工程中，实现了水利水电工程项目管理的法治化、规范化、专业化。

随着中国加入WTO，中国企业开始参与到了国际化竞争的浪潮中。水电十四局审时度势，提出了"树立大市场、大土木观念，实施全新内涵的多元化经营"思路，确立了"巩固传统的国内水电工程市场，优先发展国际业务，大力拓展国内非水电建筑市场"的发展战略，建立了跨行业文化和国际视野的管理理念，实现了战略转型。在这一过程中，水电十四局始终坚持"鲁布革"精神，以改革创新为动力，以市场竞争为先导，以做强企业为目标，积极推进项目施工管理的艰难探索，完成了由资源投入向创新驱动、劳动密集向扁平化管理、单一水电施工向工程总承包的多元化经营"三大转型"，在市场大潮中书写了新的时代答卷。

（四）特色文化创新

随着国际化和多元化战略的持续推进，水电十四局由单一从事水电施工的企业，快速发展成为集水利水电、公路、铁路、城市轨道交通、市政环保、房屋建筑施工和勘察设计、产业投资运营为一体，经营范围覆盖国内外的大型综合建筑企业，跻身中国建筑业百强。如今，国际业务已遍及亚洲、非洲和南美洲的国家和地区，项目达20多个涉及电站、水利、公路、桥梁、轨道交通、市政、房建、矿山、机场、新能源等领域。

面对国内水电市场日渐萎缩的严峻形势，在国家城镇化建设、新型工业化改造、城市规划交通兴建、高铁快速发展、公路网络状修筑等历史机遇下，如何调整发展战略,提升公司实力越来越显得迫切。为此,水电十四局根据市场变化及战略调整的要求,总结和提炼公司60多年发展历程中所积淀的优秀文化和优良传统,提出了具有公司特色的企业文化——"山水文化",这不仅为企业实施"文化强企"战略提供了行动指南,而且在引领全体员工转变思想,深化创新意识,聚人心、塑形象、促提升,促进战略升级,全面提升企业发展质量等方面也发挥着重要的作用。

公司企业文化——"山水文化"[①]

水电十四局,奋斗于高峡深山,养成山的情怀,融入水的性格,以山为图腾,以水为品格,山魂水魄交相辉映,薪火相传。

胸怀博大,滋养万物。山,万物瞻仰,水,孕育生命,山水以宽广的胸怀、无穷的能量,容纳和繁荣众生。水电十四局人默默奉献,用产品推动社会发展,造福百姓,伟大事业如山水无言自成永恒!

视野广阔,弘毅致远。山,俯瞰大地,高瞻远瞩;水,奔流到海,勇往直前。水电十四局人放眼世界,把握时势,洞察先机,奋发有为!

雄浑豪迈,质朴无华。山,剑指云霄,大势磅礴;水,泰然从容,厚重质朴。水电十四局谱写了辉煌壮丽、气吞山河的工程史诗;憧憬未来,水电十四局人充满豪情,朴实诚信,阔步前进,势不可挡!

坚定信念,因时求变。山,傲然耸立,安然自若;水,飘逸灵动,顺势有为。水电十四局人始终坚定理想,面对困难不畏惧、不退缩,不断优化模式、创新管理、变革机制,扩展事业格局!

不辞其高,不厌其远。山,入云万仞,不厌其高;水,历经万里,不失动力。水电十四局人攀登不止,不满足过去的成就,追求卓越,永无止境!

兼收并蓄,凝心聚力。山,包容伟大,四方取益;水,汇聚八方,蓄能凝力。水电十四局开放并包,吸收先进文化,融入商业生态,内部讲团结,外部讲共赢,与伙伴共塑美好家园!

厚德载物,润泽成善。山,平静稳定,仁厚不移;水,透明清澈,纯净高洁。水电十四局以山比德,以水喻志,刚柔并济,相得益彰。依靠深厚的科学技术修养,丰富的工程实践经验,高尚的职业道德,踏遍地石山川,磨砺事业的辉煌!

时代弄潮,大河上下写春秋;指点山岳,五洲内外谱华章。

[①] 摘自公司《企业文化手册》(2015.1)

二、企业文化的内容及体系

企业文化是企业在长期的生产、经营、建设及发展过程中所形成的管理思想、管理方式、管理理论、群体意识以及与之相适应的思维方式和行为规范的总和。它是企业综合实力的体现，也是企业发展程度的反映，更是知识形态的生产力转化为物质形态生产力的重要源泉。一直以来，水电十四局坚持将优秀的企业文化视为公司可持续发展的根基，将企业文化建设融入公司经营发展战略中，全方位推动企业文化建设工作，以企业文化引领公司的战略转型并实现跨越式发展。目前，公司已构建了以企业愿景为核心、以长期战略发展目标为导向、以企业核心价值观为依托、以经营理念为指导思想、以《企业文化手册》为范本和依据的企业文化体系。同时，按照"体系统一、标准规范、领导垂范、齐推共进、兼容并包、持续推进"原则，对接中国电建文化，塑造了公司统一的文化理念体系，构建和完善了企业文化管理机制，以工作促认知，化认知为认同，积极打造符合公司特色的精神聚合力；持续、综合地向利益相关者辐射文化理念，不断提升了公司的品牌形象，增强了公司的美誉度和影响力。

（一）企业宗旨层面

1. 企业使命

企业使命是关于企业生产经营的总方向、总目标、总特征和总的指导思想，它包含企业经营的哲学定位、价值观体现以及企业的形象定位等。企业使命不仅回答企业是做什么的，更重要的是明确企业为什么做，是企业终极意义的目标。崇高、明确、富有感召力的使命不仅为企业指明方向，而且使企业的每一位成员明确工作的真正意义，激发出内心深处的动机。

"和建天下，品臻致远"是水电十四局生存发展的根本意义，是公司事业发展的战略定位，也是公司经营哲学的重要体现。作为国家能源战略布局和基础设施建设的重要组成部分和产业链发展的重要环节，水电十四局在中国能源的优化配置和建筑行业的发展中扮演着重要的角色。

"和建天下"不仅是一种态度，更是一种胸怀，志在建设和谐共荣的商业生态。面向员工，竭力打造亲和友爱的成长平台，让员工品味被关怀、获帮助、得提升的幸福；面向合作伙伴，努力建设志同道合的联合战队，携手共创商业辉煌；面向用户，全力构建和睦共赢的产品与服务，诠释社会前进的脚步；面向自然，致力构筑和谐统一的建筑，诠释人类文明的印记。面向世界，水电十四局将建设亲和、道和、和睦、和谐的"四和工程"，传递最富价值的产品与服务，用真诚与热情为社会发展作出贡献。

"品臻致远"不仅是一个目标，更是一种标准。水电十四局致力于打造完美的成长品质。在为人方面，讲求树德立人，以正派的品行受合作伙伴尊重、受同行钦佩、受业主赞誉；在成果方面，追求精品工程，以卓越的工程产品与服务令客户满意、使社会感动；在经营方面，力求完美品牌，以职业化的团队、优质的项目、精益的管理不断推升品牌知名度和美誉度，增强客户对品牌的粘合度。面向未来，水电十四局将品质、品行、品牌"三品合一"，以优越的经营管理素质和领先的综合竞争能力站立产业潮头，成就基业长青。

2. 企业愿景

企业愿景是企业对未来的设想和展望，是企业在整体发展方向上要达到的一个理想状态，它为企业提供了一个清晰的发展目标和未来图景，告诉企业的每个成员企业将要走向哪里。

为实现中国电建集团"建世界一流企业，创国际著名品牌"的宏伟愿景，水电十四局将紧跟国家战略和产业形势，以富有竞争力的技术、强适应性的管理模式，不断提供高品质的工程建筑产品；通过强化投资、设计、施工、运营等价值链能力，不断向更广阔的市场开拓业务，努力实现"客户信赖、员工自豪、社会尊重"的企业愿景。这不仅体现了水电十四局经济责任和社会责任的统一，也是水电十四局一切工作的出发点和落脚点。

"客户信赖"是水电十四局对客户的承诺。水电十四局坚定不移地走质量效益型发展道路，牢固树立"质量第一""客户满意为最终目标"的经营管理意识，将公司价值向客户传递，不断超越客户期望。"员工自豪"是水电十四局对员工的承诺。水电十四局关注员工的需求，努力创造优越的工作和成长环境；重视员工的事业心和成就感的洋溢，使企业的成功与员工的成长共同成为时代的交响。"社会尊敬"是水电十四局对社会的承诺。用高标准的建筑工程提升人们的生产、生活品质是公司的目标；同时，水电十四局关注社会责任的履行，扶危济困、抢险救难，为社会和谐奉献力量。

3. 企业价值取向

企业价值取向是企业及其员工共同认可和崇尚的价值评判标准，是企业及其员工在长期的生产实践中形成并共同遵守的思维模式和职业道德，是企业文化的核心。它回答了企业为实现使命和愿景如何采取行动的问题，它为企业及其成员在工作的各个方面提供了行动准则，也为企业处理各种矛盾提供了判断依据。

秉承集团公司"责任、创新、诚信、共赢"的发展理念，水电十四局经过不断的历练和融合，确立了自己的企业价值观——"以人为本，成就客户，开拓创新，和谐共生"，四者的有机统一，不仅是水电十四局践行"山水文化"的价值核心与基础需求，也是水电十四局高质量发展的行动指南。

"以人为本"是水电十四局的事业基石和经营归宿。水电十四局以客户的根本诉求为本、以为企业发展不懈奋斗的员工为本、以志同道合的合作伙伴为本、以集团公司及政府的合理期望为本，并以此作为发展、经营和管理的出发点，赢得各利益相关者信赖。"成就客户"是水电十四局的价值标准和行为指针。水电十四局努力创造客户价值，以客户为中心，满足客户需求。围绕客户特点和需求变化，建立业务模式、优化内部流程、精细生产技术，提供超越客户期望、为客户创造价值的一系列产品与服务。"开拓创新"是水电十四局的发展动力和竞争优势。唯有突破传统、勇于开拓、不断探索新技术与新方法，才能使水电十四局在竞争激烈的工程建筑产业环境中保持领先优势。水电十四局保持进取的精神和开放的心态，不断尝试产品、服务、管理、文化、技术等的创新，以创新引领发展，保持企业长盛不衰。"和谐共生"是水电十四局的美好追求和永恒承诺。水电十四局与各利益相关者紧密合作，形成和谐的互利关系，共同构建相互依存、相伴相生的共生模式，打造共同的价值实现平台。同时，水电十四局积极承担社会责任，促进社会和谐；建设环境友好型企业，保护生态环境。

（二）企业精神层面

水电十四局继承了集团公司"自强不息、勇于超越"的企业精神，用严谨实干、奋勇争先，践行着企业的使命，勇做大无畏的事业开拓者和追求卓越的行业领航者；用"自强不息、创新进取、严谨实干、追求卓越"的企业精神引领着公司实现了一次次的跨越式发展。

"自强不息"即依靠自己的力量努力向上，永不松懈。水电十四局正是凭借着自强不息的精神，筚路蓝缕，艰苦奋斗，克服发展过程中的种种困难，从小到大、由弱到强。

"创新进取"要求解放思想，勇于革新。纵观水电十四局60多年的发展历程，这一段历史就是一部面向未来积极调整姿态的开拓史，不因循守旧、不故步自封。未来，水电十四局将用超前的眼光、进取的精神和求新的智慧变革图强，始终保持发展的活力与激情。

"严谨实干"即铸造精品工程，成就基业长青。"严谨"即做事规范、细致、周全、完善，追求完美；"实干"即做事求实，做人求真，说话实在，办事踏实。这是水电十四局实现"和建天下、品臻致远"企业使命的根本保障。

"追求卓越"是水电十四局长期保持的精神品质和工作习惯。60多年来，水电十四局用实际行动创造奇迹、树立丰碑。在未来多元化、综合性发展进程中，水电十四局还将在各个领域中展现风采，奉献精品。

（三）企业经营层面

1. 企业战略目标与布局

企业战略目标是企业使命和宗旨的具体化和定量化，是企业的奋斗纲领，是衡量企业一切工作是否实现其企业使命的标准，也是企业经营战略的核心，战略目标是对企业战略经营活动预期取得的主要成果的期望值，也是企业战略选择的出发点和依据。

水电十四局在不断的变革发展与创新中，明确了企业的战略目标：通过在巩固国内水利水电业务的基础上，优先发展国际业务，全力向国内基础设施建筑市场拓展，积极稳妥、科学审慎地开展投资业务；通过改革和发展，优化组织结构和业务结构，将水电十四局逐步建设成为集科研设计、施工和投融资经营于一体，以国内基础设施工程、国内水利水电工程和国际工程三大核心业务为主，以资产经营为重点，管理现代化、经营国际化、具有较强竞争力的质量效益型的国内一流综合性建筑企业和中国电建股份公司骨干企业。

随着建筑市场对工程质量、综合服务、多元化投资等需求的日益提升，水电十四局开始从单一的施工生产活动转向产业纵向一体化经营，将价值从外部交易转向内部流通，使企业突破现有格局，强势增长。水电十四局遵循"有所为，有所不为"的原则，充分发挥施工、融资和品牌优势，积极稳妥地推进产业链前、后向一体化，实现"立体军团"建设。同时，遵循产业发展趋势，不断优化业务结构，形成"百花齐放"的综合化、规模化业务发展格局。水电十四局采用了"先探索，后做实，再做大"的拓展思路，稳健地把握未知市场机遇，做专做优，建立核心竞争能力，稳定并不断扩大市场份额，实现业务的战略性拓展；还借助国家"走出去"

战略机遇和集团公司国际业务市场开拓平台,以"跨国经营"和"多元经营"为基础,优化资源结构,通过全球范围的合作,推动人才、资本、物资、设计等资源的全球调动与布局,并通过国际工程规模的扩张和国际合作关系的深化,引发管理的国际化变革,推动水电十四局全面国际化进程。

2. 企业经营与创新理念

所谓经营理念即企业经营活动的指导思想,包括企业在经营过程中形成的有关企业发展设想、发展优势、发展方向、共同信念和企业追求的经营目标等。经营理念决定企业的经营方向和使命与愿景一样,是企业发展的基石。不论是在当下,还是在未来,水电十四局始终把"诚信履约、精益求精、协同共进"作为自己的经营理念,不断提升产品品质和服务质量,增强企业实力;水电十四局始终深信只有坚持"诚信履约、精益求精",才能实现"协同共进"。

"诚信履约"是水电十四局的经营之本。对外,水电十四局忠于承诺、严格履约、铸就精品、取信市场、创造客户;对内,水电十四局各业务单元严格落实指标任务,兑现对企业的业绩承诺。

"精益求精"是水电十四局的不懈追求。产品上,水电十四局坚持高标准,努力筑造精品;经营上,水电十四局推动精细化管理,建设精益企业;技术上,水电十四局强化创新,不断提升工程技术实力。

"协同共进"是企业效率和价值的来源。水电十四局通过对资源和业务、市场营销和研发、知识和技能等领域的协同共享,在业务单元之间降低企业成本,增强竞争优势;通过与集团和外部协作,提升公司服务客户的能力,实现多赢。

创新是企业发展的动力源,也是企业在市场竞争中发展壮大的制胜法宝。只有打破常规,突破现状,敢为人先,才能不断挑战未来,谋求新境界。水电十四局以"提升实力,驱动发展"为目标,坚持多领域创新,技术创新、管理创新、战略创新并举,并且在尊重创新规律基础上,鼓励自主创新,引进、消化创新和集成创新,并依据经营需求和技术趋势,筛选重点课题,集中优势兵力,全力突破,为企业发展提供技术保障。同时,水电十四局的创新还讲究"研"与"产"、"研"与"管"的高度结合,积极将成果从"图纸"转化到实践中来,充分发挥研究与创新的实际效用。

3. 营销理念

营销理念是企业营销活动的指导思想,是有效实现市场营销功能的基本条件,也是企业经营哲学和思维方法的重要体现。水电十四局始终将市场作为营销工作的唯一指针。强调市场在哪里，公司的营销服务就在哪里；市场的需要就是公司企业发展的动力。水电十四局时刻关注市场的变化，洞悉市场的趋势，始终保持把握市场的前瞻性和主动性；并将不断"创造客户"作为公司营销工作的根本任务，紧紧围绕客户的需求，通过不断创新营销方式，拓展营销渠道，提升客户营销的能力；通过提升客户满意度，增加老客户的黏度，扩大新客户的数量，不断提升企业效益。

品牌是企业市场地位的最本质体现。水电十四局用优秀的产品和服务，建立了良好的客户"口碑"，不断提升了企业的品牌知名度和美誉度；而且充分利用多样化的宣传媒介，加大水电十四局的品牌推广和宣传，依靠卓越的品牌，在市场中获得了竞争优势，实现了企业的健康持续发展。

4. 安全与质量理念

安全和质量是一个企业赖以生存的根本，是企业稳健发展的前提。一个没有高水平安全质量追求的企业，是无法在日益激烈的竞争中搏击奋进的，更谈不上做优、做强、做大。历史的经验告诉我们，漠视安全与质量，会给企业带来深重的灾难。水电十四局始终坚持"安全为本，质量第一"的原则，积极创造浓厚的安全与质量文化氛围，不断加强安全与质量文化建设，开展安全管理教育与质量管理培训，在意识形态领域构筑稳固的安全防护长城。

水电十四局始终将员工的职业安全教育放在首位，通过职业健康安全风险的辨识和评价，制定措施、方案控制各类危险因素，从源头上防止发生安全事故和职业病；同时，不断加强员工的法制教育，完善规章制度建设，提高员工职业健康和安全意识，使员工自觉遵守法律、法规和企业的各项规章制度，自觉营造安全文明施工环境。

在安全管理中，水电十四局坚持做到"四个重视"——价值、责任、专业、系统。水电十四局树立了"安全就是效益、安全就是创造价值"的观念，坚守"安全生产是公司事业生存的底线，保护每一个人的工作安全是公司事业的基本要求，是以人为本在工程上的体现"的安全理念，建立层层传递的安全责任体系，从公司到项目，从团队到个人，全员负责，用责任保证"安全第一"的思想意识在全体员工中有效贯彻。水电十四局坚持使专业技能符合安全标准、专业行为符合安全要求，用专业经验激活安全意识，做到"积极预防保安全，坚持标准保安全，自我留心保安全，互相监督保安全，反复关注保安全"。

水电十四局坚持"一流的质量，顾客的期望，我们的追求"的质量理念，以客户的期望为指针，关注客户对工程质量、施工安全、文明施工的标准和要求，提高全员的质量意识，树立"质量是企业生命"的理念，不断完善管理体系，严格控制，科学管理，在满足法规、规范、标准的前提下持续改进，不断创新、精益求精，以卓越的技术和工程质量实现客户期望。同时，注重专业质量自我控制与整个生产体系的协调整合，注重以过程精品保证结果精品，注重以事前、事中、事后的全阶段监控实现一次成优、不返工，使得水电十四局的工程施工质量始终领先于国内先进水平。

5. 团队与激励理念

人才是企业实现高质量发展的第一资源，是维系企业发展的重要纽带。水电十四局历来重视"以人为本"，始终坚持人才强企战略，优化人才资源配置，促进人才队伍的健康成长。水电十四局不断完善激励政策，采用物质激励与精神激励相结合、报酬激励与成长激励相结合等多元方式，推动员工由被动工作向主动付出转型，激发员工的自觉行为。水电十四局选择了"正负激励相结合，重在正向激励"的原则，引导员工行为与公司要求相一致。水电十四局始终坚持"对内公平、对外有竞争力"的激励政策，强调公平，但坚决反对"吃大锅饭""干好干坏一个样"的公平扭曲论，鼓励多劳多得，用客观、公正、合理的公平文化营造了积极、争先的企业氛围。

6. 社会责任理念

积极履行社会责任，是深化国有企业改革的重要举措，也是适应经济社会可持续发展要求，提升企业核心竞争力的必然选择。水电十四局积极响应国家的号召，以实际行动积极承担社会责任，在国家需要、人民召唤面前义不容辞；充分发挥工程施工、抢险救难等方面的优势，积极参与抗震救灾、排洪抢险、市政排险等事关人民生命财产安全的重大行动。同时，积极参与社会公益事业，用关爱回馈社会，为社会慈善、公益贡献自己的力量。此外，公司多方鼓励员工在业余时间积极参加社区活动，贡献爱心，在塑造公司形象的同时，提升员工的责任感与使命感。

三、企业文化的落实与践行

优秀的企业文化，不仅有利于企业竞争力的提升和企业的可持续发展，还有利于整个社会文明的进步和良好社会秩序的构建。但要让企业文化真正发挥作用，需要将企业文化理念融入企业发展战略及目标的实现中，融入企业的一切经营管理活动及过程中，融入员工的一言一行中，真正让企业文化内化于思、外化于行、固化于体。

水电十四局优秀企业文化的形成，不仅是公司各级领导者和管理干部共同智慧和多年经验的积累与沉淀，更是一代代员工团结拼搏和砥砺前行的成果。正如现任董事长王曙平所说："培育和践行企业文化，是水电十四局主动发起的适应市场、转型升级的自我挑战，是一个打破、整合、重生的艰难过程。"企业文化的落实与践行，离不开高层领导者的设计与引领，离不开中层干部的传承与示范，更离不开员工的建设与践行，同时还需要企业英雄的传播与推广（图2-3）。

图2-3 "红土地之歌"演讲比赛

（一）高层领导者是企业文化的设计者和引领者

公司高层领导者作为企业战略的重要决策者和指挥者，其价值观念、理想情操、思维方式、行为模式，无不通过其职权行使和人格魅力，潜移默化企业的经营管理和员工的心态及行为，决定着企业文化的走向。对公司高层领导者来说，如何让员工认同企业文化，并转化为自己的工作行为，是关系企业文化成败的关键。因此，公司高层领导者既要成为企业文化的设计者，更要成为企业文化的引导者。

纵观水电十四局企业精神的形成历程，从石龙坝时期的"白手起家，艰苦创业"，到以礼河时期的"自力更生，艰苦奋斗"，从鲁布革时期的"锐意改革，开拓进取，勇于拼搏，无私奉献"到漫湾时期的"泰山压顶不弯腰"，从广蓄时期的"锐意改革，创新进取"到建局40周年的"艰苦奋斗，开拓进取，团结拼搏，信誉第一"，从小浪底时期的"奋力拼搏，为国争光"到三峡时期的"自强不息，追求卓越"，从第六次党代会的"艰苦奋斗，开拓求实，自信自强，争创一流"再到今天的"自强不息，创新进取，严谨实干，追求卓越"，每一次总结和提炼背后，都是水电十四局成长历史的缩影和见证，是水电十四局改革发展的成果展现，更是每一代领导者企业家精神的综合体现。领导者的每一次决策、每一个行动都决定着水电十四局的发展方向和未来，都为水电十四局企业文化的形成和发展注入了时代的特征和精神的力量。

在水电十四局企业文化的建设中，无论是老一辈的领导者，还是新时代的领导者，都对企业文化的萌发构思、方案形成、选择优化、提炼升华与整体建设起着总设计师的作用。他们始终与党的领导保持高度一致，以党建文化引领企业文化建设，永葆企业前进和发展的动力；他们始终站在改革开放的前沿，顺应市场竞争的变化，保持创新意识，以引领企业文化的先进性；他们始终鼓励员工挑战传统，摒弃不合时宜的经验和做法，在实践中创新管理模式、创造新的管理经验和方法；他们始终重视员工想象力、灵感、原创性和主动性的发挥，并鼓励员工提出更多的新想法，创造出更多的新知识，为企业的发展提供更多的动力源。

（二）中层干部是企业文化的传承者和示范者

优秀的企业文化可以把员工紧紧地团结在一起，对内形成凝聚力和向心力，对外形成竞争力和战斗力。而中层干部就是企业文化落地的中坚力量，起着承上启下的关键作用。对上要高度认识理解企业文化，自觉地把企业文化置于企业生产经营活动的先导地位；对下要带头思考、带头参与，充分发挥表率作用，引领员工主动遵循企业文化，融入企业文化。作为中层干部，不仅要以身作则，用企业文化规范和约束自身的工作和行为，成为企业文化践行的先导；同时也要用自己的行为不断影响和修正企业文化，其对企业员工认同和接受企业文化有着重要的影响。因此，中层干部无可厚非地应成为企业文化的传承者和示范者，不但要当好企业文化建设的"牧羊人"，更要当好企业文化建设的"领头羊"，成为企业文化的化身和金牌人物。

在水电十四局的企业文化建设中，中层干部身体力行，用实际行动为员工确立了一套行为准则，沉淀了特有的文化基因；赓续着水电建设事业的历史使命，带领员工，不断创新，追求卓越，用"市场先行者""行业标杆""百强企业"等荣誉丰富和拓展着企业文化的内涵，形成了独具特色的企业文化体系。正是在这种特色企业文化的引领下，水电十四局自成立以来，一直以高超的技术水平、精湛的施工工艺、严谨实干的工作态度和追求卓越的工作作风，打造新时代大国重器，建设水电典范，铸就匠心品质，用一个个精品工程彰显了国有企业的工匠精神和新时代水电人的工匠精神。

(三)员工是企业文化的建设者和践行者

员工是推动企业生产力发展的最活跃因素,也是企业文化建设的基本力量。他们身处生产经营第一线,在用自己勤劳的双手创造物质文明的同时,也创造着精神文明。实践证明,任何企业的文化都是企业员工共同创造的,任何企业文化的积淀总是凝练着企业员工的思想行为和道德规范,它是员工先进思想的升华,是把员工的智慧集中起来,充分发挥员工的积极性、能动性和创造性,发掘企业员工在各项工作中的聪明才智,形成激发企业蓬勃发展的不竭动力。

水电十四局的企业文化,就是由一大批奋战在大山大江的员工在长期的生产经营实践中形成的,具有鲜明的时代特征和行业特性。他们长年累月奋斗于高峡深山,浸润了山的情怀,融入了水的性格,因此在工作中也处处彰显着独特的"山水精神",并以自己的实际行动践行着"山水文化"。在水电十四局,有这样的一支支敢打硬仗、素质过硬的员工队伍,他们充满活力、年轻敢为、敏而好学、艰苦奋斗、乐于奉献,是水电十四局发展的重要主力军。当面对攻坚任务时,他们毫不畏惧、不等不靠,凭借过硬的施工技术和强有力的执行能力,克服重重困难,出色地完成了各项任务,在平凡的工作岗位上用实际行动诠释着迎难而上、勇往直前、精于技术、追求卓越的"铁军"精神;当面对突发事件时,他们勇挑重担、冲锋在前,救民于水火,助民于危难,给人民以力量,用实际行动诠释了新时代国有企业的责任与担当,展示了水电十四局人的"胸怀博大,滋养万物;视野广阔,弘毅致远;雄浑豪迈,质朴无华;坚定信念,因时求变;不辞其高,不厌其远;兼收并蓄,凝心聚力;厚德载物,润泽成善"的"山水"本色。

(四)企业英雄是企业先进文化的传播者和推广者

美国哈佛大学特伦斯·迪尔和阿伦·肯尼迪在企业文化的研究中曾指出:"企业文化由价值观、神话、英雄和象征凝聚而成,这些价值观、神话、英雄和象征对企业员工有着重大的意义。"[1]其中,英雄就是在企业的生产经营活动中涌现出来的具有优秀品质,业务能力强,取得优秀业绩,受到员工尊重和崇拜的劳动模范、先进分子、标兵、榜样等。他们是企业生产经营和管理的带头人,是企业员工中的优秀分子,也是企业价值观和企业精神的化身,他们的态度、品格、气质与行为特征

---

[1] [美]特雷斯·E·迪尔,阿伦·A·肯尼迪著.企业文化——现代企业的精神支柱[M].唐铁军等,译.上海科学技术文献出版社,1989.

都是企业特定价值观的具体体现。

在水电十四局60多年的发展历程中，涌现出了一大批企业榜样，他们有的是追求卓越、技术精湛的大国工匠，有的是潜心钻研、勇于进取的技术能手，还有的是勇担重任、勤奋工作的劳动模范和对党忠诚、无私奉献的优秀共产党员；他们是中华人民共和国的"功勋工匠"，是"全国五一劳动模范""全国五一劳动奖章"的获得者，是"中央企业青年岗位能手"，是"科技进步带头人"，是"先进生产个人""安全先进个人"等；他们生活、工作于普通员工中间，分散在各个岗位，与普通员工朝夕相处，其优秀的品格、认真的工作态度以及模范的言行都对员工起着示范和导向作用，为广大员工提供了学习和效仿的样本和标准，产生了润物无声、潜移默化的效果，为水电十四局企业价值观的传播和企业精神的培育起到了不可替代的作用。为此，公司通过树立榜样、挖掘典型，有效发挥了企业文化的引导功能和激励功能，激发了广大员工创先争优的意识以及奉献企业、服务社会的热情，为水电十四局的高质量发展奠定了坚实的基础。

第三节　发挥人才优势，助力企业成长

俗话说："得人才者得天下。"谁能拥有更多的高质量人才，谁就能率先发展起来，谁就能在国际竞争中获得优势。对企业来说，人才是第一资源，是第一生产力，企业只有牢固树立强烈的人才意识，不断加强人才队伍建设，抢占人才资源，才能在竞争中获得更多的优势。

一、加强人才队伍建设，促进创新驱动发展

多年来，水电十四局认真实施人才强企、科技兴局战略，取得了一系列的辉煌成绩；而这一辉煌成绩的取得，离不开高素质、专业化人才队伍的打造。

（一）着力实施"五个一批"，优化人才队伍结构

为深入贯彻人才强企的发展战略，优化人才队伍结构，盘活人才存量，水电十四局积极引进紧缺人才，弥补人才结构缺陷，着力实行了"五个一批"人才引进计划；重点引进了一批非水电（铁路、建筑、道路桥梁、投融资领域）技术骨干，

发挥人才引领和技术领先作用；推动一批传统业务领域的人才根据公司业务发展需要进行转型，推动人才队伍从传统的水利水电建设领域向公路、市政、铁路、投融资、水环境治理等业务领域转型，实现不同业务转型1879人；招聘一批优秀的毕业生充实人才队伍力量，根据人才队伍结构调整目标，公司进行统筹协调、分业务、分专业制定招聘计划，近5年共招聘毕业生2440人；与云南水利水电职业学院签署战略合作协议，提供在校学生、教师实践锻炼的机会，借助科研项目，先后与天津大学、昆明理工大学等高校进行人才合作，引入专业理论功底扎实的教授参与公司相关业务领域，提出专业理论指导意见或建议，同时，推荐公司实践经验丰富、有一定理论知识的专业技术人才到高校授课，实现人才的有效利用。

（二）加强人才分类管理与培养，推动人才队伍专业化发展

水电十四局建立了"分专业、分层级"的人才培养体系，从专业层面分为企业管理、项目管理、市场营销和经营管理四个系列，从层级分为A、B、C、D四级。

2018年9月，水电十四局制定了《中国水利水电十四局有限公司非领导职务答辩实施细则》，对非领导职务评审的标准、考核要求等做了进一步明确。2019年，进一步对《中国水利水电十四局有限公司非领导职务管理实施办法》修订完善，深化员工纵向贯通、横向互通的职业发展通道，新修订的实施办法在原基础之上更注重能力和潜质，坚持比照评审条件公平、公正、客观的评审聘任，严格按规定要求评选出符合相应级别要求的优秀技术业务专家和骨干，并对受聘非领导职务的员工实行考评挂钩的动态管理。

（三）选拔和培养关键人才，提升人才队伍的质量

水电十四局印发了《中国水利水电十四局有限公司中青年英才建设实施办法（试行）》及其培养实施方案，对中青年英才的选拔培养管理作出明确要求和指引。同时，印发了《中国水利水电十四局有限公司中层领导岗位竞聘管理办法（试行）》，引进了"赛马"机制，选拔干部不仅靠伯乐"相马"，还要靠跑马场"赛马"，积极营造正确选人用人导向的同时，让一批素质过硬、业绩突出、作风扎实的干部脱颖而出，不断夯实水电十四局高质量发展的人才基础。

（四）建立人力资源信息系统，增强人才工作的标准化

随着信息化发展的加快，以信息化赋能人才管理已成为现代企业的一项重要任

务。作为电建集团（股份）公司人力资源管理信息系统建设水电施工板块的试点单位，水电十四局于2017年率先完成了信息系统搭建并在集团内部进行经验交流，建立了包含职位名称、岗级、编制数、学历、职称、专业、工作年限及任职要求等共9800余条人员信息，实现了机构、人员、用户管理全覆盖。2019年，完成人力资源管理信息系统组织管理体系搭建，实现了二级单位及所属项目部的全覆盖，全面完成员工及离退休人员的数据录入工作，共计23177条人员信息（其中离退休人员11714条人员信息）形成了以人员调、转、入、离为核心的多业务、全方位的线上应用体系，人员信息"大数据"平台初见成效。

（五）人才队伍素质整体提高，人才强企战略成效凸显

随着人才队伍建设进程的加快，水电十四局人才队伍素质得到了整体提高，人才强企战略成效不断凸显。

截至2020年末，水电十四局员工期末人数8186人，其中：在岗员工7075人，不在岗员工1111人；境外员工501人，占员工总人数的6.12%。与2015年末相比，不在岗率大幅下降。人才当量密度（不含内退人员）1.97，超额完成"十三五"设定的0.9的目标。

员工学历结构持续优化，人才引进和员工学历提升成效明显。截至2020年末，水电十四局大专及以上学历占比71.67%、比2019年末增长4.09%；本科及以上学历占比54.03%、比2019年末增长4.08；中专及以下学历占比持续下降，特别是初中及以下学历占比下降明显，已下降至9.70%。相较2015年末，专科及以下占比已从67.7%下降到45.96%。

技能从业人员稳中有升。截至2020年末，水电十四局共有技能人员1226人，其中：高级技师32人，技师98人，高级工521人，中级工480人，初级工95人，国家级技能大师1人，国家技术能手1人，云岭产业技术领军人才1人，云岭首席技师7人，云岭技能大师4人，云岭技能工匠4人，昆明市名匠2人。相比于2015年，技能大师工作室由原来的2个增加到8个，国家级技能大师工作室新增1个，高技能人才建设颇具成效。同时，一级注册建造师持证人数达到418人，注册专业643项，超额完成"十三五"规划目标值168人，完成率达140.4%；二级注册建造师证书新增134本，总注册人数达到403人；全国注册造价工程师证书新增15本，总注册人数达到58人。

公司领导人员的年龄、专业、知识结构不断优化，综合素质、履职能力进一

步提高。2020年末，公司党委管理领导人员296人，平均年龄为47.67周岁，与2015年末相比，公司领导人员年龄梯次结构渐为合理；本科及以上学历232人，占比84.67%；高级职称187人，占比68.25%。一批懂经营、金融、法律和国际业务的人才充实进领导班子，企业领导人员的知识结构、专业结构有了较大改善，整体素质水平进一步提高。

二、创新人才管理机制，增强人才发展活力

企业要发展，关键在人才；而人才工作的核心是人才管理机制的创新。早在2003年党中央召开的加强人才工作的会议上，国家就指出，做好新时期的人才工作，要抓住培养、吸引、使用人才三个环节，创新人才工作机制，努力创造"人才辈出、人尽其才"的良好局面，把各类优秀人才聚集到党和国家的各项事业中来。现阶段，面对高质量发展的新任务和激烈人才竞争的新形势，创新人才管理机制更应该成为人才工作的重点。

为推进人才强企战略的有效实施，水电十四局以人才能力建设为核心，以创新人才工作机制为动力，以优化人才队伍结构为主线，以培养选拔高层次人才为重点，以强化人才激励为突破口，紧紧抓住选拔、培养、用好人才三个环节，大力推进人才职业化、市场化、专业化和国际化建设，为企业高质量发展提供了坚实的人才保证和广泛的智力支持。

（一）完善人才管理制度，强基固本

为增强人才管理工作的科学化、民主化、制度化和规范化水平，充分发挥员工的主观能动作用，水电十四局先后制定、修订完善了《中国水利水电十四局有限公司中层领导岗位竞聘管理办法（试行）》《中国水利水电十四局有限公司关于改进加强劳务管理和劳动用工的补充规定》《中国水利水电十四局有限公司中青年英才建设实施办法（试行）》《中国水利水电十四局有限公司网络大学管理办法（暂行）》《中国水利水电十四局有限公司内部培训师管理办法（暂行）》《中国水利水电十四局有限公司企业年金方案实施细则》《关于公布公司国内前方项目部职位（岗位）薪酬指导价位的通知》《关于建立公司人力资源管理信息系统组织管理体系的通知》《中国水利水电十四局有限公司员工职业资格管理办法（2020版）》《Q-ZSD14 20504-2018 薪酬管理（发布）》《Q-ZSD14 20507-2018 报表管理（发布）》

《关于调整治安员待遇标准的通知》等一系列规章制度，为人才管理工作提供了强有力的制度支撑，有效提升和细化了人力资源管理工作。

（二）完善人才选拔机制，引才聚智

古语道："问渠那得清如许？为有源头活水来。"人才选拔是人才管理工作得以开展的前提和基础。为确保人尽其才，才尽其用，水电十四局在人才引进方面，树立了"不求所有，但求所用，不求常在，但求常来"的人才引进观念，积极拓宽人才引进渠道，优化人力资源配置要素，实施柔性引才机制，拓宽了选人用人视野，丰富了人才引进渠道，聚天下英才而用之。

水电十四局坚持"靶向引才"，聚焦发展短板、业务创新、核心技术领域大力引进国际化人才、复合型人才与高水平人才，助力公司转型升级。针对经理层成员，大力推行任期制与契约化管理，采用"两合同一协议"的方式，书面契约明确约定"责、权、利"，打破大锅饭与终身制。同时，为进一步营造有利于人才脱颖而出和才尽其用的良好选人用人环境，丰富干部选拔任用方式，印发了《中国水利水电十四局有限公司中层领导岗位竞聘管理办法（试行）》，并在部分二级单位就空缺的领导班子岗位组织开展竞聘上岗。

（三）创新人才培养机制，赋能提质

人才培养是公司一种重要的人力资本投资形式。通过人才培养，可以使人才明确自己的任务、工作职责和目标，提高知识和技能，具备与实现公司目标相适应的素质和能力，在最大限度地实现其自身价值的同时为公司创造更大的价值。为确保公司人才的素质和质量，为实现公司发展战略和经营目标提供坚强的人才支持，水电十四局不断创新人才培养机制，构建了四级人才培养体系，积极推进关键人才培养工程的实施，不断提升人才价值创造活力。

1. 高层领导培养

根据新时代党的组织路线和股份公司干部管理要求，水电十四局积极推动以"政治素质好、经营业绩好、团结协作好、作风形象好"为目标的"四好"领导班子建设，通过《领导人员管理办法》《中层领导岗位竞聘管理办法（试行）》《领导人员交流轮岗管理暂行规定》等规章制度建立、修订和完善，不断营造有利于人才脱颖而出和才尽其用的良好选人用人环境。高层人才培养主要采用外送培养的方式展开，每年根据培训计划积极选派人员参加由股份公司、国资委干部教育中心、中

国大连高级经理人学院、中国延安干部学院等组织的高层次培训，2016年至今共计选送315人次。

2. 项目经理人培养

项目经理是对项目实行质量、安全、进度、成本管理的责任保证体系和全面提高项目管理水平而设立的重要管理岗位，是项目协调工作的纽带，是项目组织的领军人才和总指挥长，是工程项目管理的核心与灵魂，在公司的利润创造和业务发展过程中起着至关重要的作用。

水电十四局印发了《中国水利水电第十四工程局有限公司项目经理管理办法（2011年修订）》以加强项目管理、提升项目管理水平、提高项目经济效益，造就德才兼备、善经营、会管理的项目经理队伍，并从项目经理的资质管理、项目经理的选拔任用、项目经理的职责和权限、项目经理经营责任制、项目经理业绩考核及档案管理、项目经理年薪制度等方面进行规范。

在此管理办法的指导下，水电十四局将项目经理人培养作为人才强企战略的一项重要内容，对项目经理人进行认真地考察，严格地筛选，系统地培训，有目的地培养其在材料设备、经济核算、合约管理、合同业务施工生产、质量检验、财务结算等工作方面的综合能力；建立了"强激励，硬约束"的考核机制、"能进能出、能上能下"的用人机制以及市场化的中长期薪酬分配机制，不断激发项目经理人的积极性、主动性和创造性。截至2020年，公司共有一级建造师483人，二级建造师383人，公司内部已形成一支业务出色，善于在市场经济条件下做好工程项目施工管理的项目经理人才队伍（图2-4）。

图2-4 项目经理专项培训

3. 中青年英才培养

中青年英才培养坚持"专业培养和综合培养同步进行"的政策，采取分层级分专业定制培训课程体系、培训和岗位实战锻炼相结合、培训与工作实践环环相扣的原则，以 3 年为一个周期，通过对管理者胜任力素质分解分析，有针对性地分类分级配置面授课程及网络课程，按照迭代原则，持续精准调校每期培训目标及内容，循序渐进，逐步提升，并针对每位英才建立"一人一册"培养方案，在能力测评、性格测试、职业倾向等测评结果的基础上，做好能力素质模型构建，最终通过在岗实践形成水电十四局独有的中青年英才培养体系。

4. 青苗人才培养

青苗人才培养主要由公司人力资源部牵头组织，二级单位负责制定、实施培养计划。每年初各二级单位针对自身业务发展需要制定人才梯队建设培养方案，按照方案组织培养青苗人才，公司人才资源部负责监督指导培养工作。青苗人才的培养更加注重专业能力的培养，目的是帮助青苗人才由普通毕业生转型成为具备优秀专业素质的基层干部。在实际工作表现优秀的人员将选拔补充到"中青年英才"库中继续培养。

5. 新员工培养

从 2015 年开始，水电十四局积极探索新员工培养专项计划，由原来单一的入职培训拓展到"入职培训＋岗位实操培训（师带徒计划）"相结合的模式开展。在 2017 年正式启动"启航计划"新员工 360 天培训项目，从 180 天拓展至 360 天，全面跟进新员工见习期岗位培训。2019 年开始响应政策号召开展新型学徒制培养，结合公司 360 培养计划、师带徒计划，分两个阶段（入职培训阶段，岗位实操培训阶段）、三个层面（岗位基础知识、岗位技能、职业心态）来开展新型学徒培养工作，将新员工培养周期扩展到 720 天。

（四）创新人才评价机制，识才增效

人才评价机制是人才评价工作系统化与科学化的发展形势，是一种基于评价过程的人才开发与管理的动态体系。人才评价机制在整个人才开发与管理过程中发挥着基础与关键的作用。通过人才评价机制，不仅可以揭示人才价值，进行人才的识别、发现与引进，把合适的人才任用到合适的岗位上，使用人才具备的价值；公司还可以进行有的放矢地培训与开发，员工可以有针对性地选择有效的学习方式，扬长避短，实现人才价值的提升。

1. 完善人才评价标准，发挥绩效管理的功能和作用

水电十四局以员工职位等级管理体系为基础，根据公司特点和岗位要求分类制定工程系列、经济系列、会计系列、政工系列、公司法律顾问系列等专业系列人才评价管理体系，鼓励人才立足本职岗位创造价值，强化绩效导向，结合管理办法实施细则予以适度破格，正向激励员工积极申报奖项、专利、工法等，注重专业知识累积，强化专业技术总结，为公司实现高质量发展提供充足的人才支撑。截至2020年底，水电十四局高级职称人数达到770人，其中高级工程师607人；中级职称人数达到2589人，其中工程师1895人。

2. 改进人才评价考核方式，提升人才绩效

水电十四局2019年试行公司各级经理层任期制及契约化管理办法，明确界定经理层任期，约定年度经营管理目标，坚持责权利相统一，完善战略考核体系，2020年积极有序推进各级经理层成员任期制和契约化管理，完成各级经理层的"岗位聘任合同书""年度经营管理目标责任书""任期经营管理目标责任书"签订工作。结合公司管理实际及改革发展要求，科学合理地统筹规划业绩考核体系，配合完善优化业绩考核体系，强化"业绩升、薪酬升，业绩降、薪酬降"的激励约束制度。

3. 创新人才评价方法，探索建立关键岗位能力素质模型

2018年10月，水电十四局率先在后备人才梯队当中开展"T12"个人测评，从兴趣、人格、潜能三个维度及12个细分能力综合评价后备人才梯队，为后备干部了解自身性格提供理论支撑，也为后备干部培养方向提供依据。2019年6月，在第一期"中青年英才"培训当中开展了人才基础素质测评，从个人基础素质、专业能力素质两方面入手开展人才测评工作，通过测评报告能够让参训人员认识到自己不足和潜力，找到与目标岗位要求之间的差距，为公司提供青年人才在能力、个性、动力三方面的翔实数据和相应的培训发展建议，为公司培养发展优秀人才提供有效参考。基于以上人才测评工作，初步搭建起公司关键岗位胜任力素质模型，为选拔培养优秀年轻干部提供有力保障。

（五）完善人才使用机制，活水补源

从本质上讲，人才竞争的背后关键是人才使用机制的竞争。有好的人才使用机制，优秀人才就能够脱颖而出，人才队伍才能不断发展壮大。

为使人才价值能够更好地发挥出来，水电十四局以员工职位等级管理制度取代了员工的行政级别，开展工作分析，完善职位说明书，清晰界定岗位职责，明确岗

位任职资格要求，并实行员工动态管理，为各类不同的人员提供了不同的职业生涯发展通道，同时也为员工的录用、考核、选拔、任免、甄选、薪酬分配等环节提供了重要依据。此外，按照组织职能的需要，以岗位职责、岗位职数为中心，设立公司各类岗位，改变了因人设岗、因人设事、事随人走的做法。通过职业通道的建立和职位设置，打破了官本位，取消了行政级别，改变了以往单一的行政级别为主的岗位体系。通过采用劳务分包的用工方式，优化配置技能操作人员，进一步压减辅助岗位人员。

同时，水电十四局建立了有效的人才流动机制，通过领导干部、专业技能人员在公司内部的有序流动，既帮助员工在公司内自由地寻找发展机会，也快速支持公司重点产品和业务的人才需求，实现员工发展和公司战略的共赢。一是领导干部的内部流动机制。水电十四局为加强领导干部队伍建设，更好识别和培养优秀领导干部，广泛发现人才，激发干部队伍整体活力，本着与培养人才相结合、与改进管理相结合、与反腐倡廉建设相结合的原则，在全公司范围内实施常态化干部交流机制，选派有潜力的领导干部到不同的工作岗位上进行全面的培养锻炼，特别是公司总部职能部门之间、公司总部与二级经营单位或项目部之间、二级经营单位之间进行交流。另一方面通过在外挂职培养锻炼领导干部，选派优秀领导干部参加地方扶贫、企业交流挂职等，让优秀领导干部在多个岗位上得到锻炼和充实，不断提高解决实际问题、处理复杂矛盾的能力。二是专业技术、技能操作人才内部流动机制。为实现高效人才组合，减少人才流失，破除公司内部人才流动壁垒，使员工找到中意的岗位，公司结合实际搭建了内部人才市场，不断促使专业技术、技能操作人才内部合理有序流动；同时，建立了公司5级及以上管理人员数据库，涵盖个人基本信息、单位评价、擅长专业领域等内容，内容详细且实现常规动态化管理，更好地优化配置人力资源，使人力资源的潜在优势得到最大限度的发挥。另外，还搭建了专业技术与技能操作双通道职业发展体系，构建各序列岗位任职资格标准，明确岗位横向跨序列发展及纵向晋升降级的要求与规则流程，给员工的职业发展明确方向与途径，牵引员工不断提升，实现岗位能上能下。

（六）强化人才激励机制，凝心聚力

人才激励，就是通过各种有效的管理手段和策略，对人才的需求、供给、行为等进行激发，从而调动人们的积极性，改变人们活动方式，实现组织目标的过程。通过建立有效的激励机制，可以极大地开发人的潜能，充分调动人的积极性、主动

性和创造性，使其以最大的热情投入工作；还可以增强一个公司内部组织的凝聚力，认同和追求组织的共同目标，使组织目标成为组织成员的信念，从而转化为动机，推动人们为此努力。

水电十四局通过多种激励手段的运用与创新，在人才队伍建设方面发挥了积极的作用。一是改进薪酬管理，强化保障功能与激励机制。水电十四局强化了工资分配、管控与效益联动机制，从注重规模效益总量单控向注重总量与人均双控转变。二是建立完善了市场薪酬体系，改进薪酬管理，强化保障功能与激励机制。水电十四局优化完善了职位薪酬评价体系，对所属单位班子成员执行年薪制，将其年薪与产值规模和经营业绩相挂钩，通过履职考核、年薪考核和竣工考核，做到了以业绩考核落实经营责任，按考核结果兑现绩效年薪，提升了整体经济效益，有效地发挥了激励和导向作用；对其他员工执行了岗位／职位绩效工资制，员工的岗位工资与负责人年薪挂钩，工资总额与产值规模和经济效益相挂钩，以履职考核落实绩效工资，充分体现了员工的市场价值和劳动贡献；对一些紧缺岗位实行谈判工资制，强化人才激励机制。三是进一步提升员工社会保险权益保障力度。水电十四局进一步加强规范工伤保险管理，推动完善制度体系建设；平稳推进生育、医疗两项保险合并试点工作；并不断提升领取养老保险待遇资格确认工作的便捷化等。四是水电十四局坚持贯彻落实《表彰奖励管理办法》，积极组织开展各类评优表彰奖励活动，对荣获公司内外部各级各类表彰的先进集体及个人进行奖励，强化正向激励。

三、技术赋能人才管理，助力企业发展升级

随着信息技术的发展和市场变化速度的加快，企业竞争愈加激烈，企业的生存和竞争环境发生了根本性变化，以最好的质量、最短的时间、最低的成本、最完善的服务满足客户日益个性化的需求，成为企业得以生存与发展的重要前提和基础。面对这一挑战，信息化建设成为企业改善业务流程、优化组织结构、提高生产效率、降低经营成本的有效利器，是企业增强市场竞争力、获取竞争优势的最佳选择和必由之路。水电十四局高度重视信息化建设主动思考，全面规划，通过人力资源管理相关平台、企业网络大学在线学习平台的建设以及劳动合同管理工作的"互联网＋"模式的推行、特殊工种岗位人员信息库的试点工作的开展等，进一步推动了水电十四局信息化赋能人才队伍建设，不断提升了管理效率（图 2-5）。

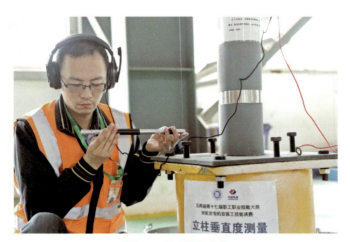

图 2-5　职工技能大赛

（一）加快人力资源管理平台建设

水电十四局通过人力资源信息系统的建立，积极打造标准化数据平台，提高人才工作质量，为人才服务奠定基础。

2017 年，水电十四局作为集团公司人力资源管理信息系统建设水电施工板块的试点单位，率先完成信息系统搭建并在集团内部进行经验交流，输入包含人员姓名、性别、学历等 120 条基本信息的基础数据共 10900 余条，其他员工履历、政治面貌、家庭成员、专业技术职务、职业资格等附属信息近 16 万条，实现了机构、人员、用户管理全覆盖。2019 年，完成水电十四局人力资源管理信息系统组织管理体系搭建，实现了二级单位及所属项目部的全覆盖，全面完成员工及离退休人员的数据录入工作，输入基本数据 276667 条信息（其中离退休人员 12029 人数据）。2020 年，人力资源管理信息系统基本进入平稳运行阶段，形成了以人员调、转、入、离为核心的多业务、全方位的线上应用体系，人员信息"大数据"平台初见成效。目前，人才评价服务平台、内部人才市场平台、网络招聘平台在人才管理实践中已发挥了积极的作用。

人才评价服务平台。自 2017 年起，依托集团公司人才评价管理系统，水电十四局实现了中级及以上专业技术职务任职资格的线上申报、审核、评审等，切实提高了工作效率和工作质量。

内部人才市场平台。借助人力资源管理信息系统搭建了内部人才市场，由各用工单位在人才市场中自由筛选符合自己用工需求的人员，有效实现了内部人才的合理有序流动，提升了人才使用效率，降低了用工成本。

网络招聘平台。为切实做好人才优化配置工作，水电十四局每年都要求各单位、各部门结合本单位/部门的岗位编制、所属项目合同执行及建设情况等方面，按要求对各单位/部门人力资源现状做全面的梳理、统计和分析，并填报《年度大中专毕业生需求计划表》。为高质量完成人才招聘工作，水电十四局在社会招聘和校园招聘过程中，充分利用水电十四局自有的微信公众号、官网和第三方招聘平台，不断加大企业宣传推介力度，提升信息覆盖面，实现招聘效果最大化。

（二）推进企业网络大学在线学习平台构建

为规范水电十四局网络大学的管理，有效积累、整合公司内外网络资源、知识资源和师资力量，充分发挥网上学习的优势，同时为了有效缓解工学矛盾，解决远距离二级单位及项目员工学习不便的难题，水电十四局在教育培训工作上积极创新、勇于突破，于2017年搭建了企业网络大学在线学习平台，并逐步开发构建起网络大学平台"四大体系"，即管理体系、组织体系、课程体系和师资体系。在平台管理体系上，企业网络大学设立了在线学习、培训管理、培训运营三大平台，配置了培训需求调研、培训计划、培训实施、培训评估、培训激励、基础管理、个性化配置、社交学习、学习运营、移动学习、宣传造势共11个基础培训管理模块。目前，注册员工人数9062人，平均月登陆人次超过8000次，2020年在线总时长超过13万小时；网络大学现在有8大学院47个分院，已累计开发866门课程。课程内容丰富，涵盖员工应知应会的基础课程、项目管理类的专业课程、企业管理类的通用课程等。基础课程可以帮助员工快速融入工作岗位，专业课程可以帮助员工提升自身能力素质，而通用课程可以助力员工管理知识和能力的拓展。网络大学各项模块基本完善，已经在水电十四局各项工作中发挥其功能。2018年2月，网络大学的创办荣获了"中国电力教育培训（2017）年度最具影响力事件"。

（三）推行劳动合同管理工作的"互联网＋"模式

电子合同作为纸质合同的有效替代形式，在市场需求的驱动下和政策的导向下，凭借其降本增效、便捷安全的优势越来越受到不少单位的青睐，纷纷开启了人力资源服务的"互联网＋"新模式。

2020年，水电十四局作为云南省电子劳动合同首批试点企业之一，积极推广并逐步使用电子劳动合同，开启了劳动合同管理工作的"互联网＋"模式，创新政企互联人事管理、智慧赋能新模式。通过科技手段，不仅化解了纸质合同易丢失、易篡改、易代签等弊端，而且在劳动者实名认证后，实现了劳动合同签订过程实时追踪进度、随时检索查阅等功能；在劳动用工的双方都能自证清白，为劳动争议备下证据链的情况下，实现了人力资源管理全程无纸化、批量化、远程化、精准化，极大地提升了管理效率。

（四）试点特殊工种岗位人员信息库建设

特殊工种是从事特殊岗位工作的统称，指容易发生人员伤亡事故，对操作本人、他人及周围设施的安全有重大危害的工种。国家规定，特殊工种岗位人员享受特殊的提前退休政策。为提高特殊工种提前退休管理服务能力，防控违规办理提前退休行为，维护养老保险基金安全，国家人社部发布了《关于进一步加强企业特殊工种提前退休管理工作的通知》（人社部发〔2018〕73号）和《关于开展特殊工种岗位人员信息报送试运行工作的通知》（人社险中心函〔2019〕52号），人力资源和社会保障部将建立全国集中统一的特殊工种岗位人员信息库，实现全国范围内数据共享，统一规范全国特殊工种岗位人员信息报送和集中备案管理，为各地特殊工种提前退休审批提供技术支持和监管依据。

按照云南省人力资源和社会保障厅工作部署，水电十四局由于行业的特殊性，涉及较多的特殊工种岗位人员，被指定为云南省特殊工种岗位人员信息库的试运行单位，于2020年开启了特殊工种岗位人员信息库试点工作，预报送特殊工种岗位人员信息730人，共计1602条记录。随着特殊工种岗位人员信息库建设的完善，特殊工种人员的权益将得到更好的保障，既体现了水电十四局"以人为本"的价值观，也将开启水电十四局现代企业信息化管理的新征程。

党建的引领、文化的护航及人才队伍的支撑是水电十四局成功的基石，也是未来高质量发展的重要保证。只有坚持党的领导，依靠团队的力量，发挥文化的指引和人才的价值作用，才能真正实现企业的可持续发展。

第三章

创新驱动，变革发展

企业持续发展之基、市场制胜之道在于创新。

国有企业要搞好就一定要改革，抱残守缺不行，改革能成功，就能变成现代企业。

——习近平

改革是我国经济发展的必然选择，中国经济从一穷二白走向繁荣富强，依靠的就是改革所释放出来的巨大生产力；创新是企业发展的内在驱动力，只有通过不断创新，企业才能适应新时代的新要求，应对快速变化的市场，形成自己的核心竞争力并进行动态调整。

水电十四局60多年的发展，深深得益于创新与变革。鲁布革项目因改革开放引入外资，才可能采取国际招标模式，才有了日本大成公司带来的震动，最终形成了巨大的鲁布革冲击，引起了中国建筑行业的整体变革。水电十四局参与了鲁布革经验及鲁布革精神的创造，也在后续的发展中继承和发展鲁布革精神，不断变革和创新经营方式及管理体制，完善中国式项目管理，开展精细化管理，促进企业内部市场化改革，激发生产要素活力，提高资源配置效率，实施"一线三关"提高经济效益。水电十四局的变革与创新结出了累累硕果，11座鲁班奖、3座大禹奖、10座詹天佑奖彰显着企业实力，众多大型水电工程、高速铁路、高速公路等优良工程诉说着骄人品质。公司营业收入稳步增长，合同签约数及签约金额屡创新高。在改革与创新的推动下，水电十四局因时而动、顺势而为，迎来一个又一个的黄金发展期。

第一节 变革之路——创新历程

一、经营方式变革

经营方式反映所有者与经营者之间的相互关系，归根到底反映所有权与经营权之间的关系。国有经济从国有企业发展到国有现代企业的过程，是所有权与经营权的逐渐分离的过程，也是国有企业作为独立经营实体逐渐走向市场的过程。从经济责任制到经营承包制，再到现代企业制度的建立，国有企业的竞争力不断增强，规模不断壮大。水电十四局依靠经营方式的转变也释放出巨大的活力。

（一）自营模式的弊端

实行改革开放之前，我国社会经济体制基本上照搬苏联高度集权的封闭计划经济模式，工程建设实行自营管理模式。工程任务由国家以计划下达，资金由国家拨付，设备由国家提供，亏损由国家负担，施工利润全部上交国家，施工单位不是一个独立经营的经济实体，而是隶属于上级行政部门的一个机构，按照上级行政部门的要求完成具体的施工任务。这一模式在一定时期内发挥过积极作用，但却显露出许多弊端。

1. 管理体制不顺畅，经营机制不灵活

施工企业既是承建单位又是建设单位，以对国家负责的名义，集业主、监理、施工多种职能为一体，项目施工中缺少必要的协调、监管和控制，施工企业只关注施工进度完成情况，不关心施工效率及项目效益。而在工程项目管理上，国家有关部门及代管单位依靠行政手段实施管理，这些管理人员远离施工现场，以行政管理代替了项目管理，施工企业对其依赖性大，日常工作中又强调政府部门的对口指导，企业的自主性差，没有人对项目的投资回报负责。

2. 工程效率低下，企业负担重

自营模式下，由于施工建制形成刚性结构而缺少弹性，施工所需要的生产要素不能自由流动，资源配置效率较低，施工人员缺少效率意识，导致施工高消耗而低效率，行政管理存在的条块分割又导致施工中同层次建制不相融通，各工作缺少紧密合作，协调成本居高不下。

同时，由于施工建设的特殊性，项目建设者及其家人拖家带口逐项目而居，随同项目大搬迁，形成企业办社会的结果，加大工程临建费用，加重现场管理负担，最终导致企业富余人员越来越多、经济负担越来越重。

3. 队伍素质难以提高

计划经济体制下的"铁饭碗"用工制度及工资分配上的平均主义，形成了"大锅饭"的思想，员工干好干坏一个样，不思进取也不愿努力钻研业务，在这样外无压力、内无动力的状态下工作，必然导致工程施工周期长、施工现场浪费大、工程质量差、技术水平低下等后果，最终导致水利水电工程投资越来越高、工期越来越长、造价越来越高、效率越来越低下，直接影响水电行业的发展。

这些问题的背后折射出建设管理体制的落后，因此，当时只有从体制改革入手，解放生产力，全面引入市场竞争机制，促进生产要素流动，才能带动项目建设及工程施工走上良性发展道路。

（二）经济责任制初显成效

1978年，党的十一届三中全会召开，我国开始实行对内改革、对外开放的政策。家庭联产承包责任制（大包干）拉开了中国对内改革的大幕。1978年下半年，北京、上海、唐山等地建筑企业，开展了"创全优工号"竞赛活动和实行"全优综合责任奖"的办法，在建筑行业引起较大反响，国家计委要求积极推广。水电十四局积极响应，在黄泥河乃格子弟学校一、二号教学楼工程中试行了"创全优工号"竞赛奖励办法，在浑水塘房建工程中推行了《创全优实行内部经济包干管理办法》。创全优有奖活动明确了经济责任，提高了工效，缩短了工期，节约了材料，具有经济责任制的雏形。

随着改革开放的持续深入，经济责任制的推行已经势在必行。1981年10月，电力工业部水力发电建设总局下发了《关于水电施工企业推行经济责任制试行办法》通知，通知指出：推行经济责任制的目的是通过落实经济责任，把企业和个人的经济成果与经济利益直接挂钩，调动企业和职工的积极性，达到各司其职，改善经营管理，促进水电建设，提高经济效果。推行经济责任制的形式包括：局（公司）实行利润分成，亏损包干；工区、处实行内部预算包干；施工队（班、组）实行定额包干。这一文件非常明确地指出了经济责任制的目的和形式。1982年初，中共中央、国务院颁发《关于国营工业企业进行全面整顿的决定》（中发〔1982〕2号），水电十四局按照文件精神，以提高经济效益为目的，以推行经济责任制为突破口，开展企业整顿工作，并于1984年下发了《水利电力部第十四工程局一九八四年施工项目经济责任制试行办法》，分别对全局、工程公司（厂）、工程队、班组进行了经济责任划分包干，局属各单位也制定了经济责任制的实施办法。

1984 年 5 月，水利电力部下达了关于《水利电力施工企业百元产值工资含量包干试行规定》的通知，指出施工企业实行产值工资含量包干是工资制度和工资管理体制方面的一项重大改革，能"克服平均主义，更好地贯彻按劳分配的原则，充分地调动企业和职工的积极性"。同时，水电总局下达了试行《水利水电施工企业百元产值工资含量包干试行办法》。水电十四局从 1985 年开始实行百元产值工资含量包干，并在全局各公司（厂）推广。

通过开展企业整顿，推行经济责任制，调动了职工的生产积极性，原先效率低下、费用与收益不匹配、投资无底洞的局面逐渐有了改善。在经济责任制这一改革制度安排下，企业员工的积极性大大提高，工程效率也大幅提升，全局总产值和全员劳动生产率稳步上升。水电十四局通过不断强化企业管理，发展生产，促进了对外市场开拓，稳定了职工队伍，有效地缓解了工程局机构臃肿、工程任务不饱满的困难局面，在经历长期亏损之后，于 1983 年首次实现盈利，此后又在鲁布革水电站的建设中，总结出了"鲁布革经验"。1984 年至 1987 年，水电十四局不断完善鲁布革经验与项目法施工实践，持续不断地把新内容注入经济责任制当中。经济责任制的落实最终促进水电十四局全面快速成长，但由于历史包袱等原因，当时全局的盈利能力仍处于较低水平。

（三）经营承包责任制提升效益

经营承包责任制是对经济责任制、"项目法施工"以及鲁布革经验的进一步深化与改革。1988 年 4 月经水利电力部水利水电建设局党组批文同意，水电十四局实行局长负责制，制定了局长四年任期目标。为了落实局长任期目标，水电十四局对二级单位试行了为期一年的经营承包，这是水电十四局首次在全局全面实施经营承包责任制。

1989 年至 1999 年，水电十四局根据国务院于 1988 年 2 月颁发的《全民所有制工业企业承包经营责任制暂行条例》，进入了全面系统地推行经营承包责任制时期，对局属单位先后实施了三轮经营承包。

1. 第一轮承包核定承包基数，超收奖励

第一轮的承包是从 1989 年至 1991 年，水电十四局制定了《水电十四局八九至九一年第一轮内部承包经营责任制实施细则》，在局内全面实行。以内部承包经

营合同的形式，采取"包死基数、确保上交、超收多留、歉收自补"的办法，按各单位人员和装备情况核定产值承包基数；承包经济指标与核定基数挂钩；工资含量与产值效益双挂钩。各单位按产值基数上交 2% 管理费、3% 利润，本单位留利率为 0.75%，超计划部分按照 2∶8 分成，上交 2% 劳保费用和 1.2% 的子弟学校统筹经费，按比例收取施工设备租赁费和流动资金占用利息。承包合同签订以后，局属各单位采取积极措施，层层分解落实，加强项目管理，取得明显效果，绝大多数单位实现或超额完成了 3 年承包合同。第一轮承包 3 年期间，共实现企业总产值 6.99 亿元，实现利润 499 万元，平均年企业总产值 2.33 亿元，平均年利润 166.3 万元，平均全员劳动生产率 13155.6 元 / 人，摆脱了前期盈利水平低下的局面。

2. 第二轮承包完善了内部经营责任细则

第二轮承包开始于 1992 年，为期 4 年，持续到 1995 年。水电十四局在总结第一轮经营承包的基础上，修改完善了内部经营责任制细则，第二轮承包是第一轮承包的完善和发展。经营责任制内部承包考核指标由产值指标、经营发展指标和各项管理指标三大体系组成。承包形式由个人承包改为领导班子集体承包。承包内容按"双包双挂"的办法，适当提高承包基数和上交费率，超额利润全额留给二级单位。第二轮承包强化了考核指标，严格进行合同管理，在加强企业管理、提高经济效益方面也取得了较好的效果。第二轮承包的 4 年期间，共实现企业总产值 19.71 亿元，实现利润 513 万元，平均年企业总产值 4.93 亿元，平均年利润 128.25 万元，平均全员劳动生产率 31144.5 元 / 人，年平均总产值较第一轮承包增加了约 2 倍，员工劳动生产率明显得到提升，经济效益得以提高。

3. 第三轮承包扩大范围，将经营点全部纳入承包经营范畴

1996 年水电十四局在总结前两轮承包经验的基础上推行了第三轮承包。在第三轮承包中，水电十四局制定统一的经营责任目标体系及考核奖惩办法，通过分行业（产业）、分层次的经营点项目经理经营责任承包合同，把水电十四局所有经营点全部纳入第三轮经营责任承包经营范畴之内，对经营点制定了上缴资金到位率、内部账款兑现率、工期履约率、质量、安全、年度总资产利润率、全员劳动生产率、投资回报率等承包考核指标。同时对二级主体单位也实行承包管理。此外，还颁发了《工程局项目管理办法》《财务管理办法》《资产管理办法》《劳动工资管理办法》《项目经理考核及奖惩办法》等管理办法，作为水电十四局第三轮承包的配套文件，与承包管理办法配套执行。第三轮承包办法原计划执行到 2000 年，后

因水电十四局在 2000 年推行了内部管理体制全面改革，企业管理体制有了较大变化，同时酝酿在项目部和二级单位实施新的经营责任制，因此第三轮承包到 1999 年提前结束。第三轮承包的 4 年期间，共实现企业总产值 36.76 亿元，实现利润 511 万元，平均年企业总产值 9.19 亿元，平均年利润 127.75 万元，平均全员劳动生产率 70774.25 元／人。年平均总产值较第二轮承包增加了 1.9 倍，员工劳动生产率较第二轮承包又有了非常明显的提升。

经过三轮承包，水电十四局的经营情况有了很大的改善，经济管理进一步加强，企业实力增强，为内部管理体制的全面改革打下了基础。

（四）经营目标责任制激发潜力

从 2000 年开始，水电十四局对原有管理体制进行了全面改革。此次改革的原则是：整合企业内部资源，实施生产资源公共化和市场化管理；分离企业的社会职能，强化二级单位的生产经营功能，解放生产力；以加强和提高项目管理能力为基础，提高企业整体经济效益；强化水电十四局的管理和控制力，提高企业集约化经营水平。改革的一项主要的内容就是推行经营目标责任制。从 2001 年开始实施《水电十四局项目经理管理办法》，项目经理管理的主要内容之一就是对全局工程项目实施经营目标责任制。文件规定了项目经理的经营目标和责任，水电十四局成立了"项目经理考核和资质评审小组"（后改为"业绩考核小组"），每年对项目经理业绩进行考核，根据考核的结果，确定项目经理的年薪收入。项目经理的年薪由项目经理基薪、考核年薪和效益年薪构成，基薪和考核年薪都为正值，效益年薪在项目利润为正值时为正值，在项目利润为负（亏损）时为负值，效益年薪为项目当年利润或亏损的 1%～3%。因为对项目所产生的经济效益单独进行考核，并加大了对项目经济效益考核的力度，同时也体现了利益与风险共担的原则，促使项目经理以项目效益为中心，提高项目管理水平。与此同时，水电十四局还实施了项目经理风险金制度，每年从项目经理部班子成员的考核年薪和效益年薪中提取 30% 建立项目经理风险金，用于抵补项目经理部班子由于管理不善等原因造成的项目亏损。在对项目经理进行年薪考核的同时，还对项目经理进行履职考核，从德、能、勤、绩四个方面进行评价。除此之外，水电十四局还建立了项目经理项目经营承包合同考核制度和项目审计及稽查制度，对项目经理进行定期或不定期的审计和稽查，根据承包合同中所规定的经济技术指标和各项考核指标对项目经理进行考核。2004 年水电十四局又对项目经理管理办法做了修改和补充。通过推行经营目标责任制，进一步明确了项目经理管理的目标和职责，对激励项目经理管理的积极性、提高项目管理水平发挥了重要的作用。

从2003年开始，水电十四局对二级生产经营单位实施经营目标责任制。试行1年后，2004年制定了《水电十四局二级经营单位经营业绩考核办法》，并下发实施。业绩考核指标分为定量指标和定性指标两部分。水电十四局制定的这些考核制度和考核办法，形成了比较科学合理的考核体系，对客观、公正地评价局属二级经营单位的业绩，建立有效的激励和约束机制，提高企业的经营管理质量和效益，落实水电十四局的战略发展目标，发挥了导向和保证作用。

水电十四局从2000年施行经营目标责任制以来，一方面注意保持主要管理办法的连续性，另一方面又根据实施的情况不断进行补充和调整，有效地激励了经营者的积极性，提高了企业经营管理的质量和效益。截至2006年，经营目标责任制在水电十四局初步取得了良好的效果。6年共实现企业总产值152.36亿元，实现利润22776万元，平均年企业总产值21.77亿元，平均年利润3253.71万元，平均全员劳动生产率246849.7元／人。不仅产值和员工劳动生产率得到明显提升，企业利润也逐年增长，平均年利润较三轮承包时期提高25倍，真正实现了集约化与高效化经营。

二、管理体制变革

（一）计划体制完成任务

改革开放前，我国一直采用的是计划经济模式。在长期的计划经济管理体制下，水利水电建设项目统一由国家指派建设施工单位，项目建成之后移交由国家指派的生产单位进行生产经营，收益全额上交。新中国成立初期，计划经济体制因能统一集中社会资源，进行人力财力物力的统一调配，在重点工程建设项目上发挥了非常积极的作用。水电十四局早期建设的石龙坝、以礼河、绿水河、六郎洞、西洱河、大寨水电站都采用这一模式。在这种体制下，企业成建制地随工程流动。水电职工拖家带口住在工地上，长年在深山峡谷之中，以山为家，以水为邻，身居工棚，含辛茹苦，在艰苦生活条件下从事繁重的工作，建设完一个电站又携家带口举家搬迁到新工地。年复一年，周而复始。

在计划经济体制下，水电十四局执行国家指令性计划开展建设工作，资金、设备、工程物资由国家统一调配，企业的任务就是完成国家下达的施工计划，企业的盈亏全由国家负责。在自营式管理体制下，水电十四局为了按时完成任务，保证工程质量和安全，也进行了一些有益尝试：如加强现场施工管理，加强生产计划管理和定额管理；加强班组管理，推行班组工程任务单和班组作业计划；试行企业内部经济核算，进行投资包干试点；开展劳动竞赛以提高劳动效率等措施，这些措施在一段时间内取得了一些成果，但由于企业没有生产经营自主权，项目建设管理仅仅根据国家计划安排施工进度，在工程的施工管理和成本效益核算方面相对欠缺，因而不能从根本上解决计划体制下的弊端。建设企业急需新的体制和机制，改革也已如箭在弦上。

（二）项目施工管理体制优化

改革开放的总设计师邓小平同志曾说过"任何一个民族、一个国家，都需要学习别的民族、别的国家的长处，学习人家的先进科学技术"。鲁布革水电站的建设如春雷唤醒大地，开启了水电工作者比学争赶超的大幕，掀开了施工项目管理体制改革的新篇章。水电职工通过鲁布革项目这一开放窗口，看到了一个崭新的世界。新观念、新管理和新技术带来了强烈的冲击，并由此推动了我国基础设施建设的深刻改革。水电十四局通过鲁布革水电站的施工实践，参与了鲁布革经验的创造和总结，在改革开放中走在全国施工企业的前列，学习外国先进管理技术，总结和推广项目法施工，改革企业内部结构，提出了建立总承包企业的总体目标，逐步建立适应市场经济竞争，优化配置施工资源的管理体制，加强企业的现代化管理，企业管理体制的改革进入了一个新的时期。

经历了"新"与"旧"两种观念、两种体制、两种效率的强烈冲击后，水电十四局在鲁布革厂房枢纽工程项目中学习日本大成公司施工管理经验，试点13个月，抢回了工期，提前4个半月完成施工任务。首部枢纽工程也加强施工目标管理，吸收和采用先进技术和推行经济责任制等，大大加快了施工进度，按期实现截流，安全度过3个汛期。1988年，在总结和推广鲁布革经验的基础上，水电十四局提出了"以建立总承包公司为目标，改革企业内部组织结构"的总体改革方案。改革的重要内容就是在全局承建的工程项目中普遍推行鲁布革经验，实施精兵强将上第一线，从漫湾电站、中屯水库等工程施工开始，组织精干的项目管理机构，实行管理层和劳务层分离，前后方分离，按生产力要素动态优化和配置组织生产。广州抽水蓄能电站进一步发展了鲁布革经验，实践总结了"均衡生产，文明施工，确保安全，降低成本"的项目法施工经验。项目法施工，打破了原有的按企业建制组织生产的体制，把企业建制和施工管理建制分开，优化了施工生产力，大大地提高了施工效率，这是施工企业施工管理体制的一大改革。推行项目法施工，改革施工管理体制，推动了水电十四局对企业的内部组织机构和管理职能等一系列深层次的改革。与此同时，国家建设部以广蓄电站实践为典型，不断总结完善项目法施工的原则，丰富项目法施工的内涵，形成了全国建设业项目法施工指导意见，培训全国项目经理，并以项目法施工为抓手，推进建筑企业内部管理制度改革走向深入（图3-1）。

图 3-1　电力部广蓄工程建设管理经验交流会

通过项目法施工的全面推行，水电十四局调整了机关的机构和职能，建立生产要素内部市场，设备管理实行内部租赁制，对材料和配件实行计价调拨制，推行流动资金有偿占用制，实行设计、科研、技术有偿服务制，局对公司分包或单位之间配合支援，都签订内部合同，实行合同管理，并通过重组二级单位，强化企业管理，建立内部资金市场，建立一整套项目成本控制的方法、程序和制度，使成本管理得到加强。这些措施促进了水电十四局向管理专业化发展，增强了竞争实力，为适应未来广阔的市场，向现代化靠齐奠定了坚实基础。

（三）深化内部管理体制改革，建立现代企业制度

伴随项目施工管理体制的探索和改革，水电十四局的施工项目管理水平不断提高，内部管理不断加强，使企业得到了迅速的发展。但是随着改革的深入和形势的

发展，企业内部管理的一些深层次矛盾暴露出来，迫使水电十四局在企业改革中要不断突破束缚，进一步深化改革，为建立现代企业制度打下基础。

2000年通过贯彻落实党的十五大和十五届四中全会精神，水电十四局进一步深化改革内部管理体制，建立科学管理体系，改善经营方式和管理办法，全面加强企业管理，增强市场竞争力和抵御风险能力，实现向经营型、管理型和国际型企业的转化为目的的企业全面改革。

2000年水电十四局内部管理体制改革的主要原则是：整合企业内部资源，实施生产资源公共化管理；分离企业的社会职能，强化二级单位的生产经营功能，解放生产力；以加强和提高项目管理能力为基础，提高企业整体经济效益；强化水电十四局的管理和控制力，提高企业经营水平。改革的主要内容有以下几个方面：

1. 改革项目管理体制，推行以提高项目管理水平和经营效益为目的的工程项目集中统一管理

水电十四局对全局工程项目管理实行"五统一"。一是统一管理项目经理的资质和聘用。由水电十四局项目经理资质评审委员会对项目经理的资质进行统一管理。主要是对项目经理的资质、业绩进行数据库管理，项目经理班子由水电十四局统一聘用和任免，在条件成熟时逐步推行项目经理竞争上岗。二是统一项目管理制度，由水电十四局统一制定了项目管理的各项规章制度，在全局统一实施项目技术管理、质量管理、安全管理、成本管理、财务管理和设备管理等规章制度。三是统一项目的财务管理。实行财务主管委派制。项目部的财务主管由水电十四局委派，业务受水电十四局财务部的领导。四是统一项目经理部的考核标准和考核办法。对项目经理实施年薪制，统一对项目经理进行履职和业绩考核。五是统一对项目实施审计和稽查的制度和办法。除对项目开展定期审计以外，建立了项目稽查制度，在水电十四局设立项目稽查部门，根据局领导的指令对项目实施稽查，强化水电十四局的执行力和控制力。

2. 改革资源管理体制

水电十四局的资源管理体制改革包括三方面内容。一是改革人力资源管理体制，分昆明、曲靖、大理三个片区成立水电十四局劳务管理中心。全局员工按户籍所在地分别进入三个劳务管理中心接受管理，劳务中心根据用人单位的需求选派劳务。二是改革固定资产管理体制，成立局资产部，管理全局设备和不动产。在水电十四局和二级单位成立设备租赁中心，分级分类管理全局机械设备，对局工程项目

部开展设备内部租赁业务，并承担资产保值增值责任。三是改革财务管理体制。除对二级单位和项目实行财务主管委派制，财务实行集中统一管理外，建立和健全全局资金管理中心对全局资金统一集中管理。

3. 改革社会职能管理体制

对企业社会职能的管理改革包括两个方面：一是成立局离退休管理中心，集中管理全局离退休人员，二级单位不再承担离退休人员的管理职责；二是成立社会保障部，统一管理全局员工基本养老保险、年金、医疗保险、失业保险、工伤和生育保险。全局职工医院、子弟学校和基地社区管理统一由水电十四局管理并逐步移交社会。

4. 改革二级单位管理体制

全局二级单位分为两类：一类是完全脱离了社会职能，资源实现了局内部市场化配置的专业化公司，对水电十四局承担生产经营和资产经营责任，水电十四局对他们实施生产经营责任制管理；另一类是费用单位，主要职能是承担企业尚未分离的社会职能的管理，水电十四局对他们实行职能考核和费用控制管理。

此外，还改革了机关管理体制，一方面对水电十四局职能部门进行改组和调整，精简机构，整合职能，提高管理质量和效率；另一方面改革内部经济管理制度和办法，理顺水电十四局与局属二级单位之间的经济关系，增强企业整体实力。

深化企业内部改革，促进了水电十四局的发展。2006 年企业总产值达到 35.9230 亿元，为改革前 1977 年的 108.4 倍，完成的土方开挖量、石方开挖量和混凝土浇筑量分别为 1977 年的 16.6 倍、104.0 倍和 34.1 倍。水电十四局经济实力进一步增强，经济效益进一步提高。2006 年企业净利润 1.12 亿元，全员劳动生产率达到 31.841 万元／人，职工年平均工资 20076 元／人。

通过上述各项改革，劳务人员实行集中管理，形成了内部劳务市场，为企业向智力密集型、管理型和专业化公司发展创造了条件。社会职能集中管理以后，便于管理和整体向社会移交。工程项目和财务、资金的统一管理，提高了工程项目的管理水平和整体经济效益，为把水电十四局建设成为现代企业制度下的大型企业打下了基础。

从 2000 年开始的深化企业内部管理体制改革进行了 6 年。这 6 年对于水电十四局来说是意义重大的 6 年，水电十四局不断寻求改变，逐步稳健地向现代企业制度迈进。

三、建设项目管理变革

（一）从施工总承包到设计施工总承包管理

中国水利水电工程建设的传统方式是设计与施工分离，设计由设计单位负责，施工由施工单位承担。这样的施工承包模式存在的最大问题就是设计和施工单位沟通协调困难，此外，这种传统模式还存在投资大、工期长的缺点，非常不利于企业的成本管理。从 20 世纪 80 年代开始，为适应设计、施工与国际接轨，国内工程设计施工总承包的运作模式应运而生。在水利水电工程建设中实行设计和施工总承包，不仅能在很大程度上克服传统模式的缺点，更为重要的是，有利于吸引更多的民间资金进入水利水电市场，有利于提高中国水利水电工程建设的国际竞争力。1994 年 3 月，水电十四局在所属的二级单位科研设计院成立了设计部，开展设计工作，为建设项目工程总承包业务的开展积累经验。1999 年 6 月，水电十四局依托自身设计及施工资源优势开始承接设计、施工总承包业务，实现了水电十四局小水电总承包业务零的突破。经过 12 年的努力，水电十四局设计施工总承包业务从每年 1 个电站 1645 万元的合同额，发展到了平均每年 3 个电站 1.42 亿元的合同额，为开展建设项目工程总承包业务打下了良好的基础。水电十四局在建设项目管理中实行设计施工总承包的具体做法是：

1. 建立设计施工总承包组织机构

水电十四局对施工总承包项目进行统一的组织和管理，由下设的科研设计院负责实施。在工程中标后，下达设计任务书到水电十四局科研设计院，由其组织勘测、设计人员完成工程的勘测、设计任务。在项目实施过程中，由水电十四局科研设计院负责项目的设计、施工协调和管理工作；由勘测设计分院负责实施项目设计工作；由施工项目部负责工程施工，由此组成了严密、精干的设计、施工组织机构。

2. 完善设计施工总承包勘测设计和施工质量安全保障体系

设计施工总承包中，完善的勘测设计和施工质量安全保障体系，是保证一个项目顺利进行的必要条件和重要保障。在设计、施工过程中，水电十四局坚持按照"进度是中心，安全是保证，质量是生命，效益为目的"的辩证关系来指导设计及施工。贯彻执行《质量管理体系》ISO 9000：2000 及水电十四局《质量手册》中的

"技术领先，质量为本，服务规范，顾客满意"质量方针，保证严格按照国家颁布的规范标准及合同文件的要求精心设计、施工，确保工程质量。

3. 实施目标管理，缩短建设工期

在设计施工总承包项目中，通常由业主提出项目总体要求和实施过程的控制目标，给设计、施工总承包商以充分的自由完成项目，最大限度地发挥其在设计、采购、施工、项目管理等方面的创新精神。工程中标后，科研设计院建立了强有力的指挥系统，调配具有丰富的设计、施工经验的管理及技术人员和施工队伍，投入充足的配套的施工设备，承担工程的设计、施工。利用总承包的管理优势，在工区范围内建立统一的质量体系、安全体系及环保体系，在施工现场管理中建立起统一的管理标准，统一实施目标管理。在完成工程的《可行性研究报告》并开始工程技术设计的同时，即开始组织工程施工人员进点开始工程施工。在工程建设过程中设计、施工人员密切配合，实现了各个工程部位技施设计图纸完成并经会审一周后，工程施工随即展开，使设计意图在工程施工中及时得到体现及反馈，及时验证了设计图纸的合理性、可行性，同时，缩短了工程施工准备期的时间。与设计、施工任务分别由不同单位承担相比，避免了整个工程技施设计图纸全部完成才能进行工程施工，施工对设计图纸的合理性、可行性验证不及时，进而耽误了设计人员对设计方案及图纸的修改，造成工期延长。

水电十四局承建的设计施工总承包项目的实际建设工期与合同工期相比平均缩短工期25%，降低了电站的单位千瓦造价，提高了电站的利用小时数，使业主的投资得到尽快回收，获得了较高的投资回报。工程建设工期的缩短也降低承建单位的建设成本，在赢得业主信任的同时取得了良好的经济效益，实现工程建设各方的"共赢"。

4. 优化设计方案，创造经济效益

设计方案的优化可以最大限度地节约工程项目投资。科研设计院在总承包后为了控制投资，进行精心设计，并对多个设计方案持续优化、比选，采用先进而适用的设计方案，不仅节约了投资，而且确保了工程投产后经济、社会和环境效益。在设计工作中，水电十四局科研设计院充分发挥设计人员熟悉设计规范、规程，施工人员熟悉施工规范、规程的优势，在工程建设过程中，设计人员时刻坚持"实用、经济、美观、安全、可靠"的设计原则，及时依据地形、地质、施工条件、建材限制、地域环境、施工工艺等因素的改变，结合施工现场的实际施工条件精心设计，在有利于工程施工的同时又降低工程成本，避免因设计不当造成浪费，努力达到利

用设计优化创造经济效益的目的。以加蓬大布巴哈水电站为代表的一批项目斩获了各级勘察设计奖（图3-2）。

图3-2　2016—2017年度国家优质工程奖

5. 加强工程成本管理，降低工程成本

科研设计院在总承包的过程中，利用设计施工总承包的特点和优势，采取各种有效措施加强成本管理，降低了工程成本。所采取的具体措施是：

（1）建立目标成本管理体系，实施全面的成本管理责任制。首先，合理制定项目的目标成本，按照内部分工和岗位责任制，建立相互衔接的全面成本管理责任制。其次，在项目建设过程中，实行设计、施工人员工资收入同目标成本执行情况完全挂钩，充分体现职工按效取酬，激励职工积极性，增强职工实施目标成本的压力和动力。最后，结合工程的实际制定内部工、料、机施工定额，并结合材料和人工费市场行情确定工程的分包单价，做好专业分包队伍的工序或单项工程分包工作，确保目标成本的实现。

（2）统一管理施工材料、设备及人员，确保各项资源配置的优化。鉴于设计施工总承包工程项目，通常都有着众多的施工机械布置在狭窄的现场施工区域内这一特点，科研设计院统一管理、协调使用施工机械，确保各项资源配置的最优化，减少干扰，提高效率。在土建工程施工、机电安装、金属结构制作、安装施工过程中，施工材料、设备及人员交叉使用，合理调配，减少设备的备用量。同时，也减少了材料的库存量和流动资金的占用量，提高了资金的使用效率。

（3）实行项目成本核算、分析和考核。在项目完成后，对施工过程中的各项成本归集、整理和计算，检查成本控制的成效，按项目考核的办法，对项目进行考核。通过把成本考核落实到人，控制了项目成本，实现了项目利润最大化的目标。同时通过对项目成本中影响节约及超支的因素进行分析，寻找管理中存在的问题，提出改进措施，为改进成本管理提供资料。

6. 统一规划和布置生产、生活场地和临时设施

在设计施工总承包项目实施过程中，统一规划、合理布局土建工程施工、金属结构制作（以下简称"金结"）、安装、机电设备安装所需的施工场内道路，最大限度地利用施工的场内道路，方便施工，减少支线道路的修筑量，进一步节约工期及降低工程成本。同时，通过统筹安排土建工程施工、金结、安装和机电设备安装的工期和进度，统一规划生产、生活等施工临时场地，在工程施工过程中充分利用已建成的生产、生活临建设施，避免重复建设，不仅可控制施工区的生产、生活设施建筑面积和占地面积，有效合理地使用施工场地进行布置和管理，还可减少临时征地范围，有利于环保目标的实现和节约投资。

7. 统筹协调土建与金结、机电安装关系，全面推进工程的顺利实施

在工程实施过程中制约主关键线路的因素较多，项目部聘请资深的金结、机电安装专家，在项目部的决策层配置生产副经理，在管理层中设置机电物资部，在主管生产管理部门中配置金结机电安装主管，统筹协调土建、金结、机电安装关系，一切目标都要围绕主关键线路来实施。严格控制施工进度，进而实现整个工程施工工期最短，全面推进工程的顺利实施，为电站按期或提前发电创造条件。

8. 认真实施保修和回访制度，提高售后服务质量

水电十四局建立了工程交接后的工程保修制度，工程保修按合同约定或国家有关规定执行。在保修期内发生质量问题，项目部根据已制定的工程保修制度和业主提交的《工程质量缺陷通知书》提供缺陷修补服务。项目部与业主建立售后服务联系网络，收集和接受业主意见，及时获取工程建设项目的生产运行信息，定期做好回访工作。工程回访工作按照水电十四局回访工作管理规定进行，填写回访记录，编写回访报告，反馈项目信息，持续改进。

通过实施保修和回访制度，提高设计施工总承包项目的售后服务质量，在增加业主满意度的同时，提高了水电十四局开展设计施工总承包业务的能力。

水电十四局在设计施工总承包中发挥技术和管理的实力，诚实守信，忠诚履约，优良服务，树立了良好的企业品牌，取得了业主和监理的信任。设计施工总承包的市场开拓取得了优异的成绩。设计施工总承包从一个电站扩展到一条流域（南溪河流域），再到一个区域（屏边苗族自治县、金平苗族瑶族傣族自治县）的

小水电建设市场，树立了云南省水电市场上小水电工程设计施工总承包模式品牌，也取得了良好的社会效益和经济效益。施工总承包模式使水电十四局在小水电工程建设过程中实现了自身跨越式的发展，为水电十四局设计施工总承包业务发展奠定了坚实的基础，帮助水电十四局实现了由小到大、从国内到国外市场的扩展。

（二）项目投标到合同履约的全过程管理

项目投标与合同履约是相辅相依、休戚相关的。项目投标能够顺利进行离不开合同的全过程履约。

1. 熟悉投标规则，规范投标管理

鲁布革电站建设作为国家重点对外改革开放试点项目，采用国际贷款的方式解决资金问题。根据世界银行规定，鲁布革水电站建设必须采用国际招标的方式进行。当时，水电十四局不得不适应新的环境变化，积极准备投标工作，第一次以国内承包商的身份和闽江工程局与挪威承包商联合参加了工程投标，与外国承包商同台竞争，虽然，闽昆挪联营公司因投标总价过高而未能中标，但是开创了水电十四局的建设工程参与市场投标竞争的历史。

1983年至1992年，水电十四局不断摸索招标投标技巧，参与到激烈的市场竞争中，逐步习惯了通过投标承揽工程的国际惯例。在招标投标实践中，水电十四局对招标投标工作由不熟悉到熟悉，逐渐掌握了招标投标工作的内容和程序，摸索出一套自己编标、投标的程序和方法，提高了编标水平，加强了分析决策能力，积累了投标经验。此后公司成立了市场开发部，并于2001年6月制定了《水电十四局市场开发部管理办法》，详细规定了水电十四局市场开发部的主要职责、职能、业务管理办法。2002年3月，水电十四局质量管理部通过制订《水电十四局机关各部室工作职责及岗位目标汇编》进一步规范了市场开发部的工作内容和工作程序，使招标投标工作更为合规。

水电十四局市场开发部通过从互联网、业主、监理、设计单位搜集招投标信息，由水电十四局领导按项目所属区域进行分工负责，明确责任人的任务目标，落实项目跟踪任务，积极跟踪所投标项目，努力开拓新项目。在项目招标投标过程中，对工程项目的投标实行项目责任人制。项目投标前明确总体负责人，并确定项目投标主要人员，下设报价、技术、商务等小组及负责人。二级经营单位投标责任人报市场开发部备案。重大项目的投标工作由水电十四局主要领导组织协调，成立编标领导小组，对投标报价的原则、施工方案等关键问题进行论证、指导和决策。

局市场开发部和局科技部、经营管理部紧密合作，有效沟通，在标书的技术方案设计时充分展示水电十四局最新的技术动态和管理理念。此外，坚持局市场开发部人员的交流制度，定期将市场开发部年轻的专业人员派遣到项目技术或管理岗位上工作，通过技术和经营工作的历练，帮助他们全面掌握一线技术，了解施工管理发展趋势。此外，在标书编制工作中，应用 OFFICE、AUTOCAD、P3、3DMAX 等软件，实现了三维动画、视频解说等多媒体技术在标书中的应用，提高了标书的表述力，丰富了标书的内容，促进标书编制水平迈上新台阶。标书编制完成后，由水电十四局局长或书记、局市场开发的分管领导、局分管经营的领导及市场开发部、市场拓展部、经营管理部的负责人等共同决标。

成功中标工程项目后，水电十四局组织主要参与人员与经营管理部共同对合同进行交底、评审。按照水电十四局财务管理部门有关规定填报申请表，经市场开发部审查并报局领导批准后，办理相关的信贷（资信）证明、投标保证金（保函）、履约保证金（保函）及预付款保函，为项目开工建设做好前期工作。

1993 年是水电十四局完全依靠投标承揽工程的第一年，水电十四局经过努力先后中标承建了广州抽水蓄能电站二期工程、云南大朝山导流洞工程和浙江天荒坪抽水蓄能电站等工程。

1995 年至 1998 年，国家严控水电开工项目，水电建设处于低谷状态。水电十四局调整发展战略，全力竞争国家大型工程和云南中小型项目，精心组织投标编标，形成了"进军长江黄河、守住云南阵地"的格局。同时在国际市场的开拓方面也取得进展。先后中标承建了喀麦隆巴门达—巴蒂博公路工程和缅甸邦朗电站技术服务项目。

1993 年至 1999 年 7 年间，水电十四局共中标 43.78 亿元，平均每年中标 6.25 亿元。从 2000 年开始，水电十四局的招标投标工作进入了快车道，确立了盯紧"五大一小""立足云南、跟进国家重点"的方针，形成了市场信息收集、跟踪、开拓的独特的组织系统，收到了显著的成效。2003 年至 2006 年，明确了"发挥优势、扬长避短、扩大增量、优化市场、提高质量"的方针，努力发挥品牌优势，加强内外联合，提高了企业的竞争实力，在巩固水利水电主营领域的同时，继续努力向路桥、市政、地铁、环保、火电等非水电建筑市场领域延伸和拓展。

20 多年来，水电十四局的招标投标由单一到多元，由云南省到全国，由国内到国际，通过投标竞争的实践，提高了技术水平和管理水平，培养了一大批既懂技术又善于管理、熟悉合同与法律的具有综合素质的人才。

2. 加强合同履约管理

合同履约管理的实质是依据合同按期按质完成项目建设。鲁布革项目中，电站引水隧洞工程由日本大成公司中标承建，根据招标文件规定，工程的劳务和当地材料则由水电十四局提供。双方就劳务提供、当地材料问题进行了协商谈判，签订了"鲁布革水电站引水隧洞工程提供当地劳务协议书""提供当地材料的合同书""补充劳务协议书"。此外，鲁布革隧洞压力钢管工程为引水隧洞工程标（C1标）的一部分，由日本川崎重工分包，其中在中国完成的一部分工程，又由水电十四局机电安装公司分包，因此安装公司又与川崎重工签订了工程分包合同，施工进度及质量要求严格按照合同执行，这也成为水电十四局合同履约管理的开始。为做好与日本大成公司的劳务和当地材料合同履约，水电十四局统一由局外事处与大成公司联系，负责合同管理工作。在执行过程中，曾发生过因工作环境原因引起的各种纠纷，也由于缺乏经验，导致合同执行对己方不利，劳务人员工伤费用不够开支等问题。但就总体情况而，鲁布革项目合同条文内容是基本合理的，执行情况是良好的，也充分调动了劳务人员的生产积极性，在隧洞掘进中创造了全断面月进尺373.5m的优异成绩，在大成公司总部引起轰动。另外，水电十四局安装公司与日本川崎重工双方密切合作，按期保质地完成了压力钢管的制作加工工程，分包合同得到了顺利的实施。

也就是在鲁布革电站上述涉外合同的签订和管理过程中，水电十四局第一次接触到严格和规范的合同管理，在工作中一面摸索，一面学习，严格管理，认真对待，不仅诚信认真地履行了合同，保证了企业的信誉，而且积累了合同管理经验，并将这一经验推广到后续的项目中。

云南漫湾水电站进场公路、导流洞、泄洪洞和金属结构安装工程是水电十四局继鲁布革电站建设后中标承建的又一重要项目。水电十四局以承包商的身份与业主签订了工程承包合同，在电站工地连遭三次水毁、工期滞后的危急情况下，信守合同，调集精兵强将，加强设备配置，如期完成了工程。维护了企业的信誉。同时在合同管理中，改变观念，做好承包商角色；严格履行合同义务，按合同条款逐条实施；加强基础资料整理工作，实行科学管理；做好计量签证工作，保护企业利益；正确处理好与业主、监理的关系，积累了合同管理的经验。同期，水电十四局在福建南一水库、云南黑白水电站、云南汇流电站、云南槟榔江水电站、云南中屯水库、云南章巴水库等中标承建工程实施了合同管理，丰富了合同管理的实践。

广州抽水蓄能电站建设过程中，水电十四局大胆推行改革，与业主明确合同关系，共同营造友好的合作关系，甲乙双方首先确立了"平等、合作、求实、互谅"的原则，同时，坚持合同管理的规范化、制度化及严肃性，在处理合同问题时，既按照合同的规定，又坚持实事求是的原则。为提高管理效率，对合同管理实行表格化操作，用计算机程序化管理。水电十四广东分局在项目合同管理工作中，认真做好原始记录和测量工作，及时办理监理现场签证，对照合同清单做好工程量复核工作，按照合同做好增加项目预算的审定工作，实事求是做好合同变更、索赔工作及工程分包合同的管理工作。由于在一期工程建设中业主、监理、设计、施工等四方面积极配合、相互理解，使合同执行得以圆满完成，同时，为二期工程施工承包打下良好基础。

1993年下半年，广蓄项目业主广东联营公司及时与广东分局沟通，就二期建设施工价格进行商谈，双方商定了《广蓄二期工程报价原则》，规定该报价原则是双方议标及制定合同单价的依据，报价原则及按报价原则制订的合同单价或单项工程总价，在二期工程合同执行的过程中不做任何调整和修改。双方确认，在乙方按合同要求全面完成各规定任务的前提下，将本着既坚持合同管理又实事求是地处理问题、既不修正概算又使施工单位有合理利润的原则，协商处理好履约期内发生的具体问题。经双方充分协商，签订了《广蓄二期工程结算办法》，规定该结算办法是双方进行二期工程结算的依据，在二期工程施工过程中，甲乙方将严格按照办法进行工程结算。同时确认，由于二期工程施工期长、工程量大、合同实施过程中遇到的情况将很复杂，双方将本着互谅互让、友好合作的态度，协商处理好协议实施过程中的具体问题。在《广蓄二期工程报价原则》和《广蓄二期工程结算办法》下进行议标和工程结算，简化了议标过程，方便了结算，又保证了各方的权益，为二期工程的合同管理打下了良好的基础。良好的合同管理促进了广蓄项目二期工程得以实现均衡生产、文明施工，优质高效完成了合同履约工作，取得了良好的经济效益和社会效益，也为企业赢得了良好的社会信誉。

1996年在黄河小浪底枢纽工程中，由于承担泄洪排沙系统的以德国旭普林公司为首的联营体（以下简称CGIC）工程进展受阻，CGIC向业主提出将原计划截流日期推迟11个月。为抢回失去的工期，使导流洞能够按期截流过水，由水电十四局、一局、三局、四局组成的OTFF（按顺序排的英文首字母组合）联营体临危受命，在维持业主与外商在二标导流洞上的国际合同关系不变的情况下，与外商签订的劳务合同，承包了三条导流洞的劳务工作。OTFF按国际惯例执行劳务合同，和

CGIC 之间的索赔与反索赔，计费与反计费贯穿于合同执行的全过程，OTFF 联营体强化了内外协调管理机制，从加强基础管理做起，设立了厂队、班组现场记录员，按日统计工、料、机消耗，进行成本核查，同时加强了对材料和设备的日常使用管理和维护，提高工程质量，坚持安全生产，尽量减少和杜绝被外国承包商反索赔和反计费，最终用 22 个月完成了 33 个月的施工任务，保证了按期截流，在提高施工效率的同时还节约了工程成本，增加了项目经济效益。水电十四局在小浪底工程施工和管理过程中，与国际承包商按菲迪克条款进行合同管理，全面与国际接轨，进一步学习和实践了国际项目管理的理论和方法，提高了合同管理水平。

3. 规范合同管理

2000 年 2 月，水利部、国家电力公司、国家工商行政管理局下达了关于印发《水利水电工程施工合同和招标文件示范文本》（以下简称《范本》）的通知，通知规定凡列入国家或地方建设计划的大中型水利水电工程使用《范本》，小型水利水电工程可参照使用。《范本》提供了《水利水电土建工程施工合同条件》《水利水电工程施工招标文件》和《水利水电工程施工合同技术条款》的示范文本。《范本》下发以后，示范文本在各业主单位的招标和合同文件中得到了广泛的采用，水利水电工程的合同管理进入了比较规范的阶段。

为规范和加强合同管理工作，避免和减少因合同管理不当造成的损失，2001 年底，水电十四局颁布了《中国水利水电十四局建安工程合同管理办法》FCB/QMO1A-2001。合同管理办法规定，合同管理施行归口管理和分级管理原则，并施行合同评审会签制度和合同备案制度。水电十四局总经室为归口管理部门，负责对合同管理工作进行规范、指导、检查。各二级行政主体单位、项目经理部进行相应的分级管理。根据合同管理办法，水电十四局规范了合同管理的内容和程序。

项目合同签订后，按分级授权管理合同的原则，由项目经理部组织建立和健全项目合同管理控制体系，并由项目总经济师室或合同管理部门归口管理。合同归口管理部门设立专职合同管理人员，负责合同管理各类资料（工程进度结算，质量、安全，合同条款变更处理，合同的索赔、补偿、谈判，合同的纠纷调解、协商、诉讼、竣工决算等）的收集、整理，并按档案管理要求做好归档管理工作。

合同正式生效前，不得实际履行合同。合同生效后，及时、全面、实际履行合同，除法律另有明文规定或合同约定外，不得以物抵或转让、转卖合同。合同签订后，各二级行政主体单位、项目经理部根据已签订的合同，按工程工期、进度要求编制施工进度网络计划，经营管理部（科）合理编制承建工程项目的月、季、年度产值计划，并将年度产值计划上报局总经室。局总经室据此编制全局年度生产经营计划报水电十四局领导审定，并对年度计划执行情况进行跟踪管理。以联营体形式组成的项目经理部在报送例行报表时，按时段填报合同的计划、产值及其他履行情况。局总经济师室根据水电十四局在联营体中所占的比例确定属于水电十四局完成产值等指标。经水电十四局审定的年度生产经营计划，即作为二级行政主体单位、项目经理部合同履行的阶段性目标，及时组织实施，并在例行报表中对工程的关键线路进度情况做详细说明。各二级行政主体单位、项目经理部在合同履行过程中，将影响到合同履行的重大问题作专题分析报局各有关部门，并及时提供局领导予以决策。

合同的变更、索赔是合同管理的一项重要的内容，项目经理部从组织上、制度上科学地加以落实、规范、实施，并不断完善，做好工程进度价款、补差、补偿等款项的计算，并对已完工程尽快办理竣工结算。

水电十四局总经济师室对合同进行全过程跟踪管理，及时将收集、了解的情况整理分析，并将年度的合同执行情况、生产经营状况及重大事件备忘录清单纳入合同档案。对局直管项目的索赔工作进行指导。局二级单位项目的索赔工作原则上由二级行政主体单位负责，如遇重大问题局总经济师室可参与指导。水电十四局对合同履行的考核，列入与二级行政主体单位、项目经理部签订的内部项目经营责任合同考核指标中。考核办法按照《中国水利水电十四局项目经营责任合同》《中国水利水电十四局项目经理管理办法》《中国水利水电十四局项目经理成本控制办法》等有关文件执行。

项目建设完成后，除了应按照各承建工程合同的要求进行工程的竣工验收，办理各项验收手续，只有在保修期满后符合合同要求，在业主退赔质量保证金、退还银行履约保函及结清内外账务后才能视为一个合同已全面履行结束。一个合同履行结束后，二级行政主体单位、项目经理部还要负责编制和报送工程竣工决算报告及经营分析报告给水电十四局各有关职能部门。通过严格、规范的合同履约管理工作，保证了企业各项建设工程项目的顺利完成，为提升企业竞争力、开拓更广阔的市场领域、创造更好的经济效益提供了重要的保证。企业迎来快速发展，合同签订数及合同金额增加，具体如表 3-1 所示。

从表 3-1 中可以看出，党的十八大以后，水电十四局所签订的合同数量及合同金额增长平稳，与之相对应的是营业收入及营业利润的稳定增长。具体增长情况见图 3-3、图 3-4。

1993—2019 年水电十四局合同签订情况表　　　　表 3-1

年份	总计		国内工程						国际工程	
			小计		水利水电工程		非水利水电工程			
	合同金额（万元）	合同个数	合同金额（万元）	合同个数	合同金额（万元）	合同个数	合同金额（万元）	合同个数	合同金额（万元）	合同个数
1993	50787	23	50787	23	45419	10	5368	13		
1994	49006	29	49006	29	46467	14	2539	15		
1995	43950	20	38950	19	31795	10	7155	9	5000	1
1996	99140	19	99140	19	96832	17	2308	2		
1997	88004	17	88004	17	85756	12	7248	5		
1998	66861	33	64940	32	52274	22	12666	10	1921	1
1999	40024	48	39537	46	30973	36	8564	10	487	2
2000	115542	40	115542	40	42883	30	72659	10		
2001	147771	64	146593	63	141014	54	5579	9	1178	1
2002	175688	87	160045	84	151299	77	8746	7	15643	3
2003	441293	66	354465	65	349467	62	4998	3	86828	1
2004	455660	121	270272	114	264900	109	5372	5	185388	7
2005	535592	80	506095	77	503155	73	2940	4	29497	3
2006	465901	63	403911	57	401322	54	2589	3	61990	6
2007	571507	59	438362	52	382357	48	56005	4	133145	7
2008	1077292	77	575442	67	323133	53	252309	14	501850	10
2009	809044	55	608856	45	511433	38	97423	7	200188	10
2010	2241864	73	672442	58	588856	39	83586	19	1569422	15
2011	1007886	69	655895	53	352317	46	303578	7	351991	16
2012	1554912	65	901297	48	260502	42	640795	6	653615	17
2013	2033030	79	1551016	55	205278	41	1345738	14	482014	24
2014	2245477	87	1384672	59	643652	47	741020	12	860805	28
2015	2649411	83	1788215	46	309544	35	1478671	11	861196	37
2016	2642578	114	2202651	90	397222	56	1805429	34	439927	24
2017	3122780	192	2306896	155	331198	84	1975698	71	815884	37
2018	3250066	171	2329144	131	481174	74	1847970	57	920922	40
2019	3283303	108	2370435	86	357335	38	2013100	48	912868	22

图 3-3　水电十四局 2000—2019 年签订合同数量图（单位：个）

图 3-4　水电十四局 2000—2019 年签订合同金额图（单位：万元）

第二节　创新活力——驱动机制

一、企业内部市场化改革

（一）管理层与劳务层的分开

改革开放前，水电十四局一直持续着计划经济体制下的"大锅饭"，改革开放号角吹响，带来了水电管理体制的变革。在计划经济体制下，水电十四局的部门设置及其职能主要是满足施工生产管理的需要，按时完成国家计划，保证工程质量和安全，同时管理企业的社会职能，组织结构相对固定。党的十一届三中全会后，企业改革在全国展开，水电十四局也开始进行管理体制的改革。1979 年至 1999 年，主要进行了施工项目管理体制的改革，其中最重要的内容之一就是全面推广项目法施工，从漫湾电站、中屯水库等工程施工开始，组织精干的项目管理机构，实行管理层和劳务层分离。

水电十四局在鲁布革经验的基础上，拟定了《以总承包为目标改革企业内部组织机构》的总体改革方案，提出有计划、有步骤地改革企业内部组织机构，调整企业内部管理机制。改革的基本思路是：今后凡新中标工程项目，将推行"一级核算、两级管理、队为基础"的管理模式，实行决策层、管理层、作业层三层分离。原则上，一级工程项目由水电十四局和二级主体单位共同组建决策层和管理层，二级或三级项目由二级单位组织。基本内容是：管理层要求精简、高效、多功能、小机关、大职能；作业层要求一专多能、混合编制。项目管理以控制成本为基本目标，主要控制作业队的直接费。

在2400MW的广州抽水蓄能电站建设中，组建广东分局代表水电十四局相继对一期、二期工程实行施工总承包，实施项目局长负责制下的分局、分公司、作业队"三级管理，两级核算"的管理体制。由水电十四局副局长兼任广东分局局长，并配备具有丰富施工和管理经验的领导干部组成项目管理的决策层。项目管理层按"精干、高效、多功能"的原则，选拔技术和管理干部组成。分局下设五部（工程技术、经营管理、财务、物资、安全质量）三室（局办、党办、总调），按管理层和施工层分离的原则，水电十四局所属二级单位派出精干的施工队伍参与施工，形成项目的劳务层。分局将工程项目切块分包给各个施工单位，各个施工单位也成立了项目经理部，实行项目经理负责制。分局与施工单位各自独立核算，从而理顺了分局与内部分包单位、分局与后方企业之间的经济关系。

管理层与劳务层的分离是适应项目法施工这一新生产方式的必然要求，是水电十四局企业内部市场化改革的重要举措，对完善企业内部经济责任制、理顺企业内部经济关系、提高企业经济效益发挥了重要作用。

（二）项目经理负责制与项目成本核算制

水电十四局在鲁布革电站地下厂房工程施工过程中，学习总结大成公司经验，组建了精干的施工指挥所（相当于项目部），并设立所长一名（相当于项目经理），由所长直接管理厂房建设，不仅抢回了工期，还提前完成了厂房土木施工，由此开启了项目经理责任制和项目成本核算制的先河。

项目生产力的组织形式是项目经理部。它是推广鲁布革经验之后企业改革中出现的新生事物，是对项目法施工这一新型生产方式的具体实践。在项目经理责任制和项目成本核算制"两制建设"的推进方面，都创造了很好的经验。

项目管理方面，从2000年起，实行"谁中标谁管理"的机制，水电十四局中标合同由工程局直接管理，各专业公司自主中标合同由各专业公司自行管理，以此来调动和激发各单位参与市场竞争的积极性，提高工程中标率，增加占有市场的份额，水电十四局对投标项目进行必要的协调。在建工程项目仍按原隶属关系进行管理。但对所有工程项目均实行"四统一"的管理原则，即统一选聘项目经理标准，统一财务关系，统一管理制度，统一考核标准。同时，实行生产要素市场化管理原则。

1. 统一选聘项目经理班子标准

水电十四局管理的工程项目由局直接选拔聘任项目班子。专业化公司分管的工程项目，在统一选聘项目经理标准的前提下，由专业公司考察推荐，经局批复同意后聘任项目班子。

2. 统一财务关系

水电十四局对工程项目实行直线职能制管理，为加强对工程项目财务活动的日常监督，强化会计监管，有效地支持和引导项目正确运用各项理财权利，规范会计工作秩序，组织实施项目点的会计核算和财务管理工作，维护财经纪律的严肃性，确保会计信息的真实、准确和完整性，防止国有资产流失，保障水电十四局有关经济政策的落实，按时足额收取社会保险基金、劳务费、设备租赁费等费用。实行总会计师或会计业务主管委派制度，统一财务管理关系。

3. 统一管理制度

为全面加强基础管理工作，水电十四局统一制定和完善各项管理制度，特别是加强成本管理、财务会计和资产经营的监督，加强安全管理和工程质量管理，使之规范化、科学化，消除以往工程项目分级管理形成的制度差异。各项管理制度在所有项目中贯彻推行，以明确水电十四局与项目的责权利关系，形成良好的激励和约束机制。

4. 统一考核标准

建立项目管理和项目经理业绩评价体系和任期经营目标责任制。分项目类型统一考核尺度和奖惩标准，实行年度考核，项目竣工结算考核，严格按实绩进行奖惩，实行项目经理年薪制。

5. 项目经理专业化

搭建全局项目经理专业化人才库，建立个人简历、业绩、资质档案，统一由局人力资源部管理。根据各项目经理的经营业绩考核情况，对其实行聘任、解聘。

6. 强化项目经理授权

企业内部劳务使用和设备租赁模拟市场化运作，给予项目经理充分权限，从企业内部的劳务中心、设备租赁中心以市场化方式进行资源配置和调配。

二、资源配置演进

（一）工程项目联营体明晰权责

施工联营体是指为适应大中型水电项目中标和履约的需要，由两家或两家以上施工企业组建的联合体，对中标的施工项目进行履约和经营的产业活动单位[①]，根据其组织形式的不同，可以分为松散型联营体和紧密型联营体。

松散型联营体一般在中标后，对外以联营体身份对业主、设计和监理负责，对内则将合同项目切块分包，联营体组成方各自承担相应合同责任。这一形式简单容易操作，但极易造成机构重叠、人员繁冗、施工相互干扰、不易指挥协调、权责不明确等问题。水电十四局在前期多采用松散型联营体，后来深刻认识到松散型联合的弊端，开始采用紧密型联营方式。

紧密型联营，是联营体各方在保持自身法律地位不变的情况下，按股权及利润分配比例投入相应资源，交由联营体进行统一调配，并按约定的比例分享利润、承担责任和损失，联营体各成员对外向业主承担连带责任，对内则由彼此承担对方不履约的风险。此时联营体变成了一个独立核算的利润中心，在组织经营方面也保持其独立性。

水电十四局先后在长江三峡枢纽地下工程与水电一局、水电十一局组建了三联公司，在广西龙滩水电站与水电七局、八局组建了1478联营体，在云南小湾电站与一局组建了141联营体，在广西百色水电站与广西水电工程局组建了滇桂联营体，在新疆洽甫其海水利枢纽工程与新疆水电工程局组建了新云联营体，在这些联营体中，水电十四局担任了责任方，负责整体项目的管理与协调工作。此外，水电十四局还在长江三峡工程与水电四局组建了青云公司，在四川瀑布沟电站与水电七局组建了714联营体。

联营体为项目法施工创造了实施条件，它能充分利用联营企业各方的技术、管理、设备等优势，实现资源互补，提高竞争能力，同时形成规模经营，共担风险，共享利益。为保证紧密型联营体作用的充分发挥，由水电十四局参与的联营体具有

---

① 周进山. 水电工程施工联营体发展探讨[J]. 四川水力发电，2005（8）：21-23.

以下特点[①]：

有权责明确的组织制度，由董事会决策运作，由经理部全面实施工程项目管理；以生产计划为手段的生产运行机制，将各部门的管理活动纳入计划中，确定资源投入情况，不断优化调整资源配置方式，满足生产进度要求；以成本控制为主线的经营管理机制，通过健全成本管理组织、建立成本控制尺度，形成有效的成本控制手段来满足成本管理的要求；以激发项目活力为导向的利益分配机制。兼顾联营体、母体工程局、项目经理层人员及其他工作人员的利益诉求以激发工作积极性；以制度为规范的内部约束机制，制度包括进度、质量、成本、物资、设备、资金等方面的管理办法及实施细则，形成有机的制度体系。

水电十四局在众多联营体的探索和实践中，建设了联营体治理机构，制定章程、运营规则和管理制度，整合资源，形成新型联营体企业文化，在小湾141联营体中实现了责任方与协作方在政治、经济、文化和生活等方面的"无缝隙联营"。联营体强强联合、优势互补，在专业技术、管理水平和业务信誉以及风险承担能力等方面形成集体优势，大大增强了公司的市场竞争能力，2001年水电十四局中标承揽工程任务14.7亿元，其中属于联营体中标的就有9.6亿元，占65%，许多工程联营体均取得了较好的经济效益。

（二）以资本纽带强化项目管理

为做到经济体制和增长方式的两个根本性转变，采取有力措施加大企业管理、改革、发展的力度，水电十四局提出"转机制、练内功、抓管理、促效益"的指导方针和"以财务管理为中心、以资产管理为保证、以项目管理为基础"强化企业管理的思路。

为合理使用并融通企业内部资金，考虑资金的时间价值，就必须建立内部资金市场。1995年2月水电十四局建立了企业内部银行（资金结算中心）。内部银行的建立，发挥了内部资金结算服务、融资信贷、经济运作的指导监督等职能，有利于管好用好资金，保证企业正常经营活动的进行，有利于企业加强经济核算和成本控制，提高企业整体经济效益。同时，水电十四局加强了资产管理，从盘活存量资产入手，提高资产的利用率和经济效益，不仅把施工设备视为施工手段，而且把施工设备当作经营的资本，作为创造企业效益的重要资源，充分挖掘潜力，发挥作用，

---

① 吴质斌，李跃平. 巩固紧密型联营　创新项目法施工［J］. 科技进步与对策，1999（6）：122-123.

提高盈利水平。同时以项目管理为基础，在全局进一步学习和推广鲁布革经验和广蓄经验，建立一整套项目成本控制的方法、程序和制度，加强成本管理。

（三）投资拉动企业规模扩张

水电十四局最早的投资项目始于 2000 年 9 月。在 2000 年至 2006 年间，水电十四局先后投资控股云南绿色高新材料股份有限公司、投资参股中国水电建设集团投资有限责任公司和中国水电建设集团路桥工程有限公司、投资参股主辅分离改制分流后的云南水电十四局东华装饰有限责任公司和云南水电十四局昆华建设有限公司、以债转股方式参股文山陆河发电有限责任公司、投资开发大理者磨山风力发电投资项目。

2003 年，水电十四局成立了企业发展策划部，负责投资项目的日常管理，同时对投资项目的建设和运营进行监督和指导。企业发展策划部成立后，积极发挥投资管理职能，理顺投资关系，规范投资行为，积极寻找投资项目，为规范水电十四局及水电十四局全资控股公司的投资行为，防范投资风险，提高投资收益发挥了重要作用。

水电十四局本着积极稳妥、科学审慎的原则，积极推进资产运营和产业投资，先后投资建设巨龙山、晴云山风电场、干海子风光互补并网光伏电站等项目，加大了对内参控股项目资本金注入。截至 2017 年底，公司参控股项目（公司）21 个，业务涉及风力光伏发电、公路 PPP 项目、小水电、房地产、装备制造等行业，累计完成股权（产权）投资 42.08 亿元；权益装机达到 42.22 万 kW，控股电力装机达到 26.375 万 kW，6 年发电营业总收入累计达 11.58 亿元，效益贡献大幅提升，成为公司发展的新引擎。

（四）"一线三关"提升经营绩效[①]

"一线三关"是公司总结长期管理经验提炼升华的管理成果，对施工企业强化管理，提升成本中心价值创造力具有创新意义。"一线三关"中的"一线"，指的是以成本管理为主线，"三关"指的是在成本管理主线下，加强项目前期评估及策划工作，控制项目成本管理策划关；推行全面预算管理，控制项目成本过程关；严格经营绩效考核，强化成本中心激励，控制经营绩效考核关。"一线三关"牢牢抓

---

① 王曙平，崔志强等．"一线三关"提升成本中心价值［J］．中国电力企业管理，2014（4）：86-88．

住成本控制主线，将成本控制及管理活动贯穿于项目实施的整个过程，其精髓是"事前策划、目标清晰，过程控制、执行有力，事后总结、不断规范"，以此全面提高公司经营效益。

"一线三关"创新管理模式，充分体现了科学发展观的内涵，揭示了企业管理各项工作之间的辩证关系，从速度（效率）和质量（效益）两个主要方面抓住了企业发展的关键，是解决企业生存发展中规模扩张与效益并重的良方。"一线三关"强调企业资源的优化整合，职能部门整体运作，发挥整体优势，要求运用程序化、标准化、数据化和信息化手段，使组织管理各单元精确、高效、协同和持续运行，提升集约化经营和精益化管理水平，确保企业组织战略清晰化、内部管理规范化、资源利用最优化、生产效率高效化、经营效益最大化，是现代企业"精益求精，追求卓越"管理思想的具体体现（图3-5）。

图3-5 "一线三关"创新成果荣誉证书

通过"一线三关"的实践，公司实现了机会型企业向战略型企业的转变，由规模扩张的外延式增长向质量效益型的内涵式增长转变，由粗放型经营向精细化管理转变。企业主要经济指标屡创历史新高，经营业绩在中国水利水电建设股份有限公司系统内始终名列第一方阵，实现了企业又好又快健康持续的发展。

三、组织变革助推创新

（一）建立内部要素市场

项目法施工的一项主要内容就是优化内部生产要素。计划经济体制下之所以会存在"投资无底洞，工期马拉松"的现象，就是因为内部各生产要素得不到优化配置，犹如一条水洼里挣扎的鱼，没有活力，死气沉沉。只有将鱼放回大海，才能恢复生机。为了推行"项目法施工"，动态合理配置生产要素，水电十四局逐步推行了内部模拟市场的改革。

1. 建立劳务管理中心

按属地管理原则，成立昆明、曲靖、大理三个劳务管理中心。除水电十四局局长和党委书记、按省教委规定核定范围内的中小学聘用教职工、职工医院（卫生所）医务人员之外，其他人员均进入劳务管理中心。劳务中心为局劳务管理单位，建立局内人力资源市场，形成人力资源优化配置的机制。同时成立曲靖、大理、昆明再就业服务分中心，由各片区劳务中心管理。劳务中心为全局各用人单位提供劳务保证，实现劳务层与管理层的分离。其主要职责：① 组织劳务输出：按计划成建制或零星输送劳务人员；② 实施劳务管理：对前方的劳务人员、后方的待岗和下岗人员进行管理；③ 财务资金管理：收取劳务费用，代扣代交劳务中心管理人员、待岗、下岗人员的社会保险基金，逐步使其自主经营、自负盈亏、迈向社会、走向市场；④ 开展劳务培训：根据市场需要和发展规划，组织员工技能培训，提高队伍整体素质；⑤ 提供劳务服务，拓展就业渠道，逐步与社会劳务市场接轨。

模拟市场运作，定价是关键，劳务使用的工资标准由公司统一制定，但奖金根据项目的效益来确定。这样的处理，使员工收入得到基本保障，又能产生激励作用，杜绝原有的"大锅饭"情况。

2. 推动物资的有偿使用

企业内设备管理实行内部租赁制。从1986年开始，局物资公司对二级单位和项目点实行设备租赁制，有偿使用，形成了内部设备租赁市场。

材料和配件计价调拨制。无论局供应材料与配件，还是二级单位之间互通有无，一律实行计价调拨，有偿转让。

实行设计、科研、技术有偿服务制。此外，局对二级单位分包或单位之间配合支援，都应签订内部合同，实行合同管理。通过上述措施，企业内部按经济规律办事，基本理顺了经济关系，适应了推行项目法施工的需要。

3. 推行流动资金有偿占用制

水电十四局对财务集中统一管理，所属各单位和项目的财务人员由局财务部门委派和管理，公司各核算单位的资金活动均纳入工程局的财务预算管理，公司资金结算中心调配内部资金的合理使用，发挥整体资金优势，对各下属单位每年核定定额流动资金，超额占用的，按规定收取利息。

（二）剥离企业社会职能

早期，为了妥善解决好前后方的关系，水电十四局尝试建设后方基地解决职工家属的生活问题。1979年水电十四局恢复建制以后，开始在罗平县松毛山建设生活基地，随后又进行了曲靖、下关和昆明等基地的建设。后方基地规划为生活型基地，除生活用房以外，还建有医院、学校、托儿所、老年活动中心等。其后，为了实行前后方的分离，一线和二、三线人员的分离，水电十四局提出了要把基地建成生产型基地，进一步扩大了基地建设的规模，发展多种经营。此时，全局职工生活基地形成了以省会为中心，西连滇西重镇大理市，东接新兴工农业城市曲靖，踞云南经济交通中心，方便生产生活的合理布局。

企业办社会是计划经济时代国有企业的一大特点，过多的社会职能承担给企业带来了重大的负担，随着国有企业改革的深入，剥离企业办社会职能已成为国企改革的发展趋势，云南省人民政府规定："要积极创造条件率先加快分离步伐，并力争在2002年底前基本完成城区内国有大中型企业自办中、小学和医院的分离任务"。此后，水电十四局所办幼儿园、托儿所全部取消，将所办学校全部并入地方管理。与此同时，水电十四局积极地进行了职工医院的移交工作，剥离企业办社会职能取得了显著成效。

党的十八大以后，水电十四局进一步加快剥离国有企业办社会职能和解决历史遗留问题，促进企业轻装上阵。2016年，成立剥离国有企业办社会职能和解决历史遗留问题工作领导小组，在领导小组下设三个工作组。根据国家有关部委、云南省政府相关政策规定，及时制订了《加快剥离国有企业办社会职能和解决历史遗留问题实施方案》，明确工作责任及完成时限，积极开展"三供一业"、医疗机构、退休人员社会化等社会职能的剥离移交工作。2019年底，完成水电十四局所属职工生活区"供水、供电"（供气不涉及）及"物业管理"分离移交工作；2020年，完成退休人员社会化管理工作。

（三）组建专业公司走专业化道路

2000年，水电十四局进行了内部改革，建立以专业化分工为基础的组织体系，分级经营，提高经济效益，按专业化生产和专职市场开拓、生产经营的要求，建立了以下专业化公司：

曲靖分局主营水利水电工程施工；大理分局主营水利水电工程施工；机电安装总公司主营机电安装及金属结构制安；路桥总公司主营公路、桥梁、工民建、市政工程建设；国际公司主营国外工程项目和一定规模的国内外资项目；实业总公司主营多元化经营；科研设计院改组为科技发展中心，负责科研开发、试验、设计、监理、科技信息、计量、仪器生产等多专业的科技发展，对外拓展经营，对内有偿服务的职能；组建设备租赁中心，实行资源共有化管理，合理配置有限资源。局设备租赁中心是水电十四局授权经营一定数量大型专用设备的内部独立核算单位，承担投入资产的保值增值；实行大型设备人机一体化租赁办法，为施工项目点提供符合要求的租赁设备，同时要按租赁协议的规定，收取足额的设备租赁费，确保国有资产的保值增值（图 3-6）。

图 3-6 优秀施工企业及诚信典型企业奖状

第三节 创新特色——制度、方法、亮点

一、加强和改进党对国有企业的领导

2004 年《中共中央关于加强党的执政能力建设的决定》中提出："国有企业党组织要适应建立现代企业制度的要求，充分发挥政治核心作用。"2015 年《关于在深化国有企业改革中坚持党的领导加强党的建设的若干意见》提出把加强党的领导和完善公司治理统一起来，并明确了国有企业党组织在公司法人治理结构中的法定地位。2016 年，习近平总书记发表重要讲话，强调必须坚持党对国有企业的领导、加强国企党的建设，保证和落实企业党组织对企业改革发展的引导权、重大决策的参与权、重要经营管理干部选用的主导权、党员干部从业行为的监督权、职工群众合法权益的维护权、思想政治工作和企业文化的领导权。

水电十四局从创建之初就重视党的建设工作，在其发展历程中，在无数的重大工程项目中充分发挥党组织在企业中的政治核心作用，发挥思想政治工作优势，带领全局员工攻坚克难，茁壮成长。局党委也从工作制度、学习制度及党风廉政建设方面助力企业发展。党的十八大以后，水电十四局在组织上强化了党对企业的领导，建立完善了董事长、党委书记一人担任，党委委员总经理兼任党委副书记的领导体制。坚持党管干部、党管人才原则，发挥党委在选人用人方面的领导和把关作用，坚持正确的用人导向；强化党建工作，加强了基层党组织建设推动职工队伍建设。不断加强规范党对群团工作的领导，促进了和谐企业的建设，保证了水电十四局的健康发展。

二、股权多元化和混合所有制改革

（一）引入战略投资者，优化公司股权结构

股权多元改革情况：2018年，水电十四局以增资扩股的方式引入农银金融资产投资有限公司实现公司层面股权多元化，公司注册资本人民币23.31亿元，电建股份持股85.81%，农银金融投资公司持股14.19%。2020年，公司在产权交易所公开挂牌引进公司层面战略投资者，最终引入陕西金融资产管理股份有限公司投资5亿元，公司注册资本由23.31亿元增加至24.73亿元。同时，公司遵循"完善治理、强化激励、突出主业、提高效率"十六字方针，稳妥推进公司及二级经营单位股权多元化和混合所有制改革，进一步优化资本结构和股权结构，更大力度、更深层次推进综合改革工作。

混合所有制改革情况：按照主辅分离、辅业改制的要求，经国务院国资委批准，2006年1月水电十四局与昆华建设有限公司（职工持股）共同出资设立混合所有制公司——云南水电十四局昆华建设有限公司，其中昆华建设公司工会持股67.17%，水电十四局持股32.83%。

（二）规范现代公司治理结构

根据集团公司整体改制上市总体部署，2008年7月，水电十四局完成公司制改革，由全民所有制企业改制为有限责任公司。按照建立现代企业制度和加强党建工作的要求，公司依法建立规范的法人治理结构，健全决策、执行和监督体系：建

立股东会、董事会（董事分别由股份公司和农银投资委派）、经理层等法人治理结构，设执行监事1名；经理层由总经理1名、副总经理7名、总会计师1名、总工程师1名组成。

公司持续规范职工分类和管理标准，按管理类、技术/业务类和作业类三大系列建立员工职位等级管理体系。高级管理人员由公司党委组织部/人力资源部协助集团公司管理，中层领导人员由公司党委组织部/人力资源部统一管理，公司基层管理及工作人员由所在单位自行管理。

在薪酬分配优化方面，公司领导班子由集团公司按照业绩考核规定对其进行考核和综合评价。二级经营单位（包括事业部、子公司、项目部）领导班子成员实行年薪制，按照年度业绩考核、履职考核、任期考核、特殊奖励等相结合的方式进行绩效考核和薪酬分配。除实行年薪制的人员外，公司员工执行统一的职位（岗位）绩效工资，依据岗位价值、员工绩效表现等进行薪酬分配。

公司形成了以自有员工为主，劳务派遣、非全日制用工等为辅的用工形式。逐步完善领导人员选拔任用工作体系，建立"为发展配备干部"的导向机制、"靠制度选任干部"的选拔机制和"让员工评价干部"的监督机制，建立健全公司"择优进入、严格监督、有效激励、正常退出"的富有生机与活力的用人机制。同时，打通员工职业发展通道，建立职位之间横向、纵向互通机制。

三、精细化管理铸就精品工程

精细化管理是一种先进的管理理念和科学的管理方法，主要是指运用程序化、标准化、数据化和信息化的手段，通过规则的系统化和细化，使组织管理各单元精确、高效、协同和持续运行，以实现组织战略清晰化、内部管理规范化、资源利用最优化、生产效率高效化、经营效益最大化的管理理念。它以满足用户需求为焦点，以获得更高效率、更多效益和更强竞争力为目标。多年来，水电十四局以精细化管理为抓手，持续打造了一个个精品工程。

三峡工程地下厂房规模宏大、结构形式复杂、质量要求高、施工难度极大，面临厂房开挖成型控制、深长锚杆密实度控制、岩壁梁混凝土浇筑质量、顶拱及高边墙稳定等一系列重大技术难题。地下厂房工程质量好坏不仅关系企业的荣辱，更会影响到三峡工程的成败，全面做好地下厂房工程、铸造民族精品是建设者神圣的政治使命。为实现这一宏伟目标，仅靠企业原有的管理经验已明显不足，必须实施精细化管理并结合实际勇于创新。

为全面优质高效完成三峡工程铸造民族精品,提高项目管理质量和经营效益,打造地下工程一流品牌,并积极探索创新水电施工项目管理,公司项目部通过学习和建制、落实和推进、总结和提高三个阶段,树立组织战略清晰化、内部管理规范化、资源利用最优化、生产效率高效化、经营效益最大化的管理理念,以项目策划为总揽,梳理优化流程,健全管理系统,整合资源配置,明确目标责任,营造执行文化,达到精细管理和精益生产目标。

项目部严格实行"四个精细化"管理,按照"控制标准精细化、施工过程精细化、过程检查精细化、数据分析精细化"的四个精细化要求,认真履行每项开挖措施。针对三峡地下厂房工程的特点、难点和工期要求,项目部围绕"双零"目标,积极打破常规、大胆创新质量管理,确保实现"零质量事故"目标,打造精品工程。一是依据"管理过程从细"的原则,对开挖过程的每道工序加强检查,保证单项工序的质量,再追求整体工程的质量;二是将各道施工程序化整为零,将一套系统的施工工序分解为单个工序,制定详细的质量控制标准,逐道工序细化控制;三是坚持事前、事中控制。施工前,对每一单元工程可能发生的质量隐患进行预测分析形成技术方案,并不断检验方案的可行性;四是严格执行"日技术交底"制度和"重点部位旁站监督"管理制度,始终保持施工过程处于受控状态,通过加强过程控制,达到结果满意的目的。通过努力,三峡右岸地下电站工程在 3 年多的施工期内,未发生一起质量事故,未发生一起死亡事故,实现了三峡总公司提出的"零质量事故、零死亡事故"的目标。项目部推行的各项管理创新得到了专家、业主、监理的高度评价和认可。

四、企业创新成效

(一)企业规模持续壮大,业务结构更趋合理

鲁布革冲击后,水电十四局不断深化改革,加快经营管理创新,促进企业规模扩大,实力增强,带来了营业收入的增长、利润的增加,交纳的税费总额也不断增长(表 3-2),彰显了国企的责任与担当。

除了公司营业收入及利税的增长外,公司业务发展顺应时代趋势,更趋合理,国内能源电力中的传统水利水电业务下降迅速,新能源业务异军突起,大建筑中的

基础设施业务发展快速，水资源及环境业务近年来高歌猛进。各业务发展情况如图 3-7 所示。

1986—2009 年水电十四局工程营收、利润及税费统计表　　　表 3-2

年份	营业收入（万元）	利润（万元）	税费总额（万元）
1986	10425	306	11
1987	12657	285	18
1988	13200	36	33
1989	16699	238	76
1990	20587	98	207
1991	24275	163	487
1992	29823	54	382
1993	33967	138	807
1994	46911	151	1438
1995	52565	170	1976
1996	57493	108	1398
1997	71962	181	1826
1998	73355	199	2808.81
1999	82030	23	2476.44
2000	107817	203	3459.1
2001	118860	2816	4126.8
2002	149822	511	4019.05
2003	183949	857	6255.79
2004	229431	1557	6955.06
2005	306801	4671	1041.27
2006	359235	12161	12634.67
2007	512956.38	15430.13	19161.58
2008	601974.69	18622.83	23070.13
2009	757109.52	29226.96	29375.31
2010	1029191.88	37221.2	32692.75
2011	1130056.19	46206.82	55464.7
2012	1215000.09	48048.72	69556.42
2013	1450423.54	55216.6	114957.48
2014	1806468.56	68013.4	110714.78
2015	2065712.06	34493.29	99913.24
2016	2007605.97	71532.53	116896.24
2017	2148572.01	61412.85	152843.35
2018	2243116.62	63140.07	195523.21
2019	2330185.09	51364.89	76417.39

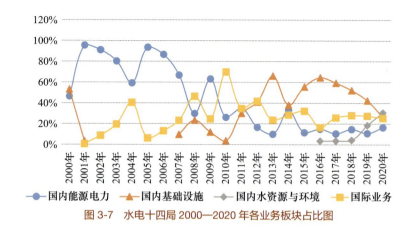

图 3-7 水电十四局 2000—2020 年各业务板块占比图

（二）国家奖项彰显企业实力，优良工程诉说骄人品质

除了规模扩大外，公司多次获得各种国家奖项，行业影响力持续增强。

1. 多次获得多领域最高奖项

在参与各类工程建设中，企业以过硬的品质赢得了行业的尊敬及权威部门的认可，鲁班奖、大禹奖、詹天佑奖及其他国家级奖项从不同侧面彰显了企业实力。截至 2021 年 8 月底，公司获得过土木建筑工程最高奖项鲁班奖 11 次，获得水利水电工程最高奖项大禹奖 3 次，获得铁路工程最高奖项詹天佑奖 10 次。具体获奖情况如表 3-3 所示。

水电十四局历年来所获鲁班奖、詹天佑奖和大禹奖汇总表　　　表 3-3

奖项名称	获奖项目数量	获奖项目名称	获奖年度
国家鲁班奖	11	鲁布革水电站堆石坝工程	1994
		广州抽水蓄能电站一期工程	1997
		昆玉高速公路	2003
		福建棉花滩电站地下厂房土建工程	2004
		云南大朝山水电站枢纽工程	2005
		云南开远火电厂	2007
		贵州乌江洪家渡水电站	2008
		黄河小浪底水利枢纽工程	2011
		重庆乌江彭水水电站工程	2013
		江习高速笋溪河大桥	2019
		刚果（布）国家 1 号公路工程	2020
詹天佑奖	10	贵州洪家渡水电站	2009
		黄河小浪底水利枢纽	2010
		湖北清江水布垭水电站	2010

续表

奖项名称	获奖项目数量	获奖项目名称	获奖年度
詹天佑奖	10	广州抽水蓄能电站工程	2011
		京沪高速铁路土建三标	2013
		云南糯扎渡水电站	2016
		四川锦屏一级水电站	2016
		云南小湾水电站	2017
		深圳市轨道交通7号线	2018
		四川大岗山水电站	2019
中国水利工程优质（大禹）奖	3	黄河小浪底水利枢纽	2011
		西霞院反调节水库	2012
		广西右江百色水利枢纽	2018

公司承建的鲁布革电站、广州抽水蓄能电站和参建的长江三峡水利枢纽、黄河小浪底水利枢纽等4项工程荣获"新中国成立60周年百项经典暨精品工程"；参建工程获得国家级和国际"优质工程奖"30项、省部级"优质工程奖"50项。因为连续荣获三次以上鲁班奖，水电十四局被授予"创鲁班奖工程特别荣誉企业"称号，获评中华人民共和国成立七十周年"功勋企业"。

2. 工程品质一流

除精品工程及优质工程外，公司严把质量关，历年所建工程全部验收合格，优良率远超同行业平均水平。2007年至2019年，公司工程质量统计如表3-4所示。

2007—2019年水电十四局工程质量统计表　　　表3-4

年度	合格率（%）	土建优良率（%）	安装优良率（%）
2007	100	87.3	96.5
2008	100	89.1	94
2009	100	92.7	94
2010	100	90	97.23
2011	100	94	97.51
2012	100	94.4	98.35
2013	100	93	99.1
2014	100	93.47	98.71
2015	100	96.42	98.81
2016	100	96.74	99.2
2017	100	95	99.72
2018	100	96	99.33
2019	100	94.57	97.44

第四章

项目管理，中国实践

国有企业要深化改革，要"借东风"，激发内生动力，在竞争中增强实力。

——习近平

项目建设由来已久，中国作为世界文明古国，有许多闻名于世的工程项目，如战国时期李冰父子设计修建的都江堰水利工程、秦朝修筑的长城、北宋真宗年间修复皇城的"丁渭工程"以及河北的赵州桥、北京的故宫等。这些工程修建是中华民族历史上大型复杂项目施工的范例，但由于缺少系统的文字记载和知识管理，大型项目的管理经验未能广泛传播。

鲁布革项目开启了中国现代项目管理的先河，水电十四局借鉴外国先进经验，率先在厂房枢纽工程中尝试了"项目法施工"；在广蓄工程实践和推行"项目法施工"，总结出"科学管理，均衡生产，文明施工"的"项目法施工"经验；在三峡工程和小浪底工程中进一步深化完善"项目法施工"，并将其广泛运用到其他工程项目中。经多年的实践，水电十四局和其他中国建筑企业一起，成功将项目管理方法与中国特色有机结合在一起，最终发展形成独具中国特色的项目管理方法体系。

第一节　项目法施工的发展

项目管理这一概念始于第二次世界大战，战后由以美国为首的西方国家企业发扬光大。目前世界广泛认可的项目管理的定义是由美国项目管理学会在《项目管理知识指南》中提出的"项目管理就是指把各种系统、方法和人员结合在一起，在规定的时间、预算和质量目标范围内完成项目的各项工作，有效的项目管理就是指在规定用来实现具体目标和指标的时间内，对组织机构资源进行计划、引导和控制工作。"①

"项目法施工"是中国施工管理体制改革实践同国际工程项目管理经验相结合的产物，是国际施工管理先进经验在中国施工企业的具体运用。"项目法施工"就其本质来说，就是在马克思主义生产力理论指导下，从建筑施工企业的特点出发，调整企业生产关系，变革内部管理体制，转换经营机制，推动劳动者、劳动手段和劳动对象三大生产要素在工程项目上实现优化配置和动态管理，以创新的生产方式和经营管理模式，解放企业生产力，发展项目生产力的有效管理方法。②

一、项目法施工试点：鲁布革项目

鲁布革项目中，受到新旧体制冲击的水电十四局施工人在厂房枢纽工程建设中大胆尝试了"项目法施工"，这对我国建设行业产生了重大影响，具体表现为以下几个方面。

（一）适应社会主义市场经济体制的经营机制初步形成

在之前的自营体制下生产施工只有总体计划，没有结果要求，缺乏整体的项目监管，项目设计、建设、生产与运营各自为政，重复劳动，在效率与效益上没有统一的评估指标。在具体执行上，以行政计划与指令下达分解施工计划进行推进，缺少目标考核与项目责任人及其责任的界定，导致施工计划在实际执行中走形变样。

而鲁布革电站的建设改变了这一状况。鲁布革电站在中国水电建设项目中第一次采用招标方式的重大工程项目，也是第一次采用业主方—建设方—监管方的项目管理模式，项目以云南省电力工业局为项目的业主单位，下设鲁布革工程管理局负责项目的业主职责，水电十四局与日本大成公司共同作为建设方，昆明水电勘测设计院为项目的工程设计方。从经营机制来看，项目打破了原有计划体制的自营制，特别引入了世界银行作为债权人，通过市场竞争方式选择施工方，使得项目一开始就具备了市场经济运行模式的基本权利架构：初步有了虚拟股东与债权人权利主体的架构，而建设方则成为业主权利方引入的工程承包者与建设者，对于自己需要承担的责任与目标非常明晰，而且有相应的监管机构。这一设计让建设项目从计划经

---

① 项目管理协会. 项目管理知识体系指南（PMBOK 指南）[M]. 第 4 版. 北京：电子工业出版社，2010.
② 马洪琪. 适应市场经济发展 努力探索有中国特色的项目法施工管理 [J]. 施工企业管理，1998（6）：35-37.

济无人对建设结果负责的状态中脱离出来，明确了项目建设的业主方、施工方与监督方及其责任，使得原来"业主缺位""工期马拉松，投资无底洞"的状况彻底改善。

经历鲁布革项目后，水电十四局也从计划经济下的单一的任务接受方转变为灵活的市场经济环境下的企业主体，重视项目现场管理，接受及时的监督，对项目的动态能够进行有效的把握。

时至今日，经过改革开放 40 年，中国已形成了具有中国特色社会主义市场经济体制下的完整工业体系，这一成就没有其他国家可以比肩。鲁布革电站作为改革开放的试验田，水电十四局作为改革开放的排头兵，在试点中做出了良好的示范，充分展示了将国外的项目管理方法与中国国情实际相结合，建立与社会市场经济体制相适应的项目运行机制的改革过程。

（二）与运行机制匹配的项目管理体制变化

水电十四局在学习日本大成公司管理经验的基础上所进行的厂房工程试点是中国"项目法施工"的雏形，这一试点建立了精干的指挥机构，优化了施工组织设计，让当时最先进的施工机械得以配备，改革了内部分配办法。

鲁布革项目明确了作为市场经济运行主体企业的权责利，为了适应国际招标管理要求，水电十四局围绕着项目建设的需要，打响了管理体制变革的第一枪，从自营施工走向了投资包干，逐步对承包工程实施项目管理。表 4-1 显示了投资包干制与合同管理的区别。

鲁布革项目建设方式对比[①]　　　　　　　　　　　表 4-1

方式	投资包干制	合同制
项目管理方式	行政管理方式：施工建设单位执行主管部门批准的施工计划，定期检查	合同管理方式：承包建设方按合同要求施工，业主聘请监理方对项目实施进行监理，并按合同规定支付
投资分配和组成	按"五定概算"将投资划分为永久工程、临时工程及设备和费用三大部分，后两部分无直接联系	按招标文件中的"工程量清单"报价，除税款等个别项目外，投标报价都要求分摊到主体工程上
项目管理目标	多层次、多地化的多重目标管理：由于自营制是行政管理方式，"五定概算"基本上是据工程进展不同阶段、不同工作内容划分，因此主管部门对施工单位从准备阶段的临建房屋面积、设备购置到人员工资、津贴都要管，是一种多层次、多元化、多目标管理	综合化的最终目标管理：国际招标的投标报价基本上体现在主体工程上，主体工程的完工是进度付款的依据。承包人的临建费用、人工资、管理费、利润都包含在主体工程报价单的单价中。因此，这是一种综合化的最终目标管理方式

---

① 张基尧. 水利水电工程项目管理理论与实践［M］. 北京：中国电力出版社，2008.

续表

方式	投资包干制	合同制
支付和结算程序	事先支付：主管理部门按年度计划下达投资指标，参照本月进度划拨下月投资，核实工作往往滞后	事后支付：除预付款外，承包人按每月实际工程进度报送完成工程量清单上的实物工程量，经工程师核实后按进度付款
工程效益分配	建管分离、收支分离：工程最终的效益与施工建设单位无关，盈亏最终由国家承担	业主对工程效益负责：鲁布革工程管理局代理业主，模拟业主，最后移交云南省电力局接管

鲁布革项目中，内资工程首部工程采用投资包干制，而日本大成公司承担的引水系统工程采用合同管理制。此后，厂房枢纽工程借鉴了日本的合同管理制度，对施工的具体流程进行了详细的规划与执行约束，配合相应的奖惩制度，使得管理过程依据制订好的流程有条不紊推进，管理过程中每一步执行都有约束与监督，因此，在试点过程中，确立了以项目为核心，围绕项目通过合同进行约束管理的运行机制。与之相适应的是，工程的指挥机构设置也进行了调整。

1983年6月，水电十四局成立了鲁布革工程指挥部，将其作为水电十四局的派出机构，赋予了这个机构人、财、物决策权、自主权和指挥权。这个独立指挥部围绕着项目建设的价值核心关键设置了4个系统，包括生产指挥系统、技术质量管理系统、经营与财务管理系统、政治工作系统。此后，在首部工程管理中实行经理责任制和经济责任制，在厂房枢纽工程中试行项目法管理。这一改变与市场机制下的企业价值链条有着密切的联系，反映着国际项目管理的价值创造逻辑。在赋权上，则突显了管理权利的独立性和由上至下的递进性及与个体之间的紧密联系。鲁布革工程指挥部的管理体制如图4-1所示。

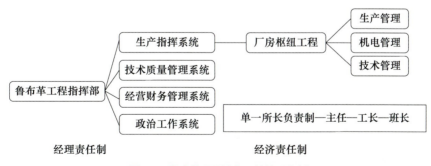

图4-1 鲁布革项目法施工的管理体制

从工程指挥部的经理责任制到厂房枢纽建设项目的单一所长负责制，体现了水电十四局选贤任能并给予人才充分信任，赋予其权利，又让团队承担起相应的责任。在人才选聘方面，水电十四局面向全局进行人才选拔，竞争上岗，将竞争择优的机制引入公司内部，同时，辅之以目标管理及承包责任的奖惩机制，让个人的能力与收益充分结合，最大限度地激发了劳动者创造价值的主观能动性。

这一项目管理方法具备强烈的中国特色，它在西方市场经济体制的项目价值链条上添加了政治部门，强调企业的精神文化生产要素对企业价值实现的影响。在党、政、工三者的关系上，充分重视精神与文化对劳动者的激励作用，将党的领导融入日常的工作之中，实施职责上分、思想上合，工作上分、目标上合，制度上分、关系上合的管理原则，在精神上激励建设者奋力拼搏。

（三）以项目为核心进行动态调整，探索出矩阵管理方法

在传统的企业运营结构中，金字塔的组织结构存在一定缺陷，尤其是在传递信息的过程中需要很长的时间才能得到反馈，各平行部门之间不能及时有效的沟通与解决问题，金字塔中的各个部门只接受上级的信息与控制管理，在需要协作的大型项目建设过程中效率低下。水电十四局的管理者们都是经验丰富的实干者，很快发现金字塔结构不能有效传递信息和配置资源，效率低下，不适应大型工程建设项目的管理要求，因此迅速进行了调整，将各管理层和各处室中的有关人员结合在一起，形成了一个没有实际办公地点但是虚拟存在的工程师机构，由其对项目的各个事项进行管理，响应项目建设中出现的问题并及时解决。这些人员平时进行日常管理工作，当项目中出现问题需要讨论解决时，迅速聚合在一起，成为问题解决团队，从不同部门的不同角度分析问题、交流沟通共享信息。这样就导致了项目核心人员出现双重身份，并围绕核心人员形成了矩阵网络，具体如图 4-2[①] 所示。

矩阵组织网络畅通了自下而上、自上而下的沟通渠道，身处矩阵中的每一主体都可以从其四周获得信息，从而提高了沟通协作效率，也带来了管理效率的整体提升。管理者将鲁布革项目拆解为多个细分的小项目，落实了目标管理责任，同时注重项目之间的互相沟通与支持，让原有的职能部门如计划处、财务处、外事处、人事处、办公室、车队共同为这些分项目进行服务支持，这些职能部门的人员可以灵活地在各个分项目之间流动，避免了机构与人员的繁冗，可以最大限度地提升个体生产者的效率，进而降低成本，提升效率。鲁布革项目以鲜活的实例和项目的实际成效让基建行业的从业者最为直观地了解到"项目法施工"所带来的巨大效果。

---

① 张基尧. 水利水电工程项目管理理论与实践［M］. 北京：中国电力出版社，2008.

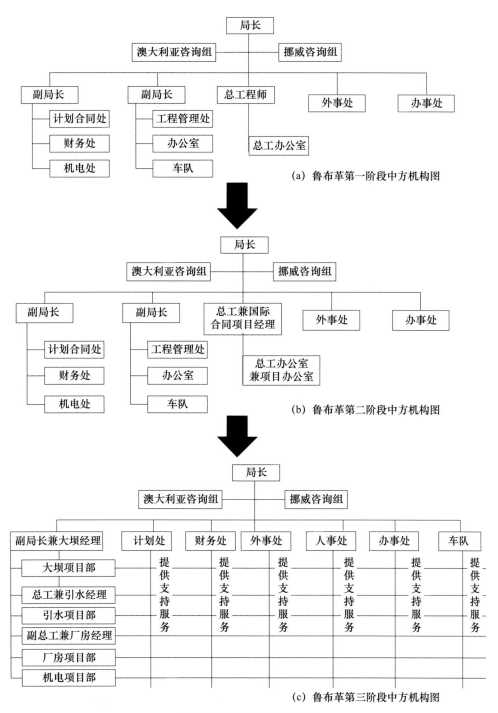

图 4-2 鲁布革管理机构演化

"项目法施工"遵循市场经济运行规则，牢牢抓住责权利明晰和激发项目建设者主观能动性的主线，将整体的项目采用承包合同制，经济上独立核算。生产任务由上至下，由总至分，层层分解，级级下沉，将施工目标责任分解到项目建设过程中，形成了以工程建设项目为对象，以项目经理负责制为基础，以企业内部决策层、管理层与作业层相对分离为特性，以内部经济承包为纽带，实行动态管理和生产要素优化的项目施工思想，并在实践中取得了显著成果。"项目法施工"让建筑行业的从业者们在摸索中明确行业的发展方向及具体发展途径，学习了解到可以直接借鉴和使用的项目管理方法。

二、项目法施工实践：广蓄工程

带着鲁布革冲击的酸甜苦辣，水电十四局的建设者们走出峡谷，迎接市场大潮的冲击，走上了弘扬鲁布革精神、实践项目法施工，发奋图强的改革发展道路。从1989年开始至1998年，水电十四局承建了广州抽水蓄能水电站的第一期、第二期建设工作，广蓄水电站是大亚湾核电站的配套工程，为确保大亚湾核电站的安全经济运行，在大亚湾已先行施工两年多的情况下，要求广蓄一期与大亚湾同步发电。与一般电站不同的是，抽水蓄能水电站要建立上下库两座大坝，要进行高低压引水道系统设计，面临着大量的地下厂房洞室群建设，施工中面临着施工难度大、工期紧、质量要求高等难题，加之广蓄工程是我国第一座抽水蓄能电站，也无前期经验可供借鉴。水电十四局认识到只有合理组合配置施工生产要素，形成有效运行机制，采用"项目法施工"激发生产潜力，释放巨大生产能量，才能又快又好地建成一流的工程。

在广蓄工程建设中，水电十四局人对项目法施工管理模式进行了深入探索，在大型工程项目上完整地实施了项目法施工，达到了以项目法施工为总揽，精干管理机构，组织高效施工的目标；并且以目标管理为主线，优化生产要素，提高了施工水平；同时以成本控制为中心，探索科学管理，注重投入产出；形成了以管理科学为标准，均衡生产，文明施工的施工标准；而且进一步将思想政治工作、行政手段和经济杠杆的"三位一体"作为项目施工法的重要保证，激发员工工作热情，加强了队伍建设，深化了项目法施工管理，结出了丰硕成果。至此，中国特色的项目管理方法——"项目法施工"得以全面实践和改进。

（一）推行"项目法人责任制、招标承包制，建设监理制"的建设体制改革，明确业主在项目建设中的主导地位

广蓄工程一开始就确定建立以"三制"为主体框架的建设管理体制，推行"项

目法人责任制、招标承包制，建设监理制"。

电站的项目法人为广州抽水蓄能联营公司，该公司是一个法人实体，由广东省电力公司、国家投资公司和广东核电投资公司三方投资组建，联营公司负责电站的建设与经营，在建设管理上始终以提高电站整体经济效益为目标，全面抓好控制进度、质量、投资和协调管理工作。

电站建设采用招标承包制，经过投标，水电十四局承担了广蓄电站的土建和机电安装全部工程，主要由上库、下库、引水系统、地下厂房和尾水系统组成。

（二）建立以合同管理为核心内容的项目管理机制，形成有机运行体系

广蓄工程形成了"以业主为先导、以设计为基础、以施工为主体、以监理为保证"的项目管理机制。而项目管理的核心是合同管理，通过合同与参建各方建立合同关系，分工合作，完成项目目标。

业主在整个项目建设中处于主导地位，发挥支配作用。广州抽水蓄能联营公司按照市场机制，通过招标或议标方式自主优选择承包商、监理商、设备商，审查决定重大设计及变更，对电站建设优化配置社会资源。设计方除做好前期设计工作外，还得重视现场服务，主动配合施工主体解决现场问题，对业主负责；施工方按合同要求进行施工。在广蓄工程中，合同双方本着"平等、合作、求实、互谅"的原则，共同探索具有中国特色的新型甲乙方关系。水电十四局内部也实行合同管理，与各分公司签订包括工期、进度、质量、安全、成本控制内容的内部承包合同，定期考核，实施奖罚。监理方代表业主履行各项管理职责，既对承包商的进度、质量、安全等全面监理，也承担对设计图纸审核等监理。

（三）建立以项目法施工为动力基础的施工运行机制

水电十四局在总结鲁布革经验的基础上，明确提出"创造一流施工水平，探索一流管理经验，培养一流施工队伍"的努力目标，在广蓄工程进行了项目法施工实践及新探索。

1. 以项目法施工为总揽，精干管理机构，组织高效施工

水电十四局在广蓄项目中实行项目局长负责制，项目班子由项目局长组阁，局长兼党委书记对广蓄项目实行分局总承包、分公司切块分包、作业队为实施基础的三级管理、两级核算制。管理与劳务层分离，按照"精干、高效、多功能"的原则组建外五部三室管理机构，对57名管理人员实行施工期聘用。根据工程实际需

要，抽调精兵强将进入现场，以队为基础承包施工，并适量组织民工队协作分包技术性不强的辅助性工程。项目分局与水电十四局后方则采用利润分成，收取服务费用的形式明确各方利益。项目分局统一内部预算单价，按照完成产值和产值工资含量向十四局交纳设备租赁费、利润及管理费用，这样理顺了前后方的经济关系，提高了施工效率。从全员劳动生产率来看，鲁布革最高年份为0.9万元，广蓄一期达4.9万元，而广蓄二期又跃升到10.5万元。[①]

2. 以目标管理为红线，优化生产要素，提高施工水平

广蓄项目实施以进度为先导的目标，具体做法是：根据施工总网络图，重点抓住关键线路的控制性工期，排出年度计划，然后层层分解制定每个单项工程及主要工序的季、月、周进度目标，层层下达落实到班组。实施中，广东分局控制周计划，分公司控制日计划，作业队伍控制日循环计划，力求完成计划以日保周、以周保月、以月保季，并按节点考核。根据施工情况，水电十四局不断优化施工技术方案，并对生产要素配置进行调整。在人员配置方面，打破单一工种分工过细的界线，实行混合工种编班，工作一专多能。在设备、材料及资金方面实施动态管理。施工中充分发挥科技生产力作用，推广利用新技术、新工艺减轻工期压力。

3. 以成本控制为中心，探索科学管理，注重投入产出

水电十四局在广蓄项目的施工管理中，牢牢围绕"成本控制"这个中心，通过规范生产经营活动提高工程施工效益。其主要做法有二：首先，抓好各项基础管理。如做好定额测试，形成低消耗快周转的物资流，建立设备管理保障体系，分流配件压缩库存等。其次，抓好综合效益管理，建立成本控制的反馈机制，使投入和产出的信息准确及时到位，建立了以直接费成本为主控因素的基本模式，对成本波动曲线进行因素分析以控制投入产出比。

4. 以管理科学为标准，力求均衡生产，搞好文明施工

管理科学是提高施工效益的重要手段，科学管理要求管理的制度化、规范化、科学化，要做到生产的均衡。广蓄一期迫于工期的压力，水电十四局争分夺秒全力拼抢进度，在创造了不少新纪录的同时也加大超量投入的消耗，其结果是：增加了企业的社会信誉却降低了经济效益。在二期施工中，水电十四局充分汲取一期的经验，力求均衡生产，不追求创造月进尺记录，但要求提高月平均速度以避免施工期内的大起大落，始终相对均衡地投入产出，寻求最佳经济效益。实践结果证明，均

---

① 张基尧. 依靠集体力量 当好项目经理——广州抽水蓄能电站工作的实践与体会[J]. 施工企业管理，1992（2）：19-20.

衡生产对平薪资、保工期、控制质量、降低消耗有利，是建筑业现代化建设的基本要求。与此同时，水电十四局把文明施工作为物质文明建设与精神文明建设的综合体现，作为改变队伍精神面貌、改进工艺作风保安全与质量的大事来抓，也收到良好效果。走进广蓄项目工地，施工道路干净、整洁，现场材料堆放整齐，机具停放有序，风、水、电、管线路有序布列，给人带来清洁整齐的感受。目标管理与进度计划实施控制的有机结合，使得水电十四局在二期工程的施工中达到科学管理，均衡施工，生产效率大幅度提高，施工所需要人员从一期工程高峰期的3000人下降到二期高峰期的1200人，同时施工设备也由一期的三臂台车12台，混凝土搅拌车20台下降到二期三臂台车7台，混凝土搅拌车10台。因为通过计算机对工地进行合理布局，工程进度安排均衡，施工现场井然有序，干净整洁，施工安全保障大幅度提高。[①]

5. 以"三位一体工作方法"为保证，加强队伍建设，提高职工素质

在广蓄建设中，最基本的工作方法就是思想政治工作、行政手段、经济杠杆三位一体，其中思想政治工作是核心，行政手段为辅助，经济杠杆做催化剂，互为补充，发挥综合效力。思想政治工作主要靠两条：一是有一支善吃苦、能吃亏、乐于忍辱负重的干部队伍，去影响职工言行，发挥人格力量；二是有一套"入情、入理、入实"的工作方式去沟通职工思想。入情就是以自身的行动把干群感情的纽带紧密地结合起来；入理就是把当前工作与长远利益相结合，把企业前途与职工命运相结合；入实就是把关心职工成长与解决生活问题相结合。

行政手段对职工严格要求，严格管理、严肃规章制度和组织纪律；经济杠杆则鼓励先进，惩罚后进，分配上体现按劳取酬、效率优先、相对合理的原则，根据施工情况，实际进度奖、安全奖、质量奖，保证内部管理合同的权威性和严肃性。"三位一体"的工作方法促进了激励机制和约束机制的形成，改变了职工队伍的精神面貌。[②]

（四）项目法施工促使后方企业进行整体配套改革

项目法施工对施工企业传统管理体制带来了冲击，项目机构和劳务层的相对流动性，撞击了旧企业行政建制的刚性结构，并使市场作用开始支配企业的一切；项目管理岗位的临时性及动态性，撞击了行政职务与管理岗位的长效性，引起人事任

---

① 张基尧. 依靠集体力量 当好项目经理——广州抽水蓄能电站工作的实践与体会［J］. 施工企业管理，1992（2）：19-20.
② 张基尧. 水利水电工程项目管理理论与实践［M］. 北京：中国电力出版社，2008.

免和人事管理制度的变革；工程资金的现场流转和项目机构的单独核算，撞击了企业以往下拨资金的经济权力，企业资金由上向下流动改变为由下向上流动，迫使企业探索新的核算体制，建立内部银行资金运行机制，研究新的经济政策；工程项目按业绩或效益进行分配，撞击了按工资等级或人头进行前后方均衡分配的政策，这就使传统分配办法纳入了综合考核劳动付出与工作成果的激励机制。

在这些冲击下，建筑企业开始重组治理结构，调整改变产业结构和经营战略。企业经营方式发生了改变：企业内部的管理重心、设备配置、人才使用、资源流向，都由过去以行政单位为主变为以工程项目为主，进而由传统的生产经营向市场的资产经营转变。企业产业结构变了：项目施工组织精兵强将进现场，企业后方必须大力发展多种经营，组织大批富余人员向其他产业、行业拓展，促使企业进行多元化经营以调整企业的产业结构。企业臃肿状态变了：由于企业依托城市建基地，不需要"大而全，小而全"，企业办社会的庞大服务系统开始萎缩。

对于广蓄项目建设中的项目法施工机制，可以用图 4-3 直观表述出来。

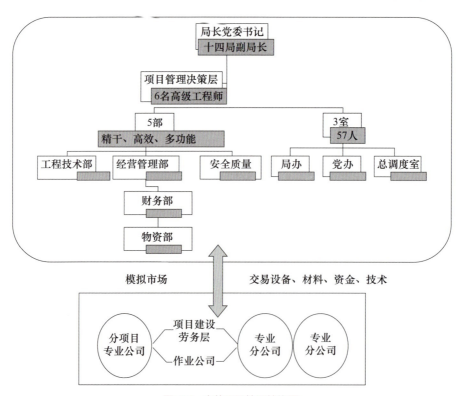

图 4-3　广蓄项目管理结构图

广蓄工程施工大获成功，英国杂志《International Water Power and Dam Construction》的记者 Janet Denise 于 1996 年参观广蓄电站后，在该杂志 1996 年第 9 期发表了电

站的介绍，并做了以下评论："在中国，抽水蓄能电站尚处于初创阶段。但是，广州抽水蓄能电站却不仅是一个具有世界水平的工程，而且也是国际合作提供最佳设备和施工技术的一个光辉典范。毫无疑问，它将作为未来更多抽水蓄能电站的模式和衡量标准"。

除了项目建设的成功外，广蓄项目在项目施工法的实践推广上获得巨大成功。与鲁布革项目相比取得了巨大突破：

第一，管理范围的突破。鲁布革项目中，只有引水系统工程实现了项目法施工管理，存在一定的局限性；广蓄项目管理对象是全部工程，实行设计、施工、监理的全面项目管理。

第二，管理程度的突破。鲁布革项目的项目施工法试点主要是在项目实施阶段，不包括前期准备与后期生产运行；广蓄工程则实行全过程的项目施工法管理，包括投资、设计、移民、施工、运行、经营直至还贷的整个过程。

第三，项目管理方式突破。鲁布革项目中没有实行监理制，主要依靠业主自身管理；广蓄项目实行了建设监理制，采用小业主、大监理、小机构、大社会的管理思路，依靠专业齐全、素质较高的监理队伍去管理。

第四，管理权限突破。鲁布革项目中，鲁布革工程管理局上有行政主管和代管单位，"婆婆"多，权限小；广蓄联营公司由于董事会充分授权，对工程设备投资概算、资金使用、设备购置等重大问题均能及时自主决策处理。

三、项目法施工推行

广蓄项目之后，水电十四局形成了较为成熟的项目法施工体系，并将这一具有中国特色的方法在全国乃至国际市场中发扬光大。项目法施工在长江三峡工程和黄河小浪底工程中大显身手，也在企业的多元化发展中屡立奇功。

（一）项目法施工在长江三峡工程、黄河小浪底等国际工程中进一步完善

长江三峡工程是世界最大的大型水利工程项目，工程分为三期，从1994年开工，到2009年竣工，总工期15年（图4-4）。1996年，以水电十四局为责任方的三联总公司中标永久船闸地下输水工程，以水电十四局为参建方的青云公司承建大坝厂房段工程。在黄河小浪底，水电十四局与意大利英波吉罗公司以国际联营方式承建大坝工程。此外，水电十四局作为责任方，与水电第一局、第三局、第四局组

建了 OTFF 联营体,以国际合同劳务分包方式承接了 3 条工期延后的导流洞赶工任务。三峡工程与小浪底工程都是国际型的大工程,采用国际招标形式,多个国家多个施工团队在工程现场同台竞技,小浪底工程中除了直接承包商 4 国(中、意、德、法)14 个公司外,还有 40 多个国家及地区的公司、个人进行分包或提供劳务,形成上万名中外建设者挑战小浪底的格局。在这一工程中,中国水利水电工程管理与国际接轨,是全面探索具有中国特色水利水电工程国际管理模式的好时机。在三峡工程及小浪底工程中,水电十四局除了依靠广蓄经验继续采用"项目法施工"外,还努力与国际全方位接轨,进一步完善了项目法施工。

图 4-4　三峡地下厂房施工

1. 适应国际工程合同更严苛的刚性管理

国际工程招标从招标设计、编制标书,到投标书评审、合同谈判等全过程,都在国际通用条款约束、贷款银行跟踪审查、国际咨询机构及世界银行监督之下,严格按规定标准操作,按规定程序进行。承包商处在完全透明的招标环境下进行竞争,不管是什么施工团队均按同一标准竞争。与国内招标相比,其程序更严格,外部监督更全面到位,招标文件也更规范。中标后,要严格以合同为准则来规范施工方的行为,合同管理的深度、广度及力度都远远超过国内项目的合同管理。除此而外,合同索赔也是合同管理的正常业务,索赔和反索赔都是菲迪克条款的定性规定。

2. 组建各种联营体明晰职责

根据项目法施工的管理要求,水电十四局在大型工程的投标竞争和项目管理中，与兄弟工程局或外商组成紧密型联营体，实行董事会领导下的项目经理负责制；董事会作为决策层；项目经理部作为董事会执行机构和管理层，负责实施工程承包合同。联营体各方按股份比例投入资源，实行独立核算，并按董事会确定的经营目标向母体单位返回各项费用。三峡工程中水电十四局在三峡永久船闸二期工程建设中组成以水电十四局为责任方，与一局、十一局联合，按 7∶2∶1 的股份比例组建紧密型联营体，实行董事会领导下的总经理负责制。其主要特点是：① 按决策层、管理层和劳务层组建三联公司机构；② 全方位推行项目法施工；③ 对工程项目实行"两级管理、一级核算、队为基础"；④ 联营体统一负责工程项目施工组织、生产经营、指挥协调、内外结算、收益分配及人、财、物管理。改变了过去联营体内施工队伍各自分散施工与管理所造成的种种弊端，有力地促进了工程建设。实施结果显示，联营体不仅提前实现了投标施工网络计划的进度要求，而且满足了业主网络进度调整的要求。联营体的管理体系优势互补，便于整体功能发挥并最终形成更大的优势。如三联总公司管理近5亿元的工程，只需配备60多名管理人员，各作业队配置也很精干，提前完成 3 条输水隧洞、12 条斜井、36 条竖井的开挖任务。[①]

3. 形成具有中国特色的联营分包模式

在小浪底排沙洞、进水塔工程中，水电十四局单独进行工程分包，组建项目管理班子，按分包合同的职责和分包商的技术要求，对总承包商承担工程进度及质量等责任，也获得成功。小浪底工程管理模式是以合同管理为核心的项目管理运行机制，可细分为以下三种形式。

第一种是中外形式。中方与外商直接组成联营体，以外国公司为责任方，按国际惯例实施合作。水电十四局在小浪底一标大坝工程上与意大利英波吉罗组成的黄河承包商便是这种形式，在施工实践中发挥了惊人效果，每月坝体填筑量高达130万 m^3，施工进度遥遥领先。

第二种是OTFF形式。在国际合同管理前提下，中国施工队伍组成联营体对外国承包商实行劳务总承包，形成国际管理模式下的中国式联营分包机制。以水电十四局为责任方组成的OTFF联营体，对严重影响工程截流的二标导流洞工程实行联营分包，承担赶工任务。业主与外商、外商与联营体签订的合同按国际惯例执行，外商的一切工作只对联营体，联营体内部又实行切块分包。水电十四局承担了

---

① 张基尧. 合同管理是项目管理的核心——小浪底水利枢纽国际合同管理的经验与体会（下）[J]. 水利发展研究，2011，11（2）：25-30.

二标一号导流洞工程施工任务，为此组建了小浪底项目部，实行"三级管理、两级核算"。

第三种是 FTT 形式。在小浪底国内招标项目 C4 标机电安装及土建工程上，水电十四局与四局、三局组建 FFT 联营体，以水电十四局为责任方，联营体各单位按股份比例实行资源投入，实行董事会领导下的项目经理负责制。

特别值得一提的是"OTFF"形式。小浪底是我国水电史上第一个全方位与国际惯例接轨的大型工程，以水电十四局为责任方的 OTFF 联营体吸收国际模式的先进做法，以强化合同管理为突破口，按国际通用条款管理项目，创造了国际管理模式下中国式的快速施工联营体，该联营体的董事会是 4 个成员单位各派 1 个代表组成，然后推举出董事长，进而由董事长任命总经理，总经理成立一个对外联营的办公室与外方发生相应的联系，进行各种承包事宜的洽谈，而内部则是以各方的投资额平等的进行施工合同的承包，水电十四局是对外的责任人，但对内与其他 3 局是协作合作关系，不向各方收取管理费，如需要向外部提交履约保证金时，一般由其他三方按合同规定金额交纳给水电十四局，水电十四局汇总后向外部交纳，而当进行工程款获取与支付时，水电十四局负责进行工程量的统一汇算和工程款的具体分配。如图 4-5 所示。

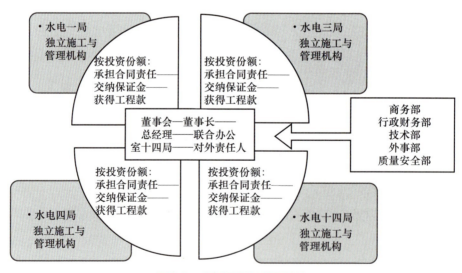

图 4-5　小浪底项目法施工模式

这种联营体模式运营效率极高，在地质条件复杂的情况下仅用 20 个月就相继完成 3 条各长 1100 多米、直径 19m 的导流洞开挖和混凝土浇筑任务，抢回工期 11 个月，确保了 1997 年截流目标的顺利实现，也改变了外商对中方管理国际项目能力的认识。①

4. 学习国际经验，促进队伍的多功能发展，加强设备的管理与维修

队伍的多功能发展是适应市场发展趋势，原来的水电施工企业队伍一直按专家型思路进行建设，技能相对单一，小浪底工程开工后，从管理上增加了队伍的功能，将开挖队改为能进行系统循环作业的作业队，从测量放线、钻孔、放炮、喷混凝土、挂钢筋网到装锚杆及风水管路的延伸、拆除、道路的维护等都由一支队伍进行，减少了协调环节，降低了协调成本，队伍的技能由单一型转变为复合型。同时，进一步对用工制度进行了改革，更进一步打破了铁饭碗思想，责任落实到个体，让员工在竞争上岗机制中激发出工作激情，并且第一次引入了当地的施工人员培训上岗机制，为日后更加灵活的社会用工机制奠定了基础。

在多年的施工中，水电十四局建设的水电站规模等级不断大型化和特级化，由原来的几千瓦到几万千瓦，又到几十万千瓦、百万千瓦甚至上千万千瓦段的三峡电站，机械设备的大型化和水电施工机械种类越来越多，功能越来越先进，这为水利水电的快速施工创造了条件，但也对设备的维修保养提出了更高要求。借鉴国际经验，水电十四局组建了现场设备维修部门，要求现场维修部门主管人员要熟悉生产，了解现场项目建设进展，熟悉所有设备运转特性。此后，又建立了设备维修保障部，将所有设备集中修理，并且进行了计算机设备与物料维修的管理档案，确立具体的维修计划定时维修，建立设备的运行监控报表，做好日常的记录，并且对维修人员进行专门的培训，对维修人员也采取竞争上岗的机制。

（二）项目法施工跨界推行

经过实践和完善，项目法施工已经可以适应任一跨界领域，展示了良好的适用性及广阔的运用前景。水电十四局在开拓多元化业务、进军国际市场时，项目法施工大放异彩，同时，也在实践中不断完善并取得突破性进展。水电十四局所有的项目遵照标准流程进行施工管理，在合同管理中明确自己作为乙方的角色定位，深入分析项目业主的真正需要，根据业主的项目建设目标设计建设方案，进行项目的设计与资源消耗测算，进行投标文件设计及合同拟定，进而和业主方进行谈判，形成双方认可的项目实施方案，然后对项目方案进行实施方案细化与目标分解，责任制定，然后进行局内的选拔任用，形成围绕项目的施工团队。根据工程建设的市场要

---

① 张基尧. 合同管理是项目管理的核心——小浪底水利枢纽国际合同管理的经验与体会（上）[J]. 水利发展研究，2011.

求和施工实际需要，逐步形成适应不同工程规模、不同承包方式、不同建设要求的新项目法管理模式，每次都根据项目情况灵活进行管理团队组建，真正做到了以项目为核心，灵活高效对市场做出反应，按市场要求来配置资源，在市场经济下，弹性的管理机制与运行机制能够极大地提升企业的运行效率，也能在企业内部形成了资源与人才的有效流动。

水电十四局先后在高速公路、地铁、市政工程、国际项目中推行"项目法施工"，实行项目经理负责制，推行"两级管理、一级核算"制，都取得了良好的效果。

第二节　项目管理的中国发展

项目管理在"二战"期间应用于国防和军工项目，20世纪50年代取得了突破性成就。20世纪50年代后期，美国出现了包括关键路线法（Critical Path Method，CPM）和计划评审技术（Program Evaluation and Review Technique，PERT）的网络计划技术，该技术被认为是项目管理的起点。60年代初，项目管理方法运用于美国宇航局的"阿波罗登月计划"，在这个由42万人参加、耗资400亿美元的"阿波罗"载人登月计划中，项目管理取得了巨大成功，也由此风靡全球。1965年，第一个专业性国际项目管理组织IPMA（International Project Management Association）在瑞士洛桑成立。1969年，美国成立了美国项目管理学会PMI（Project Management Institute），并发展成为全球最大的项目管理方法学术组织。中国在20世纪60年代初期，由华罗庚教授引进和推广了网络计划技术，并结合了我国"统筹兼顾，全面安排"的指导思想，将这一技术命名"统筹法"，在重点工程项目中进行推广应用，取得了良好的经济效益。"统筹法"成为中国项目管理学科的发展起点。[1]

此后，项目管理方法的应用从传统的军事、航天逐渐拓宽到建筑、石化、电力、水利等各个行业，项目管理方法成为政府和大企业日常管理的重要工具。同时，随着信息技术的飞速发展，现代项目管理的知识体系和职业逐渐成形。20世纪80年代，PMI组委会界定了项目管理方法内容与标准。鲁布革水电站正是在项目管理方法标准出台之后的中国实践，并在其后的发展过程中逐渐形中国特色项目管理方法。

---

[1] 胡振华，聂艳晖. 项目管理发展的历程、特点与对策[J]. 中南工业大学学报：社会科学版，2002，8（3）：229-232.

一、项目法施工理念创新

在广蓄工程中，水电十四局总结了"科学管理，均衡生产，文明施工"的项目法施工经验，随着广蓄经验的推广，这种项目管理理念也被奉为中国项目管理的典范。

（一）科学管理

水电十四局结合社会主义市场经济机制的运行要求，积极转机建制，通过科学管理保证了资源的优化配置与动态管理。主要体现在以下几个方面：

1. 优化组合，动态管理

首先，根据施工组织设计和工程实际需要，坚持"严格把关、有效投入、重在产出"的原则，精心组建项目经理部，精心设置管理机构，精心配备施工队伍和机械设备，确定五个目标——"体制要顺，班子要强，开局要好，机制要活，管理要严。"

其次，统一内部预算单价，理顺纵横经济关系，明确管理基础，实行机械设备灵活调用、生产要素优化组合、人员工种混合编班、目标管理定期考核等整套运行机制。

再次，实行市场化的劳务工资制，即：一部分为劳务等级工资，分十级十六档，视劳务人员岗位责任、技能水平、劳动强度入级入档；一部分为效益工资，根据成本节余情况并考核进度、质量、安全等指标与分配挂钩。

在上述基础上实施动态管理，主要是根据施工进展变化，动态调整生产要素的再次优化组合，动态控制进度、质量、安全、成本的协调发展，动态调控投入与产出的比值，力求取得最佳效益。

2. 制定细则，量化管理

在创新实践中，水电十四局大力促使各项目分部全面引进市场机制，又尽可能将经营管理具体量化，使建设团队具有实实在在的可操作性。比如根据合同价格和施工实际，科学制定《内部预算单价》，完善《管理实施细则》，形成一整套经营管理实施性强的具体办法。如《管理实施细则》中，对内部人工、材料、设备、配件、临时工程、费率与费用、工程结算、效益与分配等，都有详细规定，并对进度、产值成本、质量、安全、设备维护、文明施工等多个指标，制定了详细的量化考核标准。既调动了作业队的积极性、创造性，又促进了管理制度化、规范化、科学化。

3. 完善机制，深化管理

建立灵活高效的经济运行机制，让生产力充分活跃起来，主要通过把理顺关系的基点落在责权利上，完成各项基于质量的考核指标的设定与执行。如规定每月进度产值或实物工程量的完成基数，达不到基数的不计奖，超基数的设若干奖励等级。各项目分部除设立质量奖励基金外，还从每月奖金中留5%作为内部质量保证金，根据单元工程质量评定情况再返回相应数额。开挖按合格率计产值，对超挖或超填混凝土按直接费的15%处罚。

同时，针对直接产值创造的作业队，建立和完善以作业队为基础、以控制直接费成本为目标的经济承包责任制，着重于强化作业队的经济激励机制和约束机制，使作业队从进度产值型变为经营效益型。把提高效益的力度放在成本考核上。一方面刺激生产要素的活跃度，使之创造较高的产值；另一方面控制施工投入的消耗，使之低于成本控制目标。所谓刺激，主要是建立利益激励机制，一是对各作业队的主材、辅材消耗水平及费用支出水平与其实物工程量挂钩，形成内部成本管理的主要经济技术指标，每月进行分项考核、对等奖罚；二是对人工费和机械费的盈亏平衡点，折算成具体指标作为起奖点，超额劳动给予奖励。所谓控制，主要是对成本进行两次考核：一是考核主要材料的消耗，以稍低于定额耗量为考核标准，节约和超耗各奖罚15%；二是考核直接费成本，工料、机械的消耗全部进入实际成本，节超各奖罚5%。这种设计活跃了生产力要素，与职工的利益分配挂钩，改变了作业队只管干、不管算的状况，增强了作业队精打细算的成本意识，激发了职工们多创产值并降低消耗的积极性。

（二）均衡生产

水电工程施工是一个复杂的系统工程，在传统的施工过程中，存在着资源强度的不均衡性，加上施工过程中某些主客观因素的影响，如前期对项目计划不均，施工单位技能过于单一等情况，这些都会加剧不均衡性，致使施工过程中出现生产要素过度堆积或者生产要素紧缺的现象，时紧时松，既影响进度质量，又影响经济效益。

均衡生产主要是通过优化施工方案和网络计划，削峰填谷，平衡资源，用相对均衡的投入产出比科学地组织施工，形成紧张有序的施工节奏以达到进度快、质量好、效率高的目的。

均衡生产的核心是精细化管理，实施均衡生产首先要做到的是计划的均衡。这种均衡包括能力建设与资源配置的均衡、生产节拍与准时交付的均衡、质量与进度的均衡等。所有这些均衡都是一项系统性极强的工作，需要生产组织单位在保证产品质量的情况下，对工艺流程的串、并行关系进行重新梳理，从技术层面对整条生产线及各站位的周期进行规划，科学地编制标准作业指导书，以提高对现场操作的指导性，同时，各生产单元还要规范现场管理，保证设备、工装等设施始终处于良好的状态，加强与上下游协作单位的协调与沟通，优化工艺和生产流程，如增加测量造孔的交接状态，以减少划线、制孔等工作，同时在生产现场开展物料配送等工作以最大限度地缩小生产准备时间，提高有效工作时间及效率。此外还要及时暴露现场问题并善于利用现场例会，问题处理平台等途径解决影响生产线的关键或瓶颈问题。即整个项目团队要对建设项目非常熟悉，才能有效地分配与平衡资源，根据施工内在规律，制订出合理的建设进度计划以及分配对应的资源投入，然后在实施的过程中做好细致的管理控制，才能获得高效的成果。

在相应的项目建设中，一般的流程是：让决策层对项目详细分析之后，制定科学合理的网络进度计划；根据工程总体目标，优化施工组织设计，制定出施工强度均衡、生产要素配置合理的总进度网络计划，并实行分层，将项目进行分段拆解，根据重要程度采用 ABC 分类法，在 ABC 分类下，考虑 ABC 不同分段项目的组合搭配。之后，根据施工计划提出详细的目标管理指标，将施工计划根据工程的分段、分项进行层层分解，让管理层在此过程中制订出更加详细的分段项目的资源配置与时间管理方案，实现全面的目标管理。

在实际的施工过程中，管理层与作业层主要根据层层分解出年、季、月计划，按月计划推行目标管理，而以时间为单位的计划里管理层与决策层一起考虑如何在既定的施工时间期里完成安全可控、质量可及、工期可保、成本可期。在实施中，凡属关键线路的月计划，再细分出周计划、日计划，力求施工计划以日保周，以周保月，以季保年。为了让均衡生产实现，在项目建设实施过程中，注重精细控制，水电十四局针对控制进行了强化网络进度节点目标考核，并且实行单项工程切块承包责任制，签订内部承包合同，明确网格进度节点目标和质量、安全、成本指标，以期考核奖罚。

（三）文明施工

文明施工是项目建设中现场管理的基本要求，也是项目实施是否有序进行的具体表现。要达到文明施工,一是结合项目建设要求制订施工现场管理方案,并且根据项目施工需要进行管理,二是对施工人员进行培训与思想熏陶。水电十四局在项目法施工的过程中首先提出了文明施工的目标,充分体现了中国特色项目法施工在项目管理中的特点。在当时的企业施工过程中,企业管理团队特别关注企业文化对施工人员的影响,把以提高职工的敬业精神和职业道德为主要内容的企业精神文明建设落到实处。

除此而外,则是在施工现场根据施工方案进行了细致的现场管理方案的制订,对施工现场提出了标准化建设的规定,比如施工工地的大门标准化,大门及门柱按公司统一形象设计;工地的围墙式样颜色统一,封闭性好;在现场主入口的显著位置设立显示工地基本情况介绍的牌子。在物料与施工机械管理上,则要求按平面固定点存放,遵守机械安全规程,经常保持机身等周围环境的清洁;机械排出的污水要有排放措施,不得随地流淌;并做好防噪声及扬尘的措施。材料堆放要按照大门口悬挂的平面图位置,并且要分门别类,设立材料堆放区负责人。油漆、防水等易燃易爆材料要专门库房存放,并设专人管理,使用时限额领料。工地办公区应与施工区隔离,并保持清洁卫生,施工现场外道路每天早晨安排专人负责清扫,并严禁在施工区内设置员工宿舍。同时,工地的主要道路应根据用途进行硬化处理,裸露的场地和集中堆放的土方应采取覆盖、固化或绿化等措施,工区大门口应设置冲洗车辆设施。除了详细的方案之外,最重要的是建立文明施工责任制,划分区域,明确管理负责人,实行挂牌制,并且将上述文明施工的标准量化,与具体的责任人联系在一起,进而得到较好的实施效果(图4-6)。通过上述工作,水电十四局在现场施工中做到了井然有序,提高了生产效率,为按时完成工程项目建设发挥了重要的作用。

图4-6 文明标准化工地证书

二、项目管理机制形成

水电十四局在项目法施工基础上，对传统管理体制进行一系列改革，并努力处理好改革、发展和稳定三者的关系，按市场经济发展要求，积极转机建制，对资源的优化配置和动态管理提供了保证。经过多年的实践和改革探索，形成了一套既符合水电施工企业特点，又符合水电十四局具体情况，既利于操作，又能适应改革、发展要求的新型项目管理模式。

（一）质量管理机制

在水电十四局的项目法施工过程中，形成了质量管理的质量保证体系，这一质量保证体系的机制是在组建项目管理团队时，一定会设立质量管理部门。该部门负责根据施工方案、外部管理机制的工程质量标准与要求形成该项目的质量管理的目标、标准、规则、过程管理、数据收集、反馈等工作。项目决策层首先对质量管理部门授权，明确规定其职责、权限以及内外联络渠道，质量管理部直接受决策层的质量领导人的管理，保证其组织的独立性。质量管理部负责在工程施工时形成质量管理的纲领性文件，包括管理性文件和技术性文件。管理性文件包括质量保证大纲和大纲程序，这些文件根据业主的要求进行编制，并据此提出相应的施工中的质量标准。技术性文件包括施工组织设计、施工网络图、施工进度计划、工作程序、操作规程、施工方案，施工措施及图纸。在此基础上，编制管理实施细则、工作程序和操作规程。上述管理性和技术性文件形成一个完整的、层次分明的质量保证文件体系，使所有影响质量的工作都能有条不紊地进行，即做到每项工作都"有章可循"。而在具体的工程实施的过程中，还要伴随着施工过程进行质量保证记录，质量保证记录一般按照业主的要求进行质量管理的过程记录，并且对记录的编制、标识、收集、编索、贮存、保管和处置做出具体规定。记录是为各种物资的质量和影响质量的活动提供客观证据的文件。它分为两大类，即永久性记录和非永久性记录。这些记录均按业主要求分门别类整理归档，工程竣工后移交给业主。

在具体的施工过程中，根据工程质量要求，对施工工程中所需要的技术、物质、材料、施工设备进行一一的细化，将项目所需要的人员、资金、设施、设备、技术和程序做好准备。同时，做好质量流程的设计，做到事前预防、事中控制、事后总结与反馈。形成了施工前检查，对团队进行资质要求，并且设立准入资格要求，让所有部门形成三级报告制。

同时，制定工程质量检查、验收和评定流程与标准，质量检查以质量标准为据，对半成品、中间工序，单元工程和分部工程进行检查，然后将检查结果同质量标准进行比较，判定是否合格，发现不合格的，查明原因采取补救措施或返工重做。质保人员和质检人员对施工过程进行全面监督检查，发现不符合项（不合格品），向责任部门作业队发出《不符合项通知单》，并要求其采取标识、隔离及停止作业等临时措施，防止不符合项扩大或误用。项目质量管理的流程如图4-7所示。

图 4-7　水电十四局项目质量管理机制图

（二）安全管理机制

对于大型工程建设项目而言，安全生产既直接维系着职工的健康和生命财产等切身利益，又是关系到工程顺利实施实现预定目标的至关重要的问题。因此，安全问题对于基建行业的任何建设单位而言都是重要的评价指标。我国早就出台了多部关于安全管理的管理制度与规则，安全生产也是业主方的建设目标。

水电十四局经过多年实践形成了较为完善的标准化安全管理机制，并且形成了一套系统的、规范的安全生产标准化体系，2012年5月，水电十四局安全标准化成果被中国电力建设企业协会评为"2012年度中国电力科学技术成果三等奖"。

和质量管理一样，水电十四局的安全管理同样形成了规范的流程，即根据业主提出的安全生产标准，组建项目建设团队的安全管理部门，按照《安全生产标准化手册》的内容和项目的具体情况，形成具体项目的安全管理流程与标准。水电十四局的安全管理包括管理标准化、现场标准化、作业标准化三个环节，在三个环节下有9个标准化管理项目，包括工伤与保险管理标准、人员管理标准、隐患排查治理标准、安全管理标准、安全保障标准、现场标准、操作规程、安全作业标准、起重调运指挥信号标准，这些环节的标准化管理都有详细的考核评价标准，形成的体系中共有31个一级要素和112个二级要素（图4-8）。

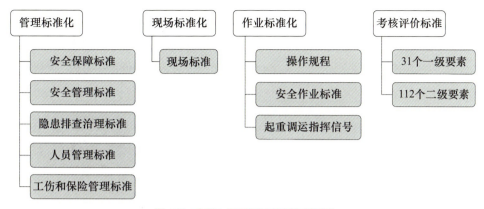

图 4-8　水电十四局项目安全管理机制

在此基础上，结合项目的具体要求，设计项目施工过程的安全管理流程，通过流程图对安全生产标准化的管理过程、流程进行描述，规范各项安全生产管理的活动和程序。针对管理程序的内容和要求，通过图表和简洁文字对职责、要求、标准、时限等规定具体的标准要求，作为具体实施管理标准的依据。并且形成安全管理的相关表格，表格共分为陈述类、检查考核类、结果类、强制类、统计类和其他类，作为标准化建设最直接的客观证据。

而在施工的过程中，按照安全管理的要求，对现场的安全管理与控制，实行现场标准化管理。现场标准化以规范和统一施工现场的布置、安全防护、文明施工、图牌、施工环境为目的。通过要素的形式对办公和生产区域、安全帽和工作服、安全标识和标牌、现场安全装置和设施、辅助设施、定置、施工用电、环境保护与水土保持 8 个方面实施统一的量值化管理。在作业标准化方面，则根据重要作业工序中的操作要求和标准，包括安全操作规程和安全作业标准。针对企业历年来总结出来的在施工生产活动中存在的 19 项高危作业，制订安全作业标准。作业标准由一般规定、作业流程、作业工序标准和相关图表构成，以规范各类作业的行为和活动。

在实际的项目建设中，结合工程实际，组织人员对安全管理、现场作业环境、设备设施、岗位作业等各方面进行检查和摸底，认真开展危险源的识别工作，对项目的安全生产状况做出基本判断。根据安全初评价结果，对安全标准化建设进行认真研究，并严格按照安全标准化的要求，编制《安全规划》、安全管理文件、操作规程、作业指导书、安全生产责任制、专项安全技术措施、安全管理办法等，策划按照安全标准化循序渐进原则，确保年初有计划、过程有检查、年终有考核，为安全标准化建设奠定了基础。同时，对施工人员进行相应的培训，让具体的施工人员知道安全标准化的重要性、意义和要求，为安全标准化的全面实施做好铺垫。组织人员深入现场认真讲解，让每一名员工都熟知安全标准化具体内容、安全标准化工作的总体规划、工作目标、工作要求、工作措施，使每一个管理人员、一个岗位人员对各自工作中的标准化要求都熟知，为较快理解和实施安全标准化打下基础（图4-9）。

图4-9　安全生产班前会

在具体的项目建设过程中，根据前期策划中循序渐进的原则，首先抓好安全管理标准化和作业标准化建设，从管理流程、管理要求和管理记录，从作业风险识别、作业安全要求，作业安全控制要点和作业异常处置等全方位规范管理和作业的程序化、标准化，以人的标准化为突破口建设安全标准化，突出重点，抓住精髓，并且对安全管理进行相应的资金投入，完成安全管理设备的购入与保障，根据安全规划认真结合经营管理做好安全投入的全面预算工作，在实施过程中做到有计划性、针对性、可控性、长效性，避免安全投入的盲目和重复浪费。

在实施中与个人的考核结合在一起，建立了各级人员安全生产责任制，把安全生产标准化作为硬任务、硬指标，细化分解到每个层面、每个环节、每个岗位，通过个体的标准化，实现全员的标准化。为保证标准化有效实施，公司把安全生产标准化工作与职工每月的绩效工资紧紧捆在一起，定期考核、奖评和整改。同时，严格执行安全生产责任制，令行禁止、严字当头，对严重违反安全管理规定、不适应安全生产要求的人员，该换岗的换岗，该辞退的辞退，该处罚的处罚，决不心慈手软。

最后，形成在项目建设过程中的定期检查与反馈制度，安全生产标准化建设的目的就是在贯彻国家安全生产法律法规和相关标准规范的基础上，形成企业安全管理规范化、系统化的标准体系，不断提高安全生产管理水平，达到安全标准，实现本质安全。企业需要在实施安全生产标准化的不同阶段，严格按照标准化对各项工作进行监督检查，采取安全大检查、专项检查、日常巡视检查等方式进行标准化实施的纠偏工作，对检查情况认真记录存档，做到"谁主管、谁负责，谁检查、谁负责"的原则。在检查过程中通过切切实实对检查过程中发现的隐患或不符合标准要求的及时采取有效措施处理到位，确保安全生产标准化达到持续改进，得到深入推广。

（三）时间进度管理机制

在大型的工程建设项目中，时间进度是重要的管理目标。因为项目的复杂性，"按时、保质地完成项目"是每一位项目管理者的美好愿望，实际上却因为项目的规模、复杂程度而时常发生工期拖延。因此，针对大型建设项目，进度管理的目标是保证项目按时完成甚至提前建成。这就需要设计合理的机制来减少意外情况的干扰，达到时间进度管理的目的。

水电十四局项目法施工里的时间进度管理经多个工程项目的多次实践，逐步形成了完整的流程。其关键是在制订施工计划时进行周密考虑，结合具体的施工内容进行时间周期的安排与节点划定。

水电十四局的时间进度管理标准流程包括事前由决策层根据项目的具体情况进行项目活动界定，分解项目任务，进行项目活动排序、全责估算各项活动的工期、制定项目完整的进度计划、资源共享分配、监控项目进度等内容。在此过程中，同样遵循丰富经验团队共同决策的原则，以经验为基础，列出完整的完成项目所必需的工作，同时安排专家审定过程，以此为基础制定出可行的项目时间计划，进行合理的时间管理。

之后，采取恰当的时间管理工具，借助计算机软件管理系统，由管理层将项目时间计划进一步分解，建模，完成细节的时间进度管理模块。相关模块包括排列活动顺序、估算活动资源、估算活动持续时间、制定进度计划、控制进度等7个过程。

这一过程管理，提供发现计划偏离的方法，从而可以及时采取纠正和预防措施，以降低风险。同时，在管理软件中输入活动列表、估算的活动工期、活动之间的逻辑关系、参与活动的人力资源、成本，项目管理软件可以自动进行数学计算、平衡资源分配、成本计算，并可迅速地解决进度交叉问题，也可以打印显示出进度表。项目管理软件除了具备项目进度制定功能外还具有较强的项目执行记录、跟踪项目计划、实际完成情况记录的能力，并能及时给出实际和潜在的影响分析。在此基础上，针对不同环节的不同作业单位，进行绩效评估，测量、对比和分析进度绩效，如实际开始和完成日期、已完成百分比及当前工作的剩余持续时间。同时，通过进度管理软件，完成实际的进度数据收集，实现项目的实际数据及时更新，以供各部门及相关人员参考。定期对更新的进度数据进行分析，编制进度报告，供各类进度协调会及领导决策使用，及时发现进度中存在的偏差和问题，为工程进度的顺利实施提供保障（图4-10）。

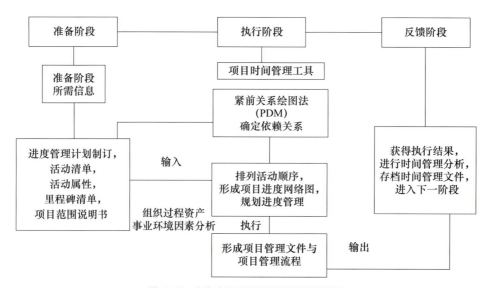

图4-10　水电十四局的时间进度管理流程

（四）成本管理机制

市场机制下，成本低廉，性价比高是取得市场竞争优势的关键性因素。在鲁布革项目中，日本大成公司的低价中标及项目实施中的成本控制给水电十四局留下了深刻的印象。从广蓄项目开始，成本管理就成为水电十四局在项目建设施工中的重要机制环节。在项目法施工实践的过程中，围绕着降低成本问题，水电十四局进行了多种管理尝试，并控制形成了有效的成本管理机制。其管理机制如图4-11所示。

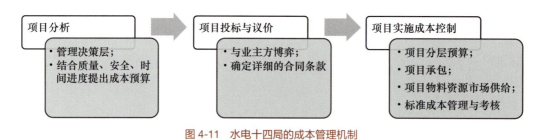

图4-11　水电十四局的成本管理机制

具体而言，这一机制包括项目分析、项目投标与议价、项目成本控制实施三个阶段。

在项目投标之前，项目决策层可以要求项目管理部提供之前的项目数据进行对比分析，并且进一步形成该项目的数据积累，通过将项目整体按照不同施工工艺类型等进行细化分类，通过对现场实地观察，统计各类资源的消耗。进而形成初步的项目的成本预算。在原来的基础上，根据施工流程、施工体量、工序等条件，逐步形成现竞标项目的成本标准。同时结合专家意见及项目实际情况提出技术方案或及时提出风险预警，降低不必要的成本支出。

在此基础上，根据形成的成本预算，进行项目投标与议价。与业主方进行成本博弈与确定，则进一步根据自己的计划与预算，与对方进行仔细的合同条款确认，因为在国际项目中，合同不能按期实行，会产生大笔的违约金，因此，在合同确定的过程中一定要将各项目，包括成本与进度、质量等指标都明晰，才能避免后期高额成本的发生。合同制订后，需要根据最后敲定的合同，调整原有的计划，在此基础上，才是管理层向作业层的层层分解与分配。

而在项目的具体建设的过程中，通过承包制与细化目标成本管理，建立成本分析与控制的基本模式。以直接费成本控制为目标，运用计算机这一先进手段，对人工、材料、机械费中的主控因素进行反馈、统计与分析，如把投入实量分类与产值中定额分解一一对应，通过量化考核对比，控制实物投入。确定成本控制的基本时段，投入和产出的信息准确及时到位。基本时段以月为单位，每个月直接费投入的主要统计资料，如各种材料耗量、动力燃料耗量、设备租赁费、配件费、工资奖金等，必须在当月底反馈到项目部。通过对当月完成量的直接费定额分析，提供成本分析控制就有了基础。在此基础上认真检查和调整主控因素的投入产出比。根据反馈资料及波动曲线值，深入分析存在的问题，针对主要矛盾制定对策，并指导作业队及时采取调控措施，以求最佳比值的投入产出效益。利用信息化系统管理，实现各类数据系统记忆，任何一笔发生过的费用走向与改动均能在系统中留下操作时间和行进痕迹，有效预防了原始管理上手工操作填写的漏洞，避免了企业财物的流失，还能根据企业规定的各项标准化管理体系精确地管理各项费用的支出，防止了成本增加和资金滥用的发生。

第三节　项目管理引致企业行业变化

项目管理促进了建筑施工效率的提升，对建筑施工企业及建筑行业产生了重大影响。水电十四局一直在实践中创新发展项目管理、促进了生产要素优化配置，从而提升了企业竞争力。项目管理促进了建筑行业变革，并形成了独具中国特色的项目管理体系。

一、项目管理对企业的意义

（一）管理变革

项目管理促使水电十四局加快与之相适应的内部管理体制改革。一是建立后方管理基地，实现前后方分离；二是实施项目管理层与劳务层分离，促进企业向管理型转型；三是加快社会职能分离，将社会职能移交、取消和分离；四是内部同质单位合并，减少管理层级，形成规模效应；五是设备、人员、财务资金等重要资源集中统一调配，充分合理利用资源。水电十四局在鲁布革改革经验的基础上，持续深化内部管理体制改革，整合优化内部管理机构，减少管理层次，缩短管理链条，实现了企业经营规模化、组织扁平化、机制市场化和管理规范化，提高了企业管理水平，增强了企业持续发展能力。

1. 坚持把项目管理作为深化企业管理体制改革的突破口

水电十四局以适应招标投标工程市场为导向，以深化项目管理为契机，多次对企业内部组织机构、管理体制、经营职能进行改革与调整。尤其是1995年6月以来，在三项制度改革的基础上，对全局组织机构进行了重大改组，实现片区一体化管理和同行业的重组，先后撤销了四个公司、三个处、两个厂，重组了曲靖分局、大理分局、机电安装总公司、路桥总公司和实业总公司，这些改革，实质上是企业结构治理、资产重组、生产力合理布局的总体推进。经过努力，公司经营管理的基点已由过去注重行政层次转向工程项目的大转变，初步形成了大集团的格局。

2. 完成了生产要素的优化配置和动态管理

紧紧抓住了以进度为中心的包括产值、成本、质量、安全等各项指标的目标管理。在实施目标管理中，进行以工人一专多能为基础的各生产要素的优化组合，既实行混合工种编班，又注重不同施工条件下人、机、物的最佳投入和运作，以提高效率效益。经过多年的能力，水电十四局已造就了一支相对独立的管理层骨干队伍。劳务层则据项目施工需要，以作业队成建制抽调为主，独立作战能力和适应能力进一步增强。

3. 坚持以项目为基点的企业内部承包经营机制

从 1989 年起，水电十四局实施了以 3 年为期限的三轮内经营承包，各工程项目点也分别实施了内容不尽相同的承包，从而形成责权利层层落实的承包体系与运行机制，并健全了与之配套的管理办法。

在深层次的探索中，水电十四局从过去仅仅为了满足业主在工期与质量上的要求，变为怎样努力使企业的内部的生产力充分活跃起来。在价值取向上，从过去期盼等待工程市场规范，转变为从内部控制与管理做起，苦练内功。树立"强化管理也是改革""抓管理就是抓效益"的观念，致力于向管理要效益。在经营方式上，由过去仅仅满足于不计成本、盲目追求产值的承包粗放经营向建立成本控制的信息反馈机制转变，由过去的仅仅停留于核定指标、汇总报表或进行笼统的经济活动分析，转变为从定额基础管理入手，采取积极措施追求最佳的投入产出比。在工程施工面貌上，从过去那种赶工、会战等计划经济生产方式，造成施工潮起潮落，现场管理较为紊乱，转变为力求均衡生产，做到文明施工，使工程施工在讲求文明规范管理中有序、优质、快速进行，向施工管理现代化发展。

（二）企业竞争力提升，市场拓展能力增强

在 1985 年，在云南鲁布革水电站地下厂房施工中，水电十四局有限公司进行国内第一个项目法施工改革试点，开启了我国水电建设项目法施工的先河，并参加了闻名全国的鲁布革工程管理经验的总结、试点和推广。此后，广蓄的项目经验两次在全国基建行业推广，黄河小浪底、长江三峡工程中，水电十四局又积极尝试与国际惯例接轨的项目管理。对于项目管理的实践与创新，水电十四局一直走在行业前端，也在实践中不断创新发展项目管理。

在这一科学管理方法的指引下，水电十四局适时调整管理机制，转变经营模式，坚持质量效益型发展道路，改革创新，锐意进取，促使业务快速扩张，公司实现了战略转型，完成三大转变——企业由劳动密集型向管理型转变，资源由企业投入型向社会利用型转变，经营由单一水电施工型向工程总承包的多元化管理型转变；由单一施工企业向投建营一体化企业转型，最终发展成为大型综合建筑企业，跻身中国基建行业百强。

水电十四局在学习推广"鲁布革经验"的基础上，形成四大业务板块——国内水利水电板块，海外业务板块，国内基础设施板块，投资业务板块。产业投资运营为一体，经营范围覆盖国内外的大型综合建筑企业，跻身中国基建行业百强。

二、项目管理对行业的意义

（一）项目法施工引领行业变革

项目法施工是深化施工体制改革的突破口，在中国建筑施工行业起到了极其重要的作用。项目法施工是特定历史条件下的产物，是中国施工企业独创的符合生产力规律的企业管理模式，是施工企业体制从计划经济向市场经济变革的一个转换过程，通过变革，强化施工项目经理责任制和项目成本独立核算制，并促进企业经营决策层和施工作业层两层分开，优化配置和动态管理生产要素，实现项目管理的目标优化，建立企业内部运行新机制。在这个过程中，中国建筑企业逐渐形成了新体制和新制度，建立起了项目管理运行体系，"项目法施工"完成了其历史使命。

多年来，广大建筑行业企业和基建行业同仁通过学习推广"鲁布革"经验，形成了一整套具有中国特色并与国际惯例接轨、适应市场需要、操作性强、系统完善的工程项目管理理论和方法；建立了新型的企业经营管理机制，构建了具有中国特色的基建行业企业组织结构；培养和造就了一大批懂法律、善经营、会管理、敢担当、作风强的工程建设管理人才队伍；总结积累了许多宝贵的管理和技术成果；建成了一大批高质量、高速度、高效益的代表工程。随着改革的不断深入，基建行业企业的综合竞争能力、科技创新能力有了很大提高，以项目生产力理论为核心的项目管理理论进一步丰富，以信息化、精细化管理为中心的项目管理越来越受到广大同行的认可。30多年来，基建行业响应国家"走出去"的战略要求，积极投身海外市场竞争。截至2019年，对外承包业务已遍布全世界190个国家和地区，我国基建行业已跻身世界基建行业强国的行列。

（二）促进行业项目管理体系构建

在项目施工法的基础上，中国建筑行业不断创新发展项目管理理论与方法，形成了中国项目管理体系的构成。其主要内容包括以下方面：

1. 完成了项目施工流程构建

大型项目中是施工方与工程承包方，是工程建设的主体，在合同中属于被管理的一方，因此，在项目管理中，其流程是需要在项目获得之前了解项目业主的需要，根据业主的项目建设目标，设计项目建设方案，进行项目的设计与资源消耗测算，进行投标文件设计，合同拟定，进而和业主方进行谈判，形成双方认可的项目实施方案，然后对项目方案进行实施方案细化与目标分解，责任制定，然后进行局内的选拔任用，形成围绕项目的施工团队。根据项目设计施工团队的管理机制与管理流程，项目完成后进行信息收集，完成进一步的项目施工法的数据积累，流程图如图4-12所示。

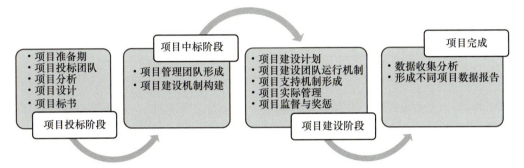

图4-12　项目施工流程

在这个流程里，围绕着项目可以灵活地形成不同的管理团队与运行机制。通过"三控制一管理"的要求，灵活地对项目法的组织方式、资源配置、管理机制、施工效率进行了系统的分析并形成完善的流程，根据工程建设的市场要求和施工实际需要，形成适应不同工程规模、不同承包方式、不同建设要求的新型项目法管理模式，每次都是根据项目进行灵活的管理团队的组建，真正做到了以项目为核心，灵活高效地对市场作出反应，按市场要求来配置资源，在市场经济下，如此灵活的管理机制与运行机制能够极大地提升企业的运行效率，而且在企业内部形成了资源与人才的有效流动。

2. 明确项目施工各层级的责权利

独具中国特色的项目管理体系，即"三层关系、两项制度、三位一体、综合运行。"其中，"三层关系"指的是在项目建设中围绕项目形成了企业层次、项目层次和作业层次三者之间的关系，厘清了各个层次的相互关系，并且在此基础上达到了以此为依据调整企业内部总体运行机制的目的，激发了相应的改革。"两项制度"指的是项目经理责任制和项目成本核算制。"三位一体"保障机制指的是以项目为中心的质量、工期、成本、现场文明施工的全面要求。"综合运行"是围绕"三层关系、两项制度、三位一体"的要求系统组织计划、协调管理的经营活动。

企业层次是利润中心，项目层次是成本中心。企业层次服务于项目层次，而项目层次服从于企业层次。企业法人层次与项目层次是授权委托关系，而项目层次与作业层次之间是合同商务关系，与供应商之间也是合同关系。企业层次——代表的是一个法人职责范畴，它具有3个主体特点：一是市场竞争主体，二是合同履约责任主体，三是企业利益主体。企业层次作为生产要素控制的第一层面，要搞好履行工程信息、资金、劳动力、设备材料、租赁等5大市场的组织协调和动态管理职责。项目层次——组织形式就是项目经理部，这是新型生产方式和经营管理模式的运行载体，具有三个"一次性"特点：企业法人一次性的授权管理、一次性的临时组织、一次性的成本中心。它只负责1个单体项目的质量、工期、成本等，是企业面向市场为用户提供服务的直接责任层面。项目经理作为项目层次的代表，是企业法人所中标的工程项目负责组织施工的授权责任人；是实现1个单体项目质量、工期、成本、安全等目标的直接责任人；是1个企业面向市场、对接业主、服务用户的岗位责任人。作业层次——以劳务人员为主体，可以提供工程建设所需要的各种专业施工力量。其发展方向为专业化、社会化和独立化。

围绕着三层关系，由两项制度对项目建设进行保障，即项目经理责任制和项目成本核算制。其中，项目经理责任制指的是以项目经理为第一责任人、组织项目管理班子共同承担实现项目合同目标的制度。这是保证项目履约明确的责任人不缺位的有效制度。而项目成本核算制指的是项目经理部以责任成本为最高限额而进行的项目收支核算制度，是提高项目经济效益的有效制度。其改革方向就是实行封闭的独立的项目成本核算制。

"三位一体"保障机制指强调的是现场施工管理的全面要求及对项目的质量、工期、成本的控制。换句话说，就是在项目施工过程中要做到"过程精品、标价分离、CI形象"的一体化管理。

"综合运行"，强调企业层面解决生产要素动态配置机制，项目层面要求运用"节点考核"的办法实现"三位一体"的有效运行。

在具体的项目建设过程中，系统作战，互相协调，以网格形式推进项目的建设，使得项目的建设实现了均衡生产，科学管理，文明施工。如图4-11所示。

在项目实际实施的过程中，围绕着项目的不同层级对项目的建设进行全面的保障，每一个层级的目标都清晰明了，决策层把握与决定项目建设的总方向，制订建设计划及具体的方案，采用科学专业的团队决策；管理层负责将计划方案进行细分拆解，并且根据项目建设的核心要素成立负责部门，形成了项目的决策、授权、指导和控制自上而下，而项目的实施、报告、反馈自下而上，双向沟通信息沟通渠道，形成了高效的决策—实施—反馈机制。而作业层，在分公司进行分项目承包时，根据项目建设的时间进度里划分的分项目工程进行了施工队伍的组织，在很多施工环节上要求一专多能，把施工环节标准化之后，要求施工人员具备根据不同的施工标准和流程进行多环节的作业，改变了单一工种循环的传统做法，实行一专多能混合施工，大大地精简了施工队伍的人数，工人的工作时间饱满，收入提高，减少了项目之间的工序衔接，明确了施工质量及安全等方面的责任，节约了循环的时间，加快了施工速度，提高了项目的经济效益，如图4-13所示。

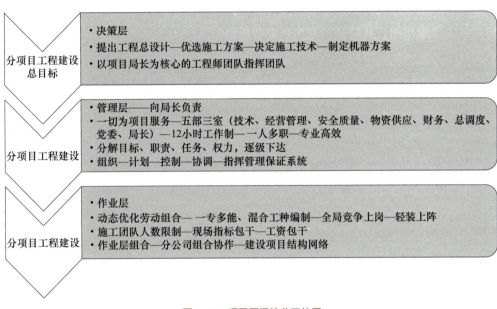

图4-13 项目层级的分工体系

3. 项目管理职业的孕育与发展

项目的成败最终取决于人的因素，项目管理者的素质和水平直接影响到项目的结果，在项目法施工的尝试及完善过程中，项目经理发展成为重要的管理岗位，建筑施工企业逐步建立了以项目经理责任制为核心的项目管理体系，项目经理负责项目的策划及实施，对项目的质量、进度、成本、安全等进行管理，按时优质完成项目任务，实现项目目标。此后，我国的项目模式管理广泛应用于建筑、制药、航空航天、电子通信、软件开发等行业，中国成为世界上最大的项目所在地，而项目经理已经成为中国最稀缺的人才，其培训和认证已规范化和制度化，美国项目管理协会（简称PMI）对项目管理专业人士资格进行认证，颁发PMP证书，我国人力资源和社会保障部颁发的中国项目管理师证书（简称CPMP），截至2019年10月，全国累计PMP报考人数近60万，通过PMP认证人数约42万，有效持证人数约30万，占全球PMP持证总量的1/3。中国国际人才交流基金会副主任万金发说："由

PMP 发展状况可见，项目管理 20 年在中华大地得到了蓬勃发展。其增长速度就如同我国经济的发展速度，在全世界绝无仅有。"[1]

4. 与项目法施工的系统并行的三位一体保证体系

中国建筑行业除了形成围绕项目的管理实施系统，还形成了重要的非正式组织形态，传承鲁布革精神，形成了独具中国特色的企业文化保障系统。众所周知，在企业创造经济价值的过程中，除了具体的管理机制与管理方法之外，非正式的组织形态，以及企业文化体系能够有效地对企业产生影响，在企业创造价值的过程中起到有效地保障作用，从精神层面为企业的价值创造作出贡献，因此，在水电十四局形成自己独具特色的项目法施工体系时，企业文化机制也一样重要。

三位一体保证体系，实现了党委与行政合而为一，将党的领导与精神传达融入日常的实际工作中去，在具体的工作中通过潜移默化的形式进行思想工作。在思想政治工作上的主要做法是：讲三情，抓重点，启发职工的主人翁责任感，充分发挥干部和共产党员的模范带头作用，遇到困难和紧急情况都是干部和共产党员先上，充分体现了干部与共产党员的示范作用，进而打动和影响普通的职工。而且充分考虑到各种激励机制，考虑新时期思想工作的入情、入理、入实，不假大空，而是一切从实情出发。同时，在效益分配上，则坚持多劳多得、相对合理的原则，在思想意识与企业文化建设上强调四种精神——"自尊自爱的民族精神，勇于改革的开拓精神，艰苦奋斗的拼搏精神，大公无私的奉献精神"，在这种精神的指引下，中国建筑行业逐渐走向辉煌。

---

[1] 清晖项目管理 https://www.zhihu.com/question/266752972.

第五章

技术创新，成长源泉

希望大家勇于创新，做创新发展的探索者、组织者、引领者，勇于推动生产组织创新、技术创新、市场创新，重视技术研发和人力资本投入，有效调动员工创造力，努力把企业打造成为强大的创新主体。

——习近平

科学技术是推动企业发展进步的关键因素，在企业发展中起到至关重要的作用，加强科技管理、提高企业技术创新能力是企业市场竞争有力的支撑，是企业高质量发展的重要保证。

水电十四局在 60 多年的发展过程中，重视技术创新，通过健全的制度设计及硬性的经费投入鼓励创新，推动技术进步，在生产实践活动中推广应用创新技术。经过多年努力，公司形成了七大核心技术，在大型复杂地下洞室工程施工、当地材料坝填筑、高水头大容量（含可逆式）水轮发电机组安装和金属结构制安、城市轨道交通施工、高速铁路、高速公路工程施工、大断面长隧洞 TBM（全断面硬岩隧道掘进机）快速掘进施工技术及新能源风电投资、运营、管理方面拥有核心竞争力，并在 2014 年、2017 年、2020 年 3 次获得国家高新技术企业认定。技术创新及推广应用能力，成为公司持续成长的动力和源泉。

第一节 技术创新制度及激励

根据国内、国际工程施工企业的实践经验，企业在市场竞争中，获取业务机会依赖于施工企业的工程业绩和先进施工技术研发、应用。结合专项调研，科技创新能力、工程技术水平更是成为国内、国际工程企业业务开展的重要影响因素；工程技术的研发与应用能力也相应地成为工程企业国内外经营的核心竞争手段。水电十四局历来重视科技创新及工程技术水平的提升，在制度方面进行有相关的设计，给予技术创新资金支持，取得了多项技术创新成果，公司还将其先进施工技术及工法推行到行业，帮助建筑行业提升整体的竞争能力。

一、企业技术创新相关制度

科学技术是第一生产力，水电十四局从建局伊始就非常重视企业技术创新与发展，特别是经历了鲁布革水电站建设的激烈碰撞，更深刻认识到与外国公司在技术水平方面的差异及科学技术的重要性，将科学技术能力提升作为公司的重要任务。

企业技术创新工作的开展，需要有相关的激励制度支持，才能持续不断取得成效并为企业带来经济效益。为此，公司建立健全了一系列科技创新工作管理办法，技术管理、科技项目管理、科技奖励、科技考核等各方面工作实现了制度化、规范化，形成科技管理长效机制，完善工作流程，提升科技管理的效率和水平。采用新技术、新工具改进科技管理。推广先进科学管理方法，加强科技政策的培训与交流，增强科技管理人员和财务人员对创新政策的把握和理解。

水电十四局目前实行的企业技术创新管理办法、标准主要包括《中国水利水电第十四工程局有限公司科学技术进步先进单位和个人考核办法》《中国水利水电第十四工程局有限公司科技成果评价管理办法》《科技项目第1、2、3、4部分》《经费管理》等21项企业科技管理标准和管理办法。这些技术创新管理办法和标准涵盖了公司技术管理、专利、工法、科研项目从立项到成果的管理、科技进步考核和科技奖励等方面，形成了完整的科技技术创新管理体系。目前公司依据管理标准制度有序开展各项科技工作，各项制度运行状况良好。公司科技技术创新相关制度具体如表5-1所示。

水电十四局科技技术创新相关制度汇总表 表5-1

文件（标准）名称	文件（标准）号	备注
中国水利水电第十四工程局有限公司科学技术进步先进单位和个人考核办法	十四局〔2013〕50号	
中国水利水电第十四工程局有限公司科技成果推广应用和转化管理办法	十四局〔2013〕52号	

续表

文件（标准）名称	文件（标准）号	备注
中国水利水电第十四工程局有限公司科技成果评价管理办法	十四局科技〔2016〕2号	
中国水利水电第十四工程局有限公司科技进步考核办法	十四局〔2017〕219号	2017年9月进行了修订
工程测量管理	Q-ZSD14 21804-2017	2017年新编标准
科技项目第1部分：立项与实施管理	Q/ZSD14 20801.1-2019	2019年修订标准
科技项目第2部分：合同管理	Q/ZSD14 20801.2-2017	2017年新编标准
科技项目第3部分：经费管理	Q/ZSD14 20801.3-2017	2017年新编标准
科技项目第4部分：登记与报奖	Q/ZSD14 20801.4-2017	2017年新编标准
科技信息管理	Q-ZSD14 20802.1-2017	2017年新编标准
对外技术交流管理	Q/ZSD14 20802.2-2017	2017年新编标准
专利申报与管理	Q/ZSD14 20803.1-2017	2017年新编标准
工法申报与管理	Q/ZSD14 20803.2-2017	2017年新编标准
科技奖励管理	Q/ZSD14 20804-2017	2017年新编标准
技术中心管理	Q/ZSD14 20805-2017	2017年新编标准
高新技术企业管理	Q/ZSD14 20806-2017	2017年新编标准
技术标准管理	Q/ZSD14 21801-2017	2017年新编标准
技术方案管理	Q/ZSD14 21802.1-2018	2018年修订
技术交底管理	Q/ZSD14 21802.2-2017	2017年新编标准
现场技术支持	Q/ZSD14 21802.3-2017	2017年新编标准
关于成立中国水利水电第十四工程局有限公司科技创新工作领导小组和科学技术委员会的通知	十四局人〔2019〕61号	2020年进行了修订

二、企业技术创新资金支持

技术创新是企业实现长远可持续发展的重要途径，也是一个企业实现发展战略的重要手段。企业技术创新活动的开展要以科研资金、装备仪器等物质资源为基础。因此，技术创新通常都离不开资金的支持。水电十四局近年来的研发经费主要来源于公司计提的科研费用、集团资助以及国家、地方政府、行业基金资助等。

为增强科技创新能力，水电十四局对科技创新在资金上给予大力支持，每年年底根据各单位上报的研发经费预算并结合公司营业收入预算，下达各单位研发费用预算及科技项目数量。每年年初开展科技项目立项工作,根据工程施工中存在的技术难题及技术储备需求开展项目立项,组织专家对立项科技项目进行评审,经公司领导审定后下发当年立项计划并拨付相关经费。通过建立多层次、多渠道的研发投入稳定增长的长效机制,将研发投入纳入全面预算管理,并进一步完善研发投入经费归集制度,积极理顺投入与产出的关系,逐渐形成了"政府(国家、省、市)、电建集团、公司与二级单位(直管项目部)"四级科技投入机制。公司研发投入不低于公司年度主营业务收入的3.0%。"十三五"以来,公司更是加大了项目建设和研发投入力度,组织实施电建集团、公司各类科技项目520项(其中电建集团8项),科技项目持续支撑创新研发,累计投入研发经费35136.57万元,研究开发费用总额占主营业务收入总额的比例年均为3.20%。公司历年研发投入情况如图5-1所示。

图5-1 水电十四局2011—2020年研发投入比率趋势图

水电十四局自2014始不断加大创新投入,完善和升级企业技术创新平台,提升企业自主创新能力,通过科技项目研究解决工程施工技术难题及关键共性技术,提升了公司的核心竞争力。在确保企业研发投入持续稳定增长的基础上,积极争取各级政府部门项目资金支持,2016年、2017年累计获得云南省市区各级政府研发补助资金1779.74万元。

功不唐捐,水电十四局的努力得到了社会的认可,2015年,公司被认定为官渡区知识产权优势企业、云南省知识产权优势企业;2016年获得"昆明市知识产权优势企业"认定;2017年获得"云南省创新型企业"认定,2014年、2017年、2020年共3次获得国家高新技术企业认定,高新技术企业认定管理工作成为公司实现创新驱动发展战略的重要抓手,如图5-2所示。

图 5-2　高新技术企业证书

三、企业技术创新激励机制

水电十四局建立了科技管理及奖励、工法管理、专利管理等科技管理及奖励标准，充分调动科技人员的积极性和创造性，使他们的贡献与分配挂钩，在荣誉奖励的同时，给予一定物质奖励。公司每4年召开一次科技进步大会，评审出一批推动科技进步先进单位和个人，凡获得推动科技进步奖的先进单位和个人，公司给予表彰和奖励。同时，在技术进步考核中，对重视技术进步并取得显著经济效益和社会效益的集体和个人，予以表彰和奖励。并将个人事迹记入本人业绩考核档案，作为考核、晋升、评定技术职称的重要依据。

水电十四局积极主动开辟科技人才奖励的途径和方式，公司科技成果择优向电建集团、各类学（协）会、云南省、昆明市、官渡区等推荐，争取获得更高级别的奖励，形成公司所属二级单位、公司、电建集团、学（协）会、政府等多级奖励方式。

水电十四局制定了《中国水利水电第十四工程局有限公司科技成果推广应用和转化管理办法》，规定在科技成果推广应用和转化工作中，可从推广应用和转化纯收入（包括技术开发、技术转让、技术服务、技术咨询、技术指导、技术培训等）中，提取一定报酬作为奖励，奖给直接参与和组织推广应用和转化并做出重要贡献的人员。此外，为推动科技成果的推广应用和转化工作，鼓励和调动推广应用和转化单位和广大科技人员与管理人员的积极性，除上述奖励措施外，还设立了"中国水利水电第十四工程局有限公司科技成果推广应用奖"。为激励广大员工积极应用转化技术,特别规定在评选先进、评定职称时,应重点考核推广应用和转化实绩、推广应用和转化业务水平。

四、构建产学研用开放式技术创新体系

水电十四局积极研究分析企业重大需求和优势,围绕解决重大技术难题,充分利用外部科技资源,大力推动协同创新,加强产学研用合作,搭建企业与高校之间的合作创新平台,实施联合攻关,加速技术成果的应用转化和产业化,积极构建优势互补、分工明确、成果共享、风险共担的开放式技术创新体系,为整合资源提供纽带,为借力发展提供通道,推动科技与经济协同发展,取得了丰硕成果。

构建与高校、科研院所的战略合作。水电十四局与昆明理工大学签订校企合作战略框架协议,共建研究生联合培养基地;与昆明理工大学、云南财经大学、天津大学、武汉大学、河海大学、长委设计院等高校、研究院建立长期合作关系,充分发挥双方在人才培养、科学研究、硬件设施和工程实践等方面的优势,有方向性、有针对性地开展全面合作,特别是在重大科技专项实施、科技人才培养与交流等方面重点合作,共同发展,为公司水电、铁路、市政、建筑等产业发展提供强有力的科技支撑,不断强化公司的核心关键技术研发,推动企业不断发展。

第二节 施工科研及技术创新

水电十四局具有优良的工作传统,坚持问题导向、目标导向及结果导向的工作原则。在工程施工中立足施工条件,强化工程技术研化,着力解决实际问题,在多年的施工实践中形成了七大核心技术并取得了核心竞争力,具体是:擅长大型复杂地下洞室工程施工;擅长当地材料坝填筑,尤其对混凝土面板堆石坝和心墙堆石坝具有丰富施工经验;擅长高水头大容量(含可逆式)水轮发电机组安装和金属结构制安;擅长城市轨道交通施工,拥有目前世界上最先进的盾构施工管理技术和经验;擅长高速铁路、公路工程施工,拥有先进的高速铁路及公路施工管理技术和经验;擅长大断面长隧洞TBM(全断面硬岩隧道掘进机)快速掘进施工技术;擅长新能源风电投资、建设、运营管理,积累了丰富的高海拔地区风电施工、运营管理经验。多项施工技术多次获得国家级及省部级表彰,属于行业内的重大施工技术突

破及创新，在行业内具有很强的竞争优势。

一、大型复杂地下洞室工程施工

水电十四局擅长水电工程大型复杂地下洞室工程施工，具有对大型地下洞室群，尤其是厂房、大断面长隧洞的快速施工能力，施工的速度和质量居全国同行业的前列，乃至在国际上具有领先地位（图5-3）。

图 5-3　白鹤滩电站尾水调压井穹顶开挖

（一）地下工程施工技术发展

水电十四局早期承建的电站工程中，其地下工程（平隧洞、斜竖井和地下厂房）大多是中小断面，开挖技术以传统的矿山法为主，20世纪70年代探索出掘进机全断面开挖的方法。早期高压斜井和竖井开挖，采用先打导井后扩挖的方法，采用钻爆法爆破，半机械化出碴。斜井采用下山法开挖或上山法开挖，高压竖井由于断面较大，导井的开挖仍然使用上山法和下山法，扩挖采用自上而下分层钻爆，石渣从导井中自然溜下。

1. 地下厂房开挖

地下厂房开挖施工方面，最早一般自上而下分3层进行开挖，顶层担负拱座及顶拱的开挖，中层担负发电机层以上的开挖，下层担负尾水底板以上的开挖。有时，一般地下厂房底部开挖也采用中部开挖的方法进行。在鲁布革电站施工中，使用当时先进的洞挖设备、明挖设备、锚喷设备，如施工中使用阿立马克爬罐开挖竖、斜井的导井，这在当时是一种安全、高效的开挖方法，平均月进尺 105.8m，最高月进尺 180m，为国内领先水平。

20 世纪 90 年代至 2006 年，在水电工程中大、特大型断面的平洞增多，对地下工程开挖施工技术又提出了新的要求。这一时期水电十四局主要的地下工程开挖施工技术及创新如下：

（1）平隧洞开挖技术。水电十四局利用鲁布革电站的先进技术和管理经验，通过对大断面平洞的机械化施工不断探索，在随后的诸多工程中得到了全面发展，逐渐形成了一套成熟的开挖工艺。对中、小断面隧洞开挖，一般情况下采用全断面一次开挖成形；当遇不良地质岩体段，采用自上而下的台阶法，在个别特殊情况如地下水丰富，存在岩爆地段，可以用中、下导洞超前一定距离法。在大断面、长隧洞的开挖中，大断面隧洞一般都需要分层开挖，由于各层开挖后都需要进行一次支护，所以大断面隧洞分层开挖时，多半在第一层开挖、支护结束后再进行第二层、第三层开挖，所以风、电、水管都要每层单独布置。大断面隧洞的第一层（顶层）开挖方法与中、小断面隧洞的全断面开挖方法相同；大断面隧洞的第二层（中层）开挖一般采用垂直孔钻爆法，相当于明挖的深孔台阶爆破，其边墙用垂直孔预裂，或预留保护层光面爆破，底层及保护层开挖一般都采用水平光面爆破法。

（2）斜、竖井开挖技术。斜、竖井的开挖可分为全断面开挖法和先导井后扩大开挖法，通常小断面的开挖采用全断面开挖法，大断面的开挖采用导井扩大法。对于大断面的陡倾角斜井和竖井的开挖，由于可以利用自然流渣的有利条件，所以通常采用先开挖小断面的导井用于溜渣，然后自上而下全断面扩大开挖。对于长深斜井和竖井，施工时采取增设施工支洞的办法把长深井变短浅井以利于施工。2000 年以后，水电十四局在斜、竖井的施工中开始引进反井钻机，取得了较好的效果。2005 年水电十四局从芬兰购进了一台 HINO400H 型反井钻机，在广东惠州抽水蓄能电站斜井施工中创造了新的纪录。这是水电十四局长斜井反井钻机施工技术的重大突破。该斜井倾角 50°，全长 301m，直径为 240mm 的先导孔不到一个月就贯通，直径为 1400mm 的扩孔仅用 1.5 个月。反井钻机导井法施工机械化利用率高，工作效率高，钻孔形成的导井井壁光滑，能够形成预定要求的洞径，施工安全可靠，对地质条件要求宽泛，同时对环境造成污染非常小。解决了地下竖井及斜井施工技术难题，降低了施工成本，加快了施工进度。

2. 地下工程支护技术

水电十四局在 20 世纪 80 年代前，地下洞室在开挖期间的临时支护，主要采用钢、木构架支撑。地下工程支护技术方面，主要进行了喷混凝土、光面爆破技术、锚喷混凝土支护技术等的试验及研究。1983年4月，"新奥法"施工试验取得了成功。其后，"新奥法"在鲁布革和国内许多水电站的施工中得到了推广与发展。

从20世纪90年代开始，水电十四局在各电站施工中，根据隧洞地质情况，研究并使用了先进的支护技术，尤其重视一次支护作用，不再把它单纯作为临时支护，而是当作永久支护的一部分。施工中通过一次支护稳定地下洞室的围岩，提高岩体抗力。从广州抽水蓄能电站一期工程开始，随着新材料的应用，水电十四局的支护技术得到了很大的提高，通过多个电站的建设，90年代后发展了喷钢纤维混凝土、喷聚丙烯混凝土、钢筋网、超前锚杆、超前管棚等支护新方法，并取得了较好的效果。

3. 地下洞室群开挖技术

20世纪90年代初，水电十四局承建的广州抽水蓄能电站地下厂房洞室群纵横交错，立体交叉，异常复杂。要加速施工进度，必须设法多开辟工作面。水电十四局大胆实践"平面多工序、立体多层次"的施工方案，不仅使厂房开挖工作得以顺利进行，而且保证了引水隧洞高压岔管、尾水调压井等与厂房平行施工，使厂房混凝土浇筑与机电安装平行作业，也相应改善了各洞室的通风条件。在福建棉花滩水电站地下厂房工程施工中，按"平面多工序、立体多层次"的原则组织施工，从上到下分6层进行施工。广西龙滩水电站左岸地下引水发电系统工程，首次实施双向开挖主厂房，特大地下洞室群施工形成了"先墙后洞"施工技术、岩壁吊车梁施工技术、大挖空率洞间围岩稳定施工技术等新的施工工法。小湾电站地下厂房施工时探索出"顶层中导洞立面先行与通风竖井贯通，平面形成巡回通道后品字形扩挖，其他平面分半立面薄层开挖"等方法。总结出预应力支护、断层钢筋肋拱、钢纤维和微纤维喷混凝土、井挖变洞挖等新技术新工艺。成功穿越了60m宽、埋深1010m的最大地质断层。成功解决了尾水管道68%挖空率的困难，克服了84.88m直立墙的稳定问题。三峡右岸地下电站厂房长311.30m，最大跨度32.60m，高87.30m。整个地下工程气势磅礴，厂房大如万人宫室，辅助洞室如蛟龙宛游，被誉为"地下宫殿"，是当时世界开挖难度最大的地下厂房之一。在施工中，水电十四局针对工程特点和难点，优化施工工序，在地下厂房开挖中，顶拱开挖采用水平周边孔尾线导向定位技术、边墙采用导向管定位及导向技术、岩壁吊车梁斜岩台采用钢管定位及导向技术、采用改进型YQ100D轻型潜孔钻进行深孔一次预裂成型等多项新技术。

4. 地下工程衬砌技术

水电十四局建局初期，隧洞混凝土浇筑主要是采用木模、人工浇筑等手段，后来引进了气送混凝土泵，大大提高了混凝土浇筑质量和速度。

在鲁布革电站地下工程的施工中，告别木模采用诸多定型钢模，工程中使用的模板达 10 种，许多模板（如针梁钢模、滑模等）在国内尚属首次使用。在鲁布革电站大跨度、高边墙地下厂房施工中，采用了挪威的岩锚式岩壁吊车梁技术。这种岩锚式吊车梁，在随后的广州抽水蓄能电站地下厂房及多座大、中型地下厂房中继续采用。此后，水电十四局在先后经历了天荒坪斜井隧洞，小浪底水利枢纽 1 号、2 号和 3 号排沙洞，长江三峡工程永久船闸地下输水系统之钢筋工程、平洞混凝土工程、竖井混凝土工程、斜井混凝土工程，长江三峡工程右岸地下厂房支护与衬砌、堵门槽试探装置等衬砌工作后形成了水电十四局地下工程衬砌基本经验：

（1）对于引水系统的混凝土施工，小断面隧洞开挖与混凝土衬砌分开作业。大断面隧洞，特别是缺少施工支洞的长隧洞，采取边开挖边浇筑的方法。随着针梁钢模、斜井滑模技术不断改进，混凝土衬砌的方法也在不断完善。

（2）引水系统的混凝土衬砌程序一般是断面不大的隧洞混凝土衬砌可一次成型；大断面隧洞混凝土衬砌要分块浇筑。

（3）大型地下厂房的混凝土衬砌程序，则是综合广州抽水蓄能电站一期、天荒坪电站、龙滩电站、三峡电站、构皮滩电站、溪落渡电站、小湾电站等工程的施工实践，地下厂房及其他大型洞室的混凝土以结构性混凝土为主，运用"平面多工序、立体多层次"的方法，统筹规划布置。地下厂房的混凝土开始施工时，应在开挖基本结束后，其他洞室均先后进入混凝土施工。地下厂房中还应尽快施工安装间混凝土。地下厂房机组混凝土施工的分层，通常除要与机电安装相匹配外，还要根据机组的大小来考虑，一般以每层楼面高程为分层界线。

（4）鉴于水电站地下厂房机组蜗壳多采用金属蜗壳，在浇筑蜗壳混凝土前通常先要浇筑蜗壳的支墩，已拼焊好的蜗壳在支墩上就位固定或在支墩上拼焊已组焊好成两半的蜗壳后才开始绑扎钢筋。为防止少数部位浇满混凝土，通常可在该部位埋设回填灌浆管，出口引到蜗壳层的上面。对低水头机组或较大机组的蜗壳，因体形较大，靠蜗壳内侧不易浇满的部位可埋设混凝土导管和灌浆管引出，在浇完混凝土后通过混凝土导管或灌浆管回填混凝土和灌浆。

水电十四局在地下工程施工技术方面开展 50 多项科技项目研究，形成了陡倾大断面长斜井 $\phi 2m$ 反导井溜渣一次扩挖成型施工技术、复杂地质条件下竖井快速施工技术及其可视化技术、大纵坡长斜井混凝土同步衬砌综合施工技术、复杂条件下深水围堰爆破拆除技术等 23 项重大科技成果落地生根，取得了显著的经济效益和社会效益。

依托两河口水电站开展的厂房岩壁吊车梁 PC 镜面混凝土施工技术研究，研究成果应用于两河口水电站厂房岩壁吊车梁混凝土施工，完成了两河口水电站厂房岩壁吊车梁镜面混凝土施工，成功实现了两河口水电站岩壁吊车梁混凝土免装修、镶边、清水镜面效果，表面整体光泽度好、镜面效果明显，得到了参建各方的高度赞誉。该技术推广到黄登水电站地下厂房混凝土施工中，并进行深化研究，实现了主厂房各层廊道及板梁柱、母线洞、主变室板梁柱及防爆墙、排风楼、出线楼等部位免装修混凝土施工，实现了免装修混凝土大面积应用，混凝土表面装饰效果好。

依托两河口水电站开展了特大地下洞室群数字信息化施工关键技术研究，成果成功应用于复杂特大地下洞室群施工，综合利用 BIM、物联网、计算机系统等技术，实现了基于物联网的复杂地下洞室群智慧监测预警系统，探索和实践了基于 nD＋的精益建造技术在复杂地下洞室群工程中的应用，使厂房提前近半年完成开挖，成功实现"零死亡、零事故、零塌方"的"三零"目标，成功创造了高地应力、复杂地质条件下复杂地下洞室群开挖成型经典、变形小、造价低、一次支护成功的典型案例。

依托白鹤滩水电站开展深埋巨型圆筒式尾水调压室开挖支护施工关键技术研究，成果成功应用于左右两岸 8 座尾水调压井施工，以其规模宏大、工艺精湛获得业内专家和同仁的首肯——8 个圆筒式尾水调压室直径 43~48m，为世界已建跨度最大调压室；圆筒式尾水调压井规模世界第一；地形地质条件复杂程度、施工技术难度在水电建设史上首屈一指。时任三峡集团董事长卢纯评价说："上百米深的巨大工程，半孔率达 90% 多，超挖欠挖控制在 10 厘米之内，不得了！无论半孔率、超挖欠挖率，还是开挖出来的整体水平，都是雕塑品、艺术品。"

（二）地下工程、地下洞室施工典型技术

1. 特大地下洞室群施工技术

龙滩水电站位于广西天峨县城上游 15km 处，是"西电东送"的标志性工程，是西部大开发的重点工程。电站 2001 年 7 月 1 日开工建设，2009 年底全部建成投产。设计蓄水位 400m，坝高 216.5m，坝顶长度 836m，库容 273 亿 m^3，装机容量 630 万 kW，年发电量 187 亿 kW·h。龙滩水电站左岸地下引水发电系统由引水、

厂房及尾水三大系统组成。其主要洞室开挖尺寸庞大，开挖支护工程量巨大，总开挖工程量达 301 万 m^3，其中三大洞室开挖尺寸分别为：主厂房 388.5m×28.90（30.70）m×77.3m，主变洞 408.8m×19.80m×20.75（32.55）m；尾水调压井 67（76、95）m×21.6m×87.2m。引水采用单机单管引水方式，共有 9 条引水隧洞，开挖直径为 11.4～13.4m，衬砌后直径为 10m；在主厂房和主变室之间布置有 9 条母线洞，母线洞长 43m，母线洞开挖宽度 10.2m，高 12.8（24.2）m；尾水系统由 9 条尾水支洞、3 个长廊阻抗式调压井、2 个"三合一"的"卜"形岔洞、3 条圆形尾水隧洞和尾水出口等建筑物组成。其中底圆角城门形尾水支洞断面净尺寸为 12m×18m，3 条尾水隧洞开挖直径为 22.6～25m，衬砌后直径为 21m。

特大地下洞室群施工技术依托龙滩水电站左岸地下引水发电系统工程，在 $0.5km^2$ 范围内布置了 119 条洞室，为目前世界上已建成的规模最大、洞群密集的地下工程，在开挖过程中进行了洞室群施工技术集成创新，其主要表现为：

（1）在合理布置施工通道和解决通风散烟的前提下，首次实施双向开挖主厂房，采用两侧导洞超前，中间岩柱拆除方法开挖顶拱，有利于围岩稳定，采用了"平面多工序、立体多层次"的施工准则，实现了地下洞室群的安全和快速施工。

（2）充分发挥围岩承载力，采用先软后硬的开挖程序，先浅后深的支护方式，选择合理的支护时机，合理调整开挖分层，并根据监测资料适时优化支护参数，使"控制爆破、适时支护、安全监测"的"新奥法"各要素有机结合。

（3）岩壁吊车梁施工率先采用"垂直孔＋斜孔"双向光爆技术、下拐点施作锁口锚杆和下层预裂爆破翻渣方法，确保了开挖体型，有效消减爆破振动对岩壁梁的影响。

（4）成功采用目前国内最大的 $\phi 10m$ 的斜井滑模和 $\phi 21m$ 的尾水隧洞钢模台车混凝土衬砌施工技术。

特大地下洞室群施工技术形成了"先墙后洞"施工技术、岩壁吊车梁施工技术、大挖空率洞间围岩稳定施工技术等新的施工工法，为水电水利地下工程开挖支护规范的修订和完善提供了有益的借鉴，该技术并成功应用于百色、三板溪、小湾、彭水、瀑布沟、三峡、溪洛渡等工程，施工效果良好、经济和社会效益显著。

特大地下洞室群施工技术获得了 2007 年度中国施工企业管理协会的科学技术创新成果奖特等奖。

2. 变顶高尾水隧洞施工技术

彭水水电站是乌江干流上的第十梯级电站，电站距彭水县城 11km，距涪陵区

147km，电站以发电为主，兼有航运，防洪等综合利用。电站总装机容量175万kW，调节库容5.18亿 m³。电站枢纽工程由大坝、泄洪建筑物、引水发电系统，通航建筑物和渗控工程等组成。大坝为弧形碾压混凝土重力坝，最大坝高116.5m，挡水前缘总长325.5m。地下厂房布置在右岸，主厂房尺寸为252m×30m×76.5m（长×宽×高），安装5台单机容量为35万kW的大型混流式水轮发电机组。

变顶高尾水隧洞施工技术依托彭水水电站5条变顶高尾水隧道工程，洞间岩柱厚20m，隧洞最小、最大开挖断面分别为15.6m×26.1m、16.6m×32.3m（宽×高），长度为359.86~481.61m，是国内首个建成的变顶高尾水隧洞。其技术主要表现为：

（1）针对工程特点，通过方案比较，采用多条尾水隧洞平行分层跳洞开挖及支护、衬砌、灌浆平行立体交叉作业的施工程序，形成了变顶高尾水隧洞洞室群快速施工工法。

（2）混凝土衬砌采用部分侧墙代替拱座的先拱后墙法，在确保工程安全前提下，简化施工、降低成本、加快进度。

（3）通过爆破振动对近区已完成的固结灌浆和顶拱混凝土影响测试分析，合理确定下层开挖爆破参数。

（4）通过对地质条件复杂的尾水W84岩溶系统和溶蚀带进行研究，成功解决了岩溶处理的难题。

变顶高尾水隧洞施工技术具有良好的推广应用价值，经济社会效益显著，获得2010年度中国电力建设企业协会的电力建设科学技术成果一等奖。

3. 地下工程精细爆破关键技术

清远抽水蓄能电站位于清远市清新区太平镇境内，与广州直线距离约75km。电站装机4×320MW，总容量1280MW，最高净水头502.7m。枢纽建筑物由上水库、下水库、输水系统、地下厂房洞室群、开关站及永久公路等组成。上水库正常水位612.5m，调节库容1055万 m³；下水库正常水位137.7m，调节库容1058万 m³。

地下工程精细爆破关键技术依托清远抽水蓄能电站水道及厂房系统Ⅱ标工程，针对抽水蓄能电站的特点，探索出一套适合在抽水蓄能电站应用的精细化爆破技术，其技术主要表现为：

（1）通过开挖爆破试验和爆破振动测试，确定不同的爆破振速衰减规律经验公式，进行最大单响药量的计算，并指导地下厂房各部位的爆破设计，对爆破振动进行超前、主动控制。

（2）采用爆破振动测试仪和钻孔压水试验确定爆破损伤范围，对爆破振动预测进行反馈，检验分层开挖施工是否合理，指导优化下一步施工方案。

（3）采用"薄层开挖、随层支护"的施工程序，综合运用预裂与光面爆破技术，有效控制围岩的松弛，开挖成型良好，Ⅰ、Ⅱ、Ⅲ类围岩半孔率分别达到100%、98.6%和93.5%，不平整度控制在6cm以内。

地下工程精细爆破关键技术获得2012年度中国工程爆破协会的中国工程爆破科学技术一等奖。

4. 特大地下洞室群优质高效安全环保施工关键技术

基于已建、在建水电站地下厂房构建的庞大复杂地下洞室群施工中面临诸多未知因素这一现象，水电十四局从大型地下洞室群优质、高效、安全、绿色施工角度出发，将特大地下洞室群的重大施工工艺、施工设备与材料、安全监测与质量控制、施工组织管理等进行集成和创新研究，高度系统地集合特大地下洞室群优质高效施工技术、复杂地质条件下地下洞室群安全施工技术、特大地下洞室群施工通风技术、特大地下洞室群施工安全评估技术、特大地下洞室群绿色施工技术、特大地下洞室群施工专家信息系统，总结出了一整套特大地下洞室群安全、优质、高效、绿色施工的关键技术。

特大地下洞室群优质高效安全环保施工关键技术形成了具有核心竞争力的自主知识产权，显著提高了企业的创新能力和建设水平，突破了制约大型地下工程项目建设的技术瓶颈，并为以后的巨型地下洞室群的施工提供了重要借鉴和指导，为其他同类工程施工提供了科学的设计与施工依据。其主要表现为：

（1）系统总结优化了地下厂房洞室群施工规划和组织的基本原则。在大量工程实践和数值仿真分析的基础上，提出了先洞后墙、先软后硬、薄层开挖、随层支护的安全建设技术，完善了平面多工序、立体多层次的快速施工技术，形成了地下工程开挖与支护施工技术标准和系列工法。

（2）完善了高压长斜井、深竖井开挖支护和混凝土衬砌成套技术。提出了大直径调压井穹顶和下部多岔口开挖支护的安全建设技术，形成了岩溶、突水突泥、高地应力等复杂地质条件下的施工安全控制专项技术。

（3）建立了特大地下洞室群施工通风规划基本流程和方法；提出了三维通风数值模拟和通风网络解算方法，开发了施工期通风分析软件系统，解决了复杂洞群、超长隧洞的施工期通风难题。

（4）建立了基于统计分析和数值反馈分析的围岩变形预测模型以及岩块失稳预

测模型，形成了快速联合预测技术，并开发了相应的软件系统；根据实测资料，构建了包括变形量、变形速率和变形速率变化率的三类预警指标与三级预警值的综合预警指标体系，提出了确定预警值的预测修正方法。

（5）研究开发了地下工程施工废水、废气、废弃物处理系统，设备尾气净化装置，除尘、降噪设施；建立了地下洞室施工环境监测系统和绿色施工指标体系及评价方法，形成了绿色施工技术标准；采用新材料、新结构、新设备、新技术，取得了显著的绿色环保施工效果。

（6）采用信息化技术，构建了特大地下洞室群施工信息采集与传输交互平台，提出了耦合结构安全的施工进度仿真与控制方法，开发了包括施工信息处理与分析、施工仿真与安全实时控制、预警预报与决策支持三大功能模块的专家信息系统。

特大地下洞室群优质高效安全环保施工关键技术在我国 70 多座大型地下电站洞室群施工中成功应用，形成行业标准 2 项，获得发明专利 4 项、实用新型专利 16 项、软件著作权 6 项、国家级工法 10 余项，取得了巨大的社会、经济与环境效益，具有广阔的推广应用前景。

特大地下洞室群优质高效安全环保施工关键技术获得 2014 年度中国施工企业管理协会的科技进步奖特等奖，2014 年度中国水力发电工程学会的科技进步奖特等奖。

5. 连续式斜井滑模混凝土衬砌施工技术

惠州抽水蓄能电站工程引水隧洞在立面上布置为三级斜井，A 厂 /B 厂引水斜井隧洞总共六条，斜井倾角 50°、成型洞径断面均为 ϕ8.5m。A/B 厂上斜井沿洞轴线总长均为 158.946m，中斜井沿洞轴线总长均为 340.931m，下斜井沿洞轴线总长均为 299.746m。

清远抽水蓄能水电站布置 1 条引水洞，引水洞由上平洞、引水竖井、中平洞、斜井（含上、下弯段，直线段）、下平洞组成，其中斜井直线段长 291.830m，倾角为 50°，断面尺寸为 ϕ9.2m 圆形结构，衬砌厚度为 600mm。清蓄电站斜井直线段混凝土采用 ϕ9.2m 连续式斜井滑模进行全断面衬砌。

深圳抽水蓄能电站水电系统布置两条斜井，上斜井长 380.276m，直线段长 315.107m，下斜井长 162.88m，直线段长 97.711m，均由上弯段、直线段、下弯段组成，直线段倾角均为 50°，斜井开挖断面为圆形断面，开挖半径均为 5.35m，采用连续性斜井滑模进行斜井混凝土浇筑，衬砌后洞径 9.5m。

该技术依托惠州抽水蓄能电站、清远抽水蓄能水电站、深圳抽水蓄能电站的斜井工程，结合传统常规斜井施工技术，进行技术创新，形成一套用于斜井衬砌的连续式滑模施工技术，属国内水利水电工程斜井中施工技术首创，其主要表现为：

（1）在水利水电工程施工中，斜井直线段混凝土衬砌施工主要有以下三种方法：一是底拱采用滑模，边顶拱采用搭满堂脚手架立小钢模；二是底拱及边顶拱采用二次滑模；三是采用连续式斜井滑模。前两种方法均需设置施工缝而且混凝土衬砌速度缓慢，材料运输困难，混凝土成型后表面不平整。第三种连续式斜井滑模由于滑升一次完成，全断面一次浇筑成形，大大减少了工序、缩短了工期，而且由于没有施工缝，质量得到了极大的提高。

（2）采用斜井滑模施工技术全断面一次浇筑成形斜井混凝土，整体成形效果好，混凝土表面光滑平整，无错台及施工缝，极大地提高了混凝土表面质量，降低了隧洞在高速水流冲刷下发生气蚀的可能性，延长了洞室的使用寿命。

（3）连续式斜井滑模结构合理，采用钢绞线液压千斤顶进行牵引，结构紧凑、爬升力大，运行平稳，操作简便。

连续式斜井滑模混凝土衬砌施工技术极大地提高了混凝土表面质量，具有显著的经济、社会效益。该技术获得2015年度中国施工企业协会滑模工程分会的2015全国滑模、爬模工艺技术创新成果一等奖。

6. 水电站600m级复杂地层大型竖井施工关键技术

厄瓜多尔科卡科多辛克雷水电站（简称CCS水电站）为引水式电站，总装机容量150万kW，安装8台水轮发电机组，年发电量88亿kW·h。主要由首部枢纽、输水隧洞、调蓄水库、地下引水发电系统等四个部分组成。CCS水电站共布置有两条压力管道系统，采用一拖四、"T"形分岔的供水方式。压力管道系统由进水口、上平洞、竖井、下平洞、钢管主管、岔管、支管组成。上平洞呈"八"字形布置，竖井及下平洞平行布置，中心间距80.15m，压力管道最大静水头617.50m。竖井由上弯段、垂直段及下弯段组成；上、下弯段转弯半径R＝30m，长47.12m；1号竖井垂直段长478.855m，2号竖井垂直段长476.195m。采用反井法施工的最大垂直开挖高度527m（含上下弯段）。

水电站600m级复杂地层大型竖井施工关键技术依托CCS水电站竖井工程，该压力管道竖井540m，最大开挖直径8.2m，为世界水电工程深度最大的大型竖井。存在地质条件复杂、地下水位高，水量丰富，无法布置施工支洞等困难，其施工难

度高、安全风险大,针对其施工技术问题,水电十四局通过研究总结形成关键技术,其技术主要表现为:

(1)针对无同类工程施工先例的现状,经比选,选择高性能的RHINO1088DC型反井钻机,采用导向钻孔大直径反井扩孔,自上而下钻爆扩挖成型的施工方案。

(2)根据先导孔钻进扭矩、推力、返水、返渣情况,准备判断地层性状,对破碎地层、涌水、失水等孔段,实施灌浆预处理。

(3)采用深竖井高性能混凝土滑框翻模施工新技术,优化C60高强混凝土配合比,研发出混凝土溜管背管式中间缓冲器和出口缓冲装置,首次实现了600m级深竖井溜管垂直输送混凝土,保证混凝土衬砌质量。

(4)采用孔口止浆环挤密回填灌浆,自上而下分级升压,实施动水条件下的GIN法7.5MW高压固结灌浆技术。

(5)选用具有防止过卷、过速、过负荷、欠电压、深度指示器失效、闸间隙、松绳和减速等多功能保护装置的深竖井提升系统,确保了600m级竖井施工安全。

水电站600m级复杂地层大型竖井施工关键技术在依托工程成功应用,具有创新性和自主知识产权,获得2017年度中国施工企业管理协会的科技创新成果奖一等奖。

7. 复杂地下洞室群智慧建造关键技术

两河口水电站为雅砻江中、下游的"龙头"水库,电站的开发任务以发电为主,兼顾防洪,电站采用坝式开发,水库正常蓄水位为2865m,总库容为107.67亿 m^3,消落深度为80m,调节库容65.6亿 m^3,具有多年调节能力。两河口电站装机6台单机容量为500MW混流式立轴金属蜗壳水轮发电机组,总装机3000MW,多年平均年发电量110亿 kW·h。右岸引水发电系统由进水塔、压力管道、发电厂房及副厂房、升压变电系统、尾水系统、附属洞室群等组成。两河口地下厂房全长295.94m,岩锚梁以上开挖跨度28.4m,岩锚梁以下开挖跨度25.4m,厂房顶拱高程EL2636.6m、底板开挖高程EL2562.7m,最大开挖高度73.3m。主变室全长239.40m,宽18.80m,高25.30m。尾调室采用长廊型阻抗式,总长190.00m,上、下室开挖跨度分别为19.50m和18.00m,总高度80.40m。尾调室中间设一道岩柱隔墙,在隔墙高程以下,尾调室分为1号和2号尾调室,1号尾水调压室长92.00m,2号尾水调压室长82.00m。

复杂地下洞室群智慧建造关键技术依托两河口水电站引水发电系统工程,两河口复杂特大地下洞室群垂直埋深 380~550m，水平埋深 440~650m，在不到 0.5km² 范围内布置了近百条洞室，具有高地应力、高寒冷、高海拔、地质情况复杂的特点，通过爆破开挖与支护工艺工法总结与创新、施工组织优化、智慧监测预警技术的探索，综合利用 BIM、物联网、计算机系统等技术，创新与总结复杂地下洞室群智慧建造关键技术，其主要表现为：

（1）采用复杂地下洞室群施工动态优化、卸荷优化、施工支护动态优化控制等技术，实现了地下洞室群在复杂地质条件下的智慧建造。

（2）采用基于 BIM 技术的施工全过程仿真互馈及精细化虚拟控制技术，以及基于贝叶斯理论的地下洞室群施工进度风险控制技术，建立了复杂地下洞室群施工进度风险控制专家系统和地下洞室群的 nD＋模型，实现了施工模拟，检验和进度优化。

（3）采用了物联网技术为基础的地下洞室群建造智慧预警系统，搭建工程现场信息采集与网络数据库实时交互的软硬件平台，实现了实时数据分析、施工进度控制及安全评价预测、预警预报与辅助决策等功能。

复杂地下洞室群智慧建造关键技术获得 2018 年度中国爆破行业协会的科技进步奖一等奖。

8. 海底复杂地质环境下矿山法隧洞施工技术

陆丰核电厂位于广东省汕尾市陆丰市碣石镇以南约 8km 的田尾山，陆丰核电厂 1 号、2 号机组排水隧洞总长 3512.336m，其中里程 SSK0＋000.000~SSK0＋230.000（1 号排水隧洞）、SSK3＋041.30~SSK3＋512.366（2 号排水隧洞）采用矿山法施工，矿山法段长度 701.066m；排水隧洞纵断面设计最大纵坡 31.25‰，最小纵坡 1.66‰，矿山法段隧洞埋深为 14.19~63.0m。海底矿山法隧洞段为不均匀复合地层，掌子面围岩情况变化极快，岩面剧烈起伏，呈"驼峰"状。隧洞洞身范围内以中、微风化为主，局部为强、全风化的复合地层，在隧洞开挖过程中遭遇不良地质情况下易发生透水、塌方等紧急情况，隧洞存在与海水连通的重大风险。

海底复杂地质环境下矿山法隧洞施工技术依托陆丰核电厂 1 号、2 号机组排水隧洞工程，总结海底复合地质情况下矿山法隧洞施工技术，形成了一套完整有效的超前地质预报方案、一套完整的超前加固措施以及一套完善合理的海底矿山法隧洞应急管理体系，其主要表现为：

（1）针对海域复杂工程地质和水文地质环境采用 TSP 物探＋水平超前钻孔取

芯＋手风钻超前辐射探孔相结合的超前探测方法。

（2）采用超前小导管注浆全断面超前帷幕、掌子面超前小导管注浆加固等一系列有效的超前支护手段，解决了工程施工安全问题。

（3）建立整套安全可靠的海底矿山法隧洞施工应急管理体系。

海底复杂地质环境下矿山法隧洞施工技术在依托工程中成功应用，获得2020年度中国施工企业管理协会的工程建设科学技术奖一等奖。

二、当地材料坝填筑

水电十四局擅长当地材料坝填筑，尤其对混凝土面板堆石坝和心墙堆石坝具有丰富施工经验。

（一）当地材料筑坝技术发展

1. 土石坝施工技术

水电十四局在土石坝施工中，技术工艺方面多有创新，从"大跃进"时期的人背马驮到一条龙的机械化施工；由最早的毛家村大坝采用多种土质黏土心墙防渗体，到鲁布革电站堆石坝风化料心墙防渗体；由毛家村气胎碾压配合推土机上悬挂机械耙毛机刨毛技术到掌鸠河大坝等宝马凸块振动平碾施工技术。

在毛家村大坝时，取材当地，将大坝心墙料由砾质类黏性土改用尖山沟料场洪积红色黏土。针对黏土含水重的特性，水电十四局研制出坝面填筑一条龙机械化工艺流程，提高了大坝填筑强度，1966年4月，以礼河毛家村大坝填筑创23.17万m^3/月纪录，1966年创201万m^3/年纪录。

鲁布革水电站大坝填筑中，创新了土石坝施工一系列配套新技术：

（1）大坝施工中，引进了成套的碾压施工设备。

（2）通过科研试验，将心墙黏土与风化白云岩的掺和料改为风化残积料，100多米高坝使用风化料心墙，它是当时国内筑坝技术的突破，也是思想观念的突破。体现了就地就近取材，缩短运距，加快施工速度，降低工程造价的原则。实践证明，这一原则在确保土石坝工程质量的前提下，收到显著的经济效益，同时，也符合环保理念。

（3）施工中根据风化料的特性，摒弃以往以干密度指标衡量填土质量的传统做法，改用"固定压实度，浮动干密度"检测法，在全国第一次成功采用三点实检测法检查、控制碾压质量。

鲁布革电站大坝施工中，还认真接受和采纳了国内外专家的咨询意见，引进、消化、吸收世界先进技术和设备，缩短了工期，节约了投资，取得了很好的经济效益和社会效益。

黄河小浪底大坝为黏土斜心墙堆石坝，填筑量位居全国同类坝型第一位，在世界上也名列前茅。坝体由防渗土料、反滤料、过渡料、堆石料等多达17种材料组成，每种材料按合同技术规范规定，都有严格的材质、级配、含水量、干密度、压实度等要求，结构复杂，质量要求高。水电十四局参与了大坝工程施工。由于黄河多泥沙，在坝前淤积后可形成天然铺盖的特殊条件，小浪底大坝采用带内铺盖的斜心墙堆石坝。坝基沙砾石层最大厚度超过80m，坝基深覆盖层防渗处理是小浪底工程的一大难题。经过多年研究论证，并经现场试验，采用厚1.2m的混凝土防渗墙，其最大造孔深度81.9m，是目前中国最深的防渗墙。在国内外首次采用"横向槽孔填充塑性混凝土保护下的平板式接头"新工艺，这是防渗墙施工技术的一项创新（图5-4）。

图5-4　黄河小浪底水利枢纽工程

灌浆技术采用GIN法灌浆即"灌浆强度值法"，是当时国际上正在推广应用的一项新的灌浆技术，小浪底工程两岸山体帷幕灌浆中采用了GIN法灌浆技术，这是在我国广泛使用的孔口封闭、自上而下孔内循环灌浆法基础上首次较大规模嫁接GIN法灌浆技术，是适合我国国情的一项创新。水电十四局在大量试验基础上，筛选出用于施工的稳定浆液水灰比为0.7∶1和0.75∶1。另外，还在国内首次采用对多台（8台）灌浆机组实行远距离监控的计算机系统。该系统可实时输出多种灌浆过程曲线，提高了灌浆施工的科学性，便于GIN法灌浆的质量控制。

三峡工程永久船闸地下输水隧洞在洞室浇筑成形后一段时期内，结构混凝土受到内外温差的影响，不均匀收缩产生裂缝，局部出现渗漏，部分混凝土衬砌结构缝出现渗漏水。为解决三峡工程永久船闸地下输水隧洞的混凝土裂缝渗水问题，水电十四局于2002年6月至2003年5月，组织对这些结构缝及温度缝进行化学灌浆处理。经过了多次化学灌浆试验，在施工方法、化学材料选择、化学灌浆设备等进行试验后，最终确定采用"贴嘴法"施工工艺，化学灌浆材料选用LPL环氧浆材，灌浆设备采用LilyCD-15双液化灌泵。从而有效解决了问题。

2. 钢筋混凝土面板堆石坝施工技术

面板堆石坝是20世纪80年代在我国新兴的当地材料坝坝型，具有良好的适应性、经济性、安全性、抗震性。从20世纪80年代末至2006年，水电十四局陆续承建了一批面板堆石坝工程施工，施工技术、施工设备都产生了巨大的飞跃，施工工期大幅度缩短。水电十四局已施工坝高100m以上面板堆石坝7座，面板堆石坝施工技术处于国内领先水平。

广州抽水蓄能电站的上库钢筋混凝土面板堆石坝，是水电十四局承建施工的第一座面板堆石坝。施工特点有：首次成功地使用了河滩沙砾料作垫层料；优选混凝土原材料及配合比，掺3%粉煤灰和少量缓凝高效减水剂及引气剂，改善了混凝土和易性及质量；利用低温潮湿气候季节施工面板；使用无轨滑模倒转侧模施工工艺，无轨滑模构造合理，使用方便，滑模最快滑升速度为2.0m/h；草袋覆盖，"终生"洒水养护，使面板混凝土合格率100%，优良率98%，达到优秀标准；采用铜卷材现场轧制成型铜止水片技术，减少焊缝，提高了止水效果；在大坝堆石料填筑过程中，采用不加水进占法分区分层平起填筑，严格控制施工工艺和碾压遍数。实测最大断面的沉降量为27～29cm，面板最大挠度为20cm，坝后渗水量不大于1L/s，这一堆石坝技术被能源部鉴定为"国内领先水平"。

在马鹿塘二期电站大坝应用面板堆石坝混凝土防裂技术，采用混凝土挤压边墙施工工艺，提高大坝迎水坡坡面平整度及大坝填筑体密实度、控制混凝土温度、优化配合比、使用HP400型聚羧酸系缓凝高效减水剂拌制以提高混凝土和易性，成功防护电站大坝开裂。

总结水电十四局的钢筋混凝土面板堆石坝施工技术经验主要是：

（1）主、次堆石体石料开采；

（2）合理的堆石分区；

（3）改变坝体填筑程序；

（4）选用先进设备及现代技术；

（5）铺层碾压；

（6）设置堆石预沉降时间并控制沉降速率；

（7）钢筋混凝土面板施工；

（8）面板混凝土防裂技术；

（9）挤压边墙施工。

3. 碾压混凝土坝施工技术

20世纪80年代，出现了采用超干硬性混凝土和振动碾压方式的建坝技术，这种被称为碾压混凝土重力坝的新坝型，在施工速度和工程造价上较常规混凝土重力坝有明显优势，在我国得到了迅速推广应用。

水电十四局碾压混凝土筑坝技术，经过多年设计、科研、施工和管理等多方面不懈努力，不断提高完善，积累了不设纵缝富浆碾压混凝土、低水泥用量、高掺和料、高效减水剂、低Vc值、大仓面连续浇筑、斜坡铺筑碾压以及变态混凝土代替常态混凝土防渗等一整套技术经验。1992年，水电十四局承建的广州抽水蓄能电站下库碾压混凝土重力坝竣工，1994年建成的福建山仔水利枢纽碾压混凝土大坝，1998年建成的福建涌溪电站碾压混凝土大坝，是水电十四局碾压混凝土坝筑坝技术水平提升的见证。

4. 常态混凝土坝施工技术

水电十四局自建局至1980年，修建的常态混凝土大坝基本上是坝高40m以下的低坝。福建南一水库工程是水电十四局走出云南参与市场竞争承建的首批工程之一，其拦河坝为常态混凝土重力坝，最大坝高97m，坝顶长195.3m，坝顶宽度6m，共分为9个坝段。在大坝大体积混凝土施工中，采取措施降低坝体升温，是一项关键技术。为此水电十四局采取了一系列措施：

（1）开展对周边水泥厂的科研调查，对几个备选水泥厂的水泥进行水化热试验，反复比较，选中了水化热只有64kcal/kg的南靖县水泥厂生产的强度等级32.5级普通硅酸盐水泥，达到大坝水泥要求。

（2）掺和料所需用的粉煤灰，同样对多家粉煤灰厂进行比较，最后选用上海粉煤灰厂的粉煤灰为主，福建长乐火电厂的粉煤灰为辅。

（3）在施工过程中，根据不同的施工季节和坝体仓面，采用不同粉煤灰和外加剂。最高时煤灰掺量达40%，外加剂选用了木钙、FDN100等，方法上采用单掺、双掺等。使C10坝内混凝土的水泥用量只有110kg/m³，达到较先进水平。

（4）在大坝施工中，按设计采用不设纵缝、通仓薄层浇筑方式。坝体最大仓面为 $20\times60m^2$，若按规范应设纵缝，而采用这一方式，不仅有利于混凝土内水化热的散发，而且减少了接缝灌浆和施工环节。

使用气力输送冰片新工艺，使 -10℃的片冰在 3～4s 的时间内就进入到拌合楼，减少了片冰在运输过程中的温度回升，有效地保证了混凝土机口温度。

1997 年，中国水利水电第四工程局和水电十四局组成的青云水利水电联营公司（以下简称青云公司）先后中标承担了三峡大坝左岸大坝ⅡA标段和右岸大坝ⅠA标段等项目施工。两标段混凝土总量约 562 万 m^3，钢筋 8.4 万 t。该工程的主要特点是质量要求高，混凝土温控标准严格，浇筑强度高。青云公司在三峡大坝施工技术方面的创新表现在以下几个方面：

（1）新材料、新技术和新工艺的大量推广使用，保证了施工质量，加快了施工进度。如多卡模板、大型整体异型模板、钢筋机械连接、高流态混凝土和钢纤混凝土等的使用。

（2）以塔带机连续浇筑混凝土为主的综合施工技术。选定了以塔带机为主，辅以高架门机、塔机和缆机的综合施工方案，由各混凝土拌合楼通过皮带机将混凝土输送到塔带机直接入仓浇筑。新型施工机械设备胎带机和顶带机的使用，加快了混凝土入仓速度，保证了坝体混凝土质量，加快了混凝土高强度施工。青云公司负责施工的单个标段混凝土月浇筑强度超过 12 万 m^3。

（3）采取综合温控措施。夏、秋高温季节，采用多种制冷措施，生产满足要求的低温混凝土。一方面，冷却系统采用二次风冷骨料加冰水拌合混凝土新技术，降低混凝土出机温度和浇筑温度，确保混凝土出机口温度低于 7℃，同时控制混凝土从出机口至仓面覆盖前混凝土温度回升在容许范围 10～13℃内，并加大夜间浇筑混凝土的强度。另一方面，为减少预冷混凝土温度回升，严格控制混凝土运输时间和仓面浇筑坯覆盖前的暴露时间，混凝土运输机具设置保温设施，同时增设仓内冷水喷雾降温设施，喷冷水雾降温，效果显著。

（4）低温季度混凝土保温措施。根据当地实测气温资料，冬期施工保温时段为 10 月中旬至翌年 4 月中旬。坝体混凝土在混凝土达到养护时间后进行，拆模后采用高发泡聚苯乙烯—EPE 泡沫塑料保温板、聚乙烯卷材保温被，针对不同部位采取相应的保温措施。上下游坝面属永久保温，采用挂贴法进行较长时段保温；纵横缝缝面，属临时保温，亦采用挂贴保温材料措施；仓面部位属临时保温，采用随浇随铺方法。

(5)混凝土原材料及配合比优化。在满足混凝土各项设计指标的前提下,尽量选用四级配混凝土;采用缩小水胶比增加粉煤灰掺量的技术,掺用高效优质复合外加剂、粉煤灰,降低单位混凝土水泥用量,从而更有效地提高混凝土的耐久性;采用有补偿收缩性能的中热大坝水泥,以减少混凝土收缩变形,减少混凝土产生裂缝的风险。

(二)当地材料坝填筑代表性技术

1. 特高拱坝坝肩复杂地质抗力体加固处理施工技术

小湾水电站位于云南省西部南涧彝族自治县与凤庆县交界的澜沧江中游河段与支流黑惠江交汇后下游 1.5km 处,系澜沧江中下游河段规划八个梯级中的第二级。小湾水电站以发电为主兼有防洪、灌溉、拦沙及航运等综合利用效益,系澜沧江中下游河段的"龙头水库"。该工程由混凝土双曲拱坝、坝后水垫塘及二道坝、左岸两条泄洪洞及右岸地下引水发电站组成。大坝为混凝土双曲拱坝,坝高 292m,坝顶高程 1245m,坝顶长 922.74m,拱冠梁顶宽 13m,底宽 69.49m。引水发电系统布置在右岸,为地下厂房方案。由竖井式进水口、埋藏式压力管道、地下厂房(长 326m× 宽 29.5m× 高 65.6m)、主变开关室(长 257m× 宽 22m× 高 32m)、水调压室(长 251m× 宽 19m× 高 69.17m)和两条尾水隧洞等建筑物组成。

特高拱坝坝肩复杂地质抗力体加固处理施工技术,依托小湾水电站双曲拱坝坝肩抗力体地质缺陷加固处理工程,两岸坝肩地下布置 14 层大断面置换洞井,以及排水、地质、灌浆、监测等密集洞井群,置换洞室总长 2623m,开挖方量 14.21 万 m^3,抗力体坡面布置 1274 根锚索,锚索长度 40~80m,锚索吨位分别为 1800kN、3000kN 和 6000kN。通过实践形成特高拱坝坝肩复杂地质抗力体加固处理施工技术,其主要表现为:

(1)针对断层、蚀变等不良地质条件下,密集交叉大断面置换洞井群开挖施工难度大、松弛变形控制要求高的特点,对分层交叉开挖和支护施工程序及工艺进行系统研究,合理布置施工通道,优化施工程序与工艺,采用导洞超前勘探、预支护、短进尺、弱爆破、跟进支护等措施,并进行爆破振动专项测试,确定了爆破控制标准,有效控制爆破影响,确保围岩稳定。

(2)通过试验研究,确定置换洞大体积温控混凝土和补偿收缩混凝土施工配合比及工艺,有效控制混凝土温度,防止裂缝产生,取消了小断面洞室的接缝灌浆。

（3）通过深入的灌浆试验，确定置换洞高压固结灌浆方案和工艺参数，入岩 0～2m 段灌浆压力达 3MW，以下孔段 5MW，灌浆后检查结果效果良好，有效改善岩体物理力学性能。

（4）增加导向器有效提高陡倾角深锚索钻孔精度，改进隔离支架保证注浆效果，采用预调直、分级张拉等措施，有效减少锚固力损失，形成大规模深孔 6000kN 锚索施工工艺技术。

特高拱坝坝肩复杂地质抗力体加固处理施工技术成功应用于工程实践，社会经济效益显著，可为类似工程提供有价值借鉴。该技术获得 2010 年度中国施工企业管理协会的技术创新成果一等奖，2011 年度中国施工企业管理协会的科学技术奖技术创新成果奖一等奖。

2. 防渗墙塑性混凝土变形模量和渗透系数试验方法

变形模量和渗透系数是防渗墙塑性混凝土的重要设计指标，目前没有专门针对塑性混凝土变形模量和渗透系数的试验方法，其试验一直参照水工混凝土试验规程中相关方法进行，但是其规程的试验方法主要适用于近似刚性的普通混凝土（变形模量为 22500MW 以上），而塑性混凝土的变形模量仅为 300～2000MW，抗压强度仅为 1～5MW，其特性小于普通混凝土一个数量级，且性能相差较大。因此，塑性混凝土的变形模量和渗透系数的试验套用水工混凝土试验方法存在一定程度的不合理性，且在应用实践中存在较多问题。

这一方法针对防渗墙塑性混凝土配合比设计和施工质量评定中存在的设计指标不相匹配的问题，通过试验研究，找出导致设计标准不相匹配的原因所在，利用目前施工的试验设备，制定了针对塑性混凝土变形模量和渗透系数的试验方案，并作为行业标准向有关部门推荐。其方法主要表现为：

（1）针对塑性混凝土变形模量缺少专用试验方法的现状，进行了大量试验研究，提出塑性混凝土变形模量试验方法，采用"黄油：粉煤灰＝1：2.5"的密封材料作为试件与试模的密封止水材料，试验水压力取用 0.2MW，适应塑性混凝土的特性，该方法具有简便、快捷和易于操作的特点，能反映材料的性能。

（2）该方法参照现行水工混凝土试验规程，针对塑性混凝土特点，改进测定其相对渗透系数的方法，有利于试验的顺利进行和成果取得，在生产实践中具有推广价值。

防渗墙塑性混凝土变形模量和渗透系数试验方法获得 2013 年度中国电力建设企业协会的电力建设科学技术成果一等奖、中国施工企业管理协会的技术创新成果一等奖,并在后续编写形成行业标准《现浇塑性混凝土防渗芯墙施工技术规程》JGJ/T 291—2012。

三、高水头大容量（含可逆式）水轮发电机组安装和金属结构制安

在长期的施工实践中,水电十四局形成了在高水头大容量（含可逆式）水轮发电机组安装和金属结构制安方面的技术优势。鲁布革水电站项目前,水电十四局在高水头大容量机组安装、抽水蓄能机组安装、高水头压力钢管制作安装、大型水轮机埋件制作、转轮现场组装焊接、大型金属结构制作安装等方面形成了很强的核心竞争力,其中高水头大容量抽水蓄能机组安装技术达到了国际先进水平,《以礼河高水头电站压力钢管道试验研究》获1978年全国科学大会重大贡献奖,《大厚度小直径封头爆炸成型》获1979年云南省科技成果奖,《月牙形内加强肋岔管及无梁岔管的研究》获1978年国家科技进步二等奖及1979年云南省科技成果二等奖,《14MnMoNbB钢模型岔管爆破试验与应用》于1984年11月获水电总局科技进步三等奖,《水电站金属结构带锈涂漆新工艺试验研究》获1979年云南省科技成果奖,《焊缝局部热处理装置》获1984年水电部科技成果奖。鲁布革水电站项目后,水电十四局在机组安装和金属结构制安方面高歌猛进,不断巩固强化自身核心竞争力（图5-5）。

图5-5　糯扎渡电站机组转子吊装

（一）机组安装及金属制安的代表性技术

1. 高水头大容量（含可逆式）水轮发电机组安装

水电十四局机电安装队伍自组建以来，以水电站机电设备安装为主业，致力于机电安装核心品牌培育，多年来扎根云南，面向全国，走向国际。

在以礼河水电站项目中，水电十四局进行了高水头、小容量、冲击式水轮发电机组安装。其中，以礼河一级水电站机组则为斜击式水轮机组，是我国自行设计制造的水轮机组。西洱河梯级水电站高水头、高转速水轮发电机组安装时，二级电站引水隧道的高压岔管采用无梁岔管，这是当时国内首创。绿水河水电站采用的是双水斗式水轮机组。在机组安装调试过程中，水轮机组在运行之初产生强烈振动，后得以成功解决，安装中改进高压钢管道的设计方案。1978年，《绿水河高水头混流式水轮机组振动处理》获全国科学大会重大贡献奖。而在大寨水电站，水电十四局又在超高转速水轮机组安装方面积累了宝贵经验。鲁布革项目建设之前，水电十四局在高水头机组安装技术处于国内行业领先水平。

鲁布革电站是我国第一个全面引进西方工业发达国家机电设备的大型水电站，从水轮发电机组及其附属设备到升压站送电设备，从控制保护到通信、水情测报系统设备等，都是从国际市场择优采购的，其参数、性能及制造质量均达到20世纪80年代国际先进水平。水电十四局在鲁布革电站机电安装中，引进、吸收、消化国外先进的技术、先进的设备、先进的管理，兼收并蓄，实现了各技术领域的技术创新，从技术上与国际接轨，并培养出一支真正懂技术、会安装的精干队伍。此后依托广州抽水蓄能电站、天荒坪抽水蓄能水电站，高水头大容量抽水蓄能机组安装技术总结形成一套完整的安装、调试技术，并达到国际先进水平。

广州抽水蓄能电站建设中水电十四局承担了广州抽水蓄能电站8台抽水蓄能机组的多次大修、小修。为水电十四局的安装技术进步提供了有力的支持和保证。天荒坪抽水蓄能电站位于浙江省湖州市安吉县境内通过连续安装14台高水头大容量进口抽水蓄能机组的工程实践，融会贯通了国外七个厂家的先进技术，在消化吸收的基础上再创新，总结形成一套完整的安装、调试技术。

黄河小浪底水利枢纽工程建设期间，业主在水轮机的招标书中对转轮的抗泥沙磨蚀提出较高要求。美国VOITH公司中标，负责提供7台/套（备用1台）不锈钢转轮及其附属设备（包括调速器、筒形阀及控制系统）。由于大型混流式水轮机转轮整体体积庞大，致使转轮的整体铸造困难，且受电站所处位置交通条件的限制,整体转轮无法运抵工地,为此普遍采用将转轮分瓣运至工地后重新组焊成整体,其组焊和加工工艺具有一定的难度和复杂性。通过7台转轮的现场制作,水电十四局施工团队的整体技术水平得到了提高,也积累了丰富的经验,为再次承担类似工作打下了基础。

2. 金属结构制作安装

高压钢管制作安装方面,20世纪80年代后期,水电十四局承担了以鲁布革电站为代表的多个水电站压力钢管安装。其中,鲁布格水电站压力钢管部分由水电十四局与日本"川崎重工"共同制造、安装完成。20世纪90年代水电十四局在承建金属结构制作与安装的元江依萨河水电站时,产生压力管制作及安装等多项特色技术,创新了水电十四局安装记录。1996年5月,元江依萨河二级水电站引水压力钢管工程荣获云南省1995年度优质工程一等奖。

20世纪末,广州抽水蓄能电站一期、二期高压引支钢管均为62CF钢,水电十四局在高强钢焊接应用技术方面得到进一步的提升。水电十四局在广州抽水蓄能电站一期、二期工程,天荒坪抽水蓄能电站共计安装14台机组,每台机组分设一条尾水支洞,每条尾水支洞各有1套事故闸门。事故闸门前后各设计了一个方变圆作为管道与闸门过渡连接。在方变圆钢管制作施工过程中,十四局积极开展科技创新,通过对以往传统方变圆钢管制作方法的理解,自行研制油压机,进行瓦块压制,根据到货板材的具体情况,采用电脑绘制进行管段分节、下料;采用定位制作,大大加快了方变圆钢管制作的施工速度,实现了方变圆钢管制作作业的优质、高效、安全,并达到节省人工、材料及减轻劳动强度的目的。在广州抽水蓄能电站,方变圆钢管严格按工艺要求在工地现场钢管厂制作,制作完成后,各项指标符合设计要求,经监理验收全部优良。

2003年至2005年期间,水电十四局承担了水布垭压力钢管安装工程,在压力钢管安装过程中,开展科技创新,采用在弯管段可调整牵引绳受力的台车运输技术和对接台车、焊接台车,避免了传统压码方法对接时所导致的对母材的伤害,加快了施工速度,实现了作业的高效、优质、安全。

2005年开始,水电十四局承担漫湾电站二期及小湾电站水轮机埋件制作及安装工程及小湾电站6条压力钢管的制作安装工程。首次实行了水轮机埋件制作,填补了水电十四局大型水轮机埋件制作技术空白。小湾电站压力钢管材质为60kg级高强钢,再次将高强钢焊接技术进一步提升。

此外,水电十四局继鲁布革电站高压钢、岔管安装后,也加强了高压钢岔管制作安装。户宋河电站岔管材料为 Q360，属高强度钢，该钢种在国内属首次使用在水利水电工程中，采用特殊焊条，特殊工艺。昆明市宜良县柴石滩电站岔管为钢衬钢筋混凝土四通岔管，是当时体形最大的四通无梁岔管结构。水电十四局在大型钢闸门、拦污栅制作安装方面也取得不俗的成绩。1994–1995 年，滇池防洪治污工程全部闸门及其他金属结构的制造、安装均由水电十四局承担。1997–2000 年，水电十四局在小浪底水利枢纽工程中承担了二标进水口 3 号塔所有闸门、拦污栅的安装和 1 号孔板洞闸门安装及三标尾水防淤闸安装。第一次将全站仪引进到门槽安装施工中，增加了施工精度，提高了施工效率，并与国际接轨。

新疆恰甫其海水利枢纽引水发电洞压力钢管内直径为 9.5m，属于超大型压力钢管，总工作量约为 3300t。斜井段采用 16MnR 钢约 1000t，钢板厚度为 28mm；下弯段及下水平段，大量采用了国内强度级别较高的 07MnCrMoVR 钢（武钢企业牌号 WDL610D）约 2000t，厚度为 26～28mm；岔管采用日本进口 JFE-ITEN690M 钢约 300t。钢管大部分为洞内埋管。恰甫其海钢岔管公切球直径达 11m，单个重量达 187t，是国内第一大岔管。水电十四局首次将计算机仿真技术用于岔管的制造安装技术中，并在高强钢岔管上采用振动时效消除焊接应力。通过新工艺的运用，大幅提高了岔管的施工质量，运行安全，由 6 位水工金属结构行业专家组成的专家组对恰甫其海钢岔管进行全面的安全鉴定，专家组对施工中采取严格的材料控制、计算机仿真、虚拟实境预组装、装焊工艺优化，采用振动时效消除岔管焊接残余应力等新技术给予高度评价，建议在全国类似项目中推广这些新技术。专家组认为通过合理设计，优质施工，恰甫其海特大型压力钢岔管可以取消水压试验项目，为工程节省了大量投资。

（二）机组安装及金属制安的代表性案例

1. 高水头大容量抽水蓄能机组安装技术

广州抽水蓄能电站分两期开发，总装机容量 240 万 kW，装备 8 台 30 万 kW 具有水泵和发电双向调节能力的机组，在同类型电站中也是世界上规模最大的，其中一期工程 4 台 30 万 kW 机组于 1994 年 3 月全部建成发电，二期工程 1998 年 12 月第一台机组并网运行，在 2000 年已全部投产。除机电设备进口外，电站的设计、施工都是我国自行完成的，它标志着我国大型抽水蓄能电站的设计施工水平已跨入国际先进行列。

天荒坪抽水蓄能电站位于浙江省湖州市安吉县境内，电站前期准备工作于

1992年6月启动，1994年3月1日正式动工，1998年1月第一台机组投产，总工期8年，于2000年12月底全部竣工投产。天荒坪电站是我国已建和在建的同类电站单个厂房装机容量最大、水头最高的一座；也是亚洲最大、名列世界第二的抽水蓄能电站。电站枢纽主要包括上水库和下水库、输水系统、中央控制楼和地下厂房等部分组成。电站装机容量180万kW，上水库蓄能能力1046万kW·h，其中日循环蓄能量866万kW·h，年发电量31.6亿kW·h，年抽水用电量（填谷电量）42.86亿kW·h，承担系统峰谷差360万kW任务。

高水头大容量抽水蓄能机组安装技术依托广州抽水蓄能电站、天荒坪抽水蓄能电站共14台单机容量为300MW抽水蓄能机组的安装、调试项目，机组最大水头均在500m以上，额定转速500转/min，其机组的主要技术参数均居单级可逆式抽水蓄能机组世界先进水平。通过连续安装14台高水头大容量进口抽水蓄能机组的工程实践，融会贯通了国外七个厂家的先进技术，在消化吸收的基础上再创新，总结形成一套完整的安装、调试技术，其主要表现为：

（1）采用的蜗壳水压试验方法和试验曲线，形成高水头水泵水轮机蜗壳水压试验的经验模式，为后续的抽水蓄能电站提供借鉴。

（2）在广蓄二期中首次安装调试单元式导叶接力器，实现了电气控制的同步性，获得良好的振动阻尼效果，有效改善机组启动条件。

（3）会同国外制造商逐一消除了不同结构的主轴密封装置普遍存在的技术缺陷，有效提高机组启动成功率，降低设备故障率。

（4）成功安装调试了弹性油箱支承、小弹簧簇支承及单弹性托盘支承等具有代表性的双向推力轴承，会同厂家对其中两种型式的推力轴承结构缺陷进行了改造，对不能自适应调节瓦负荷的推力轴承提出了应配置油膜厚度检测和推力瓦负荷检测设置的措施，提高双向运行大型推力轴承的稳定性。

（5）对高水头高转速抽水蓄能机组特别突出的轴线调整、动平衡、间隙测量和调整等关键技术进行系统总结，形成合理的企业内控标准。

高水头大容量抽水蓄能机组安装的关键技术具有一定的创新性，为后续同类机组的安装调试、标准制修订和机组设计制造国产化提供了有益借鉴。该技术获得2007年度中国施工企业管理协会的科学技术创新成果奖特等奖，2007年度中国电力建设企业协会的电力建设科学技术成果奖一等奖。

2. 高水头大容量冲击式水轮机组安装技术

厄瓜多尔科卡科多辛克雷水电站（简称CCS水电站）为引水式电站，总装机容量150万kW，安装8台水轮发电机组，年发电量88亿kW·h。水轮机为立轴冲击式水轮机组，型号CJ（X）-L-328/6X26.5，额定水头604.1m，额定流量34.8m³/s，额定效率91.56转/min，额定出力188.266MW，额定转速300转/min，飞逸转速≤530转/min，水斗数22个，转轮射流节圆直径3349mm。该电站总装机容量为1500MW，截至2016年底居世界冲击式水电站安装首位，单机最大容量为192.85MW位居世界第三位。

高水头大容量冲击式水轮机组安装技术依托CCS水电站冲击式水轮发电机组安装工程。针对高水头、大容量、六喷嘴立轴冲击式水轮发电机组特点，运行工况复杂、安装精度要求高，安装工艺及质量控制难度大，无成熟经验可借鉴，通过创新研究，成功解决系统安装技术难题，总结形成此技术，其主要表现为：

（1）针对水轮机配水环管安装精度要求高及Q500D钢材可焊性差等特点，安装过程中采用一次组装定位，120～160kJ多层多道对称精密手工焊，200℃后热消氢及锤击消应，实时监控调整。在配水环管保压状态下的混凝土浇筑过程中，采用对称分层浇筑分步解除约束工艺，有效控制了配水环管在焊接及混凝土施工过程中的变形量。

（2）研制了主轴安装过程中的多功能主轴支撑调整工装及主轴螺栓拉伸器，结构简单、操作简便，提高了主轴安装精度。

（3）研制了模拟转轮及三角测量工具，有效控制了安装调整喷嘴法兰形位偏差，提高了高压喷嘴的安装精度。

（4）针对机组尾水支洞的"无压"和"有压"两种运行工况，采用密封性预检方法和安装工艺措施，有效保证了主轴密封气密封可靠和机组稳定运行。

高水头大容量冲击式水轮机组安装技术总结出高水头大容量冲击式水轮机安装工艺技术，为水利水电行业冲击式水轮机组安装技术的发展提供了宝贵的借鉴，该技术获得2018年度中国电力建设集团有限公司的科学技术奖一等奖。

3. 水利水电1000MW级高强钢工程应用技术

近年来，国内各大钢铁公司已开展1000MW级别高强钢的实验研究，国外已开始批量生产，并在一些大型和重要项目中推广应用。为了掌握该级别钢种的制造加工工艺和焊接工艺性能，并应用在大型、巨型水电站以及高水头超高水头水电站及水轮机埋件设备中，水电十四局勇于革新，首次开展了以焊接工艺为主的实验研究，即1000MW级高强钢工程应用技术研发。

水利水电1000MW级高强钢工程应用技术以水利水电工程1000MW级高强钢

应用为目标，通过采用 SMISUMITEN 950 TMCP 钢材及配套焊接材料进行一系列的性能试验和压力钢岔管模型制造及水压爆破试验，进行全面系统的归纳和总结，其技术主要表现为：

（1）按照相关标准，对材料的性能和制造工艺进行全面试验研究，掌握了丰富的试验数据，包括钢材气割适应性、卷制适应性、应变时效敏感性、低温冲击性能、多种焊接方式的抗裂性、焊接热输入控制、大型宽板拉伸试验等，为该钢种的应用奠定了技术基础。

（2）进行了焊接热模拟和焊接热输入试验，获得 SH-CCT 组织转变图及粗晶区和焊接热输入的关系，验证该钢种的焊接性，为实际焊接施工提供了依据。

（3）结合相关工程制作了水电工程压力钢管常用的岔管模型，并进行水压试验和系统的力学测试，验证了该钢种的制造、焊接工艺性。

（4）首次完成 1000MW 级高强钢模型岔管的爆破试验，验证了设计计算成果，为以后应用提供了宝贵的科学数据。

（5）水利水电 1000MW 级高强钢工程应用技术该技术验证了该级别钢种满足水电工程要求，具有良好的推广应用前景，获得了 2012 年度中国电力建设企业协会的电力建设科学技术成果一等奖。

水电十四局重视高水头大容量水轮发电机组安装调试、超高压电器设备安装试验、大型金属结构及机电设备制作、运输和安装等技术的深化研究，开展了 32 项科技项目研究，形成了轴流转桨式水轮机全钢衬蜗壳安装技术、大型水轮发电机组转轮现场组装及安装技术、严寒地区 800MW 级大厚度高强钢岔管制作技术、大型泵组安装调试技术、水电站大型弧形闸门制造技术等 26 项重大科技成果落地生根，取得了显著的经济效益和社会效益。

依托 CCS 水电站机电安装工程开展的高水头、大容量六喷嘴水轮机组安装工艺技术研究，研究总结出高水头大容量六喷嘴冲击式水轮机组安装工艺，研究成果的应用解决了 8 台套单机容量 187.5MW 立轴冲击式水轮发电机组的安装调试任务，确保机组连续安全、可靠、稳定运行。

依托里底水电站机电安装工程开展的大型水轮发电机组转轮现场组装及安装技术研究，通过对转轮组装及安装工艺研究及转轮三体联吊工艺优化，成功实施了转轮现场组装及安装，降低了施工难度，节约了施工成本和组装工期，为今后承担此类型明厂房水电站的机电安装工程打下坚实的基础。

四、城市轨道交通施工建设

水电十四局擅长城市轨道交通施工，拥有目前世界上最先进的盾构施工管理技术和经验。

公司深化研究 TBM 掘进、盾构技术在水利水电、轨道交通等工程应用，开展了 51 项科技项目研究，形成了敞开式 TBM 洞内受限空间拆机关键技术、滇池湖相沉积区内盾构施工综合技术、大直径盾构下穿长距离人工湖施工技术、大直径盾构分体始发施工技术等 20 项重大科技成果落地生根，取得了显著的经济效益和社会效益。

依托成都轨道交通 18 号线工程开展大直径盾构分体始发施工技术研究、大直径盾构下穿人工湖底地层变形预测及控制技术研究，形成了一套大直径盾构吊装下井与组装施工的工法及大直径盾构分体始发施工工法，提出一套大直径盾构下穿人工湖地层变形控制监测技术，研究成果的应用为高质量、高速度完成成都轨道交通 18 号线土建 3 标施工发挥了重要的保障作用（图 5-6）。

图 5-6　成都地铁 18 号线

依托辽西北桓集隧道工程开展的敞开式 TBM 洞内受限空间拆机关键技术研究，研究成果的应用解决了空间受限（长 40m× 宽 10.5m× 高 10.5m）和不具备大型移动吊装条件下的洞室内拆卸工作，解决直径 8.5m、最大件 140t 的大型敞开式 TBM 洞内安全、高效拆机，75 天即实现了大型敞开式 TBM 的安全、高效拆除。

此外，开展了护盾焊接变形控制及机加工工艺研究、焊接机器人在水工钢闸门及盾构机刀盘焊接中的应用研究、滚刀刀圈耐磨材料研制关键技术研究、盾构机刀具的刀圈及边刮刀新材料及生产工艺研究等 6 项科技项目研究，形成了盾构机刀盘、盾体加工技术科技成果落地生根，形成了一套辐条式刀盘、盾体的制造工艺书并应用于实际加工生产，保证盾构机加工精度，取得了显著的经济效益和社会效益。

通过盾构机刀具的刀圈及边刮刀新材料及生产工艺研究，结合昆明理工大学的优势开展产学研合作，在刀具现有材料上使用陶瓷颗粒增强钢铁基复合材料及其他模具钢增强刀圈及边刮刀的高耐磨性、高韧性、高硬度，拟形成公司自主生产的刀具品牌，成为公司发展新的经济增长点，提高公司核心竞争力。

五、高速铁路、公路工程施工技术

水电十四局进入到大建筑领域后，挖掘迁移公司在建筑方面的技术能力，形成了高速铁路、公路工程施工的核心能力，拥有先进的高速铁路及公路施工管理技术和经验。

（一）高速铁路、公路工程代表性技术

公司开展了公路隧道进出口零距离架梁施工技术研究、高大重载现浇满堂支架安全监测预警系统研究、山区高速公路泡沫轻质土路基施工技术研究、基于数据建模的高速公路巡查及安全养护技术研究等 318 项科技项目研究，形成了浅埋双连拱隧道机械开挖施工技术、中老铁路（国际）软膨胀性土质高边坡路基施工技、基于数据建模的高速公路巡查及安全养护技术等 136 项重大科技成果落地生根，极大提升了公司公路、市政、地铁、铁路、水环境等领域的施工技术水平，取得了显著的经济效益和社会效益。

依托晋红高速公路工程开展了隧道进出口零距离架梁施工技术研究、小曲率大纵坡钢箱梁顶推施工技术研究、钢桥面悬浮 – 密实型浇筑式沥青铺装施工技术研究、基于数据建模的高速公路巡查及安全养护技术研究，研究成果成功应用于晋红高速公路工程，采用双导梁架桥机和辅助移梁装置成功实现了隧道口零距离架梁，应用小曲率大纵坡钢箱梁顶推施工技术实现了昆阳互通式立交上跨安晋高速的 B、C 匝道单箱三室 3 孔连续钢箱梁施工，保障施工质量和施工安全，完成了工程建设并顺利通车。

依托宜宾至昭通高速公路工程 A5 标段典型公路边坡，通过非接触式无人机航

摄与三维扫描激光扫描结合的方式，获得高精度的边坡点云模型，提出了一套新的精度较高的图像识别算法，实现了非接触式测量技术和多视点云融合配准，解决高边坡变形监测问题。实现了不同高度航拍条件下的不同尺寸的获取象控点坐标误差控制在 1cm 左右的量测精度，且对无人机航摄图片图像识别和处理的效率较之传统方法提高近 80%。培养锻炼了一批具有无人机监测经验的技术人才，掌握相关非接触式测量设备的使用方法和所开发系统的使用方式。随着无人机硬件参数的进一步发展，这一监测方式能够为藏区匮乏信息的边坡监测工程提供应用借鉴，具有巨大的应用拓展空间。

（二）高速铁路、公路工程施工代表性技术案例

恶劣地质条件长大隧道安全施工技术解决了恶劣地质条件下长隧道施工难题，具有很强的推广应用价值，获得了 2018 年度中国电力建设集团有限公司的科学技术奖一等奖。

重庆梁忠高速公路起于梁平区碧山镇川渝界，接南大梁高速。经袁驿、礼让、仁贤、仁和、铁门、金鸡、马灌、拔山到达忠县拔山中学附近拔山寺接 G50 沪渝高速。路线全长约 71.9km，主要建设内容包括：大、中桥 11282m/40 座，设置枢纽互通立交 2 座，一般互通立交 6 座。礼让隧道明月山段左洞总长 5517.6m，右洞总长 5520.7m，折合单洞总长 11038.3m，已探明的瓦斯洞段约 1226m，隧道穿越瓦斯、石膏岩、采空区、煤层、岩溶等多种不良地质段，地质条件恶劣。

恶劣地质条件长大隧道安全施工技术依托重庆梁忠高速公路礼让隧道工程，隧道穿越煤层及采空区、石膏岩、岩溶富水区等多种不良地质段，存在突水突泥、瓦斯等有害气体聚集、石膏大变形等工程风险，地质条件恶劣，施工安全风险突出，采用研究创新成果和综合安全控制技术，成功解决地质条件恶劣的技术难题，其主要表现为：

（1）采用"工程地质勘察宏观判断、多种物探技术分类判别、超前钻探精确确定"的综合超前预报技术，实现了恶劣地质段隧道施工风险的准确预测。

（2）针对煤层及采空区瓦斯聚集的风险，研究隧道瓦斯聚集的分布特点，研发出一套瓦斯等有毒气体的隧道远程自动监测预警系统。

（3）根据理论分析及现场测试成果，研究并建立了多因素影响的初期支护极限位移模型，提出初期支护结构安全判断标准。

（4）针对岩溶富水地段施工难题，采用"高位排水泄压、低位注浆固结"的施

工方法，通过对石膏地层的变形特性研究，优化隧道支护结构。

六、隧洞 TBM 快速掘进施工技术

水电十四局擅长大断面长隧洞 TBM 快速掘进施工技术，在国内外工程中积累了丰富经验。其中，开敞式 TBM 仰拱混凝土同步衬砌技术获得 2017 年度中国施工企业管理协会的科技创新成果奖一等奖，2017 年度辽宁省水利厅的辽宁水利科学技术奖一等奖，2018 年度中国电力设备管理协会的创新成果奖一等奖。后续对该技术进行系统总结形成敞开式 TBM 安全高效施工关键技术，并获得 2019 年度中国施工企业协会的工程建设科学技术进步奖一等奖。

桓集隧洞工程位于吉林省集安市境内，主洞长 41.09km，钻爆段 3.40km、TBM 施工段 37.69km（洞径 $\phi8.5m$），主洞采用两台开敞式 TBM 掘进，4 条施工支洞把主洞划分 4 个 TBM 掘进段，TBM1-1 段 7.31km、TBM1-2 段 10.02km、TBM2-1 段 11.45km 和 TBM2-2 段 8.91km。TBM1 和 TBM2 分别由 4 号和 6 号支洞运入，在主洞扩大洞室段的组装间内进行组装和调试，向上游方向掘进至 3 号和 5 号洞中转检修后继续掘进至 2 号和 4 号洞拆除，最大独头掘进长度 11.44km。主洞 TBM 施工段断面为圆形，开挖洞径为 8.5m，衬砌成洞断面为圆拱斜墙形，二次衬砌结构包括仰拱混凝土和边顶拱混凝土，TBM 掘进段全线浇筑仰拱混凝土，Ⅱ、Ⅲa 类仰拱浇筑素混凝土，Ⅲb、Ⅳ、Ⅴ 类围岩仰拱浇筑钢筋混凝土，Ⅲb 类围岩边顶拱配单层筋，Ⅳ、Ⅴ 类围岩边顶拱配双层筋。仰拱混凝土最大厚度 927mm、顶面水平宽度 5299mm。

开敞式 TBM 仰拱混凝土同步衬砌技术依托桓集隧洞工程，开敞式 TBM 掘进最长洞段 11.45km，该技术研发并制作了仰拱混凝土同步衬砌双通道台车，实现了仰拱混凝土浇筑与 TBM 掘进同步施工，其特点主要表现为：

（1）研制的开敞式 TBM 仰拱混凝土同步衬砌双通道台车，采用轨行式非对称框架双通道结构，由前斜坡段和道岔段、标准段、后道岔段和斜坡段，以及驱动装置、行走轮组、配套轨道及混凝土浇筑系统构成，结构合理、运行便利。

（2）台车保证了 TBM 施工双通道运输、配套轨道及支高架快速拆除，仰拱混凝土备仓、浇筑、养护，台车铺轨、移位等多工序交叉作业，实现了 TBM 正常掘进和仰拱混凝土浇筑连续跟进快速施工。

（3）研发升降坡轨道搭接装置，实现了隧洞轨道与台车轨道的平稳过渡搭接，

保证机车运行安全。

（4）台车成功应用，保证 TBM 正常掘进同时，实现隧洞仰拱混凝土月浇筑 624m，缩短工期，轨道支高架等钢结构可循环周转使用，节约施工成本。

七、新能源风电投资、建设、运营管理

水电十四局擅长新能源风电投资、建设、运营管理，积累了丰富的高海拔地区风电施工、运营管理经验。

者磨山风电场是云南省内投资开发建设的第一个清洁能源项目，总装机容量为 3.075 万 kW，由 41 台单机容量为 750kW 的风力发电机组和一座 110kV 变电站组成。这也是水电十四局大理聚能投资有限公司投资建设的第一个风力发电项目。项目建设创造了全国高海拔、低空气密度、特殊地理环境下风电场建设的新纪录，填补了国内外高海拔风力发电建设的空白，为类似地区风电场的建设积累了成功的经验，被中国企业联合会和中国企业家协会组织的中国企业新纪录评定为"创已建风电场海拔高度最高世界纪录"，同时该项目建设还荣获云南省"优质工程二等奖"、中国投资协会评定的"国家优质投资项目特别奖"。

水电十四局大理聚能投资有限公司分别于 2016 年、2019 年两次获得高新技术企业资格；同时在主营业务领域，取得了一批具有自主知识产权和应用前景的科技成果，共开展了 7 个科技项目的研究，课题均已结题；期间共开展了专利申请 30 项，截至 2020 年 12 月 21 日共获得专利证书 21 项；共发表论文 45 篇。

八、其他技术突破

（一）工业与民用建筑施工技术

公司开展高层民用建筑施工技术研究，深入研究斜屋面防水工程施工技术、现浇楼板清水混凝土施工技术、高层建筑外防护技术、深基坑支护施工技术等建筑施工技术研究。

开展了装配式轻钢房屋结构布置和设计、高层建筑电梯井定型化施工技术、墙式粘滞阻尼器安装工艺技术等 30 项科技项目研究，形成了现浇混凝土空心楼盖技术、硬泡聚氨酯喷涂保温施工技术、装配式轻钢房屋结构布置和设计技术等 19 项

重大科技成果落地生根，提升公司民用建筑施工技术水平，取得了显著的经济效益和社会效益。

依托梅蓄砂石项目部临建房屋建设项目和水电十四局设备运营中心办公楼建设项目开展的装配式轻钢房屋结构设计和安装技术研究，针对装配式轻钢房屋龙骨设计、优化、生产、组装到龙骨拼装、安装以及围护结构设计、安装进行研究，研制了一种装配式轻钢房屋，具有自重轻、抗震性能好、保温隔热、空间使用率高、施工周期短、效率高、绿色环保等优异性能。后续通过深化研究，又研制形成了一种装配式集装箱房，建立了2个生产基地，装配式集装箱房年产能达15000个，提供临建规划、设计、制造、安装、回收一体化服务。川藏铁路中标后产品快速投入现场营地建设，安装方便、快速，可快速为现场人员提供舒适的工作、生活环境。

（二）信息化技术

水电十四局"十三五"期间加强了BIM及信息化管控技术研究，开展了BIM技术在地铁机电安装工程中的二次建模综合研究、基于BIM技术模块化装配式地铁车站机电安装技术研究、基于数字孪生技术的高速公路智慧运维技术研究、特大地下洞室群数字信息化施工关键技术研究、地下洞室智能通风及人群健康在线监测系统技术研究等29项科技项目研究，形成了基于企业微信移动办公平台的智慧工地管理系统、特大地下洞室群数字信息化施工关键技术、轨道工程施工现场安全隐患排查与风险分级管控系统等13项科技成果落地生根，推动项目管理水平升级，提升生产效率、提高施工质量、缩短工期、降低建造成本，取得了显著的经济效益和社会效益。

两河口项目部研发的特大地下洞室群数字信息化施工关键技术在两河口水电站大型地下洞室群施工中应用，通过地下洞室群工程现场信息采集与网络数据库实时交互的软硬件平台、智慧监测预警系统、复杂地下洞室群施工进度风险控制专家系统等成果应用，既可以模拟施工，检验和优化进度，又可以在项目实施过程中直观地追踪实际进度，实现了基于nD＋模型的复杂地下洞室群数字信息化智慧建造施工技术，产生直接经济效益近千万元，社会经济效益显著，取得了良好的应用效果。土木事业部研发的基于企业微信的智慧工地信息化系统管理系统（简称智慧工地管理系统）在成都轨道交通18号线机电安装与装修B标项目部取得成功应用，解决人员管理、施工安全管理、劳务人员考勤、办公效率问题，有效提升项目部对施工现场的管控力度，提高管理效率，加快项目建设进度，为项目按期高质量完工奠定了基础。

第三节　施工技术创新成就

水电十四局高度重视科技对企业竞争力的影响，不断规范科技管理，建立起一套适应企业特色的技术创新体系，相继出台了"科技项目管理""科学技术合同实施管理""科技成果评价管理""科技成果推广应用和转化管理""科技成果奖励""科技考核""工法管理""专利管理"等系列管理办法，这些标准化的管理促进了企业的科技创新能力提升，结出了累累硕果。

一、科技成果进步奖及科技成果鉴定

从建局到 2006 年，公司屡获全国科学大会重大贡献奖、国家科技进步奖、云南省科技成果奖、水利电力部科技成果奖、国家科技攻关奖、国家科技表彰奖等国家、省部级多种奖项 103 项。2007 年后，企业再接再厉获得各种表彰。

（一）科技进步奖情况

从 2007 年以来截至 2020 年 12 月 31 日，水电十四局共获得省部级及以上科技奖总数为 235 项，其中获得国家科技进步奖有 3 项：《水利水电工程地质建模与分析关键技术及工程应用》二等奖、《重大水利水电工程施工实时控制关键技术及其工程应用》二等奖、《京沪高速铁路工程》（参建）特等奖。《白鹤滩复杂地质环境特大穹顶式圆筒调压室建设关键技术》《敞开式 TBM 安全高效施工关键技术研究及应用》等项目获得各省政府、协会科技奖 232 项，水电十四局 2007 年以年获得省部级及以上科技奖统计如表 5-2 所示。

水电十四局 2007 年以来获得省部级及以上科技奖　　　　表 5-2

年度	国家级科技奖	省部级科技奖
2007	1	17
2008	0	7
2009	0	11

续表

年度	国家级科技奖	省部级科技奖
2010	0	25
2011	1	30
2012	0	12
2013	0	14
2014	0	13
2015	1	8
2016	0	19
2017	0	25
2018	0	22
2019	0	12
2020	0	17
总数	3	232

（二）科技成果鉴定情况

从 2007 年至 2020 年 12 月 31 日，水电十四局科技成果鉴定评价共进行了 402 项，其中省部级鉴定评价有 126 项、公司级鉴定评价 274 项。公司自 2007 年以来参加了云南省科学技术厅、贵州省科学技术厅、四川省科学技术厅、云南省建筑业协会、广东省建筑业协会、中国水力发电工程学会，中国电力建设企业协会、中国工程爆破协会等各省部级科技成果鉴定评价机构开展科技成果鉴定评价，评审结果：国际领先有 19 项、国际先进有 40 项、国内领先有 32 项、国内先进 35 项。具体情况如表 5-3 所示。

水电十四局 2007 年以来科技成果鉴定评价统计表　　表 5-3

年度	省部级鉴定评价（项）				公司级鉴定评价（项）
	国际领先	国际先进	国内领先	国内先进	
2007	0	3	4	1	1
2008	1	5	0	0	2
2009	0	4	0	4	16
2010	2	2	1	1	8
2011	2	3	1	2	13
2012	0	3	2	1	6
2013	0	2	1	2	22
2014	3	2	1	0	12

续表

年度	省部级鉴定评价（项）				公司级鉴定评价（项）
	国际领先	国际先进	国内领先	国内先进	
2015	0	1	2	2	18
2016	4	3	2	0	34
2017	3	5	3	4	25
2018	3	4	5	1	32
2019	1	0	1	0	47
2020	0	3	9	17	38
合计	19	40	32	35	274

二、专利展示

从建局到 2006 年，公司获得的主要专利包括：XDM-8.5 型多功能模板、隧洞混凝土衬砌模板、钢弦式同轴激振磁芯、连续式斜井滑模、全断面变径混凝土滑模施工装置等实用新型专利。

从 2007 年至 2020 年 12 月 31 日，水电十四局加大创新及专利申报工作，共获得专利总数 857 件，其中拥有《粒状物料斜坡输送方法及装置》《磷石膏缓凝高效减水剂的制备方法》《一种大跨度地下洞室平斜交四岔口开挖支护方法》等发明专利 66 件，《并网控制管理系统 V1.0》《风力电机组故障报警系统 V1.0》《超深开挖交通下基坑变形稳定实时监测评价系统》等软件著作 11 件，《一种混凝土泵送润管的洗管装置》《一种中型人工砂石加工系统废水处理系统》等实用新型专利 780 件，具体情况如表 5-4 所示。

水电十四局 2007 年以来获得专利统计表　　表 5-4

年度	发明专利	实用新型专利	软件著作
2007	0	0	0
2008	0	2	0
2009	1	7	0
2010	2	0	0
2011	1	3	0
2012	1	24	0
2013	3	26	0
2014	5	12	0
2015	15	37	0

续表

年度	发明专利	实用新型专利	软件著作
2016	10	78	6
2017	6	96	0
2018	18	144	0
2019	2	142	2
2020	2	209	3
总数	66	780	11

从图 5-7 可以看出，党的十八大以后，水电十四局坚持创新驱动的发展理念，强化企业创新能力，专利数量增长迅速。

图 5-7　水电十四局 2007 年以来获得专利增长情况

三、施工工法展示

从建局到 2006 年，水电十四局共获得省部级及以上施工工法 8 项：其中国家级工法 6 项，包括双圈环绕无粘结预应力混凝土衬砌施工工法、岩壁吊车梁岩台（双向控爆法）开挖施工工法、水泥药卷张拉锚杆施工工法、岩壁吊车梁混凝土施工工法、上置式针梁钢模衬砌施工工法和斜井变径滑模混凝土衬砌施工工法，云南省级工法两项，即变顶高尾水洞间无粘结对穿式预应力锚索施工工法和连续式斜井滑模混凝土衬砌施工工法。

自 2007 年至 2020 年 12 月 31 日，水电十四局共获得省部级及以上工法总数为 276 项，其中拥有《岩壁吊车梁岩台（双向控爆法）开挖施工工法》《大型地下洞室交叉口开挖支护施工工法》《连续式斜井滑模混凝土衬砌施工工法》等国家级工法 10 项，《斜井变径滑模混凝土衬砌施工工法》《斜井灌浆提升系统施工工法》《浅埋偏压双连拱隧道安全高效施工工法》等云南、广东省工法 54 项，《大纵坡长斜井边顶拱同步衬砌施工工法》《深埋巨型尾水调压室穹顶开挖工法》等获得中国水利工程协会、中国电力建设企业协会、中国电力建设集团有限公司等省部级工法222项。公司2007年以来获得工法数具体如表5-5所示。

水电十四局2007年以来获得省部级及以上工法统计表　　　　表5-5

年度	国家级工法	省部级工法
2007	6	13
2008	0	13
2009	0	0
2010	0	20
2011	0	5
2012	0	14
2013	0	14
2014	2	12
2015	2	29
2016	0	19
2017	0	28
2018	0	43
2019	0	38
2020	0	28
总数	10	276

四、标准制修订情况

从2007年至2020年12月31日，中国水利水电第十四工程局有限公司共参与标准制修订总数为23项，其中已发布工程建设国家标准1项、行业标准13项，共14项；送审标准2项，在编标准7项。具体如表5-6所示。

水电十四局历年参与标准制修订情况　　　　表5-6

序号	标准名称	标准类别	标准代号	立项年度	所处阶段	发布年度	备注
1	水电水利土建施工安全技术规程	电力行业标准	DL/T 5371—2007	2006	发布	2007	代替SD267—1988
2	水电水利工程施工作业人员安全技术操作规程	电力行业标准	DL/T 5373—2007	2006	发布	2007	代替SD267—1988
3	水工建筑物地下工程开挖施工技术规范	电力行业标准	DL/T 5099—2011	2008	发布	2011	
4	混流式水轮机转轮现场制造工艺导则	电力行业标准	DL/T 5071—2012	2007	发布	2012	DL/T 5071—1997

续表

序号	标准名称	标准类别	标准代号	立项年度	所处阶段	发布年度	备注
5	水电水利工程岩壁吊车梁施工规程	电力行业标准	DL/T 5198—2013	2010	发布	2013	代替 DL/T 5198—2004
6	现浇塑性混凝土防渗芯墙施工技术规程	建工行业	JGJ/T 291—2012	2010	发布	2012	
7	水电水利工程施工机械安全操作规程 凿岩台车	工程建设	DL/T 5280—2012	2010	发布	2012	发布时改名称
8	水电水利基本建设工程单元工程质量等级评定标准 第1部分：土建工程	电力	DL/T 5113.1—2019	2012	发布	2019	代替 DL/T 5113.1—2005
9	水电水利地下工程施工安全评估导则	电力	制定	2013	送审		
10	水电水利工程锚喷支护施工规范	电力	DL/T 5181—2003	1999	在用	2003	作废
11	水电水利工程锚喷支护施工规范	电力	DL/T 5181—2017	2013	发布	2017	
12	特大地下洞室绿色施工技术规范	电力	制定	2013	送审		
13	岩土锚杆与喷射混凝土支护工程技术规范	工程建设国家标准	GB 50086—2015	2007	发布	2015	
14	水电水利土建施工安全技术规范	工程建设	DL/T 5371—2017	2013	发布	2017	王海云参与编写
15	混凝土结构工程防水加固灌浆技术规程	电力	T/CECS 560—2018	2016	发布	2018	李占彪参与编写
16	水电工程基础信息采集规范	电力	制定	2016	在编		
17	水电水利地下工程地质超前预报技术规程	电力	DL/T 5783—2019	2010	发布	2019	DL/T 5783—2019
18	全断面岩石掘进机法水工隧洞工程技术规范	工程建设	制订	2017	在编		
19	水利水电工程敞开式全断面隧道掘进机施工组织设计规范	工程建设	制订	2017	在编		
20	地下爆破工程施工组织设计规范	工程建设	制定	2018	在编		
21	混凝土气体渗透性能测试方法	方法	制定	2019	在编		水力发电工程项目规范
22	水工建筑物地下工程开挖施工技术规范	工程建设	修订	2020	在编		
23	水力发电工程项目规范	工程建设	制定	2016	在编		

第六章

百花齐放，多元并进

> 我们要举一反三，进行更有长远性的思考，完善战略布局，做到化危为机，实现高质量发展。
>
> ——习近平

水电十四局的早期发展聚焦于传统水利水电业务，从石龙坝水电站扩建到"三河大会战"，逐渐发展成为国内水利水电行业具有较强竞争力的企业。经鲁布革项目的洗礼后，水电十四局向外国企业虚心学习先进技术及管理经验，在厂房枢纽项目尝试项目管理取得成效，经广蓄项目、黄河小浪底工程及三峡工程、南水北调工程等磨砺而成为水电施工行业赫赫有名的水电劲旅及地下铁军。随着传统水电业务的萎缩及大基建行业的发展，水电十四局与时俱进，树立了"大市场、大土木、大建筑"观念，在巩固传统水电工程市场的基础上，进军非水电建筑市场，大力拓展国际市场，实施了全新内涵的多元化发展。实现了从云南向全国、从国内向国际的跨越；实现了由传统水电建筑市场向大建筑市场拓展的转型升级。先后承建了京沪高铁、深圳地铁、成都地铁、晋红高速、宜昭高速、川藏铁路、中老铁路、滇中引水、珠三角地区水环境综合治理等工程。在多元化的道路上走出了属于自己的发展道路，形成了新的核心能力。水电十四局目前已发展成为拥有水利水电工程施工总承包特级资质，市政公用工程、建筑工程和机电工程施工总承包一级，以及隧道工程专业承包一级资质、轨道交通工程专业资质、工程设计水利行业甲级，对外工程承包经营及电力投资业务资质的国有大型综合建筑企业，在国内外获得良好的声誉。

第一节　多路并进发展多元化

多元化经营又称多角化经营，是指企业经营不只局限于一种产品或一个产业，而实行跨产品、跨行业的经营拓展，其目的在于顺应市场发展，规避原有经营领域萎缩的不利状况，同时发挥企业特长，充分利用企业的各种资源，延伸至多产品、多行业，以提高经济效益，保证企业的长期生存与发展。由于多元化经营涉及企业资源配置的重大调整、较长时期的谋划和实施，因而多元化经营本质上为开拓发展型战略，并且具有多种多样的具体形态或具体战略形式。

我国 20 世纪 80 年代中后期改变了多年来工程建设的传统模式，逐渐运用市场机制，推行招标投标制度，由此揭开了水电建设市场的竞争。水电十四局虽然在鲁布革电站建设中取得了辉煌的成绩，掀起了我国项目法施工的热潮，但由于各种原因，在云南漫湾水电站建设的招标中失利，出现了业务断档、收入锐减、设备富余、人员闲置等前所未有的困难局面，举步维艰。

为了企业的生存和长远的发展，水电十四局认真学习了党和国家有关经济改革的方针、政策，分析了我国基本建设行业发展趋势和要求，没有依赖政府解决困难，痛下决心，果断改革，科学决断，适时进行了战略调整，提出"立足云南，面向全国，走向世界"的战略方针，主动迎接市场风暴的洗礼，在市场中积极寻找发展机会，调整生产经营结构，发挥自身核心竞争力优势，先后进入了水利建设、机电安装、市政工程、公路工程、火电建设、轨道交通、核电工程、高铁建设等领域，进行多元化经营，近年更是将业务范围拓展到投资领域和新能源、水环境治理等领域。经过 30 多年的艰苦努力，水电十四局通过实施多元化经营战略，有力地支持了企业的发展，业务收入增长了 100 多倍，发展成为以水电建设为基础、多种业务为支撑的蜚声海内外的大型企业。水电十四局多元化营业收入比重变动情况如图 6-1 所示。

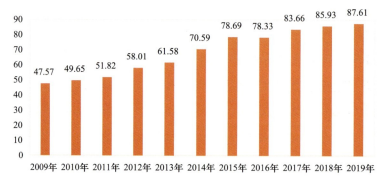

图 6-1　水电十四局 2000—2019 年营业收入中多元化经营收入比重图（单位：%）

从图 6-1 中可看出，水电十四局在保持核心传统水利水电业务不断发展的同时，多元化业务异军突起，在营业收入总额中的比重不断提升，尤其在 2010 年后的发展十分迅速，在 2011 年首次超过了传统的水利水电业务，在营业收入中的比重达到 51.82%，之后一直持续攀升，2019 年高达 87.61%。从此意义上来说，多元化经营收入已成为水电十四局最为重要的业务，当前及今后相当长时期内非水业务对水电十四局的生存和发展具有决定性的作用。

通过多年来的努力，目前水电十四局的多元化业务快速发展，已形成了多个市场、多个领域、多个行业百花齐放的良好局面。

一、市场多元化

（一）国内市场扩展

水电十四局从 1954 年成立以来，一直奋战在云岭大地，先后完成了我国第一个水电站——石龙坝电站扩建、国家重点建设工程——以礼河梯级电站、第一个引进外资和实行国际招标的试点项目——鲁布革水电站等建设任务，并兴建了 10 余座梯级水电站及一批地方小水电，为云南经济社会的发展提供了强大电能，创造了一系列极为宝贵的工程技术和管理经验，成为全国建设行业的先进典范，为我国改革开放做出了突出的贡献。

从 20 世纪 80 年代末开始，水电十四局这支水电大军焕发青春，走出云南，全面参加市场竞争，在国内市场中实施南下、东进、北上的战略挺进，成为举世瞩目的广蓄一、二期抽水蓄能电站、黄河小浪底、长江三峡工程和广西龙滩、金沙江溪洛渡、云南小湾等巨型水电工程的施工主力军，参与了云南漫湾、大朝山、功果桥，广西天生桥、百色，福建棉花滩，贵州洪家渡、构皮滩，湖南三板溪，四川锦屏一级、瀑布沟、大岗山、泸定、长河坝，湖北水布垭，新疆恰甫其海，重庆彭水、银盘等数座大型特大型水电站和浙江天荒坪、广东惠州、清远等大型抽水蓄能电站施工，足迹遍布祖国的大江南北，以持续跃进的姿态成为竞争中的强者，"地下铁军"声名远播，"水电劲旅"享誉国内外，部分代表性项目如表 6-1 所示。

表 6-1 仅为水电十四局在部分地区开展的业务，但可看出其市场多元化已由大江大河的支流电站建设扩展到大江大河干流的大型水电站或水利枢纽工程建设，如从金沙江支流以礼河电站建设跃入其干流溪洛渡电站建设，从珠江发源地云南到

珠江流域的广蓄发电建设,从横贯南方的长江流域进入黄河小浪底水利枢纽工程建设……这不仅意味着水电十四局施工建设及管理组织水平、技术的飞跃,还标志着水电十四局由局部市场扩展到主要市场,由云南市场扩展到全国市场,由西部地区欠发达市场扩展到沿海发达地区市场,经营业务从以水利水电为主向公路、市政、轨道、铁路、水环境等领域拓展,呈现出市场空间多元化的特色,大大提高了市场覆盖率,塑造了良好的市场形象,增强了企业影响力和竞争力,创造了良好的经济社会效益。

水电十四局 20 世纪 80 年代末以来实施市场多元化进入的部分地区和项目　　表 6-1

地区	代表性项目
云南	金沙江溪洛渡、澜沧江小湾、中老铁路、晋红高速、宜昭高速 PPP 项目
河南	小浪底
湖北	长江三峡、水布娅
广西	天生桥、龙滩
福建	南一水库、棉花滩、周宁、武邵高速公路、南龙铁路
贵州	洪家渡、构皮滩、三板溪、凯里至雷山高速公路、凯里环北高速公路 PPP 项目、双龙 PPP 项目
湖南	白云
四川	锦屏、瀑布沟、大岗山、泸定、长河坝、成都地铁
新疆	恰甫其海、顶山、阿喀高速公路
重庆	彭水、银盘、梁忠高速公路、江习高速公路
浙江	天荒坪
广东	广蓄、惠蓄、清蓄、广州地铁、深圳地铁
陕西	西安地铁、西成高铁
西藏	川藏铁路
天津	天津地铁
山东	京沪高铁
安徽	南陵县城区水环境综合治理、繁昌县水环境综合整治 PPP 项目

(二)国际市场精耕

从国际市场的扩展来看,水电十四局在全球布局,在国外广阔的空间展示出异常精彩的百花齐放的美丽画面。水电十四局从 20 世纪我国开始实行建设项目招标投标制度以后,积极发展国际业务,大力开拓国际市场,着力培育新的经济增长点,继喀麦隆拉格都水电站建成后,又先后在阿尔巴尼亚、阿尔及利亚、布隆迪、喀麦隆、中非、刚果（金）、加蓬、斯里兰卡、缅甸、老挝、泰国等国家建成多项水利水电和公路工程，积累了丰富的国际施工经验和良好的国际信誉，成为国内最早取得承包经营国际工程资质的水电施工企业，实现了国际业务的跨越式发展。

水电十四局以全球化的战略思维，通过全球配置资源，逐步实现战略、运营、资本、管理、文化全球化，以优先性应对复杂性、挑战性，深化国际经济技术交流与合作，充分发挥在核心业务领域的比较优势，抢抓"一带一路"倡议发展机遇，扩大国际经营规模、提升国际经营层次和国际经营质量，按照"深耕核心市场、挖掘潜力市场、把握机会市场"的原则，深耕南亚、东南亚和非洲市场，挖掘南美市场，把握机会积极开拓其他地区市场，迄今为止，其项目广泛分布在亚洲、非洲、南美洲等 20 个国家，商业模式不断转型升级，由单纯的水电站施工和公路施工，拓展至提供设计、采购、施工、运行、技术合作等在内的综合承包业务，加速从传统承包施工向 EPC 等承包业务转变。

由于持续不断的努力，水电十四局的国际市场开拓取得了突出的成绩，为中国电建集团内多年来国际化业务最多、最强的企业之一，一直是云南省众多企业国际化业务的排头兵，为国有企业实施"走出去"战略树立了榜样，获得了多项荣誉，国际化业务也成为全局营业收入中的重要组成部分。

水电十四局国际化业务的持续发展实质上是对国际市场实施多元化发展的结果，也是核心能力不断释放的结果，同时还是坚持技术创新、管理创新、投资创新的结晶，究其原因，这与水电十四局长期以来认真坚持改革开放的思想和要求有着紧密的关系，是积极贯彻落实国家"一带一路"倡议的具体体现，是不断适应市场环境变化、努力寻求发展机遇的表现。水电十四局正呈现出国内市场多元化与国际市场多元化相互补充、相互促进、协调发展的可喜局面。

二、能源业务多元化

水电建设是水电十四局开展时间最长也是最为成熟的业务，已具有国内领先、国际先进水平，在国内外有着广泛的影响，成为自身的核心能力，其中地下厂房工程、当地材料坝、高水头大容量机组安装等已成为核心业务，是自身资源与能力进一步衍生的基础。随着市场需求的变动、业务链的发展，水电十四局不满足于传统的水电建设业务，发挥在电站基础设施建设、机电设备安装等方面的优势，将其核心能力向核电配套、火电建设、新能源建设等其他能源建设领域拓展。

（一）火电工程领域

1993年6月，水电十四局承建了广东台山火电厂土建工程，合同额3000万元，开工时间为1993年6月，完工时间是1995年6月，由下属三公司承建。从此，水电十四局开始涉足火电厂建设工程，随后又承建了云南滇东发电厂工程、云南开远火电厂工程、甘肃酒泉热电厂工程等。这一系列火电工程建设项目的成功完成，标志着水电十四局结束了长期以来仅仅停留于水电建设的历史，完全可以在核心能力延展的基础上进入与自身业务有着紧密技术经济联系的其他领域或行业大展身手。

（二）核电工程领域

2000年8月，水电十四局承建了江苏田湾核电站部分工程，合同金额8746万元，开工时间为2000年8月，完工时间是2003年12月，由水电十四局曲靖分局承建，历时3年，这标志着水电十四局进入了核电工程领域，尔后又承接了多项与核电工程相关的建设任务，并且圆满地完成了预定的工作，获得有关方面的好评（图6-2）。

图6-2 陆丰核电项目排水头部施工

（三）新能源领域

水电十四局从2008年投资建设云南大理磨山风电场以来，以大理聚能投资有限公司为投资主体，完成 7 个国内新能源签约项目，包括云南省大理州者磨山风电场（一期、二期）、巨龙山风电场、晴云山风电场、干海子风光互补并网光伏电站项目、斗顶山风电场、九龙坡风电场，总装机容量 26.375 万 kW，总投资 21.93 亿元，形成了风电、光伏发电项目群。水电十四局完成了云南泸西孔照普、巧家洗羊塘和三股水、曲靖朗目山、弥勒石洞山、禄丰大荒山、华宁大丫口、姚安龙箐、会泽头道坪和大海梁子等风电场建设，先后参股中国电建新能源等 10 多个投资平台公司，在全国范围内进行产业布局，不仅进入新的能源建设领域，还把自己的机电设备加工制造能力有机结合，为风电提供了大量的塔筒，对风电进行维护、管理、经营，形成了良好的业务链和巨大的市场影响力。

（四）机电安装领域

迄今为止，水电十四局累计安装的水轮发电机组超过 380 台，完成的总装机容量超过 3400 万 kW，在国内仅有的几家具备安装单机容量超过 70 万 kW 机组资质的企业中名列前茅。机电安装事业部技术实力雄厚、经验丰富、品牌影响力强，施工水平居行业领先，多项技术达到国内或国际先进水平，取得了国家、省、部级的多个技术奖项或技术评定证书，特别擅长高水头大容量（含可逆式水轮机组的安装）水轮机组的安装，具备年装机容量 5200MW、金属结构制作安装 2.4 万 t、风电塔筒制造 3 万 t 的能力，形成了机电安装调试和金属结构制作安装两大核心业务，承担的工程项目遍及国内大江大河，并在东南亚、非洲和中南美洲等地承担了多个项目。

水电十四局充分发挥自身的核心能力优势并根据市场需求变化不断延展，在核心业务多元化方面积极努力，获得了电建业务的多种市场，还为降低市场风险、开拓新的业务、创造新的价值、促进企业的发展提供了积极的支持。

三、交通建设多元化

交通建设是水电站建设中前期性的基础设施项目，通过以公路为主的交通设施建设，以方便人员、物资尤其是大型设备的进入，确保电站建设的顺利进行，从此意义上来说，交通建设是大型水电施工企业的一项基本业务、前期工程。水电十四局在长期的水电建设中，积累了丰富的交通建设的经验，除公路建设外，还在 20 世纪 60 年代以礼河电站建设时就采用了轨道交通方式。虽然这些交通建设工程只是电站建设中的配套工程、基础性工程，是为电站建设服务的，但水电十四局长期的交通建设累积了十分丰富的经验。从 20 世纪 90 年代以来，我国为进一步加快经济社会的发展，加快基础设施建设的步伐，各地兴起了交通建设的热潮，水电十四局趁势而为，以市场需求为导向，以服务社会为己任，主动参与市场竞争，承建了地方许多交通设施建设工程，并使之成为新的多元化业务，促进了自身的快速发展。

（一）公路工程领域

1993 年 1 月，水电十四局承建了广州至从化的公路工程，合同额 551 万元，开工时间为 1993 年 1 月，完工时间为 1993 年 11 月，由水电十四局下属的四公司承建，该工程合同金额虽小，但开创了进入地方公路工程市场之先河。水电十四局参与建设的云南昆玉高速公路作为中国电建第一个高速公路"鲁班奖"获得者，先后承建福建邵武、四川邛名、新疆阿喀、贵州凯雷和凯里环北（图 6-3）、重庆江习和梁忠、云南晋红和江通及宜昭等高速公路，在云南省内的曲陆、昆玉、嵩待、楚大、大保、砚平、元磨等高速公路也留下了水电十四局英勇拼搏的身影，公路工程总承包形成新的核心竞争优势。在梁忠高速，凭借自身的技术优势和施工管理经验，成功穿越瓦斯、石膏岩、采空区、煤层、岩溶"五毒"不良地质段，安全贯通 5519.15m 的礼让特长隧道。水电十四局的公路建设能力不断增强，得到了社会的广泛好评。

图 6-3　贵州凯里北环三棵树互通

（二）轨道交通领域

2000 年 6 月，水电十四局作为水电行业第一家进入轨道交通领域施工的企业进入广州地铁 2 号线，由此成为最早获得轨道交通施工资质的水电企业，成功地进入地铁工程市场。之后，又参建了广州、天津、西安、无锡、深圳、成都、武汉、昆明等城市轨道工程。在深圳地铁 7 号线，承担标段涵括中国电建首次施工的叠线隧洞和桩基托换工程，全面贯通全线施工难度最大、技术难题最多、风险系数最高的 10 条盾构隧道，成为水电十四局乃至中国电建地铁建设史上的里程碑工程。2017 年，深圳市城市轨道交通 7 号线 BT 项目荣获国家优质工程金质奖，成为广东省首个、全国第二个获此殊荣的地铁项目。

（三）铁路建设领域

水电十四局以自身的核心能力为基础，积极进入铁路建设领域，参与了白浩铁路、锦赤铁路、西成铁路、南龙铁路、中老铁路等工程的建设，尤为可喜的是于 2008 年，水电十四局进入中国第一条高铁——京沪高铁的施工行列，不仅见证了中国第一条高铁的诞生，还在一个全新的施工领域——高铁建设市场闯出了新路子。在京沪高铁，创造当时Ⅱ型板日灌的全国高铁施工新纪录，获"优质样板工程"，泗河特大桥被授予"标准化工地"。随后在市场激烈竞争中中标参与了贵广高铁、西成高铁的建设，在西成高铁建设中，安全贯通中国电建目前最长铁路隧道——13.1km 福仁山隧道。铁路建设从普铁走向高铁，从国内走向国际，与各铁建"路内"企业同台竞技，水电十四局跻身铁路建设施工单位第一方阵。目前，水电十四局又进入了川藏铁路建设的光荣行列，将在世界屋脊上书写伟大的丰碑。

水电十四局在交通建设业务中取得丰硕的成绩，实质上是其自身能力不断培育、提高的结果，是紧抓市场机遇的必然，也是企业产业结构调整和内部资源整合能力提升、核心能力扩散的表现。

四、城市发展建设多元化

随着我国改革开放的不断深入、经济社会飞速发展，城镇化进程日益凸显，现代城市建设在规模化、清洁化、便利化等方面提出了新的要求，水电十四局以清洁能源、环境保护、基础设施与城市建设的智慧化、便捷化为方向，积极为社会承担持续发展责任，推进绿色发展和技术革命，进军产业投资，发展水资源与环境业务等，再次拓宽了公司的多元化业务领域。

（一）市政工程领域

早在 1989 年 4 月，水电十四局承建了云南大理市下关洱海节制闸工程，合同额 189 万，开工时间为 1989 年 4 月，完工时间是 1990 年 2 月，由水电十四局下属的六公司承建。这一工程是水电十四局最早承担的市政工程。尔后，水电十四局承建、参建了天津武清新区"新城开发"市政工程、贵州双龙航空港基础设施建设、广东江门南山路以及杭州"大江东产业聚集区"、云南转龙镇道路市政工程、安宁永安桥改造市政工程等项目，在市政工程领域取得了突出的成绩。

（二）水资源与环境业务

近年来水电十四局积极参与城市水资源与环境业务和地下综合管廊业务，在 20 世纪 90 年代就承担了昆明市第一自来水厂、昆明第五和第六污水处理厂等建设工程，2016 年参建深圳市茅洲河流域水环境综合整治项目，在水环境流域综合治理市场开辟出新天地。目前已承担深圳茅洲河水环境治理、王母河水环境治理，广州白云城中村污水治理改造、深涌流域等黑臭河涌综合整治工程、东莞市石马河流域综合治理、深圳市黑臭水体生态补水管道建设、安徽省南陵水环境综合治理工程和杭州大江东地下综合管廊和南水北调涞水、南阳、焦作调水工程及北拒河应急供水工程、云南牛栏江滇池补水工程、长沙引水及水质环境管网铺网工程、成都龙泉驿西河污水处理厂、安宁草埔片区生产用水水厂及管网铺设工程、姚安自来水厂、张峰土堆泵站等项目等，仅 2018 年该类业务新签合同额就达 14.52 亿元，显示出强劲的市场竞争力。目前，正承担金沙江滇中引水的宏大工程建设重任，水电十四局将以高度的社会责任、优良的技术、精湛的施工组织管理，为改变边疆民族地区的落后面貌、整治祖国的河流山川作出历史性的贡献。

（三）城市重大建筑领域

水电十四局坚持对城市建设业务的深耕，注重城市建设新业务的要求，并从多角度积极努力进入这些新的领域，完成了昆明长水机场场坪工程、贵州双龙航空港项目群、陕西渭南项目群等，扩展了参与现代化城市建设的空间格局。

为顺应城市房地产行业快速发展趋势的要求，水电十四局进入住宅房屋建筑领域，承建昆明瑞鼎城（图6-4）、大理阳光佳苑、长沙卢浮原著、贵阳云关新城等项目，打造了水电十四局的新品牌。

图6-4　昆明瑞鼎城项目

除此之外，水电十四局还参股投资成立中铁电建重型装备制造有限公司，建设西南最大盾构装备制造基地，已成功下线我国自主研制的国内第一台最大直径敞开式硬岩掘进机"彩云号"，不仅填补了云南省此类重型装备制造的空白，还为自身发展提供了可靠的技术条件。

水电十四局从多方面参与城市建设，成为新时代城市建设的生力军，这是水电十四局业务多元化的又一成功实践，昭示出水电十四局持续不断的发展动力和光辉灿烂的发展前景。随着我国城镇化、工业化进程的进一步加快，城市建设市场将会出现越来越多的发展机遇，水电十四局的城市建设多元化业务还将进入更大的空间和更高的层次，将会更加有力地促进自身的健康、持续发展。

第二节　多元化业务创新发展的主要动力和路径

水电十四局把多元化业务视为企业战略层面的大事，提出了相应的战略观念，发展方向及其目标，多年来始终从战略高度谋划多元化业务，从多方面汇聚发展动力，从多渠道推进多元化业务的创新发展。

一、战略思想的适时转变

企业战略思想，是指规划企业全局，引导企业发展，进行战略决策的基本思路。它给企业指明了发展的模式、依托的基础、最终的目标。一个企业的生存与发展涉及诸多因素，成功与失败也是众多因素组合的结果。经济管理理论认为，企业产权清晰，外部市场优化，所解决的是动力机制问题，而战略思想则给企业发展规划了方向。一个具有先进正确战略思想指导的企业，一个在正确战略思想指导下的管理行为，可以弥补企业内部制度管理方法、手段的不足，引导企业走向成功。所以，企业战略思想是企业成败的关键，是企业发展的生命线。水电十四局之所以能驰骋国内外市场六十余年，与其战略思想的建立和适时转变有着紧密的关系。

水电十四局自 1954 年成立以来，立足云南，艰苦奋斗，以江河为伍，以大山为伴，承建、参建了多项国家重点水电工程及引水调水等水利项目。然而随着 20 世纪 80 年代的体制变革，水电市场竞争日趋白热化，为了生存更为了发展，水电十四局开始进入非水电建设领域，从多个方面实施了多元化经营。

视野的广度决定了事业的高度。1985 年，水电十四局提出了"立足云南，面向全国，走向世界"的战略方针，多年来坚定实施"走出去"战略，优先发展国际业务，大力开拓国际市场，着力培育新的经济增长点。

2004 年水电十四局在《水电十四局发展战略与规划》中制定了产业结构调整总目标：以国内水电工程为主，拓展其他建筑业业务，积极开拓国际市场，扩大国际工程，大力发展对外投资，逐步形成国内建筑工程、国际工程和对外投资三大产业结构。

随着时代的发展，我国水电开发的高峰已经过去，国内水电工程市场出现阶段性萎缩，为此中国水电建设集团公司提出了"树立大市场、大土木观念，实施全新内涵的多元化经营"思路，确立"巩固传统的国内水电工程市场，优先发展国际业务，大力拓展国内非水电建筑市场"的发展战略，实施战略转型。水电十四局认真贯彻执行集团公司的战略转型要求，实行主营业务转向，加大调整产业结构，及时应对市场形势的变化和国际金融危机的冲击影响，努力增强抵御风险的能力。

2006 年，水电十四局对发展战略与规划做了修订，把战略定位进一步明确为："立足国内建筑市场，大力开拓国际建筑市场，集中优势资源做强水利水电工程，不断提升大坝、路桥工程及其他建筑工程的施工水平和资质，增强地下工程、当地材料坝、高水头大容量水轮发电机组安装工程的核心竞争力，积极稳妥加大风能、中小水电及其关联产业开发的投资力度，培育新的经济增长点，构建以国内建筑工程、国际工程和产业投资（资本经营）为核心业务的三大经济支柱"的多元化经营战略。

2021年，水电十四局根据国内外经营环境的变化，在发展战略思路上突出：按照"适应市场、突出主业、优势多元"的总体原则，持续强化补链、强链、延链，纵深升级优化产业链，打造"投、建、营"全产业链一体化发展、"国际国内"两大市场统筹发展、"水、能、城"三大领域交融发展的"一体两场三域"协同联动产业体系。

在历史发展进程中，水电十四局紧紧把握住了多元化发展关键节点和机会，在福建南一水利设施建设和广州抽水蓄能电站建设时率先走出云南、走向市场，而21世纪以来的一系列管理变革、战略指引更是体现出水电十四局大胆的尝试与实践。事实证明，只有在关键节点高瞻远瞩、着眼大局与未来，做出正确的多元化发展战略抉择，才能立于市场不败之地，获得越来越多的发展空间。

二、核心能力的延伸与发挥

企业的核心能力处于企业核心地位，也是企业的核心竞争力，可使竞争对手在一个较长时期内难以超越，具有较长的生命周期和较高的稳定性，能使企业保持长期稳定的竞争优势，获得稳定的超额利润。60多年来，水电十四局始终致力于打造、培育核心竞争力，从企业建立之初的水利水电领域拓展到轨道交通领域和机电安装等领域，水电十四局的核心竞争力随着业务的拓展而不断增强。

在传统水电水利业务时期，水电十四局牢固建立了在大型复杂地下洞室工程施工的优势，尤其具有对大型地下洞室群，尤其是厂房、大断面长隧洞的快速施工能力，施工的速度和质量居全国同行业的前列，乃至在国际上具有领先地位。

擅长因地制宜，采用当地材料坝填筑，尤其对混凝土面板堆石坝和心墙堆石坝具有丰富施工经验；在发电机组安装和金属结构制造安装方面也形成了自己的独有优势，特别擅长高水头大容量（含可逆式）水轮发电机组安装。

在传统水电业务基础上，水电十四局与时俱进，充分发挥自己的技术及施工优势，培养新业务的竞争能力，逐步积累城市轨道交通施工、高速公路施工等方面的管理技术及经验。目前已掌握了世界上最先进的盾构施工管理技术，获得了城市轨道交通施工核心能力，擅长大断面长隧洞 TBM 快速掘进施工技术。此外，还拥有先进的高速铁路及公路施工管理技术和经验，擅长高速铁路、公路工程施工。同时，多年来加强风电建设与投资，积累了丰富的高海拔地区风电施工、运营管理经验，擅长新能源风电投资、建设、运营管理，并将新能源业务发展成为公司的重要利润来源。

多年来，水电十四局坚持对自鲁布革工程以来形成的项目经理制度不断改进完善，使项目经理制度逐渐成为自身的核心能力，并与其他核心能力、相关业务、相应资源有机组合，有力地支持了多样化经营的开展。

水电十四局从实施多元化经营以来，始终围绕着自身形成的核心能力来进行多元化业务的扩展，从国内市场到国际市场，从水电建设到火电建设、核电建设、风电建设、光伏太阳能建设以及机电设备安装，从公路建设到铁路、地铁建设，从水资源工程到污水处理工程、其他市政工程，虽然多元化业态不同、形式各异，但基本上都是基建工程项目，水电十四局把自身在水电建设形成的核心能力贯穿于这些形态各异的建设项目，以自身的优势能力确保了对这些项目建设的把控，并且通过这些不同领域建设项目实践经验的累积，反过来又进一步增强了自身的核心能力，循环往复，每一次挑战、每一次新的建设项目，都意味着水电十四局核心能力的增强与提升，从此意义上来说，水电十四局多元化经营的成功就是核心能力扩散、运用的必然，也是核心能力不断培育、提升的结果。从上述水电十四局的核心能力分析可知，其城市轨道交通工程施工、大断面长隧洞 TBM 快速掘进的核心能力就是在多元化业务拓展中培育、形成的，这充分证明了水电十四局已构建了多元化业务与核心能力的耦合互促的良好关系。

水电十四局在处理多元化业务与核心能力扩散上有着明确的指向和高超的技巧，在相当长时期内，水电十四局是采取相关多元化的方式进入市场的，确保了自身核心能力的有效扩散，有力地支持了多元化业务的开展。相关多元化是指进入与企业现在的业务在价值链上拥有竞争性的、有价值的"战略匹配关系"的新业务。相关多元化战略可以将专有技能、生产能力或者技术由一种经营转到另一种经营中去。实施相关多元化的好处在于：可以扩大市场经营范围而实现范围经济效益、降低依赖单一市场而带来的市场风险、降低交易成本、可有效地参与市场竞争等。从多年的实践来看，水电十四局较多地采用了多元化经营中的共享型相关多元化，即通过共享企业关键职能活动或核心能力进入相关行业发展，也就是企业所进入的行业之间存在着某种可以共享的职能活动或核心技术，各行业之间在技术上存在较大的相关性。水电十四局从水利水电建设进入交通建设、铁路建设、地铁建设、水资源与环境建设等领域，就是这种共享型多元化业务的具体表现。

同时，水电十四局也采用了纵向相关多元化策略，通过上下游产业链活动的垂直整合来强化核心产业、扩展市场、增加经营领域，如建设混凝土搅拌厂，使用自己生产的混凝土，建设自己的机电设备加工厂，为所承担的工程提供金属结构产品等，这是典型的后向多元化的表现。这样做的目的，不仅使企业更好地把控了产业链、价值链，还增加了利润点，有效地降低了成本。

近年来，水电十四局围绕城市建设，运用了 PPP 项目法，也就是在项目建设的基础上还要负责项目完工后的运营管理，这实质上是走向多元化的表现。采取这样的方式，固然有着财务、竞争、市场前景等因素的考虑，但毫无疑问的是，这一方式使得水电十四局的业务范围从建设延伸到了运营管理，这是一次新的挑战，也是新的发展机遇。

总的来说，水电十四局科学地运用相关多元化策略，形成了相关多元化的立体发展发展局面。

从图 6-5 可以看出，水电十四局的核心能力是从多个维度上延伸、扩展的，其延展过程就是多元化业务的推进过程，并且这些维度的多元化又在一定程度上相互交织、协调，共同演绎共享相关多元化、纵向多元化与前向多元化发展的精彩篇章，完成了众多高质量、高水平的项目。

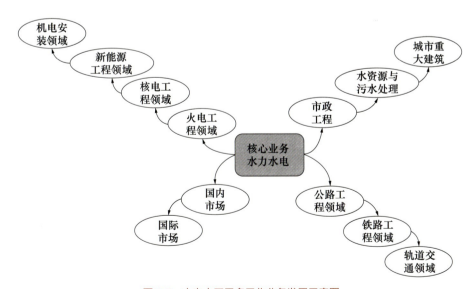

图 6-5　水电十四局多元化业务发展示意图

水电十四局在核心能力延伸、发挥的过程中，没有停留于原有技术、组织、管

工程第一个对外开放的试点。水电十四局开始在鲁布革电站建设中学习和利用外国先进的施工管理经验和技术，在国内开创项目法施工的先河，学习和引进先进的施工技术和成套的大型施工机械设备，改变了水电工程落后的施工工艺和施工手段，大大地提高机械化施工能力，培养一大批手握先进施工技术和机械设备的技术和管理人才。水电十四局在学习鲁布革管理经验的基础上，提出有计划、有步骤地改革企业内部组织机构和管理机制，把水电十四局由一个单一的施工劳动密集型企业，逐步建设成为智力密集型总承包公司的目标。但随之而来的体制变革和市场竞争要素的引入，水电十四局不能再像以往一样可以轻松地拿下水电站的整体建设任务，1985 年虽中标承建云南漫湾电站导流和泄洪工程，这是水电十四局通过投标承建的第一个大型水电工程，但所承担的仅仅是整体工程的一小部分，全局陷入了工程量不足，人员、设备富余，员工收入减少，企业经营业绩不佳的前所未有的困难局面。多年来形成的奋斗文化和创业精神促使水电十四局的干部、职工积极思考，放弃"等靠要"的落后思想，认清经济社会发展的趋势，借助项目管理的思想和方法，毅然走向市场，从此，水电十四局完全通过招标投标承包工程，全面告别了由国家分配施工任务的传统体制。水电十四局承担的福建漳州南一水库建设，标志着市场多元化的起步，紧接着 1988 年中标承建广州抽水蓄能电站，全面地、成功地推行了项目法施工，不但积累了宝贵的管理、人才、品牌财富，展示了"客户信赖、员工自豪、社会尊重"的良好面貌，更重要的是增强了水电十四局走出云南，主动融入市场、开展多元化经营的信心和决心。紧接着天荒坪抽水蓄能电站、白云电站、广州地铁、惠州抽水蓄能电站、京沪高铁、天津地铁、贵广铁路、西安地铁、深圳地铁等一大批多元化项目的顺利完成，从事实上证明水电十四局多元化业务主动作为的成功之举。

水电十四局响应党和政府的号召，积极贯彻国家的方针政策，把高度的政治自觉与开展多元化业务有机结合起来。水电十四局在认真总结以往参与国际援外项目建设的经验，科学分析国际市场的状况，紧抓国家"走出去"战略带来的发展机遇，实施跨国经营，在西非等地的水电市场迅速扩展，水电十四局一直是中国电建集团下属企业中开展国际化业务最多的单位之一，也是云南省国际化业务的排头兵。随着国家"一带一路"倡议思想的提出，水电十四局不仅加大了非洲市场的开发，还进入了亚洲、南美等区域市场，以自身的行动体现出国有企业的责任担当，同时还促进了由跨国经营到国际化发展的大步跃进，国际化业务成为多元化业务乃至全局整体经营中不可或缺的重要组成部分。

"主动判断形势，积极顺应形势，合理选择形势"，这是国内外成功企业的普遍经验，水电十四局在多元化业务发展中正是遵循了这一战略选择的科学要求。"十五"规划实施以来，我国经济社会发展进入了崭新的时代，产业结构调整步伐进一步加快，现代化建设步伐日益加快，为此国家加大了基础设施建设的力度，积极推进城镇化，努力改善生态环境。水电十四局在对宏观环境变化进行认真研判的基础上，进行资源的科学整合和合理配置，把多元化业务积极调整到高速公路、高铁、地铁以及市政建设、水资源和污水处理等新的建设项目上，既满足了社会发展对新的基建力量的需要，又使多元化业务进入了新的领域并形成了新的增长点。同样，在"一带一路"倡议的实施初期，水电十四局敏锐意识到"一带一路"沿线国家的市场将不再是传统单一的水电建设市场，而会出现以基本建设为重点的多领域的多元化市场。为此，全局上下注意市场信息收集，科学决策，从水电站建设开始，继而发展到公路、铁路、市政工程项目，多元化业务在空间上拓展，在经济社会发展中深植。

观念创新是企业满足市场的需要、创造价值的前提。水电十四局在多元化业务发展中，树立和坚持新的发展观念，不断改进经营管理思想，形成多种形式的多元化发展格局。在三峡水电站右岸地下厂房项目的施工中，针对工程特点、难点，推进技术创新，采用多项新技术，克服了许多难以想象的困难；强化质量管理创新，打造精品工程；鼓励理念创新，打破常规，大胆实施"个性化施工"，创造了"世界地下电站施工的奇迹"的美誉，为企业增强核心竞争力、更好地开展多元化业务奠定了坚实的基础。坚持协调发展、共享发展的新发展观使水电十四局在多元化业务拓展中又迎来了新的蓝海。

以往在多元化业务开展中，水电十四局习惯于以自己为主，单打独斗，但面对日趋激烈的市场竞争，则显现出竞争力受限的不利状况，为改变此状况，水电十四局继黄河小浪底大坝工程作为协办方与意大利、德国公司合作组建联营体后，又于1996年初，组建了以水电十四局为责任方的三联总公司，一举中标承建了长江三峡永久船闸地下输水系统工程。联营体营运体制顺、机制活、效率高、管理好，创造了科学协调发展、优势互补共享发展的许多经验。同期，水电十四局又在小浪底水利枢纽工程中组建了以水电十四局为责任方的OTFF联营体，承担了三条导流洞的赶工任务，确保了1997年黄河小浪底工程按期截流。随后水电十四局又在云南小湾、广西龙滩等多个项目以联营体方式进行营运，取得了不俗的多元化业绩。在晋红高速、凯里北环等项目建设中，水电十四局积极采用了PPP、股份制等建设经营模式，扩展了市场，降低了经营管理风险，将多元化业务发展推进到市场、技术、资本等要素紧密结合的新高度。

四、品牌建设与市场深耕

多年来，水电十四局获得了众多荣誉及省部级以上重大科技成果奖。参建的鲁布革电站、广州抽水蓄能电站和参建的长江三峡水电站工程、黄河小浪底水利枢纽等4项工程荣获"新中国成立60周年百项经典暨精品工程"；承建、参建工程获得国家级和国际"优质工程奖"30项、省部级"优质工程奖"50项，承建多外项目获得国际国内大奖，水电十四局技术过硬，敢于创新，开拓进取，诚信经营，管理规范，和建天下。水电十四局奋斗的60多年历史，创造了辉煌的成绩，塑造了闻名于国内外的企业品牌，其中，许多业绩就是在开展多元化业务中获得的，可以说，企业品牌有力地支持了多元化业务的发展，而多元化业务的扩展又延续、提升了水电十四局的品牌形象和影响。

尤为可喜的是，水电十四局把来之不易的品牌声誉转化为多元化发展的机会，深耕区域市场，开展了多种多元化业务，持续承担了多个建设项目。水电十四局由于在广州抽水蓄能电站创造出十分突出的成绩，国家原电力部、建设部先后在现场召开了全国的经验交流会，着重推荐水电十四局的"广蓄经验"。这些荣誉光环打破了人们对长期深处云岭深山的水电十四局的偏见，助力水电十四局获得了广州地铁的建设项目，而水电十四局在地铁建设中的持续努力又获得了社会的盛誉，珍惜历史机遇把水电十四局打造成为"地下铁军"，进而又促成了承建惠蓄项目、清蓄项目、深圳地铁项目、珠三角地区多个城市污水处理工程等项目的任务，使水电十四局多年来一直深耕于珠三角市场，承担了多个领域的多元化项目。

在国外市场也是如此，水电十四局努力克服困难，在完成第一个项目后，使所在国的政府、企业和广大人民认识到中国建设的强大力量，进而会主动邀请水电十四局承担第二个、第三个建设项目，从水电领域扩展到公路建设、市政建设领域等，这也是水电十四局多元化业务之所以长期以来能在国际市场发展的重要原因。

总体而言，水电十四局的品牌建设赢得了市场的认可，品牌声誉又转化为获取新市场的力量，在新的市场中持续创造品牌、提升品牌价值，进而促进多元化业务的增加、领域的扩大，形成周而复始、不断提升多元化业务发展的良性循环。

第三节 多元化业务创新发展案例

水电十四局多元化业务创新发展取得了丰硕的成果，累积了丰富的经验，成为中国水电建设行业的龙头企业之一。水电十四局多元化道路虽然经历了无数艰难困苦，但也收获了成功喜悦。从一个个不同的多元化业务案例，可以看出水电十四局业务多元化创新发展的轨迹，从中带来更多的思考和启示。

一、京沪高铁[①]

2008年1月6日，中国水电建设集团中标京沪高速铁路土建三标段工程，水电十四局承担三标段五工区17.185km长的泗河特大桥、曲阜制梁场636片高速铁路双线箱梁的制、提、运、架和工区范围内38.1km的无砟轨道板铺设、三标段266.617km范围内RPC电缆沟槽盖板预制任务，首次涉足铁路建设领域。该项工程的建设任务由水电十四局来承担。高速铁路是一个全新的领域，不仅工程新，施工手段新，更重要的是理念新，这对于从未涉及铁路工程施工的水电十四局来说无疑是一次巨大的考验。

铁路施工"跑步进场"，"快"字贯穿始终，而线性工程首要的重点和难点是征地拆迁和施工协调。在接到施工任务后，水电十四局前期工作人员马不停蹄地踏勘工点、选点建家，在短短7天时间里完成梁场选址，建设规划许可等前期工作，率先拿到三标段最早的一块大临工程用地。水电十四局本着建一项工程、交一方朋友的理念，要求全体参建干部员工抛弃"等、靠、要"思想，活学活用宣传征地拆迁政策，贯彻和谐共赢的工作思路，争取得到政府部门和群众的理解与支持，通过征地拆迁工作，为工程施工展开创造必要条件，争取到相对宽松、和谐的外部环境。

在线下桩基和墩身施工过程中，水电十四局坚持学习、探索并注意总结，用学习追赶解决现场技术问题。经过多次实践，项目部选用优质膨润土护壁，解决塌孔问题；沿铁路线增设钢筋场，解决长大钢筋笼制作和运输问题；在泗河河道建立挡水围堰并用泥土换填河沙，保证河道内成孔；在桩基施工、承台开挖、混凝土浇筑等层面，采取多单位协作，多工序交叉进行。2009年9月25日桩基施工结束，10月25日最后一仓墩身混凝土浇筑完成，圆满地完成线下工程施工。

[①] 资料来源：根据中国电力建设集团2019年5月10日的重点报道《十年磨一剑——水电十四局改革发展铁建施工侧记》整合编写。

制架梁是确保实现施工组织目标的"生命线",京沪高铁的箱梁单片标准32.6m 长、12m 宽、3.05m 高,重近 900t,每孔箱梁有 148 个预埋件,预埋偏差以毫米计。水电十四局由于缺乏施工经验,一孔箱梁的底腹钢筋绑扎,数十人的钢筋班白天黑夜地干 4 天,还是达不到验收标准,一个星期浇筑不了一孔梁。面对困难和挑战,项目部本着强履约不放弃的精神,通过邀请专家指导、加强梁场的领导组织、创新改进工艺工法和建立激励考核机制等一系列的保证措施,提高了员工的履职意识和工作热情,促使箱梁生产和架设水平稳步提高。2010 年 1 月 4 日,随着最后一片箱梁准确无误架在指定桥墩上,水电十四局圆满完成箱梁制、架任务,在中国水电集团京沪高铁四个梁场中,实现了最后一个通过认证,最先一个完成制、架梁任务的梁场。

在桥面系无砟轨道板和轨道精调施工中,水电十四局创造了轨道板单机 15 小时灌板 121 块的效率突破,比京津城际 117 块的最高纪录多 4 块,创造了当时Ⅱ型板日灌的全国高铁施工新纪录。

自 2008 年 1 月 10 日跑步进场,在近 3 年的时间里,水电十四局严格按照铁道部"四个标准化"管理要求和"五个世界一流"的建设目标,高标准、严要求、讲科学、不懈怠,举全局之力、汇全局之能,全力保证京沪高铁施工建设,累计获京沪总指等业主单位"绿色通知单"奖励 11 份,获得京沪高铁股份公司"2009 年度优质样板工程"称号,泗河特大桥被授予"标准化工地"称号,在京沪高铁股份公司 2010 年施工单位信用评价中,居全线 41 家参与建设局级单位第十一名,在中国水电 12 家参建单位中名列第一。

图 6-6 京沪高铁架桥施工

京沪高铁是水电十四局第一次承担的高铁建设项目（图6-6），水电十四局不惧困难，迎难而上，经过艰苦努力，获得"2009年度样板工程""绿色通知单"等奖励，并在高铁建设领域首次亮相就一炮打响。究其原因，这是水电十四局"特别能吃苦，特别能战斗"精神的充分表现，反映出水电十四局主动改善项目建设环境的工作状态、强烈的学习意识、关键环节的把控能力和努力提高工作效率的优良传统，反映出水电十四局对新进入多元化业务领域的高度重视，也是水电十四局对项目管理思想的深刻理解和科学运用的结果，这些是企业进入新领域、开展多元化业务不可缺少的重要支撑和有力保障，京沪高铁的成功实践，也再次证明了水电十四局核心能力扩散与积极运用是新的多元化业务顺利完成的基础。

二、成都地铁[①]

2015年水电十四局中标成都轨道交通18号线工程土建3标段，该标段位于成都市天府新区天府大道南段，起于麓山站经博览城北站止于兴隆站，线路全长11090.82m，共有2站、2区间、3风井。施工涵盖了明挖法、暗挖法、盾构法等，施工工法齐全。工程实施过程中涉及前期拆迁、管线改移，土建降水井、围护结构、主体结构、盾构施工等土建工程，工程综合性强，对施工单位工程筹划综合组织能力要求高。为此，水电十四局出台了以下主要措施：

（一）重安全保质量，促生产

始终坚持制度管理。按照管理体系要求建立健全岗位责任制，以安全、质量、环境、岗位管理为重点，分门别类，细化到位，确保项目部的每一项工作都有规范标准、有制度可循。

安全方面认真落实"安全第一、预防为主、综合治理"的安全生产方针，确保职工生命财产安全和工程施工安全。质量方面严格按照施工方案、技术规范完成每一道施工工序，施工过程中安质部、试验室、测量监测队对每个管控点进行反复检验、复测，确保各项指标合格后，方可进行后续施工程序，自承建成都地铁以来未出现一起重大质量事故。

---

① 资料来源：根据2018年2月16日人民网"云南频道"《水电十四局 匠心铸就成都地铁机电工程》及中国水利水电第十四工程局2018年2月17日咨讯中心重点报道《成都轨道交通18号线获2018年度成都市"工人先锋号"荣誉称号》整合编写。

（二）打造标杆，提升履约能力

成都轨道交通 18 号线项目作为水电十四局土木工程事业部标杆项目，项目合同金额 23.91 亿元，开工至 2018 年 10 月累计结算产值 22.23 亿元，是成都轨道交通 18 号线首个完成 20 亿元产值的项目。项目部始终以高标准、严管理，打造优质项目工程为目标，确立安全生产强制化、质量过程标准化、成本管理精细化、进度管控刚性化、文明施工常态化的工作方向，对项目施工管理过程中的优秀管理经验、技术方案、管理工作中的优缺点，进行过程中总结、完善，成立管理经验汇编小组，完善管理汇编，为公司后续成都地铁施工留下宝贵管理经验。

（三）抓人才重创新，用人与技术带发展

项目部团队在进入成都地铁市场之前，大多数管理人员均只干过水电工程，为确保施工顺利，项目部组织管理团队到多处地铁项目学习，总结管理经验，根据工程特点，吸纳了一批在成都地铁施工中富有经验的管理人才，定期组织开展技能培训，加强学习与沟通，期间涌现出一批地铁建设的岗位能手。

项目部十分重视技术创新，在针对纵跨地铁车站特高压长大燃气管道原位保护难题上，项目成立攻关小组，从施工组织、机械设备、地质情况等几个方面开展课题、工法、科研成果研究，经项目部技术骨干的不懈努力，最终圆满地解决了纵跨地铁车站特高压长大燃气管道原位保护问题。此项研究课题成果获得中国电力建设集团有限公司科学技术奖三等奖，为工程主体进度奠定了坚实的技术基础。

成都轨道交通 18 号线工程土建 3 标段在全体员工共同努力下，取得了喜人的成绩，先后获得"文明施工先进工地"、"工人先锋号"、"文明施工达标工地"、"成都市全市优质示范工程（第一批）奖励"、云南省总工会"工人先锋号"、兴隆站"2018 年度成都市优质工程"称号。

成都地铁建设项目是水电十四局在完成广州地铁、天津地铁等项目基础上的又一轨道交通建设的标志性工程（图 6-7）。该项目的特色就在于无论生产技术运用、安全质量管理、合同履约、技术创新还是员工管理等方面都取得了突出的成绩，进一步丰富了水电十四局轨道交通建设的经验，标志着水电十四局在地铁领域的业务能力从技术优势向综合优势方向发展，地铁建设的品牌得到进一步的提升，尤其可喜的是成都地铁建设的成功与技术创新有着紧密的联系，这意味着水电十四局在多元化业务的创新发展上进入了一个崭新的阶段。

图 6-7　成都地铁兴隆站

三、晋红高速[①]

2013年10月25日，水电十四局参与实施的BOT项目——云南晋红高速公路开工。历经4年多时间的艰苦建设，2017年11月8日，云南晋红高速公路全线通车。晋红高速公路起于昆明市晋宁区昆阳镇，止于玉溪市红塔区研和镇，全长49.335km，全线采用双向6车道高速公路标准建设，设计时速100km/h，项目总投资约86.49亿元。公路是云南省通往东南亚、南亚大通道（昆曼主线）的重要组成部分，是云南省首个采用"BOT＋施工总承包"模式投资建设的高速公路，被列入云南省"三个一百"重点建设项目。

公路建设中，为确保实现各项建设目标，项目参建人员精心组织、科学管理、规范施工、诚信履约，以标准化建设为抓手，建立完善管理制度，坚持安全、质量管控横向到边、纵向到底，合理调配资源，先后克服"工期短、征迁协调难度高、投资体量大、隧道地质围岩差"等难题。在工期紧迫、任务繁重的严峻形势下，组建精干管理团队，配置优良资源，依法依规选定设计、监理、第三方检测单位，以"全力打造科技路、环保路、生态路、优质路"的理念为指导，遵循"精心组织、科学管理、规范施工、诚信履约"的原则，努力做到"管理制度化、制度标准化、标准流程化、流程精细化"的管理要求。同时，重视技术引领、质量创优、安全生产等工作，严格按照"五到位""五落实"规定执行，先后实施完成了"不良地质条件下浅埋大断面隧道施工控制及关键技术研究"等多个科研立项，运用"隧道高

---

① 资料来源：根据2017年11月9日中国公路网《云南：晋红高速公路正式建成通车全长49公里》及中国水利水电第十四工程局2017年11月17日资讯中心重点报道《栉风沐雨逾三载殚精竭虑谱新篇——晋红高速公路Ⅲ标项目施工纪实》整合编写。

精度微震监测预警系统""超前地质雷达预报和半成品检测""监控通信消防一体化"等新技术,实现了质量零缺陷、安全零事故等目标。在公路建设贯穿"人文高速、绿色高速"理念,提升高速公路行车稳定性、安全性、舒适性的同时,引入独具地方特色的"山水玉溪、聂耳音乐艺术、澄江化石群"等众多独具艺术特色元素的道路景观,将现代工程建筑科技与自然、地理、历史、文化相融合,为公路建设注入人文特质,提升了公路建设的品质。建成了一条集人文景观、自然景观于一体的公路工程,成为当地展现建筑艺术、传承文明的载体之一。

以往水电十四局一般只以施工建设者的身份出现在公路建设项目中,以完成项目建设任务为目标,以工程完成为终点,但在晋红高速的建设中,水电十四局不仅要承担施工总承包的任务,还要参与投资,负责高速公路建成后的运营管理,这是水电十四局的"又一次"。这是一次严峻的挑战,这可视为水电十四局的动态能力的培育由建设施工层面进入运营管理层面,动态能力就会进一步增强、壮大,竞争优势就会更为明显。之所以水电十四局要做出这样的选择,就在于对项目的充分认识,果断做出"投资+工程总承包+运营管理"的决策,开创了多元化业务建设新模式,相信水电十四局将会以晋红高速为新的起点,以创新推动多元化业务的发展,创造更为精彩的多元化业务的佳绩。

四、珠三角地区水环境综合治理[①]

2019年4月1日,水电十四局中标珠江三角洲水资源配置工程土建施工C1标,计划工期为60个月。C1标段为输水干线沙溪高位水池至罗田水库段的一部分,主要建设内容包括输水隧洞、工作井、大岭山倒虹吸、通风井、检修排水井、检修交通洞、检修道路。水电十四局在珠江三角洲水生态治理工程中,把握历史机遇,通过精准定位、均衡组织、有力执行,实现了工程提质增效。

(一)找准重难点打造奋发有为团结拼搏的管理团队"到位"

水生态治理工程具有:点多面广变化快,时间紧、战线长,控制性要素多维且相互依存、制约;每一个作业区构成一个相对独立的作战单元,作业区组织模式、技术手段可通用,管理手段可复制;安全、质量、文明施工要求高、压力大;战线

---

① 资料来源:根据中国水利水电第十四工程局2020年2月21日资讯中心重点报道《踔厉奋发谱新章励志竭精守匠心——珠江三角洲水资源配置工程土建施工C1标施工纪实》整合编写。

内外涉及单位多、协调事务多、步调一致难度大等特点。针对工程重难点，水电十四局从一开始就进入了决战阶段，一个项目由一套班子、一个管理团队自始至终履职，保证责权利的统一，实现项目均衡有序运行。

通过加强项目策划力度，均衡有序调配项目全部资源，切实推动项目提质增效，确保实现项目履约目标，维护水生态建设大平台，打造奋发有为、精干有力、团结拼搏管理团队。科学界定项目成果，公正合理策划企业收益、项目收益、员工收益的合理比例，促进项目全员在履约目标下携手奋力拼搏；始终狠抓项目管理团队的学习，保持团队成员对项目内外控制因素、控制要求、细化分解后的履约目标的了解、理解，推进团队成员对创新技术、创新管理的激情，做到人与项目的深度融合；坚持目标导向、问题导向、结果导向，推进项目优胜劣汰、有德有能者上的干事氛围、评价机制与用人机制。

（二）力戒形式主义，全程策划，实施可控性项目"到位"

水电十四局项目部通过加强服务意识，创建上下沟通、左右连通体制机制，力戒形式主义，要求基层提交的资料，应尽量模板化、表格化，以利于操作落实；通过平衡管理部门与一线人员调配，并适时采取轮岗的办法，加强一线力量，促进相互理解，避免管理力量"头大身子细"，促进管理更接地气、更有实效，提升项目整体工作水平；通过认真梳理管理要求，实施管理清单制度，推进管理、服务并行思路列入管理清单项目，坚决为基层减负松绑，有效提高工作效率。

水电十四局项目部组织得力人员，自始至终扎实有序进行事前事后信息、数据收集、整理、分析、提炼，尤其要注意抓取从一线实施中反馈出来的信息，从而得出科学的后续工作指导性计划，尽力减少"拍脑袋"引发的工作失误。其次，推进各管理板块深度整合，尽力做到资源共享、信息共享，努力避免政出多门，一事多布置、多要求，避免下级部门、下级单位为应付工作而"拼凑数据、拼凑材料"，引发决策失误。通过全程策划，形成了资源调配服务体制、机制，加大人、材、机、料调配力度，有效降低企业虚耗，切实提升项目部的工作效率和经济效益。

（三）项目瘦身队伍提升走专业化道路"到位"

企业要做强做大，必须有舍有得。剥离非主体业务，集中力量做强做大主体业务，才能扬其所长，打破市场局限。水电十四局借助项目地处城市，各项服务业发达的优势，借力社会服务机构处置大部分后勤业务乃至部分专业业务，实现企业瘦身，把合作共赢理念一以贯之。

随着城镇化的快速发展，城市污水处理的压力越来越大，水电十四局秉持绿色发展的新理念，迎难而上，积极承担珠江三角洲地区广州、番禺、中山等地的污水处理工程的建设任务（图6-8）。水电十四局没有把以往其他多元化业务的成功经验和做法简单地搬运过来，而是充分考虑项目的性质、特点以及相应的要求，采用项目团队负责制、落实项目的可控性，积极调动员工的积极性，形成"比学赶帮超"的良好工作局面，强化项目管理的效率和质量，极大地增强了多元化业务核心能力建设的内在动力。同时，水电十四局还以协调发展理念为指引，较好地利用项目所在地城市的公共服务，不仅后勤服务向社会购买，还把部分业务外包当地其他企业，形成合作共赢的共享发展局面，探索了水电十四局核心能力的培育新路径。水电十四局珠三角水环境综合治理建设项目的成功实践表明，开展多元化业务离不开科学的理念为指引；开展多元化业务要与社会经济发展需要紧密结合；要充分利用以往成功项目的影响力，注意同一市场的深耕，更好地进入新的多元化市场；要把以往在项目管理中积累的宝贵经验移植到新的多元化领域中，以创新和核心能力的有机结合为多元化业务的开展奠定坚实的基础。

图6-8　广州黄埔深涌水环境治理

五、滇中引水[①]

自滇中引水项目建设以来，水电十四局通过竞标方式中标承建了香炉山4标、5标、大理1段施工2标、昆明段施工1标、石鼓水源工程等标段项目，累计承担

---

① 资料来源：根据中国水利水电第十四工程局2020年2月28日资讯中心重点报道《水电十四局滇中引水所有标段项目全面复工》及2020年6月30日资讯中心重点报道《公司中标滇中引水石鼓水源工程项目》整合编写。

的施工合同金额70余亿元。滇中引水是国务院确定的172项节水供水重大标志性工程，也是中国西南地区规模最大、投资最多的水资源配置工程，项目沿途受水区包括丽江、大理、楚雄、昆明、玉溪及红河的35个县（市、区），总面积3.69万 km^2，工程由水源工程和输水总干渠工程两部分组成，属于特大型水利工程。

2020年新冠肺炎疫情发生以来，水电十四局建设者们坚持"疫情防控与复工复产两手抓两不误"，通过科技创新、多措并举、优化施工组织、加大施工作业强度、满额配备施工设备及资源，洞内开挖月进尺连续实现递增。

项目部为了提高工序效率，秉承滇中引水工程建设管理局"战疫情、促进度、创佳绩"的劳动竞赛主题，4条斜井支洞施工进行合理的工序搭接，每道工序达到无缝衔接，施工支洞向前掘进施工的同时，洞内二衬混凝土跟进浇筑。

该标段工程2020年3月共完成投资约3875万元，一季度完成投资约7360万元，比2019年同期增长50%，实现了省委、省政府、省建管局下达的滇中引水工程一季度"开门红"建设目标。2020年3月1日，水电十四局滇中引水工程丽江段项目在滇中引水工程全线率先启动了以"凝聚工程建设的磅礴力量"为主题的劳动竞赛，按照省滇中引水建管局全面提速20%的要求确定每条支洞每月进度指标，落实包保责任制实行专区专职领导值班，建立白、夜班24小时不间断的领导带班督导制度，严格落实当日责任追究制度；现场管理人员按"1＋2＋4＋4"的模式配备。为激励全体职工大力弘扬劳模精神，圆满完成本年度目标任务，制定完善的、切实可行的生产进度考核办法，从3月1日起，项目部4条支洞、2个工区同步、同时开展2020年度"八比八赛"劳动竞赛，为此项目部成立劳动竞赛领导小组、8个劳动竞赛专业考核小组。通过开展劳动竞赛及考核奖励，极大鼓舞了全体参赛员工"越是艰难，越向前"斗志，助力工程建设跑出加速度，驶上快车道。

水电十四局所参与建设的滇中引水工程是我国的重点水利建设工程（图6-9），具体承担的是最关键和最艰难的标段，加之疫情的严重影响，水电十四局在施工中碰到了前所未有的难题，但是，长期生产经营中所凝练的核心能力，在此时表现出其特点和价值：及时调整，以适应新情况、新变化；多种措施应对，以增强工作顺利推进的动力；开展劳动竞赛，充分调动员工积极性，使核心能力建设中最重要的要素焕发出特殊的力量；加之以科技创新的支持，无疑使得水电十四局的动态能力得到积极的支持和提升。可以说，水电十四局已善于把每一次新的困难，每一次的压力，转化为工作动力和新的核心能力，帮助企业在多元化业务的拓展中获得更加辉煌的业绩。

图 6-9　滇中引水香炉山隧洞开挖

六、风电建设[①]

2006 年以来年，水电十四局发挥优势、锐意进取，认真贯彻科学发展观，实施战略转型，转变发展方式，大力拓展以风电为主的清洁能源工程市场，在工程施工和风电项目投资建设运营方面的综合实力日益增强。

水电十四局投资开发的大理者磨山风电场，是云南省第一个风电项目，也是当时国内已建最高海拔风电场。工程分两期建设，共安装 61 套风电机组，总装机容量 4.575 万千瓦。分别于 2008 年 12 月 31 日和 2010 年 12 月 27 日建成投产，投运至今安全、稳定，工程荣获云南省"优质工程二等奖"。项目创造了已建风电场海拔高度最高世界纪录，为类似地区风电开发建设积累了经验。继而，又签署新投资开发总装机容量为 55.3 万 kW 的云南大理巨龙山风电场及宾川光伏等风电光伏项目投资开发建设协议。截至 2020 年底，已开发建成投产的风电和光伏电站 7 个，总装机 193 套风电机组，总装机容量 26.375 万 kW，经济效益显著。

水电十四局依托大理者磨山项目的投资开发与施工所积累的技术与管理经验，大力拓展风电总承包业务。截至 2012 年 9 月，通过招标投标承担的云南曲靖朗目山风电场、云南泸西永三风电场和云南会泽大海梁子风电场总承包工程（包括土建施工、塔架制造、设备安装等）的合同先后签字，装机共计为 81 台，总容量为 14.55 万 kW 风电机组，三项目总合同金额达到了 3.58 亿元，标志着在风电机组安

---

① 资料来源：根据中国水利水电第十四工程局 2012 年 9 月 6 日资讯中心重点报道《水电十四局签订风电两总承包项目—施工合同》等资料整合编写。

装、塔架制造、土建施工业务上又翻开新的一页，尤其在风电工程总承包上迈出坚实步子，可谓取得了新的突破。截至2020年底，水电十四局先后在云南、四川、广州等地承建的风电和光伏土建及塔架制作安装项目54项，涉及合同金额为43.19亿元，累计完成营业收入37.16亿元。

与此同时，水电十四局在金属结构制造方面也有新突破，具备了较强的竞争优势。从2008年起，以水电十四局投资建设的大理者磨山一期风电场塔架生产制造为开端，率先在云南批量生产风电塔架，并建成专业生产厂，取得良好开局。到2020年底，累计参与了43个风电场的风电塔架生产制造，涉及合同总金额为14.87亿元，生产总台套数为1133台套，金属结构总重量约为15.82万t，成为云南风电塔架生产制造最具实力的企业，以优质按期履约赢得良好信誉（图6-10）。

图6-10　大理者磨山风电场

风电建设业务是水电十四局按照市场发展变化的需要新进入的领域，也是其核心能力扩展、传递成功的多元化业务。水电十四局的风电业务不仅积极利用外资，而且除土建施工外，还承担了发电机组安装、塔架制造等，参与了部分项目的投资和运营管理，是所有多元化业务中少有的产业链较为完整的领域。目前，水电十四局在风电建设和运营管理上已取得了可喜的成果，在市场中的影响力日益凸显。水电十四局在风电业务施工建设和运营管理的表现，充分说明其核心能力已具有全面、多层次、动态发展、响应市场及时、全链支持等特点，积极地支持了多元化业务拓展的广度和深度；同时也表明，水电十四局已累积了开展多元化业务的丰富经验，对不同的多元化业务领域采取了不同的进入方式，有针对性地开展多元化业务。

第七章

跨国发展，走向世界

要拓展国际视野，立足中国，放眼世界，提高把握国际市场动向和需求特点的能力，提高把握国际规则能力，提高国际市场开拓能力，提高防范国际市场风险能力，带动企业在更高水平的对外开放中实现更好发展。

——习近平

水电十四局作为中央企业，具有天然的革命传统和红色血脉，始终胸怀国家富强、民族昌盛的梦想，自觉担当中央企业的责任，努力当好国家重大战略实施的主力军和排头兵。20世纪60年代响应国家号召，对内完成水电水利建设任务，开展轰轰烈烈的"三河大会战"，为社会主义经济建设添砖加瓦；对外服从国家战略需要，积极参加援外工程，保质保量建成一流项目，树立中非友好象征的工程丰碑。改革开放后，参与鲁布革项目建设，以开放之心向日本大成公司学习，接受市场化运作带来的精神洗礼，发起鲁布革冲击，促进中国建筑施工企业及水电体制改革。参与国家重大工程建设，在黄河小浪底工程，面临外方的工期延误，直面困难，接受挑战，组成OTFF联营体，通过中—外—中的创新施工模式按期完成截流任务，避免了国家的重大损失，树立了良好的形象；在长江三峡工程与国际知名企业同台竞技，克服世界级技术难题，创造了施工奇迹。水电十四局具有开阔的国际视野，以开放包容的精神，胸怀四海的格局拥抱海外市场，按照国家战略部署，率先走向世界，采用援建、承包方式先后建设了非洲、亚太、南美洲多个重大工程项目，在海外市场发扬中国精神，跑出中国速度，展示中国力量，讲述中国品质，传播中国标准，彰显中国品牌，展现中国担当，体现中国情怀。

第一节　国际化经营历程

通过国际化经营融入全球经济浪潮，企业可以向外发展，在更广阔的市场上以更低的成本寻找到更有利的资源，借助国际化竞争提升企业技术及管理水平，提高企业的效益及效率，助力企业发展成为一流的国际企业。因此，任正非断言：在这样的时代，一个企业需要有全球性的战略眼光才能发愤图强，一个民族需要汲取全球性的精髓才能繁荣昌盛，一个公司需要建立全球性的商业生态系统才能生生不息，一个员工需要具备四海为家的胸怀和本领才能收获出类拔萃的职业生涯。为谋求全球发展，水电十四局很早就踏上了国际化经营征程，以自身实力在世界经济大潮中发展壮大，也让中国水电在世界水电市场上牢牢占据一席之地。

一、初出国门——国际化起步阶段

（一）参与海外援建项目

水电十四局的国际化经营是从援建开始的。早在 20 世纪 60 年代初期，工程局组织了第一批专家组，赴缅甸、阿尔巴尼亚等国，帮助进行水利水电工程的规划、勘测设计和施工；还先后选送技术专家，参加阿尔巴尼亚毛泽东电站项目、伯利兹隧洞等项目的建设。

1978 年，水电十四局参建了我国当时最大的对外经济援助水利水电工程项目——非洲喀麦隆拉格都水电站。拉格都水电站位于喀麦隆北方省境内贝努埃河上游拉格都峡谷，以发电为主，兼有防洪、灌溉、养殖等功能。水电站的施工由水电十四局负责，电站装有四台机组，每台机组 1.8 万 kW，总装机容量 7.2 万 kW。1978 年 8 月 17 日，喀麦隆拉格都水电站开工建设；1982 年 7 月 15 日，导流洞下闸蓄水；1982 年 12 月 28 日，第一台机组投产；1984 年 5 月，电站竣工验收，全部机组投产发电，工期 6 年。

拉格都水电站所有机电设备均由中国制造，总投资 3.74 亿元，电站建成给喀麦隆带来了巨大的经济和社会效益。从 1982 年第一台机组投产到 1992 年的 10 年间，该电站发电 10.58 亿 kW·h，仅节约柴油一项计算，每年就节约 1800 万美元。1988 年汛期入库流量 3000m³/s，调蓄后出库流量降为 1230m³/s，大大减轻了下游地区的洪涝灾害影响，具有很大的社会效应。

1990年11月20日，喀麦隆拉格都水电站二期保护工程开工，水电十四局继续参建二期工程。到1992年，二期工程的古努古灌区已开垦农田125hm^2，年产水稻每公顷12~13t；800公顷的丁嘎莱灌区也在开发中，此外，水库养鱼的年产量约为1300万t，极大促进了当地经济的发展（图7-1）。

图7-1　喀麦隆拉格都水电站

为表彰喀麦隆拉格都水电站建设者们所做出的卓越贡献，喀麦隆政府向水电十四局23人授予勋章，其中2人被授予二级勋章，其余21人被授予三级勋章。

（二）联合对外承包工程

依托自身强大的施工能力和丰富的项目管理经验，在援建海外项目的基础上打入国际建筑市场一直是水电十四局的重要目标，为此，水电十四局积极探索走出国门承建工程的途径，努力争当中国水电行业"走出去"的排头兵。

1983年底，为进一步拓展国际工程业务，积累国际施工经验，培养国际人才队伍，不断提升水电十四局开展国际业务的能力和水平，打造对外承包资质和品牌，水电十四局与中国水利水电对外工程公司（以下简称：中水公司）合作拓展国外市场。1988年，水电十四局与中水公司合作，成功中标中非姆巴利水坝工，中标后双方组建了联营体，共同实施项目。

中非姆巴利水坝工程1988年10月主体工程开建，1991年5月竣工验收，施工期30.5个月。项目完工后，业主方高度满意，对中国企业高度赞扬。1991年9

月1日，中非共和国总统科林巴为工程落成揭碑、剪彩，向建设有功人员授勋，水电十四局四名工作人员获得了一枚国家十字勋章和三枚国家骑士勋章。该工程是水电十四局参与国际建筑市场竞争性项目的首个项目，为水电十四局培养了国际人才，积累了国际经验。

（三）国际化起步阶段的特点

喀麦隆拉格都水电站的成功实施，为水电十四局国际业务打下了基础。施工过程中，水电十四局与国内外多家参与单位紧密合作，建立了良好的伙伴关系。姆巴利项目的实施让水电十四局积累了承包国际工程的经验，丰富了海外施工的经历，也让水电十四局工作人员了解了国际施工承包规则，为后期的海外拓展积累了经验。

国际化起步阶段，水电十四局的海外施工项目有鲜明的时代特点，具体表现为：

1. 履行央企使命，服务国家对外发展战略

水电十四局的国际化经营，源于国家对外发展战略引导，又有经济因素驱动。通过工程援建项目推进我国对外交往和经贸发展，紧密与发展中国家的关系是国家的对外战略。在这一战略实施中，作为中央企业的水电十四局，积极参与援建项目施工，帮助第三世界兄弟国家建设优质工程项目是必须履行的央企职责；同时，这一时期的海外施工也丰富了企业的施工经验，锻炼了企业的国际沟通协调能力，积累了国外施工所需资源，提升了企业整合资源的能力，为以后的国际化发展奠定了坚实基础。

2. 发扬鲁布革精神，海外施行项目法施工

经历过鲁布革项目的洗礼，水电十四局人的思想观念发生了巨大转变。鲁布革经验带来的冲击激发了水电十四局为国争光的爱国热情，培养了水电十四局开拓进取的精神，也坚定了水电十四局克服困难走出去的决心。鲁布革项目所取得的巨大成功为海外市场的开拓奠定了坚实的基础，水电十四局积极参与国际竞争，想方设法获取海外项目，并在项目中大量采用项目法施工，促进了海外业务的发展。

3. 转变经营观念，遵照国际规则施工

经过鲁布革洗礼的水电十四局树立了合同意识，在国际化经营初期很快适应了国际承包商的角色，树立了以合同为中心、以经济效益为目标的经营理念。如在姆巴利项目的实施中，通过在施工过程中优化技术方案，及时做好成本管理及索赔工作，使项目实施取得了良好效果。为确保合同工期，水电十四局对工程实施了以进度为核心的目标管理，考核指标包括产值、成本、质量、安全等。基本做法是以合

同的控制性工期为依据先划分阶段性目标，然后编制施工总进度网络图，并层层分解为季度目标、月目标、周目标，责任到人，使人人明确目标，知道自己的责任。同时，目标实现情况与分配挂钩，以绩效进行激励，这些措施保障了施工目标的顺利实现。

早期的海外经营，为水电十四局的国际化发展奠定了坚实基础。从1983年到1992年10年间，水电十四局共承建了24个项目，营业额达到51.15亿西非法郎，涉及水利水电、公路、工民建等领域，所有建设项目均获得业主好评，这为水电十四局的国际经营迎来了开门红。

二、走进世界——国际化发展阶段

（一）国际业务快速增长

开局良好，随之而来的就是水电十四局国际业务的快速发展及扩张。2008年，国务院《对外承包工程管理条例》颁布，鼓励中国企业利用劳务、技术、资金、设备等承揽境外国际组织、外国政府或私人企业的工程项目。实际上，在此条例颁布之前，有资源有能力的国内企业已经奔向大潮，大步走向境外，在建筑工程市场上获得了立足之地，而水电十四局正是其中走得最好的企业之一。在2012年之前，水电十四局的国际化经营无论是在营业收入上，还是在经营质量上都有很好的表现。

1994年，水电十四局经国家外经贸部批准，获得外经资质。取得这一资质后，水电十四局利用前期的施工经验及合作资源，积极拓展海外业务，1997年5月承建喀麦隆巴门达至巴蒂博公路项目。

2000年后，水电十四局海外营业收入增长迅速，在公司总收入中所占比重也越来越大，其增长情况如表7-1所示。

2000—2011年水电十四局国外营业收入及比重表　　　表7-1

年份	国外总产值（万元）	企业总产值（万元）	国外总产值比重（%）
2000	1523	130330	1.17
2001	4314	159419	2.71
2002	4740	164180	2.89
2003	4945	175486	2.82
2004	13895	228363	6.08

续表

年份	国外总产值（万元）	企业总产值（万元）	国外总产值比重（%）
2005	30481	306552	9.94
2006	48186	359230	13.41
2007	91583	502385	18.23
2008	138029	602344	22.92
2009	162534	752490	21.60
2010	258334	1036356	24.93
2011	342145	1133339	30.19

从表中可以看出，从 2000 年到 2011 年，水电十四局企业总产值及国外产值都呈现快速增长趋势，其增长趋势如图 7-2 所示。

图 7-2　2000—2011 年水电十四局总产值及国外产值增长趋势图

2011 年国外产值达到 342145 万元，是 2000 年 1523 万元的 220 余倍。分析增长趋势，水电十四局国外产值有几个快速增长阶段。

第一个阶段是 2001 年，这是因为 2000 年以后，水电十四局深入挖掘经济全球化和国内经济改革所带来的机会，充分发挥水电十四局自身优势，加大市场开发力度，在不断提高国内建筑市场占有率的同时，大力开拓国际建筑市场，同时，由于前期基数较小，故增长率较高。

第二个快速增长阶段是 2004 年至 2005 年，因为通过前期的工程，水电十四局完工产品的良好品质赢得了良好市场口碑，加之 2004 年水电十四局制定了"逐步形成国内建筑市场、国际工程和产业投资"的战略规划，国际经营得到了更多的资源支持，同时国际工程管理从领导到职能科室都得到了加强，相继中标承建刚果（金）一号国道、四号国道等五个公路工程、马达加斯加贝岛公路工程、斯里兰卡

ICB9&10 标两个公路工程、刚果（布）英布鲁水电站、缅甸瑞丽江水电站等工程项目，国外工程营业额逐年攀升。

第三个阶段是 2006 年至 2010 年，除 2009 年因为受到次贷金融危机的影响，水电十四局国外产值增速放缓外，其他年份都保持了较高的增长速度。同时，在电建集团"大集团、大土木、大市场、大品牌"战略指引下，水电十四局突破单一的发展模式，加快结构调整优化和战略转型升级，企业生存与发展的空间进一步扩大。2009 年，随着厄瓜多尔科卡科多—辛克雷水电站项目的中标实施，水电十四局国际工程市场开拓取得前所未有的重大突破，至 2010 年，水电十四局已在亚洲、非洲、南美洲 13 个国家承建 30 多个建筑工程项目，主要涉及水电站、公路和市政建筑工程等领域。水电十四局成为云南省实施"跨国公司培育计划""走出去企业培育计划"的重点扶持企业。

再从国际业务产值占公司总产值的比重看，正如图 7-1 中所示，国际业务产值比重一直呈增长趋势，从 2000 年 1.17% 增长到 2011 年的 30.19%，水电十四局的经营结构呈现"国内水电、国内非水电、国际业务"三足鼎立的新格局。

（二）国际化业务质量提升

伴随着水电十四局国际化步伐加快，国际业务贡献了更多的产值及利润；同时水电十四局海外业务领域逐步拓展，主要表现在海外市场越来越广泛，业务领域越来越宽广，承包模式也越来越多元。

1. 市场越来越广泛

因为援外项目，水电十四局首先进入了非洲市场中的喀麦隆，以此为基础，先后进入了非洲中非、刚果（金）、马达加斯加、刚果（布）、马里、加蓬等国；在亚洲，则承接了缅甸瑞丽江水电站、斯里兰卡莫若噶哈坎达大坝、卡鲁干葛大坝及系列工程，进入了柬埔寨、马来西亚、老挝等国；在南美洲，自 2009 年，先后中标承建了厄瓜多尔科卡科多—辛克雷水电站、德尔西水电站，水电十四局进入市场越来越多，从非洲到亚洲、再到南美洲，并拓展到了北美洲的墨西哥。从图 7-2 可以看出，水电十四局这一阶段的海外业务扩展速度较快，国际工程签约合同数屡创新高。

2. 业务更加多元化

水电十四局在海外业务不断拓展，除传统优势的水电水利业务外，还涉足了多个领域，如公路项目、垃圾发电厂项目、机场项目等，后来进入市政工程项目，承接了喀麦隆雅温德排污项目。2011年，承接了新加坡 MRTC1688 标段节段箱梁架设和张拉工程项目，开始进入地铁项目（图7-3）。

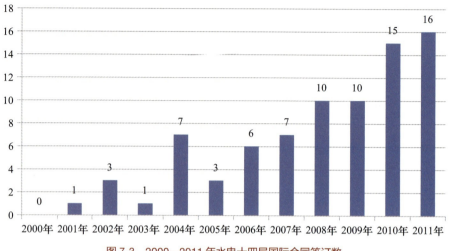

图7-3　2000—2011年水电十四局国际合同签订数

3. 承包模式类型多样

水电十四局在海外的施工项目实施模式众多，有劳务输出、单价合同、分包、施工总承包及 EPC、带融资的 EPC＋F，在刚果（金）金沙萨—马塔迪公路紧急修复工程、喀麦隆 RN6-LOT2 及 RN1-LOT2 公路项目及加蓬的公路项目施工，多采用单价承包形式；喀麦隆隆潘卡尔水电站、刚果（布）国家1号公路2-2标段采用分包方式，到2007年的缅甸瑞丽江一级水电站施工总承包、2011年的斯里兰卡莫若噶哈坎达大坝建设采用施工总承包，而2013年的斯里兰卡卡鲁干葛大坝承建采用了 EPC 模式，由此，随着水电十四局管理能力及资源配置能力的不断增强，越来越多的项目采用了施工总承包或工程总承包（EPC）模式。

2011年，水电十四局开始努力实现四大转型，即：主营业务由水电向非水电转型；发展战略由国内向国外转型；增长方式由规模扩张向规模与质量并重转型；经营模式由单一施工承包向 EPC 等承包模式转型。在这一转型的带动下，国际业务也从追求速度开始转向质量型的发展。

三、走下去——国际化结构调整期

在水电十四局转型发展的战略指导下，水电十四局的国际化业务进入加快结构调整、追求质量型发展期。2012年国际业务的规模占比及利润贡献已超过传统的国内水利水电业务，跃居全局业务板块第一位，成为水电十四局的核心支柱业务，也成为水电十四局持续发展的重要支撑力量。由于信誉卓著，水电十四局被中国对外承包工程商会连续评为"对外承包工程企业信用评价 AAA"级企业，水电十四局国际品牌影响得以进一步提升。

（一）国际化经营从数量型增长调整为质量型发展

党的十八大以来，响应党的号召，水电十四局发展理念从高速度增长调整为高质量发展。国际化经营也从追求数量增长调整转型为追求夯实基础、着力质量提升。水电十四局根据国际业务优先发展战略，在海外大力实施多元化与业务转型战略：横向方面，进一步提升跨行业经营能力，以传统业务及优势为基础，拓展到相关业务；纵向方面，进一步推动单一业务领域向产业链两端延伸，由产业链低端向高端转变，推动业务经营模式由传统施工承包向 EPC、EPC ＋ F 等高附加值承包模式升级；同时积极探索推动投资业务板块带动产业升级。

为此，水电十四局在原主营水利水电、公路、市政基础上，发挥水电十四局在设计、施工环节的优势并向其他行业拓展，涉足矿山开采、新能源等业务。同时，响应国家"一带一路"倡议，落实集团公司"国际业务集团化"的要求，提质增效发展海外市场。集中资源落实国际业务优先发展战略，聚焦于国际资源的合理高效配置及国际业务整体竞争力的提高；加强总部专业支持、管理和战略管控；改革国际业务组织架构，管理前移，贴近市场，便于快速反应；同时，充分授权，深度整合区域内资源并实现共享，打造水电十四局在非洲、亚洲、南美洲的市场发展潜力，提高国际竞争力。通过调整，水电十四局 2012 年后签约合同数及合同金额都较前一阶段有提高，呈现出良好的增长趋势，见表 7-2。

2012—2020 年海外工程合同数及合同金额　　表 7-2

年份	海外工程合同数（个）	海外工程合同金额（亿元）
2012	17	65.3615
2013	24	48.2014
2014	28	86.0805
2015	37	86.1196
2016	24	43.9927
2017	37	81.5884
2018	40	92.0922
2019	22	91.2868
2020	32	95.1003

（二）着眼公司海外市场长远发展，强化管理，提升效率

1. 深耕市场，整合资源，提升国际营销能力

2012 年后，水电十四局对国际业务进行调整，深挖原有项目潜力，广聚项目信息，针对成熟国别进行深耕细作，形成以点带面的营销网络，搭建合作共赢的生态环境。

首先，依托电建集团，积极发挥自身优势，通过服务与品质的提升，加强与业主的长期合作，注意收集市场信息，定期调研，充分了解业主方的资信能力与实际需求，不断寻找新的市场机会。同时，通过打造精品工程来传输品牌价值，积累与项目所在国的友好关系，施工过程中，充分尊重当地风俗习惯、法律制度与文化因素，协力促进当地经济发展，努力营造与当地政府及相关团体合作共赢的关系，为后续项目赢得机会。2009 年厄瓜多尔科卡科多—辛克雷水电站成功签约后，水电十四局利用影响力高效运作，及时拓展市场，先后在厄瓜多尔新签 17 个合同，总合同额达到 63.67 亿元人民币。

其次，水电十四局充分运用设计院、合作公司、平台公司、民营企业、中信保和银行等外部渠道，整合资源，借助金融机构的专业能力探索新型融资模式，拓宽业务领域。与中信保、各大商业银行及政府部门密切合作，大力发展融资类项目，2018 年海外融资项目占比达到了 82.2%，2019 年已签约项目中融资项目占比达到了 65.3%。融资类项目成为公司海外市场业务的重要板块。

此外，水电十四局继续加强政府援外项目的参与力度，自 2018 年以来，中标援外项目 2 个，中标合同额 4.3 亿元人民币。

2. 遵循国际规则，加强海外业务的制度和合规性建设

走出去必然要遵守国际规则，熟悉东西方的观念差异，在营销及施工中遵守国际规则，合规经营。水电十四局制订相关的合规制度和规范性文件，全面实施国际业务管理合规化建设。

在营销方面，水电十四局制定并发布了海外市场营销标准化文件。详细规定了项目信息收集、立项、项目融资等全过程的工作流程及格式文件，保障了海外市场营销工作的有序开展，确保营销工作合理、合规、合法；同时，编投标工作是市场营销体系的关键环节，对企业的国际营销具有重要意义。水电十四局通过多渠道寻求解决办法，及时协调重新组建海外市场编标团队，最大限度激发广大编投标人员主观能动性，不断提高编标人员整体素质，编标能力逐步提升，增强了企业的竞标实力。

在施工过程中，加强施工现场管理，完善信息报送制度，为保证信息报送的及

时性、准确性，水电十四局严格要求、跟踪、落实国外日常报表报送工作，及时反馈，准确了解海外市场营销动态，同时，积极响应集团公司信息化建设，大力推广ERP系统的使用。

3. 强化合同管理，提升履约能力

国际工程管理的关键是合同管理，施工过程中的主要依据是合同，合同是履约双方行为的准绳，工程项目一切以合同为准则，合同条款规定了业主、承包商的权利和义务，做好了合同管理工作才能做好项目管理工作。国际合同严谨、细致、内容翔实，执行的刚性很强，按照合同履约是海外项目盈利的重要保障。近年来，水电十四局进一步完善海外项目履约监管体系，落实海外项目履约监管工作机制，推进海外重大风险项目管控处置工作。坚持战略思维、系统思维、底线思维，严格落实中央企业合规管理指引要求，牢固树立"业务要给合规让路"理念，强力执行水电十四局海外业务"大合规"顶层设计和管控机制。

加强对海外项目的监管，水电十四局每月组织召开项目管理例会，协调、解决在建项目履约中存在问题；所有在建的海外工程项目每周报送项目生产周报，生产周报中包含各分项工程的周计划、周完成情况、累计完成工程量、累计完成率、下周计划、项目形象进度面貌及需协调解决的问题等。通过对项目生产周报的统计、分析，水电十四局及时掌握项目进展情况，强化项目监管，及时纠偏，有力保证了项目的履约进度。

（三）打造国际精品，树立中国电建品牌

水电十四局海外优质工程众多，树立了一座座丰碑。南美洲厄瓜多尔科卡科多—辛克雷水电站履约良好，为水电十四局赢得良好口碑，产生了巨大的品牌影响力；在亚洲，水电十四局在斯里兰卡"南水北调工程"斯里兰卡莫若噶哈坎达大坝和卡鲁干葛大坝建设中攻坚克难，充分体现了中国企业的担当，为当地百姓解决了引水、灌溉和发电问题，关心当地人民的生活和福祉，向世界人民带去中国人民的深厚情谊；参建的泛亚铁路——中老铁路为"一带一路"添砖加瓦，互联互通建设中跑出了中国速度；在非洲，先后承建了喀麦隆、刚果（金）、刚果（布）、加蓬等国的电站、公路，帮助非洲人民快速提升基础设施水平，为当地带来了巨大的经济和社会效益。

水电十四局的海外工程项目获得了众多荣誉，2013年加蓬大布巴哈电站项目、刚果（布）OBO公路获得电建优质工程奖，2014年加蓬雷拉公路项目、斯里

兰卡 C11 标项目获电建优质工程奖，2015 年刚果（布）OLF 公路获电建优质工程奖，2015 年加蓬布巴哈电站项目获云南省优质工程一等奖，2016 年获国家优质工程奖、优秀设计奖，2016 年马来西亚地铁南出口工程获电建优质工程奖，2019 年刚果（布）一号国道项目获国家优质工程奖，2019 年斯里兰卡莫若噶哈坎达大坝项目获电建优质工程奖，2020 年刚果（布）一号国道项目获鲁班奖，过硬的品质及良好的企业形象助力公司的海外市场拓展。按照电建集团"国际业务集团化，深度整合内部海外资源，坚持战略规划、品牌管理、市场布局和营销、履约监管、风险防范五统一"的原则，水电十四局海外精品工程的建设也对电建集团品牌的树立作出了巨大贡献。

电建集团品牌全球影响力的增加为水电十四局的海外市场拓展提供了支持。在利用集团品牌拓展海外市场的同时，水电十四局也努力利用自主品牌进行营销，自 2016 年公司国际业务改革后，海外市场签约合同额逐年稳步提升。

至 2020 年，水电十四局的国际业务已遍及缅甸、老挝、泰国、柬埔寨、斯里兰卡、马尔代夫、马来西亚、新加坡、喀麦隆、中非、马里、塞内加尔、加蓬、刚果（金）、刚果（布）、马达加斯加、厄瓜多尔、智利、秘鲁等 20 多个亚洲、非洲和南美洲的国家和地区；涉及电站、水利、公路、桥梁、轨道交通、市政、房建、矿山、机场、新能源等多领域。水电十四局积极拓展国际市场，不断加大属地化经营规模，倡导绿色文明、合作共赢，持续开拓具有较强竞争力的国际工程市场。

第二节　国际化发展与创新

主动走出去，自觉参与国际竞争，在世界舞台与国外建筑巨头同台竞争，发展成为具有国际竞争力的一流企业，这是水电十四局的战略目标，也是水电十四局国际化经营中的指导原则。为此，水电十四局走出了一条独具特色的国际化道路。

一、自觉服务国家战略，积极担当央企使命

（一）与时俱进服务国家战略

从 1949 年 10 月新中国成立到 2021 年的 70 多年中，中国走出了一条繁荣富强

之路，也深度融入全球化的进程中。建筑企业顺应国家对外经济合作与发展的要求，逐步走出国门，从参与国际竞争到在世界舞台上发出自己的声音，水电十四局正是这众多企业中的一员，积极主动融入世界大潮，基于自身条件作出了跨国经营决策。

1. 为国家利益率先走出去

20世纪50年代初期到70年代后期，为了快速增进我国与第三世界国家的外交关系，中国向亚非拉发展中国家提供了大量无偿的经济技术援助。也就是在这个阶段，水电十四局参与缅甸、阿尔巴尼亚等国水利水电工程的规划、勘测设计和施工。同时，还以外派专家及选送劳务的方式参与阿尔巴尼亚、布隆迪、喀麦隆等多项水利水电工程的建设。

2. 改革开放走出去，海外练兵提升行业竞争力

改革开放后，中国建筑企业逐渐开始在海外承揽商业性质的工程承包项目。自20世纪80年代开始，我国具有国际工程承包权的企业快速增长，国际工程承包合同额也迅速上升。1979年，中国国际工程承包合同额才有0.33亿美元，到1990年增加到了21.25亿美元，同时，有上百家企业具有国际工程承包经营权。累计签订国际工程承包合同额115.6亿美元，完成营业额72.2亿美元，行业规模初显，同期也为国家的发展赚取了外汇。到2005年，有1500多家企业具有对外承包工程和劳务合作经营权，累计签订合同额达到1858.5亿美元，累计完成营业额1361.5亿美元[①]。2005年后，随着中国加入世贸组织后逐渐融入经济全球化的浪潮，中国国际工程承包业保持稳步发展，整体实力和竞争力大大增强。水电十四局作为第一批走出国门的中国建筑施工企业，通过自身努力，不断拓展海外市场，为国家赚取外汇，也通过海外竞争不断提升企业竞争力，推动中国产业升级，在激烈的全球竞争中谋得一席之地。

3. "一带一路"建设带来企业发展良机

2013年，国家主席习近平提出了"一带一路"的合作倡议，这是我国全新理念推动下的新一轮开放战略，在这一倡议指引下，我国形成了陆海内外联动、东西双向互济的开放格局，并通过积极发展与"一带一路"沿线国家的经济合作伙伴关系，努力打造政治互信、经济融合、文化包容的利益共同体、命运共同体和责任共同体。2015年，国务院发布了《关于推进国际产能和装备制造合作的指导意见》（国发〔2015〕30号），鼓励建筑企业发挥传统工程承包优势，积极拓展"工程承

---

① 国信证券."一带一路"专题报告：一带一路峰会在即，国际工程再迎机会［R］.

理的简单复制，而是在市场动态变化的过程中，有针对性地进行资源的整合、能力的创造性移植和培育，形成了新的核心能力，进而在新的多元化领域中拥有了新的核心能力和竞争优势，其中，在城市地铁建设中，已享有擅长城市轨道交通工程施工的盛誉，拥有目前世界上先进的盾构施工经验；擅长大断面长隧洞 TBM 快速掘进，在国内外工程中有着良好的评价和广泛的市场影响。

水电十四局的这些能力发展过程，实质上是其动态能力不断培育的表现。动态能力是指企业整合、创建、重构企业内外资源从而在变化多端的外部环境中不断寻求和利用机会的能力，也就是企业重新构建、调配和使用企业核心竞争力从而使企业能够与时俱进的能力。动态能力具有开拓性、开放性、复杂性和难以复制性等特点，是企业拥有竞争优势的来源。水电十四局深刻地认识到培育企业动态能力的重要性，在日渐成熟的项目法的基础上，对多元化项目的管理不断变革，通过组织设计，确保多元化项目实施中动态能力的培育、提升；另一方面在人力资源管理上大胆创新，项目选人注重知识的宽度和深度，不断进行员工的在职培训，强化激励，积极推进项目经理制度的实施等，使得企业动态能力的形成、提升和存续就有着坚实的保证。从长远来看，水电十四局的动态能力培育、提升方式及其运用还将促进企业的多元化业务更快、更好地发展。

在长期的经营管理活动中，为了解决一些企业困难和问题，水电十四局也实施过非相关多元化。非相关多元化是多元化形式和战略之一，即企业经营的多种业务不存在实质的相似性，不强调多种业务共享企业的技术和价值链活动，而是强调每种业务都能为企业提供有吸引力的盈利机会，从而获取市场发展机会，形成新的业务增长机会。水电十四局在解决职工子女就业问题上，1984年通过成立劳动服务公司的形式，安置了一批富余人员和待业青年，开展了商品零售、宾馆、餐饮等服务项目，1989 年又制定了"一业为主、多种经营、综合发展"的方针，向多元化经营发展，经过多年努力，取得了一定的社会效益。随着国有大中型企业"主辅分离"改制工作的深化，水电十四局及时调整多种经营业务，聚焦核心能力，采取相关多元化经营战略，积极培育新业务中的核心竞争力。

三、顺应社会经济发展的趋势和要求

水电十四局开展多元化业务，首先源于特定时期面临的压力，进而转化为市场拓展、领域多样的多元化经营动力。1983 年云南鲁布革水电站工程成为我国水电

包+融资""工程承包+融资+运营"等模式多元化对外承包业务,向国外输出产能。在国家大力推动国际产能合作的大背景下,国内优势产业"走出去"步伐加快,境外经贸合作区、大型基础设施等建设成效显著。

"一带一路"倡议为中国建筑企业打开了广阔市场空间,"一带一路"沿线国家基建需求大,市场增长潜力巨大。根据人民银行金融研究院的测算,2016 年至 2020 年的 5 年间,"一带一路"沿线国家的基建投资需求在36020亿~48020亿美元;其中中国周边的亚洲新兴经济体和发展中国家更是占到了总需求的一半以上。这些来自周边邻国的需求非常有利于中国就近消耗基建产能,同时为未来交通网络的连接创造机会(例如正在规划建设的中缅高铁项目等)。通过大规模的产能输出带动了对外工程承包业务的繁荣,中国企业在"一带一路"国家的工程业务占对外工程承包总额的比例逐年提升,目前已超过50%。[①] 据商务部统计,2020 年新冠肺炎疫情流行期间,我国承接"一带一路"沿线国家离岸外包执行额 1360.6 亿元,同比增长 8.9%。

深入参与国际市场竞争,大力发展开放型经济,对于提高我国在全球范围内配置资源的竞争力、话语权具有重要的意义。随着"一带一路"倡议的实施和发展,水电十四局进一步整合自身的资源,在深耕传统的亚非市场的同时,加快进入欧美发达国家市场的步伐,在国际化的布局中推进自身的供给侧结构性改革。

(二)兴企报国,担当央企使命

国家的战略需要企业去实施和实现,中国建筑企业改革开放后在国家的大力推动下积极"走出去",对外工程承包新签合同额在国际工程市场的占有率逐步上升到 1/4 左右,领先于其他国家,交通、建筑、电力等基础设施是中国企业在海外的主要业务领域。从区域上来看,亚洲和非洲是中国企业最大的海外市场,其中非洲地区的市场占有率高达半数以上。改革开放以来,我国建筑业实现跨越式发展,建筑业技术实力不断增强,部分装备水平处于世界领先地位。中央企业在承揽大项目上具备明显优势,成为中国企业海外市场拓展的主力军,中国建筑央企既能通过市场化的途径参与国际竞争,又能作为国家战略的载体,从中国与其他国家互动中获取受益。

水电十四局胸怀中国梦想,为实现中华民族的伟大复兴,确保"两个一百年"

---

① 国信证券."一带一路"专题报告:一带一路峰会在即,国际工程再迎机会[R].

战略目标的实现，主动对接国家重大发展战略规划，服务国家海外战略性、网络型基础设施建设，在"一带一路"建设中全方位参与互联互通基本建设和大型水利设施建设，不断履行央企职责。水电十四局凭借国内技术的不断积累，对国际工程承包已逐步从承接技术含量较低的劳务分包、施工分包业务到业务集成度高、管理要求高的EPC施工总承包，并凭借卓越的效率在国际市场占领了一席之地。通过近年来在海外承接的一系列大坝、铁路及市政工程开始对外输出"中国技术"和"中国标准"，推动我国从"建筑大国"向"建筑强国"迈进。

二、顺应全球发展，拓展国际市场

建筑行业是典型的订单拉动型行业，海外工程量的增加为行业带来了良好的发展契机，而机会总是垂青那些熟悉国际规则，具有实力的企业。为了能更好把握机会，水电十四局认真研究国际市场及国际规则，精心谋划发展战略。

（一）研究国际市场、制定发展战略

1. 深入研究国际市场及国际规则

海外市场变化多端，在拓展海外市场时，水电十四局深入分析了海外市场的布局、发展趋势及营销环境变化趋势，研究国际规则，以此决定水电十四局海外市场营销力量配置及相应营销策略。就国际工程市场而言，国际招标及施工从招标设计、编制标书、到投标书评审、合同谈判等全过程，都由国际通用条款约束，贷款银行跟踪审查，国际咨询机构监督，严格按规定标准操作，按规定程序执行。合同签订后，工程项目施工一切以合同为准则，甲乙方的关系是纯粹的合同利益关系，合同执行的深度、广度及力度都很大。如国际惯例的索赔，是正常的合同管理业务，索赔与反索赔都是菲迪克条款等国际施工合同中一般性约定。

除了菲迪克条款外，不同海外市场还可能使用不同的合同范本。水电十四局一些位于中西非国家的项目业主是当地政府相关部门，官方语言为法语，所采用的就是法国的合同模板和技术规范，结算币种选择欧元或当地货币，与菲迪克条款有一定差异。因此海外工程合同非常复杂，除合同方面的差异外，更有语言及文化差异所带来的沟通难题。只有不断适应，熟悉规则，才能因地制宜，为企业的投标施工创造条件。水电十四局在国际工程项目实施前的各项市场开拓、招标投标、合同谈判等工作，都有章可循，并通过规范的运作提高市场竞争力，减少了风险。

2. 制定国际业务发展战略，有计划有谋略走出去

国际业务外部环境复杂多变，只有事先缜密的计划和安排，才能取得健康长久的发展。水电十四局的国际化业务是一个精心设计及组织的过程，不只是对国际业务重要性的定位，也包括国际化的实施步骤。

首先，是对国际业务战略重要性认识变化，随之带来了资源配置的变化。公司一直重视国际业务的发展。2000 年，水电十四局在改革方案中将公司总体目标确定为从劳动密集型向管理型企业转变；从专业型向综合型企业转变；从国内型向国际型企业转变，首次强调了国际业务的重要性。围绕这一目标，水电十四局提出"利用经济全球化和国内经济改革推动国民经济持续健康、快速发展的有利条件，树立科学发展观，充分发挥工程局自身优势，加大市场开发力度，在努力提高国内建筑市场占有率的同时，大力开拓国际建筑市场，实施走出去战略，扩展投资领域，提升企业资质和信誉，增强市场竞争力"的指导思想，并在这一指导思想的引领下，多渠道多途径拓展国际市场，大力发展国际业务。此后，水电十四局再次强调国际业务的重要性，在 2004 年制定了"逐步形成国内建筑市场、国际工程和产业投资"三大支柱的战略规划，将国际业务提升到与国内市场同等重要的位置。2006 年后，水电十四局在集团公司"大集团、大土木、大市场、大品牌"战略指引下，努力突破了单一的发展模式，经过结构调整优化和战略转型升级，基本形成了"国内水电、国内基础设施、国际工程、投资业务"的多元化经营发展格局。2011 年，水电十四局提出努力实现四大转型：主营业务由水电向非水电转型；发展战略由国内向国外转型；增长方式由规模扩张向规模与质量并重转型；经营模式由单一施工承包向 EPC 等总承包模式转型。为此，水电十四局集中资源落实国际业务优先战略，旨在实现国际资源的合理高效配置，进一步提高国际业务的整体竞争能力。

其次，是对国际业务发展的区域布局及发展路径设计。为响应国家"一带一路"倡议，水电十四局快速发展国际业务，进一步理清国际市场经营思路，以成熟的市场为依托，以点带面，逐步做强做大国际业务板块。在优质工程及良好的品牌形象的带动下，水电十四局在亚太、非洲、南美洲等聚焦区域具有很好的发展基础，形成了厄瓜多尔水电站和公路项目群、加蓬水电站和公路项目群、刚果（布）水电站和公路项目群、刚果（金）水电站、公路及铜钴矿开采项目群、喀麦隆水电站和公路项目群、马达加斯加水电站和公路项目群、中非公路项目、马里公路项目、塞内加尔高速公路项目、缅甸水电站项目群、斯里兰卡公路和水利枢纽大坝项

目群、马来西亚地铁项目、新加坡轻轨等项目。在此基础上，水电十四局以"巩固中西部非洲市场，依托地域优势拓展东南亚、南亚市场，进军拉美市场，择机进入其他市场"的国际业务战略思路开拓新市场。水电十四局以哥伦比亚、秘鲁、智利等南美洲国家建筑市场作为公司业务发展的新兴区域，并进一步进军北美洲墨西哥和欧洲的乌克兰市场。

最后，水电十四局对国际业务还加强了总部专业支持、管理和战略管控；适时改革国际业务组织架构，将管理前移，充分授权，进一步落实属地化管理及本土化经营，让管理部门贴近市场，便于快速反应，同时深度整合区域内资源并实现共享，激发项目员工的工作积极性，进一步提高了水电十四局的国际竞争力。

（二）顺应发展趋势，自我突破

近年来，建筑工程海外市场不断发生变化，市场竞争不再局限于单一环节，已延伸到产业价值链上，同时，对企业的管理能力也提出了更高要求，水电十四局敏锐洞察了这一发展趋势，并进行了相应的调整，不断突破自我以适应外部市场的变化。

1. 转变思路，聚焦产业价值链创新

早期，企业在海外工程中主要是劳务输出，后来慢慢发展到单价合同、施工承包及施工总承包。随着水电十四局经验的积累及管理能力的增强，水电十四局的产业链条进一步延伸，逐渐采用了 EPC 工程总承包模式。与施工总承包不同，EPC 总承包对项目的介入是全过程的。在合同谈判阶段，EPC 总承包方就需要组织人员进行现场踏勘，掌握工程中的风险和可操作点，在设计方案时要有很强的成本意识。并在合同条款谈判时，预留总承包方对现场进行管理的可操作空间约定，规避因建设业主在合同履约期过多的干预而增加总承包方施工成本的风险。

水电十四局在斯里兰卡卡鲁干葛大坝及厄瓜多尔辛克雷水电站均采用了 EPC 总承包模式。在此模式下，总承包方可对新材料、新设备、新工艺、新技术合理利用，充分挖掘工程可优化的设计潜力，通过设计方案优化，提高施工效率、降低项目成本，降低履约风险。此外，也有利于总承包方及时处理设计中遇到的问题。

2. 顺应融资承包趋势，努力提升融资能力

由于建筑企业承接项目后往往需要投入大量的流动资金，加之带融资的 EPC、BT、BOT 和 PPP 等已成为建筑企业主流的承包模式，承包商资金及融资能力已经成为企业能否获得项目的核心因素。水电十四局具备较高技术水平，拥有高超的施

工能力，在建筑领域具有明显优势，但资金实力及融资能力限制了水电十四局的发展。面对这一挑战，水电十四局主动联系国家进出口银行、中信保等金融机构，想方设法增加企业融资能力，通过融资带动项目承包的方式推动水电十四局海外业务的发展。

3. 冷静应对复杂环境，提高风险防控能力

海外经营要面对复杂环境，所面临的不确定性因素较多，如何进行风险防控成为海外经营的关键。在风险管理方面，水电十四局为提高风险防御能力，制定防范为先、防治结合的工作原则，建立海外风险防控机制，对全过程、全要素实施管理。同时，突出重点抓好管理组织体系、财务资金管控、风险预警等关键环节，构建脉络清晰、错落交织的风险防御控制网，努力将在国际经营中可能遇到的所有可控风险控制在初期。

首先，强化标准化、规范化、系统化的海外管理。标准化方面，水电十四局结合自身情况，采用国际先进管理工具，引进国际标准体系，汲取国际最佳实践经验，形成具有企业特色的标准化管理流程与管理规则，并在海外工程实践中贯彻执行《质量、环境和职业健康安全三标一体化管理体系》的海外业务子体系。规范化方面，水电十四局不断学习引进国际先进项目管理模式，与国际规则接轨，完成了关键内控业务流程与制度体系框架建设，推行模块化管理，以《国际业务管理指导手册》指导海外工程项目的管理实践。系统化方面，水电十四局实行三级三层制风险管控措施，由公司总部、海外事业部和项目部三个级别在开发跟踪阶段、项目与投标谈判阶段及项目实施阶段三个阶段，强力实施综合性风险防控，并在此基础上建立职能清晰、运作良好的国际业务全面风险管理组织体系、风险管理专家组织体系，风险识别、评估和应急预案体系，制定全面风险管理策略与方案。

其次，水电十四局国际业务资金管理实现"集中统一管理"模式，根据"统筹安排、计划管理"的原则进行统筹安排。水电十四局搭建国际业务资金管理平台，对国际业务资金实行分币种统筹管理，在同一币种资金之间调剂使用项目资金。为避免汇率损失，尽量做到币种之间不结汇购汇。同时，对于项目部的现场资金，按国家外汇管理局、集团国际公司要求，选择信誉好、实力雄厚的国际性银行开立账户，原则上每个项目只开设一个外币账户，统筹安排各项目资金收支。

此外，水电十四局还加强了海外项目应收账款回收管理。部分项目的资金来源为当地政府出资，某些新增、变更项目增加的合同额由当地政府支付，由于当地经济落后，政府支付能力弱，资金回收困难，为此，水电十四局采取多种手段，加大

资金回收力度和管理，取得了不错成绩，减少了坏账风险。

海外经营环境复杂，恶性传染病、地方流行病、恐怖袭击、社会动乱等不确定性事件时有发生。2016年以来，海外非传统境外安全事件频发，埃博拉病毒爆发，恐怖袭击及罢工事件时有发生，2020年新冠肺炎疫情全球大流行，重创世界经济。对此，水电十四局驻外机构加强了向我国驻外使领馆的汇报请示和信息沟通；密切关注国际热点地区热点事件，强化应急管理，加强应急预案的制订，并根据变化及时修订，加强现场实际培训与实操演练，做到早布局早预案，持续强化与当地专业安全咨询公司、政府安全机构的合作，加强对所在国及具体的项目进行安全风险预评估与调查。对于风险较高的国别及时收集并传递相关风险提示信息，防患于未然。

三、国际化运营发展变革

（一）借力集团公司带来国际市场营销优势

中国电建是大型建筑央企，长期深耕"水""电"核心业务领域，水利电力建设一体化能力和业绩位居全球第一。承担了国内大中型水电站80%以上的规划设计任务、65%以上的建设任务，占有全球50%以上的大中型水利水电建设市场，傲视群雄，除此以外，还拥有强大的基础设施建设能力。作为中国电建的龙头子公司，水电十四局利用集团公司品牌影响力极大提升了海外市场的竞争力。关注跟踪重大项目，提高签约概率。如针对加蓬布巴哈水电站项目，水电十四局独家配合电建集团国际公司进行了长达2年的跟踪落实，最终签署了工程合同，合同金额近4亿美元。2009年，公司又中标厄瓜多尔科卡科多—辛克雷水电站项目，中标金额达23亿美元。

（二）专业技术积累带来国际竞争优势

在传统水电施工领域，水电十四局在大型地下洞室群的施工、高水头、大容量可逆式机组的安装、调试和运行以及当地材料筑坝技术方面具有较强的竞争力。在非水电业务领域方面，水电十四局经过多年深耕，在城市轨道交通施工、高速公路施工、大断面长隧洞TBM快速掘进施工技术及盾构施工管理技术方面形成了新的核心竞争力，此外还拥有高海拔地区风电施工、新能源业务运营管理的丰富经验，国内外诸多项目施工为水电十四局施工建造管理能力打下坚实的基础，水电十四局大力推进国内外技术体系的融合,把国内工程积累的技术与经验应用到国外,将国内技术体系延伸至国际项目,形成对国际业务强有力的后台支持系统。在国内雄厚的技术基础上,水电十四局海外团队加强科技研究与技术突破,增强企业国际竞争能力。取得了多达几十项的科技成果,具体情况如表 7-3 所示。

公司部分国际项目技术成果　　　　表 7-3

序号	项目名称	依托工程	完成时间	鉴定结论
1	镜面混凝土施工技术	缅甸瑞丽江一级水电站工程	2008 年	行业先进
2	无石料地区水泥稳定土施工工艺研究	刚果金 1&2 标公路工程	2010 年	国际先进
3	热带多雨地区土质防渗体分区坝快速施工技术研究	刚果布英布鲁水电站工程	2010 年	国内先进
4	电站主厂房雁形板屋施工技术应用于总结	刚果布英布鲁水电站工程	2010 年	国内先进
5	自卸船运输砂石骨料技术研究与应用	刚果布北方公路项目	2011 年	国内领先
6	沼泽地区公路路基施工技术研究及应用	刚果布北方公路项目	2011 年	国际先进
7	高标号管片混凝土设计研究与应用	厄瓜多尔 CCS 水电站施工供电项目	2012 年	国际先进
8	国际通用路桥设计软件应用研究	水电十四局海外公路工程项目	2013 年	国际先进
9	赤道高温多雨地区碾压混凝土筑坝温控防裂关键技术研究	斯里兰卡 Moragahakanda 水库渠首工程	2013 年	国内先进
10	南俄五水电站半地下井筒式厂房结构布置与研究	老挝南俄 5 水电站工程	2013 年	国际先进
11	德国标准在水电站水工金属结构设计中的应用研究	喀麦隆隆潘卡尔水电站	2014 年	国内领先
12	TBM 自发电供电系统的研究	厄瓜多尔 CCS 水电站 TBM 供电项目	2014 年	国际先进
13	高水头月牙肋钢岔管现场制造安装工艺技术研究	CCS 水电站机电安装工程	2014 年	国际先进
14	500m 级深竖井施工技术的研究和应用	厄瓜多尔 CCS 水电站工程	2015 年	国际领先
15	法国标准在公路工程设计与施工中的应用	水电十四局法国标准地区公路工程项目	2015 年	行业先进
16	大地坐标、高斯系统、UTM 系统在长线性国际公路工程中的控制技术应用研究	SINOHYDRO 刚果(金)罗安格洛瓦公路项目	2016 年	国际先进
17	两种添加剂在沥青混凝土中的应用与研究	喀麦隆 RN1-LOT2 公路项目	2016 年	国际先进
18	中法规范在隆潘卡尔水电站照明系统设计中的应用研究	喀麦隆隆潘卡尔水电站工程	2016 年	行业先进
19	典型石英千枚岩及倾倒变形岩体坝基开挖技术研究	里底电站坝基开挖工程	2017 年	国际先进
20	多高层面投影及坐标平移技术在 CCS 水电站工程中研究与应用	CCS 水电站	2017 年	国际领先
21	特长隧洞多种控制网布设精准贯通技术	CCS 水电站	2017 年	国际先进
22	英美标准下级配碎石基层配合比设计及验收	斯里兰卡南部高速公路项目	2018 年	行业先进
23	持续高温气候条件下混凝土温控技术研究	斯里兰卡 K 坝项目	2018 年	国内先进

续表

序号	项目名称	依托工程	完成时间	鉴定结论
24	中老铁路（国际）隧道风险工序变形实时监测预警系统技术	中老铁路Ⅳ标段二分部项目	2018年	国内领先
25	高速公路红土砾石料水泥稳定层技术研究	塞内加尔布莱斯迪亚涅机场高速公路项目	2018年	国内先进
26	厄瓜多尔公路项目高边坡无支护开挖技术研究	厄瓜多尔公路工程	2019年	行业领先
27	地震高频发地区采用拖拉法架设大型钢梁关键技术研究	厄瓜多尔西蒙玻利瓦尔公路Villorita大桥工程	2019年	国内先进
28	中老铁路（国际）复杂地质条件下单线铁路长大隧道快速施工技术研究	中老铁路Ⅳ标段Ⅱ分部项目	2020年	行业先进

从表7-3可以看出，这些技术成果涉及电站、公路、铁路等领域，涉及混凝土浇筑、开挖技术、隧道施工、钢管安装等多个方面。

（三）管理创新带来国际化效率提升

1. 四维互动、三维矩阵管理模式

水电十四局在国际优先战略指引下，综合各区域资源，不断探索国际化经营模式，形成了一套独具特色的管控模式，即"四维互动"的组织体系及"三维矩阵"管理模式，将战略管控、财务管控与关键经营要素管控相结合的控制型模式。

"四维互动"的组织运营体系，是指"水电十四局总部、海外事业部（国际工程公司）、区域分（子）公司、项目部"的"四位一体"的组织设计，四个层次分别对应了四个维度——职能、任务、区域和过程，分别支撑着组织的协同性、能动性、适应性与激励性。用集团化协同方式统合，用事业部制增强能动性，用本土化思维促进区域管理的适应性，用弹性管理激发组织体系内在潜能。通过四个部分的相互渗透、相互支撑，最终实现海外竞争力的提升，履约能力的增强。

所谓"三维矩阵"式管理模式，是指在国际业务中采用集中营销和自主营销相结合的经营模式，水电十四局对国际经营实施全面领导和管理，海外事业部／国际工程公司受水电十四局委托执行海外经营职能，而项目部为水电十四局国际经营的实施者。在这个三维矩阵项目管理模式中，有三个管理轴心，项目部是成本及利润中心，海外事业部／国际工程公司是职能部门支持和项目管理中心。这样的模式综合考虑了项目特性、地区及国际竞争因素，更加便于水电十四局对海外各地区项目的统一管理，也适应了建筑生产具有较大流动性与间断性的特点。保证了水电

十四局对海外工程的管控，同时，又能集中力量竞争大项目，保证水电十四局的凝聚力。

同时，水电十四局结合中国电建股份《国际业务管理指导手册》，在国际项目中大力推行水电十四局《国际业务管理指导手册》《海外业务三标管理体系》，探索并实施海外项目机构设置分类标准化及相应的管理流程制度化，形成具有水电十四局管理特色，又具有较强指导性、适应性与可操作性的国际项目管理模块，使新中标项目在最短时间内"复制"建立起管理体系，用最短的时间实现项目管理科学化、规范化与标准化。

2. 强化项目管理保证合同履约

鲁布革工程中日本大成公司所使用的项目法施工理念给水电十四局带来了巨大的冲击，善于学习的水电十四局人深入钻研项目法施工在中国的实践，并在广州抽水蓄能电站施工中让项目法施工管理大放异彩，荣获"全国电力行业管理现代化优秀成果一等奖"，并作为成功经验推向全国。与国内对标企业相比，水电十四局在项目管理上处于领先地位，而这一优势也延续到了境外工程中。

水电十四局海外承包工程项目全部采用项目法施工，施工现场管理主要内容包括合同管理、组织人事管理、劳动（劳务）管理、财务（资金）管理、技术管理、设备管理、物资材料管理以及项目竣工移交管理等。重点突出工程进度管理、项目成本管理和项目合同管理，对项目进度及资源调配进行实时监控，着力于降低工程成本，提高项目经济效益，做好合同履约（表7-4）。

3. 加强调研，助力海外工程发展

水电十四局高度重视境外施工的特殊性，对于境外工程，加强了调查研究工作，深入探讨境外经营的模式及具体管理，重点加强了对风险的管理研究，为经营活动提供了有力支撑和指导。

公司国际项目管理技术成果表 表7-4

序号	项目名称	依托工程	完成时间	鉴定结论
1	我国水电企业海外投资风险管理研究	海外工程	2009年	行业领先
2	项目管控模式及风险管理体系建设研究——以中国水利水电第十四局有限公司为案例	"走出去"战略背景下云南施工企业境外发展	2010年	国内先进
3	TBM国际采购招标文件范本编制	厄瓜多尔CCS项目	2011年	国际先进
4	国际EPC水电站项目采购管理实践与探索	厄瓜多尔CCS水电站工程项目	2014年	国内领先
5	国际工程总承包（EPC）项目风险监控体系研究	斯里兰卡Moragahakanda首部水库总承包工程	2014年	国内先进

第三节　国际化经营讲好中国故事

国际工程从区域和国家的宏观层面来看是重要的国际经济合作方式，是全球经济一体化的具体表现。在国际建筑市场上，参与国际业务的各国企业都要在这一平台上进行市场竞争，表面上比拼的是企业优势及能力，可深层次的因素却是企业文化底蕴及企业所在国的文化与精神特性。建筑工程的建设周期较长，施工过程复杂，面临困难较多，也最能反映施工企业的文化属性。水电十四局在海外经营中一直发扬中国精神，把建造精品工程造福当地人民作为首要目标，履行着大国央企的担当及责任。多年来的精品工程讲述着中国故事，也同步向世界输送着中国文化。

一、功勋企业的中国精神与中国力量

习近平总书记说过，"精神是一个民族赖以长久生存的灵魂，唯有精神上达到一定的高度，这个民族才能在历史的洪流中屹立不倒、奋勇向前。"植根于中华悠久的历史及传统文化积累，新时代的中国精神是以爱国主义为核心的民族精神和以改革创新为核心的时代精神。在开拓进取、自强不息，合作共赢的中国精神引领下，中国企业和人民团结一切可以团结的力量，万众一心、众志成城，产生了巨大的中国力量，而中国精神与中国力量的融合创造了一个又一个的奇迹。水电十四局在鲁布革电站、三峡工程、黄河小浪底工程等大项目中立下赫赫功绩，其承建参建的多项工程被评选为"新中国成立60周年百项经典暨精品工程"，多次获得鲁班奖、大禹奖、詹天佑奖等多个奖项。随着中国经济的发展与崛起，中国精神和中国力量伴随中国工程走向世界漂洋过海，让世界人民一再见证中国精神与中国力量。在中国精神的指引下，水电十四局人攻坚克难，发扬创新精神完成一个个艰难任务。特别是在条件艰苦的非洲，克服万千困难，帮助非洲民众解决生活所需电力问题，彰显着中国精神及中国力量。

（一）加蓬大布巴哈水电站[①]

加蓬共和国位于非洲中部，濒临大西洋，境内森林资源及石油、锰、铀等矿产资源丰富，享有"森林王国""金色王国"和"黑金之国"之美称。矿产资源的

[①] 资源来源：根据中国广播网2010年11月16日《加蓬总理宣布中国承建的布巴哈水电站大坝截流》及水电十四局相关资料整理而成。

开发需要大量的能源，故加蓬对电力开发的需求十分迫切。2004年，时任胡锦涛总书记访问加蓬时，双方国家领导人在会晤中达成了水利合作开发的意向，经过几年的磋商、谈判，最后商定中国政府优惠贷款建设大布巴哈水电站，水电十四局采用EPC总承包模式建设大布巴哈水电站。

大布巴哈水电站建于加蓬东南部上奥果韦省奥果市河上，为引水式电站，分二期实施，一期投资额近4亿美金，工程由拦河大坝、引水发电系统和输变电工程组成，电站装机4台，总装机容量160MW，机组全部投产后多年平均发电量为9.55亿kW·h，是加蓬最大的水电站，在建设期受到加蓬政府高度重视。

大布巴哈电站于2008年11月15日开工，开工伊始，项目工作人员弘扬开放进取、自强不息、合作共赢的中国精神，让加蓬政府和人民对"中国水电"品牌留下了深刻的印象。加蓬总统充分肯定电站建设取得的成绩以及中加友谊的合作愿景，高度肯定中方的工作效率，高度赞扬引水洞精致的轮廓、光洁平整的开挖断面以及工程的施工质量，感谢中国企业为推动该国基础设施建设作出的巨大贡献。加蓬石油、能源和水资源部部长视察大布巴哈电站时说："我们不要忘了，中国辉煌的成就是中国自己干出来的，我们相信中国水电的实力"！由于上乘的质量，加蓬大布巴哈160MW水电站荣获了国家2016—2017年度优质工程奖（图7-4）。

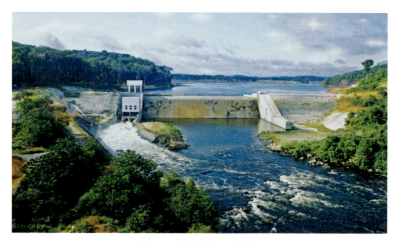

图7-4 加蓬大布巴哈电站

（二）布隆迪胡济巴济水电站[①]

布隆迪地处非洲中东部，是联合国宣布的世界最不发达国家之一。全国人口

---

① 资源来源：根据云南网2020年9月28日新闻报道《中国援外最大水电站项目——布隆迪胡济巴济水电站建设任务完成过半》及电建集团网站消息《布隆迪胡济巴济水电站引水隧洞全线贯通》整理而成。

1000 余万人，仅有 4% 人口能用上电，年人均消费电力约 25kW·h，是全球最大的贫电国家之一。胡济巴济水电站位于非洲国家布隆迪首都布琼布拉市南部的胡济巴济河下游段，是中国援外的最大水电站项目。水电十四局担负施工总承包任务。胡济巴济水电站建成后将在减少布隆迪的用电缺口、提高当地工业生产、促进国民经济发展、改善居民生活水平等方面起到重要作用。

水电十四局一直坚持用"制度化、精细化、人性化、本土化"的"四化"标准实施项目管理，积极维护营地环境和改善员工生活条件，加强对海外员工的人文关怀。充分展示了中国企业负责任、讲担当的良好形象，该项目主营地于 2019 年 11 月份获评中国对外承包工程商会颁发"中国海外工程优秀营地"称号，也是唯一上榜的援外项目，体现了功勋企业对援建项目的高度重视。

在项目实施时，始终坚持技术先行，不断优化施工工艺提升施工效率。针对电站地质环境导致开挖过程围岩变形、裂隙、渗水等对施工造成的困难，项目部精心管理，合理安排，加强支护措施，完善出渣方案，采取弱爆破、强支护、勤监测等手段克服施工过程中面临的难题。2020 年，全球新冠肺炎疫情大流行，从 3 月开始，布隆迪宣布采取全面封闭国境、关闭国际航班、封锁交通道路等防疫措施，导致人员无法进场，物资供应受限，现场施工受到一定程度的影响，为扎实做好疫情防控和复工复产工作，水电十四局成立了统筹推进新冠肺炎疫情防控和复工复产工作领导小组，健全项目疫情防控预案，做好应急物资储备，统筹组织项目职工有序返岗复工，确保了疫情期间生产不停工，做到了防疫生产两不误、两促进，保证施工进度顺利推进。截至 2020 年 9 月，胡济巴济水电站调压竖井顺利贯通，项目建设取得重大进展，施工总体任务累计完成超过 50%，实现了施工建设任务过半的预定目标。

二、地下铁军的中国速度与中国质量[①]

有一种速度叫中国速度，那是争分夺秒抢时间，凝心聚力拼进度，又快又好创造一个又一个奇迹的速度；有一种质量叫海外工程中国质量，那是攻坚克难保质量，专业细致创品牌，优质工程扬国威的品质。水电十四局不断刷新海外工程的中

[①] 资料来源，根据人民网国际频道 2019 年 12 月 28 日新闻报道《中老铁路全线最长隧道森村二号提前七个月贯通》及央广网 2020 年 7 月 16 日新闻报道《中老铁路（老挝段）拉孟山隧道顺利贯通》相关资料整理而成。

国速度，树立海外工程的质量丰碑。其中，中老铁路的修建最具有代表性。

（一）中老铁路基本情况

1. 中老铁路的战略意义

中老铁路连接中国与老挝，属于泛亚铁路中线，是"一带一路"互联互通工程，它北起中国云南省玉溪市，经普洱市、西双版纳州、中老边境口岸磨憨，老挝琅勃拉邦至老挝首都万象。中老铁路是中国"一带一路"倡议对接老挝国家从"陆锁国到陆联国"发展战略的标志性项目，也是中老两党两国最高领导人亲自决策和推动的重大战略合作旗舰项目，是"一带一路"建设的标志性成果，具有重要的政治和经济意义，也是进一步推动中老两国民心相通的友谊之路。中老铁路将大力提升老挝基础设施建设水平，是老挝人民的幸福之路，老挝政府将其视为"一号工程"，高度关注。习近平总书记高度重视中老铁路建设，作出重要指示，要求将中老铁路建成"一带一路"、中老友谊标志性工程。中老铁路全线采用中国管理标准和技术标准建设，为单线一级铁路，是电气化客货混运铁路，设计时速160公里/小时。合同开工日期为2017年1月1日，工期60个月，计划于2021年12月建成通车。

2. 水电十四局承接标段所面临的施工难题

2017年开始，水电十四局承接了中老铁路万象省嘎西县和万荣县共37.4km的路桥隧线下土建工程，以及46.5km范围的万荣梁场制运架梁工程。其中，森村二号隧道被列为中老铁路（磨万段）全线重难点控制性工程，也是全线最长的隧道，隧道全长9384m，位于老挝琅勃拉邦省和万象省之间大山深处无人区，而拉孟山隧道是中老铁路（老挝段）全线六座重难点隧道和全线控制性工程，隧道全长7882m。

水电十四局所承接的工程部分施工难度大，主要表现为以下方面：

第一，需要面对复杂的地形构造及不良地质对施工的影响，森村二号隧道属于琅勃拉邦构造缝合带，地形构造复杂，洞口段通过低于附近河床的砂砾岩、泥岩等不良地质。而拉孟山隧道位于地质缝合带上，地质发育及构造极为复杂，地表沟壑纵横，最大埋深424m，临近的多条河流河床高于隧道洞身，全隧Ⅳ、Ⅴ级围岩占比95.%以上，施工难度极高。2017年3月15日，森村二号隧道出口具备施工条件，但一开始施工就遭遇连续300m软围岩；挖机、运渣自卸车都陷进围岩中无法动弹。施工人员奋战8个月时间，才完成用河滩料填充300m软围岩隧道段的工程，保障作业机械能顺利展开工作。

第二，森村二号隧道该隧道地处大山深处，地下水丰富，出水点多、涌水量大，随时会遇到特大涌水，最大涌水量达到22000m³/d，这给现场施工和物资运输带来了极大的困难，拉孟山隧道也面临同样难题，据统计，开工以来，拉孟山隧道进口及斜井累计遭遇87次突发涌水，最大涌水量达到28500m³/d。

第三，森村二号隧道处于无人区，区域内多是原始森林，无路、无水、无电、无通信，且毒蛇、花蚊、蚂蚁随处可见，环境条件恶劣，施工人员还得经受蚊虫和毒蛇的考验。

（二）攻坚克难中跑出中国速度

1. 攻坚克难中创造精品工程

中老铁路是水电十四局第一个海外铁路工程项目，施工过程面临很多困难，但是项目组秉承"只要思想不滑坡，办法总比困难多"的理念，弘扬工匠精神，又快又好完成了中老铁路的建设任务。

针对突发的涌水问题，项目组及时组织人员和水泵进场，连续奋战解决涌水问题。2017年5月14日，森村二号隧道斜井遇到特大涌水，涌水量高达22000m³/d，工作面很快要被淹没，危急时刻，项目部立即成立应急处置小组，组织低扬程、大流量水泵进场，7条排水管道24小时持续抽排；配备专业电工及修理工24小时盯守，保证电力供应和水泵正常运行；引进水电十四局自主研发的"隧道风险工序变形实时监测预警系统"实时监测，抢险队伍采用"反压注浆、隔榀拆换、快速封闭"的方法确保了施工安全，技术人员24小时现场值守指导；通过多方面联动，历经8天时间终于解除了险情，保障施工顺利进行。后来，项目部则采取长距离、多段落的反坡排水方式，保障掌子面顺利推进。

水电十四局自开工以来，充分发挥资源优势和工程建设能力，以"建精品工程，铸廉洁之路"为核心，精心组织施工，加强施工管理。严格落实机械化、工厂化、信息化、专业化管理要求，强化现场安全质量管控、广泛使用隧道施工成套工装、大力开展科技攻关、积极推广"四新"技术应用、狠抓工序管理。采用"短进尺、弱爆破、强支护、勤量测、快封闭"的方法，确保施工生产优质安全推进。在工程推进过程中，项目部还通过采取超前地质预报，实现精准爆破，提高混凝土喷射效率，使用了"卡控夹具、二衬分层分窗入模分料系统、三道缝爬焊机、二衬带模注浆、二衬拱顶液位控制、仰拱堵头组合式钢端模、断面扫描仪"等先进的九大工装技术,提高了生产效率,又保证施工质量,为争创精品工程打下了坚实的基础。

2. 国际铁路建设中跑出中国速度

在精心组织和科学管理下,水电十四局负责施工的森村二号隧道创下单洞单头月掘进245.8m最高进度,拉孟山隧道取得了正洞软弱围岩最高月开挖支护110.4m,关键线路月均掘进进尺超过80m的好成绩。2019年12月27日,中老铁路全线最长隧道——森村二号隧道贯通仪式隆重举行,比原计划工期提前7个月顺利贯通。

拉孟山隧道是中老铁路(老挝段)全线控制性工程、重难点工程。为了加快的建设,项目部将原来自北向南铺轨方案改为由南往北铺设,比到达拉孟山隧道的铺轨工期节点时间要求提前了5个月,2020年7月14日,拉孟山隧道贯通,这也意味着水电十四局承建的中老铁路五座隧道全部贯通,项目主体工程全部完工,同时,万荣梁场成为中老铁路全线第一家完成全部制运架梁任务的单位,水电十四局在老挝跑出了"中国速度"(图7-5)。

图7-5 中老铁路拉孟山隧道

三、水电劲旅的中国方案与中国品牌

近年来,随着中国对外投资的增加,中国企业海外竞标实力的增强,中国建造精品工程的口碑影响力的增大以及中国建造品牌价值的提升,越来越多的具体项目

中采用中国方案，中国方案与中国品牌越来越得到世界的认可。

（一）厄瓜多尔科卡科多—辛克雷水电站建设所面临的挑战[①]

1. 国际合同版本独特

厄瓜多尔科卡科多—辛克雷水电站（以下简称：CCS 电站）是厄瓜多尔工程规模最大、技术难度最高的现代化大型水电站。电站由首部枢纽、输水隧洞、调节水库和地下厂房四个部分组成，共布置 8 台单机 18.75 万 kW 的高水头冲击式机组，电站业主单位为厄瓜多尔科卡可多辛克雷水电公司，合同金额 23 亿美元，其中 85% 资金来源于中国进出口银行贷款，15% 来自厄瓜多尔政府。

CCS 电站采用 EPC 模式总承包，以中国电建集团所属中国水电为承包方，具体由中国水电与水电十四局组成联营体施工建设。2009 年 10 月 5 日，CCS 电站 EPC 总承包合同正式签署。项目没有采取国际通用的菲迪克条款，也不同于当地的通行范本，而是使用双方谈判约定达成的独特版本。合同约定非常严格，工程延期和机组效率不达标都将面临巨额罚款。

2. 项目施工的挑战巨大

CCS 电站需要在复杂地质条件下开挖地下厂房洞室群，在 100 多米深覆盖层上建大坝，有 24.8km 长输水隧洞、600m 级引水竖井，总装机为 150 万 kW、单机 18.75 万 kW 的冲击式机组，工程复杂难度高，给负责具体施工的水电十四局带来了巨大的挑战。

第一，项目所处的区域地处南美中高端市场，当地环保要求极高，项目实施面临法律风险、劳工风险和环保风险；

第二，电站主要建筑物分布在 80 多公里长的原始森林中，战线长、管理难；

第三，合同总工期 66 个月，首批四台机组开工后第 60 个月开始发电，项目执行期短、强度高；

第四，众多设备材料、工程技术人员需从中国和世界各地集结，数量多、跨度大；

第五，合同语言为西班牙语，对初涉南美市场的水电十四局，适应当地语言和环境、文化习俗也是严峻考验。

[①] 资料来源：根据新华社 2016 年 11 月 16 日报道《中国人带来的工程奇迹——厄瓜多尔辛克雷水电站纪行》、中国网《中国水电志在世界一流——厄瓜多尔辛克雷电站建设纪实》、人民网《中国在海外建成投产的第一大水电站——厄瓜多尔辛克雷水电站首批机组投产发电》等相关新闻报道及企业资料整理而成。

2010 年 7 月 28 日，电站正式开工建设。从开工到建成的 5 年间，水电十四局经受了恶劣自然条件、复杂不利的地质状况、语言沟通阻碍、巨大的文化差异、设备物资市场配套不全的考验，连续取得庞大地下厂房洞室群开挖成功，首部枢纽单元工程群完成，超长输水隧洞、超深引水竖井贯通，首批机组启动、第二批机组安装稳步推进等一系列重大胜利，以大量无以争辩的工程范例增添着"中国元素"，在南美树立起"中国品牌"。工程质量及获得咨询、业主的一致肯定，赢得南美水电业界、厄瓜多尔政经各界及媒体的一致赞誉。

（二）科卡科多—辛克雷项目施工中的中国方案

为解决电站施工现场"一日三雨"的复杂气候，项目部自行加工制作 26m 超宽轻质钢屋架，拼装后加装土工布围屏，即使在瓢泼大雨中，最大仓容 2600m³ 的混凝土浇筑也干得热火朝天。

全长 1644.54m、直径 10m 的 2 号支洞，是开挖 24.8km 超长输水隧道的关键线路，盾构机 TBM1 要由此滑行进洞，朝上游方向掘进。由于隧道地处火山灰堆积层，围岩呈渗水流沙型，成型极差。项目部计划采用"自上而下分层预留核心土"的方法，先开挖隧洞的上半部，超前小导管和工字钢支撑、管棚灌浆后，再开挖隧洞下部。但业主却不同意，施工方案足足讨论了 2 天，业主才将信将疑地勉强同意了中方的施工方案。410m 高风险洞段成功通过后，业主总经理卢西亚诺感慨万分："中国人，只有中国人，可以做出这样伟大的壮举！"

高度 50m、跨度 26m 的地下主厂房开挖之初，业主要求按照美国规范全断面自上而下开挖，钢筋混凝土大排柱支撑。而项目部拟采用国内成熟的"岩锚梁施工技术"开挖，一开始业主坚持己见，不同意中方方案。经过 4 个月反复沟通，最终业主批准了项目部的方案，但强调一切责任由中方负责！主厂房开挖完成后，效果奇佳，成为南美地下厂房完美施工的第一案例。第一批机组发电第三天，厄国突发 7.8 级大地震，电站经受住了此次强震的严峻考验，毫发无损地向灾区持续供电，成为厄瓜多尔的"灾后擎天柱"！中国标准及中国经验再次经受住考验。

除了施工中的中国方案外，中国工程机械设备的高标准也在 CCS 电站建设中得到体现。为保证施工顺利进行，中方选用三一重工、徐州重工等大批国内国际知名企业的工程机械。据统计，项目共计投入施工设备 1174 台套，其中从中国进口的设备占总采购金额的 89.22%。中国方案及中国建造品牌一步一步走向国外。

(三)科卡科多—辛克雷水电站正式投产发电,多家媒体报道中国奇迹

当地时间 2016 年 11 月 18 日,CCS 电站正式投产发电。作为中国与厄瓜多尔深度合作的典范性重大项目,国内外媒体争相报道。

图 7-6　CCS 电站引水隧洞 TBM 顺利贯通

国务院新闻办公室,以《中国"奇迹"工程给厄瓜多尔带来光明》为题,进行了专题报道。新华社第一时间发布消息:《中企打造的厄瓜多尔"第一工程"竣工,习近平科雷亚共同见证》,随后又发布通信报道称:辛克雷是"中国人带来的工程奇迹","中国电建助厄瓜多尔建辛克雷水电站告别缺电之苦"。11 月 19 日,《人民日报》11 版发布《中企打造厄瓜多尔第一工程》的文章,称辛克雷水电站不仅为厄瓜多尔人的生活带来巨大改变,也为中企在厄瓜多尔建立了丰碑。《经济日报》11 月 17 日在 4 版发布文章《中国人带来的工程奇迹——厄瓜多尔辛克雷水电站纪行》;《参考消息》连续发布《中厄全方位合作成拉美典范,建立全面战略伙伴关系》《习近平访厄搭建合作新桥梁》两篇文章;中央人民广播电台《中国之声》播报《厄瓜多尔的擎天柱,竟是中国制造》,并对厄瓜多尔的电站建设过程进行了详细播报。

在新媒体方面宣传报道方面,新华网《新华炫闻》推出《中国承建的厄瓜多尔辛克雷电站建设纪实》,中国网推出《中国水电,志在世界一流》,中新网推出《中企海外承建投产的最大水电站正式发电,总装机 150 万千瓦》,央视网推出《遇到最好的你——中国》《揭秘辛克雷水电站大坝,中厄共书工程奇迹》,央广网推出

《中方承建厄瓜多尔水电站竣工，打造能源建设"第一工程"》。国资委网站、央视新闻、央视凤凰网、人民网、中国青年网、一带一路高参、凤凰网、21世纪新闻网、中国经济网、环球网、网易、新浪和云南网等网站均对报道进行了转载。

水电十四局承建的科卡科多—辛克雷水电站成为厄瓜多尔引进中国资金和中国公司承建项目的典范性工程，以无可争议的"中国方案""中国速度""中国质量"在南美引起广泛关注。工程的成功实施，极大地鼓舞了中国企业开拓南美的信心，也为中国企业进入南美市场创造了条件。2009年，厄瓜多尔的中国企业仅为10家，到2015年已增至100余家；而厄瓜多尔已规划的8座水电站，7座由中国企业承建。

应该看到的是，自改革开放到"一带一路"倡议提出，中国方案在越来越多的对外工程项目中得到推广，特别是在中国经济援助项目及中国企业投资项目中，中国方案得到使用并获得业主认可，中国方案正通过海外工程的施工建造，一步一步走向世界。

四、中国央企的中国担当与中国情怀[①]

中国担当，是全力体现中国作为大国的责任与担当，为世界的繁荣稳定贡献智慧与力量，促进世界经济的和平与发展；中国情怀，是构建命运共同体的理想与追求，是全心全意帮助世界人民追求幸福，促进当地人民福祉的努力和实践。在海外工程施工中，水电十四局作为中央企业，牢记使命，在修建工程的同时，带动了当地就业，培养了当地工程人才，帮助亚非拉等发展中国家跟上全球化的步伐，帮助当地人民改善生活。这在斯里兰卡M坝及K坝建设，在加蓬大布巴哈、厄瓜多尔辛克雷水电站的修建中都得到了充分的体现。

（一）斯里兰卡莫若噶哈坎达大坝和卡鲁干葛大坝施工中的中国担当

斯里兰卡是"印度洋上的明珠"，而地处斯里兰卡中部地区，横跨在马哈维利河上的莫罗嘎哈勘达大坝（以下简称M坝）和卡鲁干葛大坝（以下简称K坝）则是明珠上的明珠（图7-7）。

---

① 资料来源：根据中国日报网2017年12月16日新闻报道《斯里兰卡莫若嘎哈坎堪达项目：中国电建"走出去"和"一带一路"品牌工程》及中国电建集团网站"一带一路"旗舰篇《两座水电站的故事——记斯里兰卡M坝K坝》相关资料整理而成。

图 7-7　斯里兰卡莫罗嘎哈勘达水库工程

M 坝是斯里兰卡有史以来最大规模的水利枢纽工程，其蓄水能力为 5.7 亿 m^3，发电能力为 25MW，利用较大库容将雨季的贮水调节到旱季使用，中部的水调节到北部使用，意义和作用恰似中国的"南水北调"工程。M 坝项目的合同金额约 2.52 亿美元，由中国国家开发银行贷款，业主单位及监理单位都是斯里兰卡灌溉和水资源管理部，该项目是一个 EPC 项目，由水电十四局施工设计，工期为 48 个月。2012 年 8 月 14 日开工建设，2017 年 12 月 31 日 4 台机组全部投产。

K 坝项目则是为 M 坝项目调水，以保证 M 坝发电的能力，同时将增加斯里兰卡中部马哈威力河阿班迪支流河水的灌溉能力，扩大流域内可种面积，增加对中北部省的农业和工业用水供应，并给东部省地区的工业区提供用水，K 坝的建设，将从根本上解决工农业用水以及防洪的问题，对抵御干旱和防洪，促进经济社会发展、修复生态，促进农民增收和社会稳定，都有积极的作用，最终提高项目周边人民的生活水平。K 坝项目合同金额约 1.22 亿美元，该项目于 2014 年 4 月 2 日开工建设，2019 年 1 月 8 日主体工程全部完工。

M 坝水库枢纽是水电十四局在斯里兰卡以 EPC 模式承建的第一个集灌溉、供水、发电于一体的大型水利工程，也是斯里兰卡最大规模的水利枢纽工程，其建设过程中困难重重。

开工伊始的 2012 年，恰逢斯里兰卡遭遇百年不遇特大洪水，大部地区农田受灾，房屋及公路损毁。项目部按照防洪度汛方案要求，对工区内所有项目进行了防护，但仍然遭受损失，贝雷桥及部分小型施工设备被洪水冲走，来不及撤离的大型设备也被洪水浸泡，影响施工进度。灾难激励员工攻坚克难、高效履约。2013

年，在 1 号副坝坝基开挖过程中，河床中段存在较厚的顺河向缓倾角互层状岩层，岩层整体倾向下游，存在顺层面滑动的可能，影响坝基岩体深层抗滑稳定。项目部多次组织专家会诊，研究方案，解决重大技术难题。为抢回因地质缺陷处理延误的近 1 年工期，项目部一边确保安全、质量、环保的可控，一边加快施工进度。为保证按期履约，后方抽调技术骨干常驻工地，加强与业主代表、咨询专家的联系沟通，最终提前完成了计划任务。

作为以灌溉和供水为主要开发任务的民生工程，M 坝、K 坝水库一直受到斯里兰卡政府的高度关注。斯里兰卡 M 坝、K 坝项目在建设期间得到斯里兰卡总统和中国驻斯里兰卡大使馆，当地有关部委、社会团体等各方的关心与帮助。斯里兰卡总统 9 次视察 M 坝、4 次到访 K 坝，中国驻斯里兰卡大使曾 3 次来访 M 坝、2 次来访 K 坝，在建设阶段更是有数不胜数的斯里兰卡部委等多方单位来此考察、交流、学习。2018 年 1 月 11 日 M 坝下闸蓄水，斯里兰卡总统出席仪式，充分肯定项目建设中国企业的担当，代表斯里兰卡政府和人民对中国政府及项目建设者表示感谢。

2019 年，水电十四局荣获斯里兰卡突出贡献奖，2020 年 9 月 6 日，水电十四局承建的斯里兰卡 M 坝荣登央视 2020 中国国际服务贸易交易会推介。

（二）境外项目施工中的中国情怀

水电十四局的境外项目部在施工中秉承"合作共赢，惠及当地群众"的工作宗旨，和驻地政府、企业、百姓结成利益共同体，谋求长远发展。

1. 生产清洁能源，做好电站施工环保工作

斯里兰卡 M 坝和 K 坝工程能有效地解决斯里兰卡农业灌溉及生产生活用水、电力供应等问题，为斯里兰卡提供大量清洁绿色能源，对于缓解斯里兰卡电力紧张局面，造福斯里兰卡当地经济和促进社会发展具有重要的实际意义。该工程的建成，极大改善斯国民众的生活质量，促进维护地区和国家稳定。同时，使当地农业种植提高精细化耕作水平变成了可能。

辛克雷电站位于厄瓜多尔二级保护区，环保要求极高。水电十四局在各个施工区建设了完备的生产、生活污水处理系统，所有生产、生活污水均达标排放。2013 年，国际河流环评组织对电站的水质、固体废弃物、噪声、空气质量、油料处理、重要生物等进行了全方位严格的环境调查和环保评估。结论认为，辛克雷电站污水均达标排放，固体废弃物清理及时。建成后的辛克雷电站为厄瓜多尔提供了 30% 的清洁能源，有力保障了厄瓜多尔的可持续性发展。

2. 培养人才，创造就业岗位，助力当地经济发展

水电十四局积极为当地创造就业岗位，培训当地技术人才，积极参与社区共建活动，捐款捐物资助当地办学，救险救灾，体现出高度的社会责任感和互助共赢的友爱精神。

斯里兰卡 M 坝和 K 坝的建设为当地人提供了大量的工作机会，越来越多的土地经过灌溉增加了收成。

在加蓬大布巴哈项目施工中，水电十四局累计为当地创造了 4000 人以上的就业岗位。每月使用当地员工 1000 名以上，培养水电建设技能型人才 2000 名以上，成为在加蓬使用及培训当地员工最多的外资公司；并与加蓬当地政府、居民、社会建立了良好的关系，积极参与社区活动，向当地学校捐款捐物。

在辛克雷电站施工中，水电十四局为当地提供了 7000 余直接就业机会，同时采用"手把手""传帮带"等方式，为当地培养各级别施工技术人才、管理人才 2000 多名，还派遣优秀员工到中国学习交流、进行多层次全方位培训，还间接创造就业岗位超过 15000 个。建设期间，中国水电给当地带来约 2 亿美元直接税收，有效扩大了厄瓜多尔政府财源。项目部还将员工上下班通勤交由当地运营，把大量临建工程分包给当地公司，有力促进了当地经济发展。

除此而外，水电十四局还与当地政府联系，帮助解决问题。在斯里兰卡 M 坝和 K 坝的建设中，水电十四局了解到位于库区的村庄帕达拉玛镇（搬迁后改称拉格勒镇）面临着迁居的问题，大多数居民家庭经济比较困难，于是主动联系当地政府部门，商讨搬迁事宜，帮助改善居住条件，此举得到了当地居民的高度赞誉；在辛克雷水电站，项目部不定期与厄瓜多尔劳工部、社保局、卫生部等政府机构协调，组织员工参与劳动法、社保法、职业健康及工业安全专业培训，严格依法依规办事，全面保障当地员工权益，做好营地建设，让厄瓜多尔员工工作时尽心、舒心和放心，在电站工作的不少本地人的收入超出当地平均标准的 1～3 倍。几年来，水电十四局先后投入 50 多万美元为所在地改善道路、安装饮用水管、修建学校护栏、赠送学习用品，与当地政府、居民建立了"完全平等、相互尊重、互利互惠"的关系。2016 年厄瓜多尔发生特大地震后，中国水电第一时间向厄灾区人民捐献现金一万多美元，以良好的口碑树立起中国央企负责任、有担当的大国形象。

海外工程的建设给项目所在地的政府和人民带来了肉眼可见的福祉与便利，极大的带动了当地经济发展，改善了居民生活条件，以实际行动践行"合作共赢，惠及民生"的中国情怀。

第八章

匠者初心，国企使命

> 企业既有经济责任、法律责任，也有社会责任、道德责任。任何企业存在于社会之中，都是社会的企业。
>
> ——习近平

国有企业是中国国民经济和社会发展的重要支柱，是保障人民共同利益，维护社会稳定和谐，壮大国家综合实力的重要力量。一个时代有一个时代的主题，一代人有一代人的使命，企业的不同发展阶段也对应着不同的责任。在新中国成立初期，百废待兴，那时的使命是创业立业，那时的责任是国家建设。于是，第一代水电十四局人响应国家号召，从五湖四海走向云南大江河畔，凭借着企业精神扩建了石龙坝水电站，圆满完成了"三河大会战"建设。改革开放以后，市场竞争焕发勃勃生机，那时的使命是变革图强、推陈出新，那时的责任是向外学习对内传播。水电十四局人顶着压力带着探索意识，凭借着一股不服输精神参与建成鲁布革水电站，将"鲁布革经验"推广到祖国的大江南北。中国进入新时期后，全球一体化进程加速，企业的使命是实现跨越发展完成战略转型，企业的责任是走出国门树立电建品牌。于是，水电十四局人顺应时代发展趋势全面开拓国际业务，凭借着一股敢为人先的精神完成国际项目的建设。党的十五大之后，中国经济迅猛发展，中国实力快速壮大，两个一百年目标指明奋斗方向，那时的企业使命与责任是深化改革，建设现代企业制度。党的十八大之后，企业使命和责任是高质量发展提升竞争力，助力全面建设小康社会，为建成富强民主文明的社会主义国家、为中华民族的伟大复兴贡献企业力量。

水电十四局从未忘记自己的匠者身份和央企所担负的社会责任！无论身处哪个

时代,水电十四局都谨记企业的强大是祖国繁荣的基础,切实履行好经济发展责任,做促进经济增长的"压舱石";勇于承担环境责任,争当打造绿水青山的"建设者";抢险救灾,扶危救困,做维护社会稳定的"主力军";参与精准扶贫,促进乡村振兴,做全面建成小康社会的"践行者"(图8-1)。

图8-1　所获荣誉

第一节　中国特色的责任基因

水电十四局作为一家国有的水利水电工程施工企业,基于其所有制特征、行业特性、企业属性,在整个发展过程中始终秉承可持续发展理念,充分履行经济责任、环境责任、社会责任等各项责任。

一、履行社会责任的历程

在企业初创期,水电十四局响应国家号召,积极履行建设责任。在西南边疆树立了包括石龙坝水电站扩建项目、三河大会战项目、鲁布革工程项目等中国水电建设史上一个又一个的里程碑。改革开放以后,作为鲁布革经验的参与者、传承和推广者,水电十四局不断履行变革责任。在企业内部,变革治理结构,提升工作效率，运用先进技术，创新施工和管理方法，在企业外部，不断学习国内外先进技术，总结和共享"项目法施工""广蓄"经验，提高管理和施工水平。步入新时代以后，水电十四局顺应时代发展趋势，自觉服务国家战略，持续履行发展责任；丰富业务结构，承建包括高铁、地铁、市政水环境及国际工程项目等业务，同时做好各项社会责任的履行。

（一）艰苦创业，"国"字为先

新中国建立以后，在经济困难、底子薄的情况下，集中资源"办大事"成为当时显著的时代特征。水电十四局的经济活动和工程建设严格按照国家和上级主管部门的要求运行，并把国家经济、社会建设的需要作为其履行企业社会责任的核心目标。

在那个阶段，新中国百废待兴，工业化基础非常薄弱，自然环境、工作环境、生活环境极其艰苦，第一代水电十四局人响应祖国的号召，牢记国有企业职责，从五湖四海走到云南的大江大河之畔，始终胸怀国家，以实际行动履行职责。

在那个阶段，缺少必要生产资料和生产条件，水电站的工作环境闭塞艰苦，技术工艺水平原始落后，第一代的水电十四局人凭借着吃苦耐劳的奉献精神，艰苦奋斗的工作作风，昂扬的斗志和激情，应国家所需，践行国家水电基础设施建设责任，完成了石龙坝水电站的扩建，取得了"三河大会战"的胜利，拉开了鲁布革变革的序幕。

（二）"变"革图强，推陈出新

改革开放以后，中国从计划经济走向市场经济，市场竞争逐步显现，国有企业原有的运行格局被打破，"等靠要"的习惯思维也受到了挑战，外来文化管理和技术冲击着中国企业与中国人民。鲁布革工程迎来了水利水电发展的历史性阶段，在"鲁布革冲击下"，水电十四局转变传统的履责态度，转变单一的履责机制，开创全新的施工管理方法。

转变态度，增强竞争及改革责任。鲁布革项目曾先后引进了7个国家近百名咨询专家、承包商、制造商。异域他乡的价值观念、思维方式和新技术、新设备、新经验涌进峡谷，彼此碰撞，令人开阔眼界，增长见识，也让人看到差距。承认落后是一种痛苦，巨大差距刺激了水电十四局人的民族自尊心，奋起竞争的意识，从未如此强烈。强烈的反差引起了水电十四人的深刻思考：日本大成公司仅靠一支30

余人的现场管理队伍，合理组织从水电十四局按合同制聘用的 424 名工人，创造出世界一流的施工水平。剖析原因，水电十四局深刻认识到问题在于管理。水利水电项目的传统管理机制及管理办法已不再适应现代工程项目的施工，只有奋起直追，中国企业才能改变落后的现状。

转变机制，增强学习及管理责任。鲁布革水电站引进世界银行贷款，世行要求贷款国成立项目管理机构，实行项目管理，贷款项目实行招标竞争，改变了工程任务的指令性分配，冲击了自营管理体制。在引水系统工程的合同管理中，日本大成公司因路面等标准不够导致轮胎超耗提出索赔，又引起施工理念的变革。在这些碰撞、冲击和变革中，鲁布革阵痛后迎来了一种新机制的试点及诞生。在鲁布革厂房工程，水电十四局学习外国公司管理经验发挥了巨大威力。此后，水电十四局将鲁布革经验、鲁布革精神带到广州抽水蓄能电站、黄河小浪底水利枢纽工程建设中，总结、实践、发展了"项目法施工"。特别是在黄河小浪底水利枢纽工程中，组建联营体 OTFF 为国排忧解难，成功截流。时任水利部副部长张基尧高度评价说："OTFF 联营体广大职工在导流洞攻坚中，表现出主人翁姿态和爱国主义色彩，形成了自尊自强、奋起竞争的民族精神，吃苦耐劳、无私奉献的敬业精神，整体协调、团结进取的协作精神，精心施工、认真负责的工匠精神。"

（三）跨越发展，战略转型

在市场化发展的过程中，水电十四局与时俱进，履行发展责任。在"树立大市场、大土木观念，实施全新内涵的多元化经营"思路的引领下，在"巩固传统的国内水电工程市场，优先发展国际业务，大力拓展国内非水电建筑市场"的发展战略指挥下，实现了从云南向全国、从国内向国际的跨越；实现了由资源投入向创新驱动、劳动密集向扁平化管理、国内市场向国际市场发展、传统水电建筑市场向大建筑市场拓展的转型升级。

不论是在传统的水电工程建设中，还是在高铁、高速公路、地铁、房地产、风电等工程项目中；不管是在国内小浪底水利枢纽、三峡工程、京沪高铁、深圳地铁工程项目中，还是在喀麦隆拉格都水电站、缅甸邦朗水电站、厄瓜多尔辛克雷水电站等国际业务工程中，水电十四局一直关切利益相关者的利益，不断加大属地化经营规模，解决当地居民就业，保障员工利益，关注员工发展，达到合作共赢，履行多元社会责任。

二、履行社会责任的特点

作为国有企业,履行企业社会责任不是附加的一项任务,而是参与经济发展、参与市场竞争、参与社会营销的大潮流的一项必然天职[①],水电十四局肩负着履行企业各项社会责任的天职。水电十四局忠实履行政治责任,维护社会稳定,坚持党的领导、加强党的建设;履行环境保护责任,发展绿色生产,提供清洁能源,建设绿水青山;履行经济发展责任,保值增值国有资产、广泛增加就业岗位、提升智能建造能力。

(一)履政治责任,做维护社会稳定的"主力军"

水电十四局坚持以习近平新时代中国特色社会主义思想为指导,把促进国有资产保值增值作为党建工作的出发点和落脚点,按照建设中国特色现代国有企业制度的要求,把党建工作纳入公司章程,修订完善党委议事规则,把党组织研究讨论作为公司决策重大事项的前置程序,在下属单位全面实行党委书记、总经理"一肩挑",不断完善"双向进入、交叉任职"的领导体制机制,切实把党的领导融入公司治理各环节,把党组织内嵌到公司治理结构之中,有力地保证了党委领导作用的发挥。坚持党管干部、党管人才原则,突出政治标准,持续改进干部选拔任用机制,不断健全完善"选、用、育、留、退"的人才管理体系,畅通优秀年轻干部的成长成才渠道,为企业的改革发展提供了坚强的组织保障。坚持全面从严管党治党,通过持续开展"党建质量提升年""基层党建推进年""党建巩固深化年"等活动,大力夯实基层基础,党的建设质量不断提高,党员的党性修养和党组织的战斗力持续增强,基层党组织的战斗堡垒作用和党员的先锋模范作用得到有力发挥,为企业营造了风清气正的发展氛围,有力地促进了企业的改革发展与和谐稳定。

水电十四局党委紧紧围绕企业的政治责任要求及改革创新、提质增效的目标,以加强基层组织建设为抓手,坚持从严治党,充分发扬民主,强化群众监督,不断增强党组织的政治核心和战斗堡垒作用。建立基层党组织建设示范点,突出经常性教育特点,提升党建工作水平,形成长效机制和常态化管理;通过树立"责任、忠诚、学习、进取"核心价值观,创新机制体制,形成以执行力、协调力和创新力为

---

① 马会春. 国企履行社会责任是天职[J]. 中外企业文化,2019(5):13.

重点的考核机制和绩效分配、选拔任用机制；通过严肃党风党纪，完善体系惩防并举，形成风清气正的氛围和凝聚发展的共识，为成为维护社会稳定的"主力军"提供坚强保证。

在党建引领下，水电十四局党员坚持"共产党员，就要往前冲"，在各个领域发挥党员的先锋模范作用，切实扮演了维护社会稳定的"主力军"。鲁甸地震中，爆破小组圆满完成了堵头爆破，成功分流堰塞湖，取得了抢险关键战役的重大胜利；扶贫工作者放弃繁华便利的大城市生活，放弃与家人团聚，毅然到全国最贫困、最不发达的"三州"之一怒江州开展扶贫工作；白虾村抗旱救灾、建水县抗洪救灾、彝牛二级公路救援等，这些抢险救灾都离不开党员干部的冲锋陷阵。

（二）担环境责任，当打造绿水青山的"建设者"

党的十八大提出"建设美丽中国"，十九大提出"社会主义生态文明观"，其共同指向都是倡导绿色发展理念，要求国有企业在发展过程中，要以节约型增长方式为途径，把节能降耗和结构调整相结合，大力发展循环经济，推进清洁生产，建设环境友好型企业。环保工作关乎国家民族的可持续性发展，要做好环境保护，就是要在工作中具体落实防尘、降噪、污染控制、清洁生产等环保措施，做好环保、水保工作，为营造绿水青山作出应有的贡献。

水电十四局早期的业务板块主要是水电项目，作业环境大多是在山区和水源地，环境责任更多体现在对生态环境的保护方面，水电十四局要求所有经营行为都必须按照生态环境保护优先原则开展。投资开发类项目必须将生态环境保护作为必不可少的前提条件，确保生态环境保护方案可行；PPP项目应严格遵守相关生态环境保护要求，把生态环境保护作为投资建设和经营管理的重要约束条件；遇到生态环境保护风险，要及时和政府沟通协调解决。

要将生态环境保护作为公司核心竞争力的重要组成部分，就要投入必要资源强化技术、更新工艺和材料研发、落实环保履约项目，建设绿色工程。随着经营范围的多元化，水电十四局从"地下铁军"转向市政、地铁等项目，施工现场开始进入人们的日常生活，除了履行生态责任以外，还需要关注噪声、粉尘等对周边居民可能会造成的影响。水电十四局对施工机器进行了技术改造，淘汰噪声大的设备；合理安排作业时间；检测噪声分贝；在粉尘污染控制方面，水电十四局针对项目特点，对排放粉尘作业段进行重点监督，放置除尘设备，进行洒水降尘等措施来保障居民正常的生活条件。

（三）行发展责任，做促进经济增长的"压舱石"

提高企业效益、增强企业竞争实力，为社会提供优质的产品和完善的服务，在提高产品质量、盈利能力的同时，为社会创造财富，提高国有资产的保值增值是国有企业组织工作的出发点和落脚点。水电十四局把"发展作为第一要务"，除了继续维持国内基础设施和水电工程项目的占有率外，还不断拓展国际市场和其他市场业务，并国内国际两个市场中取得了相应的市场份额。

1. 市场业务稳定发展

从近 20 年的市场发展看，水电十四局把握经济发展新常态，紧跟国家发展战略，抓住"一带一路"重要机遇，坚持稳中求进工作总基调，深耕国内核心市场，挖掘国外市场潜力，把握市场机会，拓展市场空间，认真研究市场变化，密切关注政策导向，积极调整竞争策略，持续优化营销体系，改进创新营销方式，提高标书编制质量，不断提高中标率，巩固和扩大市场份额，为公司的稳增长、调结构提供坚实的市场保障。在复杂多变的宏观经济形势下全力以赴开拓市场，整体发展势头稳定。

2. 核心业务协调发展

水电十四局统筹国内和国外业务协同发展，坚定贯彻新发展理念，持续推进经营质量向低消耗高产出、精益化高效益转向，产品质量向标准优质、环境友好方向转向，不断推出多项措施保持业务稳定发展，使得能源电力、基础设施、水资源与环境三大核心业务齐头并进。多年来，水电十四局按照自身发展规划，有重点地推出各项措施促进业务发展，进而推动经济增长，较好地履行了国有企业的发展责任。

志行万里者，不中道而辍足。水电十四局自成立以来，经历了企业初创期、变革图强期、跨越发展期的磨砺，水电十四局继承和发扬了艰苦奋斗的传统，忠实履行企业社会责任，虚心学习、自强不息、开拓进取，从封闭走向开放，引用和创新先进技术手段，积累沉淀企业核心竞争力，承建了国内外多个大型工程项目。时代在发展，所面对的问题和挑战也在不断升级，但是水电十四局以只争朝夕的劲头、坚韧不拔的毅力、久久为功的作风，"不忘初心，牢记使命"，让历史和现实相贯通、国际和国内相关联、理论和实际相结合，更好地履行了新时代国有企业的政治责任、环境责任和发展责任，绘就更加壮美辉煌的水电十四局新画卷。

第二节　质量与技术并举的责任核心

质量是道德，安全是良心，技术是龙头。质量是安全基础，安全是生产前提，技术围绕质量和安全展开。工程质量与安全是现代专业化工程施工企业应履行的基本道德责任，也是工程技术活动的一项最基本的责任要求[①]。建筑工程产品的质量和安全与国家社会公众利益、公共安全紧密相连。水电十四局始终秉承对社会大众生命财产负责的态度，不断提升强化自身质量和安全管理责任意识，在项目管理各环节严格落实质量和安全责任指标，以开拓创新的态度和精神，努力提高科技贡献率及科研实力，强调用技术来提升工程质量管理、安全生产工作的主动性。通过近年的发展，质量"标杆意识"、安全"底线意识"和科技"强国意识"早已成为全体员工的共识，同时，积极响应政府培育更多"中国工匠"的号召，认认真真抓好工程质量，建精品工程，铸匠心品质！

一、不断树立工程质量标杆

质量是立足之本，是品牌之基，是企业的生命线。从 1954 年建局至今，水电十四局在国内水利水电工程，高铁、地铁、高速公路、风电、核电等工程及国际工程的建设过程中，始终遵循"抓履约管理，创精品工程"理念，坚持"百年大计，质量第一"的质量方针，坚持"全员全过程全方位"的质量管理原则，注重专业质量自我控制与整个生产体系的协调整合；严格按照国际质量标准体系、《质量管理体系　要求》GB/T 19001—2016 和《工程建设施工企业质量管理规范》GB/T 50430—2017 标准组织施工与管理。目前，水电十四局已形成一套严格、详细的工程质量过程管理和控制制度，保证施工过程处于受控状态，通过过程控制以保证结果精品。1979 年至 2019 年期间，水电十四局工程合格率均满足 100%；土建工程优良率稳定维持在 80% 以上；安装优良率达 94%～99.72%。在安全理念的引导下，水电十四局工程施工质量领先于国内先进水平。水电十四局已经创建出一批优质、精品、样板、获奖工程，多项工程在行业中成为标杆，深受业主、监理单位的好评。

[①] 朱海林. 技术伦理、利益伦理与责任伦理——工程伦理的三个基本维度[J]. 科学技术哲学研究，2010（6）：61-64.

（一）树水电工程质量标杆是起点

在业内说到水电十四局，其"地下铁军、水电劲旅"的强烈印象瞬间凸显在人们的脑海。在 21 世纪初期前十年的水电建设高峰期，水电十四局凭借着在水电大型地下工程施工中的突出表现和在当地材料坝填筑、高水头大容量水轮发电机组安装的超强竞争优势，建成了全国大型水电站 80% 的地下厂房工程。"地下铁军、水电劲旅"这一荣誉称号是水电十四局几代水电人付出汗水辛劳、用智慧青春拼搏得来的。它不仅记录了水电十四局的奋进岁月，也为国家建设谱写了上百篇皇皇大赋。细数那些经典事例，中国建筑发展史中跃然纸上。

1. 云南以礼河梯级电站第一级毛家村大坝——"亚洲第一土坝"，树立了土石坝建造质量标杆

1958 年 5 月以礼河梯级水电站开工，在那个激情岁月，工人以"自力更生、艰苦奋斗"的精神，用锄头、挑筐、独轮车、石碾子堆砌碾压，用板锄、洋镐、扁担、撮箕等简陋的工具，在野草丛生、荆棘遍地的荒滩上工作，克服艰苦的生活条件，充分发扬奋斗精神，改用红黏土作为当地材料坝防渗体，采用混凝土防渗墙方案，用冲击钻造孔建墙，解决了土坝防渗处理难题，最终建成了"亚洲第一土坝"——毛家村大坝，坝顶高 82.5m，顶宽 8m，顶长 467m，是 20 世纪 50 年代国内最高的黏土心墙土坝，大坝防震强度 8 级。

2. 云南鲁布革水电站，树立了堆石坝建造质量标杆

鲁布革电站堆石坝防渗体原设计选用坝址左岸下游 13.7km 的鸡山红土料和龙家堡风化白云岩的掺和料。后根据水电部专家咨询建议，参考国外风化料作防渗体的经验，对距坝址 3～4km 处的羊洞角风化料场进行勘探，在现场做了 29 场碾压试验后，确定了风化料作高土石坝防渗体的施工工艺流程及主要施工参数。1986 年 2 月作为坝体部分的高水围堰正式施工，用风化料填筑围堰斜墙 9.37 万 m^3。1987 年上半年主坝心墙风化料填筑 8.09 万 m^3。这与原设计红黏土掺沙砾料方案相比，运输距离缩短 10km，且施工工艺更为简单，风化料施工受降雨影响比纯黏土小，增加了有效施工天数，取得缩短工期、节约成本近 300 万元的效果。

3. 广州抽水蓄能电站，树立了长斜井成套施工质量标杆

水电十四局在广蓄电站面板堆石坝施工中，在国内首次使用河滩沙砾料作垫层料，工程完工之后，上库面板堆石坝施工质量为当时建成的优质面板堆石坝之一，被能源部评为"国内领先水平"。在高压长斜井施工中，总结出一套大直径、陡斜

角、长斜井的快速施工技术，首次成功采用斜井滑模，开创了斜井滑模混凝土施工的先河。能源部专家鉴定这一项大直径、陡倾角、长斜井成套施工技术是成功的，既加快了施工进度，又保证了安全和质量，系国内首创，有较高的推广价值。

4. 黄河小浪底水利枢纽工程，树立了转轮工地组焊质量标杆

小浪底水利工程拦河大坝采用斜心墙堆石坝，设计最大坝高185m，坝顶长度1667m，坝顶宽度15m，坝底最大宽度864m。基础混凝土防渗墙厚1.2m，深80m。大坝填筑量和混凝土防渗墙规模居国内之最，被中国大坝协会、巴西大坝委员会等授予"国际堆石坝里程碑工程奖"。小浪底水利工程6台30万kW水轮发电机组的安装工程由水电十四局为责任方的FFT联营体承担，从1998年2月15日开始组织施工，水电十四局机电安装总公司承担6号、4号和1号机组和厂房用电、直流系统、厂外清水池、油库、渗漏排水系统、220kV电缆、35kV架空线路、通信系统等安装和7个转轮的现场制作（其中1个为备用）。项目部质量、安全、进度一起抓，最大限度调动广大职工积极性，所有计划节点目标都得以实现。同时，也积累宝贵的经验，为龙滩、小湾、构皮滩、拉西瓦、瀑布沟、彭水、锦屏、景洪、糯扎渡、金安桥、溪洛渡、向家坝等大型、特大型水电站的电站机组安装提供了有价值的经验借鉴。

（二）树多元工程质量标杆是延续

20世纪90年代，水电十四局除发展核心业务水利水电工程项目外，开始逐渐进入高速公路、高铁、地铁等建筑领域，近年来开始涉及水环境治理领域。开展新业务领域，必然面临新挑战，需要将水电施工技术、管理经验运用到铁路、核电等工程的建设中，并吸收整合铁路、核电等工程的高效施工组织经验和先进工艺技术。面对挑战，水电十四局苦练内功，延续能打硬仗，追求卓越的精神，在新业务领域取得核心竞争优势。

1. 西成高铁，树立了"轨距精度"质量标杆

2012年12月，水电十四局中标承建西安至成都铁路客运专线XCZQ-5标段，该标段位于秦岭南麓与汉中盆地交界处陕西洋县境内，正线全长31.8km，含4条隧道、3座大桥、2段路基及无砟轨道施工。桥隧占比高达95.8%，4条隧道总长30.36km，其中长达13.1km的福仁山隧道为中国电建集团当时承建的最长铁路单洞双线隧道。工程沿线山高坡陡、沟壑纵横、植被茂密……面对严峻挑战，水电十四局西成高铁项目部迎难而上，以"标准化管理"为突破口，树立"工作标准严

一格、工程质量紧一扣"理念，围绕安全、质量、工期、投资、环保、稳定"六位一体"目标，严管施工步距、严抓工艺工法、严控工序流程。西成高铁所采用的 CRSTI 型双块式无砟轨道是高铁的核心技术，业主要求轨距的偏差 0.5mm，而水电十四局将 0.3mm 确定为自己的标准进行严格要求，同时开展了"复杂条件下特长铁路隧道施工技术"攻关，最终成功在大山深处开山架桥，谱写了一曲秦岭"天堑变通途"的新华章。

2. 深圳地铁 7 号线，树立了"叠线盾构"质量标杆

深圳地铁 7 号线是当时中国电建集团承建的第一条完整的地铁项目和投资规模最大的城市基础设施项目，水电十四局主要承担 7 号线的 7306 标、7309 标和 7304 标的 7 个车站、6 个区间和 1 个主变电站项目，合同额近 20 亿元。该工程施工面临众多困难，集中表现为：施工环境最杂、交叠穿越众多，结构布置最密，地质变化最大，施工风险最高，施工工法最全，涉及明挖顺筑法、盖挖逆筑法、盖挖顺筑法、矿山法、盾构法、顶管法等。在 7306 标施工的 10 条区间隧道中，有 5 条总计 1151.5m 的叠线盾构施工，叠线结构特殊、受力复杂、投入成本高、控制要求严，与同期进行的桩基托换工程一样，是最具挑战、难度系数和安全风险都很高的工程项目。

面对困难和挑战，水电十四局人庄严承诺：不负重托，不辱使命，敢于啃硬骨头，敢于涉险滩、闯难关，历经重重困难，深圳地铁 7 号线最终于 2016 年 10 月 28 日开通运营，因品质优秀，深圳地铁 7 号线成为国内唯一一条同时获得国家优质工程金质奖、中国土木工程詹天佑奖两大殊荣的地铁线路。

3. 江习高速笋溪河大桥，树立了"智慧建筑"质量标杆

水电十四局承建的重庆江津至贵州习水高速公路笋溪河大桥是当时重庆市第一高桥，也是重庆市最大跨度钢桁加劲梁悬索桥、重庆市山区最大跨度桥梁、重庆市首座山区大跨度悬索桥，全桥长 1578m，主跨长 660m，桥面距河谷高约 290m，为重力锚式钢桁架悬索桥。笋溪河大桥应用了 BIM 技术模拟施工全过程，依据大桥结构特点创建新结构模型族库达 99 种 3800 余个，对国内的桥梁设计工作提供了重要借鉴意义。同时，大桥使用全寿命信息智能化监测系统实时监测桥梁健康状态并加以及时维护，完备的售后服务让投资者和使用者安心。2018 年 6 月 29 日后笋溪河大桥通车运行，项目也荣获 2018—2019 年度中国建设工程鲁班奖，成为中国电建在交通领域首个获得鲁班奖的工程。

4. 广州城中村污水治理，树立了水环境治理质量标杆

2017 年 9 月，水电十四局正式进军广州地区水环境治理市场，与传统水利水

电项目不同，城中村污水治理工程实施范围广、覆盖面大、战线较长、施工点多且分散。面对困难，水电十四局的建设者们在施工过程中坚持提前策划、科学组织、精细施工，最终克服一个个困难。2019年4月，在龙湖村样板工作面创建取得初步成效，迎来兄弟单位的观摩学习。2019年5月，横沙等三村污水和供水工程迎来广州市市政工程协会专家对施工质量的检评指导，并得到了高度认可。所承建的工程从一期发展到了四期，多个项目相继落地，项目履约高质高效，品牌形象之花在羊城绽放（图8-2）。

图 8-2　已建成的污水处理厂

二、始终严把安全质量底线

安全责任重于泰山，安全生产工作任重道远、未有穷尽。水电十四局历来强调安全生产管理，不断完善安全生产内容，以高度的责任心和使命感，始终坚持贯彻落实"安全第一、预防为主、综合治理"的工作方针和"以人为本，安全发展"的安全管理理念，严格落实各项安全管理措施，加大安全生产标准化建设力度，加强安全监管，在制度和实践中将安全责任落到实处，从源头上杜绝安全事故。

（一）广覆盖，全域标注底线

无论是在水利水电工程的建设还是非水利水电工程、国际工程的建设中，水电十四局都保持高度的安全警觉。强化规章制度执行，全域标注安全底线；与时俱进，完善安全标准化建设、创新安全管理方法、改善安全生产设施，保障各类项目及生产安全运行。

1. 建立健全安全管理制度，筑牢全域安全生产底线

制度是长期实践经验和教训的总结，也是管理理念的载体。制度的科学性直接对其他要素的安全状态产生影响，人和设备的安全要靠制度来保障。六十余年的发展，水电十四局已形成了全面、系统、可操作性强的安全管理规章制度，公司编制的《水利水电安全标准化建设》被中国电力建设企业协会评为"2012年度中国电力科学技术成果三等奖"。在实践中，水电十四局下属各单位在组织实施中，通过钢铁的纪律严格执行落实安全管理制度，使安全管理范围覆盖生产、基建各个环节。为保障制度无漏洞，水电十四局在持续改进完善和提高中不断修订安全管理制度，长期有效地规范安全管理行为，建设安全文化理念，将安全生产"底线意识"贯穿于生产经营工作各个环节。

2. 推进安全生产标准化建设，打造全域安全文明标准化工地

2010年，水电十四局颁布实施了《安全生产标准化管理手册》，手册从标准化上完善了科学的安全生产责任制、安全生产管理制度和操作规程，有力推动了各生产环节和相关岗位的安全工作符合法律、法规、规章、规程，将公司安全生产工作推上新的发展高度。如凯里环城高速公路北段总承包部从项目特点、施工难点、施工风险、技术方案和资源配置等方面强化安全生产标准化策划，为项目安全生产工作有序开展打下良好基础。建（个）元高速公路总承包部、宜昭高速公路总承包部等积极推广临建设施样板标准化、隧道人员定位系统、信息化隧道门禁系统、各类模板防护措施等标准化经验，全面建设和提升了安全生产标准化工作，从而实现了由传统向新领域安全生产标准化的"突围"。

多年来，水电十四局深入推进安全生产标准化建设，积极开展"安全文明标准化工地"创建，多个项目先后被评为国家级、省级"安全文明标准化工地"。

3. 创新安全管理方法，提升全域安全水平

水电十四局不断更新安全管理理念，创新安全管理方法。如两河口电站机电安装项目部在四川雅砻江两河口水电站机电设备安装工程的建设过程中，开展安全管理方法创新活动研究，响应新时代对于创造本质安全型环境的召唤，改善施工安全环境，提升了水电十四局在大型水电站机电设备安装工程中安全管理的创新能力。在新能源发电领域，水电十四局旗下聚能公司按照"保人身、保电网、保设备"原则，深入展开新能源发电企业安全生产、职业卫生、应急管理三者之间的关系研究，并取得了一系列安全管理创新成果，提高了员工的安全生产、职业卫生及应急

管理意识，保证了新能源电站的质量效益和安全运行。

（二）树意识，全员共守底线

有研究表明，有80%的安全事故是由人的不安全行为造成的[①]。因此在安全管理控制中，务必要重视安全行为管理。水电十四局通过多类别、分层次的安全教育培训，落实各层级人员的安全责任，使公司全体员工在思想上树立了强烈的安全"底线意识"，在行为上坚守安全底线。

1. 加强安全生产教育培训建设，将安全意识内化于心

水电十四局根据"管生产必须管安全，管技术必须管安全"，"安全生产，人人有责"的原则，明确要求了行政领导人员、技术人员、职能部门、生产工人等个人和部门对安全生产所应负的安全责任。水电十四局相关班子成员和安全环保部人员均持有水利、建设、交通、能源等主管部门颁发的安全管理合格证书。2019年，公司共有全国注册安全工程师216名，进一步强化了专职安全生产管理人员的素质，同时，采用新工人入厂三级安全教育、形式多样的宣传活动、举办安全知识专业培训、安全知识考试、安全知识竞赛等生动活泼的形式进行安全教育，重点坚持对进城务工人员加强安全生产教育。目前公司安全生产三级课程体系已建立完成，包括网络大学安全课程266门，安全微课开发156门，进一步丰富了安全生产教育培训的内容。

2. 加强安全责任落实建设，将安全意识外化于行

经历多年发展，安全"底线意识"早已成为全体员工的共识。从1998年开始，水电十四局与所属各单位全面签订了安全生产责任书，并要求各单位与下属厂队签订安全生产责任书，建立了安全生产"层层负责、人人有责、各负其责"的工作体系，做到安全责任层层落实，"横向到底，纵向到边"。

从2000年起公司每年均对所属各单位安全生产责任书进行了考核兑现。建立安全管理和安全生产奖惩制度，每年组织对各二级单位和直属项目部的安全考核，并与年薪挂钩。公司各单位和项目部也相应的建立健全了安全生产考核机制，每月或每季定期组织对包括协作队在内的厂队进行安全考核。完善考核机制，加大考核范围和力度，将安全责任、目标切实与经济效益挂钩，切实做到奖惩分明、有章必循、循章必严、违章必究。

---

① 何明杰，武静. 对人员不安全行为的分析与控制［J］. 新疆环境保护，2013（4）：37-39.

（三）强监管，全程防逾底线

建筑工程行业一直都是安全事故频发的领域，因为企业并不能控制所有的不安全因素，只能做好安全防控工作，防患于未然，尽量避免重大安全事故的发生，减少事故带来的危害。

从施工开始到施工结束，水电十四局通过强化监管工作，加大公司项目管理制度执行力度，注重项目过程实施管理，从根本上把控施工危险源。在事前彻底分析安全隐患，重视施工人员安全知识与实践的储备，防患于未然。在项目施工中，通过严格的安全生产检查、文明工地考核、应急管理建设时刻保证安全生产受控在控。事前做好安全交底准备工作，事中落实安全生产建设工作，事后严格按要求处理安全事故并吸取教训，防止类似的安全事故再次发生。

（四）高技术，高效守护底线

为保证施工及员工安全，水电十四局通过新技术引用来提升安全保障系数。在承建江习高速公路（重庆境内）时，不惜以更高的成本将传统的钢管加抱箍脚手架的搭设更换成第四代新型安全可靠的盘扣式脚手架。在晋红高速公路项目施工中，引入"高精度微震监测预警设备"，对复杂不良地质段围岩进行实时反应预测，极大地提高了隧道施工安全管理水平。在两河口水电站引水发电系统施工中，采购了 VR 安全虚拟现场体验设备，建设了 VR 虚拟现场安全教育培训基地，要求联合体及各作业队伍所有人员进行平台坍塌、高处坠落等 28 项虚拟施工安全类项目体验，通过体验各项虚拟安全生产事故项目带来的感官冲击，督促作业人员时刻提醒自己作业过程中该注意的安全事项[①]。在城市轨道工程领域，逐渐实现智能化安全检查工作。如成都地铁项目部全面推广 360 度安全风险监控平台，形成了无死角监控、项目相关方均可调取、随时随地"掌"控工地的机制，变被动为主动，改变了传统的监督管理模式，响应了新时代打造本质安全设备的号召。在公司全体员工的努力下，公司安全生产工作总体可控，多次荣获生产安全奖励。

三、持续攀登技术创新高地

纵观世界各国和地区的工程伦理基本原则，其中无不明确和体现出对人与自

---

① 楚占旭，折伟伟. 两河口水电站引水发电系统安全管理创新与实践［J］. 云南水力发电，2020（4）：162-164.

然、人与人、人与社会等关系的要求。因此，只有突破传统、勇于开拓、不断探索新技术与新方法，才能在竞争激烈的工程建筑产业中保持领先优势，为生态、社会、经济的可持续发展做出更多贡献。水电十四局坚持自主创新、重点跨越、支撑发展、引领未来的科技发展纲要，保持进取的精神和开放的心态，不断尝试产品、服务技术的创新，注重科研成果的推广运用，突出科技创新带来的实际效益，扎实搞好科研工作。水电十四局以项目履约为基础，以科研课题为载体，建立了"产、学、研、用"横向联合协同创新的科技工作机制，培育了一大批科技人才；完善科技投入机制和科技进步考核激励机制，努力提高科技贡献率及科研实力。

（一）学习积累先进技术

1. 水电工程先进技术的学习积累

1960年初，水电十四局就开展了一个以"机械化、半机械化、自动化、半自动化"为中心的技术革新运动。这一技术革新运动带来了技术上的一些成就，切实提高了劳动生产率，降低了成本。

鲁布革水电站建设中，水电十四局积极引进、消化、吸收国外先进施工技术、先进施工设备、先进管理经验并运用于工程施工环节，创新了采用风化料作为电站堆石坝防渗体施工技术、溢洪道直立边坡开挖施工技术、岩壁吊车梁取代传统吊车梁施工技术、导流洞混凝土衬砌先顶拱后边墙施工技术。此后，在相继承建的广州抽水蓄能电站、福建南一水电站、湖南山云水电站等一批大、中型水电工程及参建的漫湾、大朝山、小浪底、三峡等重大工程项目中，水电十四局积极主动地学习交流施工技术，组织力量认真研究大江大河中的地下工程施工技术、大坝施工技术、混凝土辅助工程技术、机电安装技术、基础处理技术，通过学习，提升企业技术水平。

2. 非水电工程先进技术的学习积累

自进入非水电领域以来，水电十四局着力加强非水电技术的培训力度，加快非水电行业科技成果的学习、消化吸收再创新。在学习中比学赶超，不等不靠，采用工区自己组织学、走出去观摩学、请进来指导学等方式学习提高，为占领新市场提供专业支持和技术保障，并努力形成自己的工法和专利。京沪高铁是水电十四局首次涉足铁路建设项目，施工中面临诸多第一次的巨大考验。面对困难和挑战，项目部首先是组织技术和施工人员先后到中铁系统的几个梁场考察学习，邀请专家开展技术咨询，召开专题会、现场会，解决预制箱梁的每道工序的工艺问题，在学习借鉴其他梁场经验的基础上，结合自身实际，制作钢筋绑扎胎具，解决了钢筋加工绑扎和预埋件定位的难题,并掌握了箱梁浇筑、张拉、压浆等重要工序的施工工艺和质量控制方法。最终,预制箱梁竖向刚度和抗裂均全部合格,箱梁实体质量合格率100%,多项工程施工质量控制、技术创新、工艺水平和施工进度走在了全线施工单位的前列。

水电十四局通过不断地学习积累非水电技术,锻炼和培养了一大批相关领域专业人才,同时积累了新业务领域的施工工艺、施工设备应用和项目管理经验,有力支撑了公司业务结构的转型。

(二)提升自主创新能力

创新是一个民族的灵魂,是一个国家兴旺发达的不竭动力。只有创新能保持和拥有领先技术,培育更强的竞争能力。水电十四局在学习中追赶,在追赶中创新。通过建立有效的科技创新体系,激励科技人员的技术攻关;加大科研力度,培养能工巧匠,为企业的高质量发展筑牢基石。

1. 健全科技创新体系,强化技术攻关

水电十四局围绕建设科技领先型企业的目标,加大科技投入,着力建设科技创新队伍,健全科技创新体系,充分发挥以公司技术中心为主导的科研体系的引领作用。以科技含量高的项目运作为载体,加强和科研院所、高校的技术合作,建立了"产、学、研、用"横向联合协同创新的科技工作机制,实现组织跨越式发展。通过开展技术攻关,鼓励技术创新,推动技术升级、工艺升级、装备升级,逐步淘汰掉一些技术落后、能耗高、污染大、资源利用率低的工艺、设备和装置。

2. 培养技术人才,塑造人才高地

在知识经济时代,创新离不开人才培养,水电十四局成立了科学技术进步奖评审委员会和科技领导小组,并形成《水电十四局科技发展规划》;建立了针对科研人员的科技管理及奖励、工法管理、专利管理等科技管理及鼓励措施,充分调动科研人员的积极性和创造性,在荣誉奖励的同时,给予一定物质奖励,加快了科技人才和成果的培养。"十二五""十三五"期间,公司每年研发人员达3000多人,研发投入不低于公司年度主营业务收入的3%。为不断提升科技项目研发水平和工程项目施工的技术水平发挥了较好的作用。"十三五"期间通过50多个科技项目的产学研合作,培养了700多位一线科技人才,培养了云岭产业技术领军人才和云岭首席技师,成立了技能大师工作室。水电十四局始终坚持科技引领发展的宗旨,致力提升自主创新能力,在全局上下弘扬"求真务实,开拓创新"的科学精神。公司积

极开展群众性创新文化建设活动，鼓励群众性技术革新和技术发明，调动群众积极性，群策群力，解决生产中的技术难题。

（三）积极共享创新成果

从企业内部发起创新到成功打造出创新技术再投入到工程项目应用的整个过程是非常艰难的，研发期间任何一个环节都可能存在问题甚至造成损失，很多企业，特别是中小型企业无法承担这样高额的创新风险，但产业共性技术共享能更好地促进行业发展，提高行业整体竞争力，为社会发展作出更多贡献。水电十四局以开放姿态，坚持共享理念，加强内外部的交流与合作，建立横向和纵向的联络渠道，通过采取多种形式拓展交流领域的宽度和深度，助力建筑工程行业打造有影响力的创新高地。

1. 科技成果的推广运用

水电十四局高度重视科技成果的推广运用，制定印发了《中国水利水电第十四工程局有限公司科技成果推广应用和转化管理办法》对符合推广应用和转化条件的，除本单位应用或转化外，通过开展多层次、全方位、宽领域的对外技术交流，进一步向社会推广、扩散或转移，以创造更大的社会和经济效益。

2. 重大技术创新成果共享行动

20 世纪 80 年代，面临西洱河三级电站引水隧洞工程地质和水文条件的复杂性带来的困难，水电十四局同长江水利水电科学研究院、东北勘测设计院、武汉水利电力学院、昆明勘测设计院等单位协作开展西洱河电站"新奥法"施工试验取得了成功。其后，积极在鲁布革和国内许多水电站的施工中推广。此后，"鲁布革"项目施工管理和"广蓄经验"在全国学习交流和推广。在国际工程建设中，注重输出中国技术。例如在辛克雷电站建设中，既主动适应国际惯例，又实事求是，敢于把国内经过鲁布革、三峡、小浪底、溪洛渡等世界著名工程检验过的施工技术运用到项目实施中，与国际友人一起攻克一系列世界级施工技术难关，以大量无以争辩的工程范例增添着"中国元素"。

第三节　建设"世界一流企业"的战略责任

党的十九大报告提出了高质量发展的新理念和建设世界一流企业的新要求，这是新时代国有企业特别是央企发展的根本目标。《中共中央关于制定国民经济和社会发展第十四个五年规划和二〇三五年远景目标的建议》（以下简称《建议》）强调要进一步激发国有企业和国有经济的活力，提出深化国资国企改革、做强做优做大国有资本和国有企业等要求，最终目标是打造世界一流企业。在新时代国有企业改革发展的背景下，水电十四局把建设"世界一流企业"作为未来自身改革和发展的首要目标，全面承担环境责任、经济责任和社会责任。

一、环境责任显本真

随着中国经济改革发展的深入和全球经济一体化进程的加快，环境保护工作越来越受到人们的关注和重视。为顺应这种国际趋势，中国将环境保护作为一项基本国策，先后出台了一系列旨在加强环境保护、发展绿色生产和无公害绿色清洁能源生产的法规与评价标准，并在开展绿色环保国际合作方面取得了明显进展。

倡导环境保护是国企履行社会责任的重要组成部分，是建筑施工企业经营和发展的根本责任。水电十四局自成立以来，一直紧随国家发展战略和中国电建发展战略，提供清洁能源，发展绿色生产，保护生态环境。

（一）提供清洁能源

水电十四局是全球清洁低碳能源、水资源与环境建设及治理的重要参与者，自公司成立以来，着重于水利水电项目建设，共签约水利水电相关项目746项，建成国内水电站184座，国外水电站13座；先后参与了长江、黄河、澜沧江、雅砻江、大渡河等干流建设，在全国十余个省区承建了数百项水利水电工程，承建了国内外百万千瓦级以上水电站的地下厂房工程29座；同时，在新能源项目的开发上也开拓奋进，水电十四局共开发建设国内新能源项目93项，国外新能源项目2项。

在新能源建设方面，水电十四局2004年就与大理当地政府签订了《大理风能资源开发协议书》，在2006年建设了云南省第一个开发建设的风电项目——大理者磨山风电场，2010年者磨山风电场全面建成发电，填补国内高海拔风力发电建设的空白。2015年4月，水电十四局挑战自我、大胆探索，投资建成云南省首个"风光互补"项目——干海子风光互补电站，又一次填补了云南省新能源建设的空白。截至2020年底，以大理聚能投资有限公司为投资主体，水电十四局对国内新能源项目签约并完成7个，包括云南省大理州者磨山风电场（一期、二期）、巨龙山风电场、晴云山风电场、干海子风光互补并网光伏电站项目（图8-3）、斗顶山风电场、九龙坡风电场，总装机容量26.375万kW，总投资21.93亿元，目前均已全部投产发电进入运营期，具体情况如表8-1所示。

图8-3　大理宾川干海子光伏电站

水电十四局风电场项目情况汇总表　　　　　　表8-1

风电场项目名称	竣工投产日	累计发电量（kW·h）	上网电量（kW·h）
者磨山风电场（一期）	2009/5/10	98742.88	95822.26
者磨山风电场（二期）	2009/5/10	44839.61	42998.41
巨龙山风电场	2013/12/11	96380.06	91939.03
晴云山风电场	2014/10/24	95039.76	91993.00
斗顶山风电场	2015/9/4	99318.52	95453.87
九龙坡风电场	2015/3/25	79798.28	76477.04
干海子光伏电站	2015/4/10	20343.32	19094.13

这一系列新能源项目的成功建设，有力推动了云南省乃至全国清洁能源项目的发展，对促进能源安全，调整能源结构，保护生态环境起到了巨大的积极作用。水电十四局在投资开发新能源项目的十多年中，开拓奋进，艰苦拼搏，用自己的聪明智慧在大理"风、花、雪、月"自然景观上大做"文章"，扩展了云南长期以水电为主的能源结构，交出了一份着力培育新经济增长点的满意答卷。

（二）发展绿色生产

水电十四局始终严守生态底线，严格履行中央企业生产经营领域的环保主体责任，坚持节能优先、绿色健康发展理念，进一步强化管控力度，狠抓污染防治，进一步提升能源节约与生态环境保护工作。每项工程施工前，水电十四局都要求项目部组织编制《绿色施工方案》，经评审批准后严格组织实施。

水电十四局在施工过程中严格控制噪声，对噪声进行实时监测与控制。一是在施工中使用低噪声、低振动的机具，逐步淘汰一批噪声较大的施工设备，尽量避免夜间施工；二是对高噪声设备、场地采用多孔性吸声材料建立隔声屏障、隔声罩和隔声间；三是为高噪声区作业人员配备耳塞、耳罩、防声头盔等个人防护措施，合理安排高噪声区作业人员工作时间；四是各项目通过配备噪声监测仪器对噪声进行自主监测，确保噪声的达标排放；五是积极探索噪声控制新技术，在深圳市轨道交通12号线工程施工中，项目部推广使用"隧道竖井轻钢防尘降噪隔离棚"和"可移动式爆破防护盖板"，有效抑制了噪声和爆破烟尘排放。

水电十四局严格控制粉尘污染。项目施工中，粉尘排放主要集中在开挖、爆破、车辆扬尘、地下洞室、拌和站、砂石料系统等工序及部位，针对污染物特点，水电十四局主要通过采用湿法作业等方式减少粉尘产生源；设置除尘装置及时除尘，减少粉尘污染；加强洒水降尘措施，定时使用洒水车、雾炮机等喷淋设施降低总悬浮颗粒物浓度；设置洗车装置和自动冲洗设备，对驶出车辆进行冲洗，减少车辆引起的扬尘；加强洞内通风散烟，投入使用足够功率的通风机，加强通风，改善洞室空气质量。在广州市黄埔区深涌流域等黑臭河涌综合整治工程，项目部根据项目实际，组织研发了《一种施工场地扬尘控制雾喷装置》实用型专利，有效降低洒水成本，经济效益可观，具有较强的现场功能性，同时也避免了水资源的浪费。水电十四局轨道工程事业部研发了"一种用于液压破碎机降尘装置"，对于破碎施工中的降尘效果显著，并获得国家实用新型专利。

发展至今，水电十四局粉尘监测方式主要有三种：一是针对作业人员委托有资质的单位开展职业危害因素监测。白鹤滩项目经理部委托四川铸创安全科技有限公司开展了职业危害现状评价，检测结果满足相关法规的排放限值标准。二是建立扬尘在线监测系统，对PM10、PM2.5、TSP等进行实时监控。深圳市轨道交通12号线工程施工总承包土建四工区项目经理部、东莞市石马河流域综合治理项目、珠江三角洲水资源配置工程土建施工C1标项目经理部等均建立了扬尘在线监测系统使扬尘情况得到有效监控；三是项目部购买PM10、PM2.5、TSP手持监测仪器，进行自主监测，项目部参照《大气污染物无组织排放监测技术导则》HJ/T 55—2000对PM10、PM2.5、TSP浓度进行监测、记录。

在生产过程中的水环境治理方面，水电十四局在施工区、办公区、生活区针对不同的污水，设置了相应的处理设施。在施工污水处理方面，水电十四局对砂石料加工系统、混凝土拌合系统污水通过设置沉淀池，添加调节池、刮泥机、废水净化器等，经过废水处理系统的一系列处理，达标排放。对机修含油废水设置隔油池，采用油水分离器实现油水分离，并通过相应的沉淀处理，使污水能够实现达标排放。对洞室内的污水，通过设置集水池、污水处理系统等处理措施，实现循环再利用，不发生违规排放。珠江三角水资源配置工程土建施工 C1 标项目经理部施工现场布设配套生产污水处理设施及生活污水一体化污水处理设备，生产废水实现循环利用；生活污水采用一套一级 A 标设计的一体化污水处理设备，处理后用于场区绿化浇水、道路洒水降尘等，场区污水处理循环利用后可直接实现节约用水 260 立方米 / 月。在生活污水处理方面，在办公区、施工区、生活区合理设置排水沟、排水管，道路及场地适当放坡，做到污水不外流、场内无积水，修建化粪池，然后经过化粪池沉淀后排入污水处理池，在食堂设置隔油池，并按相关要求及时清理。新疆 KS 项目部建立生活污水一体化污水处理设施，通过处理设施的处理实现生活污水的达标排放。

在水电十四局诸多项目中，控制废水和扬尘的标杆项目当数里底水电站的倮打塘砂石加工厂项目。水电十四局致力于将该加工厂打造为"花园式工厂"，针对倮打塘人工骨料加工系统的废水及扬尘控制，分别建立了废水处理系统及扬尘控制系统，有效控制扬尘产生，实现污水零排放，其中倮打塘砂石加工系统的除尘处理工艺为国内行业首创，成为大型人工砂石系统除尘处理梳理亮点和典范，多次赢得华能澜沧江公司及流域监理检查好评，被评为华能澜沧江公司流域环保样板工程、2015 年环保提升先进集体。此项目为公司水电站砂石加工厂的废水和除尘处理提供经验，对提高十四局的绿色环保形象、推动社会经济的可持续发展、绿色发展起到了积极作用。

（三）保护生态环境

水电十四局各单位每年有效落实生态环境保护、水土保持各项工作，结合施工、建设项目的特点，通过制定相应的生态环境保护措施，加强监督、考核，杜绝施工过程生态环境破坏，建设单位及时对施工后的迹地进行植被恢复，确保工程建成后的生物多样性及生态环境得到有效保护。大理聚能投资有限公司在电场投产运行期间，定期对运营电厂环境保护及水土保持设施进行维护管理，对截排水沟及时进行清理，对植被恢复不良区组织开展了补植补种，确保植被有效恢复；同时结合风电场场区范围广、海拔高等特点，加强了外来人员管理，确保电场区域高山草甸得到有效保护。江通高速公路总承包部在施工过程中确保施工界限外的植物、树木等维持原状，杜绝了超范围砍伐破坏行为。同时公路通车投产运行时及时做好迹地恢复、边坡绿化工作，调整边坡绿化时间，采用施工与绿化同步进行，确保公路建成时水土保持及边坡绿化达到了较好效果，有效促进公路周边环境得到较好保护。里底项目部等水利水电项目积极配合业主组织开展鱼类增殖放流活动，维护流域生态平衡，保护生物多样性。深圳茅洲河等项目部为落实环境保护要求，根据现场施工要求，结合场布图，从营地规划、场地利用、排水、废弃物排放等进行细化，从开始即进行环保规划。在主体工程开工前期本着"节约型、集约型"的原则，对施工现场进行封闭、硬化、裸土覆盖、洒水降尘等措施防止水土流失及粉尘污染，有效地防止了水土流失及粉尘污染事件的发生。

同时，水电十四局及各单位每年都开展多层次、多角度的环保节能宣传培训，充分利用"安全生产月""节能宣传周""环境日"和"低碳日"等活动，使广大员工了解环境保护的重要性和紧迫性。通过签订承诺书、召开动员大会、主题签名活动、环保知识竞赛、发放宣传单、设立咨询台等活动，加强员工环保节能意识；开展了能源节约与生态环境保护培训，通过培训提升人员能源节约与生态环境保护业务能力；并广泛开展环保宣传，介绍环保知识及典型案例。大理聚能五福山风电场在厂区人员出入较多的区域装设5套广播宣传设施，滚动播放宣传环境保护知识，确保外来人员能够做好场区生态环境保护工作，确保高山草甸、生态环境得到有效保护。

二、经济责任促发展

水电十四局始终坚持国有企业主责主业，将发展经济，壮大实力，保值增值国有资产作为自己的天职。

（一）保值增值国有资产

水电十四局自成立以来，始终以国家战略规划为引领，以市场为导向，外抓市场，内促管理，强化经营风险防范，压缩管理链条，优化配置资源，基本形成"主业突出、结构合理、相关多元、投资运营"的战略发展格局，企业市场竞争能力和持续盈利能力始终保持着稳定增长。从1986年至2019年，水电十四局累计实现收入 2000 多亿元，缴纳税费总额达 100 多亿元。

自 1995 年起，水电十四局根据国务院颁发的国有资产监管条例，按照"国家所有、分级管理、分工监管、企业经营"的原则，进一步加强国有资产的管理工作。为保证国有资产有效地保值增值，水电十四局除千方百计开拓市场，增加收入，降低成本，提高效益外，还盘活资产，通过收取资产设备租赁费、资产占用费、流动资金使用费等提高资产利用效率。在水电十四局的不懈努力下，公司国有资产的增值保值率呈上升趋势。

在"十三五"期间，面对复杂的国内外经济形势，水电十四局按照"十三五"发展战略，深入贯彻落实"五大发展理念"，聚焦三大核心业务领域，面向国内国外两个市场，大力推进供给侧结构性改革，推动业务结构优化调整和产业结构转型升级。在"十三五"期间不仅积极主动参与市场竞争，持续巩固传统业务的竞争优势，使得品牌影响力持续增强，还积极开拓市场，形成新的经济增长点，取得了较好的经济效益和社会效益，为公司持续发展奠定了基础。

此后，受国际国内宏观环境影响，水电十四局传统水利水电业务萎缩。公司积极想办法应对环境变化。2017 年，水电十四局积极进行新能源领域的投资开发业务，通过控股、参股方式先后在云南、四川、新疆、广东等地建成了风电、光伏等多个新能源发电项目。2018 年，水电十四局持续巩固国内传统业务竞争优势，先后中标了滇中引水工程大理Ⅰ段施工 2 标，雅砻江两河口、福建永泰抽水蓄能电站输水发电系统土建及金属结构制安工程、山东沂蒙电站机电安装工程、双龙云关新城（安置点）、泸水市易地扶贫搬迁集中安置点建设等项目。同时，国际业务自主营销成效明显，中标了柬埔寨西哈努克斯敦豪经济特区燃煤电站、缅甸曼德勒中心车站、老挝拉萨翁广场等项目。这一系列项目推动着水电十四局竞争性业务与投资拉动业务结构不断优化，可持续发展基础持续稳固。另外，水电十四局投资业务能力稳步提升。先后参与投资了晋红、江通高速公路 BOT 项目、贵州双龙航空港基础设施 PPP 项目、宜昭高速彝良（海子）至昭通段（宜昭一期二期）高速公路 PPP 项目、贵州凯里环城高速北段 PPP 项目；2019 年，水电十四局除持续巩固国内能源电力业务市场地位外，还积极服务国家战略，推动粤港澳、长三角区域市场的开拓。在华南区域，水电十四局依托以集团承建的深圳茅州河治理水环境项目为契机，抓住历史机遇，主动对接广州、深圳、东莞、惠州等城市基础设施建设，深耕水环境核心市场，把重点流域、河道、支流治理的 EPC、EPC ＋ O 项目等作为市场营销的重点。2017 年至 2019 年，水电十四局先后签订了广州白云区后续项目群、黄埔区水环境项目群、深圳光明新区水环境项目群等,并逐步在广州、深圳、东莞、惠州等地区站稳脚跟。水电十四局的持续努力最终赢得良好的发展态势,维护了公司国有资产的保值增值,其保值增值率如图8-4所示。

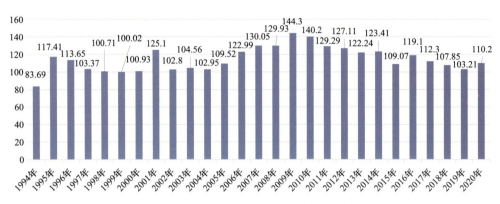

图8-4　1994—2020年水电十四局国有资产保值增值率(单位:%)

(二)广泛增加就业岗位

水电十四局自建局以来,每年吸收社会人才,为社会提供了广泛的就业岗位。自1956年起(除"文革"期间)水电十四局一直录用高校毕业生,从1956年的139人,到1993年的968人。1993年后,国家取消大中专毕业生的统一分配制度,水电十四局根据自身需要,采取供需见面的方式,择优录用学生,1994年至2006年,水电十四局共接收高校毕业生2993人,每年为社会提供一定的就业岗位。特别是随着经营规模的进一步扩张,所承接的工程越来越多,由此解决了项目所在地部分当地人员的就业问题。

同时,水电十四局在海外扩张的过程中,海外事业部所招聘的员工以及对外劳务派遣人数也在逐年增加。在修建刚果(金)一号公路项目时,水电十四局借鉴了日本大成公司在鲁布革工程项目的方法,管理由公司正式人员担任,劳务就地聘用,高峰时由50~60名中国管理者带领1000多当地人施工,不仅为社会提供了更多的就业岗位,也极大地保障了海外项目对工人层次的人力资源需求,节约了水电十四局在海外项目的用工成本和管理成本。

(三)提升智能建造能力

建筑业作为国民经济的支柱产业,发展迅速,产业规模不断扩大,建造能力不断增强,为经济持续健康发展提供了有力支撑。中国在全球范围内是建设大国,但长期以来，建筑业主要依赖要素投入、大规模投资拉动发展，工业化、信息化程度较低，制造技术、信息技术融合不够，不能满足建设智慧城市和智慧社会的需求，距离建设"智能建造强国"还有一定差距。2020年，住房和城乡建设部、国家发展改革委、科技部等13个部门联合印发了《关于推动智能建造与建筑工业化协同发展的指导意见》（建市〔2020〕60号），要求以发展建筑工业化为载体，以数字化、智能化升级为动力，创新突破相关核心技术，加大智能建造在工程建设各环节应用，形成涵盖科研、设计、生产加工、施工装配、运营等全产业链融合一体的智能建造产业体系。

水电十四局以建设世界一流企业作为目标，作为建筑"国家队"中的一员，水电十四局在提升智能建造能力上早有尝试，并取得了一定作为。在TB电站引水发电系统项目中，使用健康在线检测系统，研究了智能门禁、智能车辆管理、智能通风等相关应用。在这一系统中，水电十四局设置了门禁人脸识别系统、智能安全帽人员监测管理系统、工区车辆进出管理系统、施工车辆监测管理系统、智能通风系统。对整个项目上的员工、车辆实行了全方位监控，这不仅提高了项目施工效率，也为员工提供了更加安全靠谱的保障措施，保护员工的身体健康和切身利益；在修建凯里环城高速公路北段项目时，项目运用BIM＋GIS技术、隧道视频监控及瓦斯监测报警系统、拌和站信息化系统、雾天监测和提示系统、360度VR全景航拍等多管齐下打造出"智慧凯环"，从人、机、材、安、质等各个环节入手，以互联网＋、大数据为依托，搭建起立体信息网络，实现了管理联动，为全过程管控提供便利。"智慧凯环"也代表着水电十四局将深入实施创新驱动发展战略，把握信息化时代大势，推动公路传统施工改革升级，高质量创建"品质工程"的决心和信心。

三、社会责任创和谐

随着经济全球化与企业管理国际化的不断发展，企业履行社会责任已不再是被动的，而更多是企业寻求长期可持续发展的主观意愿，更是社会对企业的期望。利益相关者理论认为，企业履行社会责任就是处理好与各利益相关者的关系，满足他们的需求和期望，以获得他们的信任和忠诚，进而推动企业的长远发展[1]。通常而言，与企业经济上有相互依赖关系和社会行为重要决定有直接或间接影响的个人和

---

[1] 李文蓓.浅析企业利益相关者理论的企业社会责任［J］.北方经贸，2015（8）：135-137.

组织群体，都可以成为企业的利益相关者，包括股东、债权人、员工、供应商、经销商和顾客、社会公众、各级政府、社会团体组织、媒体、所在社区和其他群体等。具体来说，水电十四局的利益相关者包括四大类（图8-5），对于不同的利益相关者承担责任的侧重点有一定的差异。

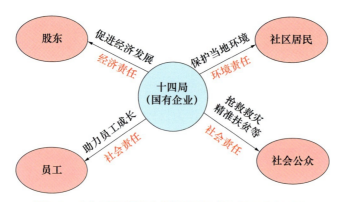

图8-5　水电十四局履行企业社会责任中的主要利益相关者

水电十四局作为一家国有企业，第一要务是实现国有资产的保值增值，促进地方经济的发展，体现其经济责任，同时还要面向社会大众承担起相应的社会责任，比如响应国家战略进行精准扶贫，参与乡村振兴，以及当危难发生时，参与抢险救灾；其次，对于利益相关者中的员工也要履行促进其成长的责任。员工为企业的发展提供至关重要的人力资本，持续为企业服务并创造价值，水电十四局深知员工的重要性，特别注重人本理念的落实；最后，水电十四局作为一家建筑施工企业，其生产和经营活动往往处于特定的环境之中，往往会对社区环境造成一定影响，必须保护社会公众及社区居民对企业生产经营中的环境保护的诉求。

（一）以人为本，助力员工成长

水电十四局始终认为员工是公司发展的动力之源，在砥砺前行的60多年，一直秉持着以人为本的理念，旨在将水电十四局营造成为一个兼具"成就感、尊严感、幸福感"的企业家园。

公司安全理念中强调要重视职业健康安全，托起职工生命的太阳；在公司服务理念中要求各级领导要换位思考，关注员工需求，为员工的工作、生活提供应有的帮助，指导员工丰富知识、提升能力、快速成长；在公司项目理念中提出要加强项目部的人力资源管理水平，建立项目部人才成长的牵引机制，不断提升员工的能力与素质，促进员工成长。

同时，重视员工权益保障，助力员工职业发展以及幸福员工生活，积极缔造企业与员工之间"相互成就、共同成长"的心理契约，让员工感受企业快速发展的同时，品味自身能力的提升和自我价值的实现。让员工能"在内有尊严，在外有自信"，将积极向上的思想渗透到员工的日常生活中，将无微不至的关怀贯彻在员工的平时工作里，通过与员工共同携手、共同进步、相互关爱、积淀幸福，让员工工作开心，生活幸福。

1. 保证职工权益

在实际管理中，水电十四局搭建丰富合理的薪酬管理制度，切实保证员工权益。提高社会保险管理水平，着力保障员工生活质量。在社会保险管理方面有5大举措，致力于提高社保管理水平：一是进一步提升工伤保险权益保障力度，加强规范工伤保险管理，推动完善制度体系建设，积极宣传并转发工伤职工停工留薪、复发及康复管理政策，及时梳理业务流程，通过省政协提案、专题书面材料汇报、定期沟通推进等途径，有序推动云南省人社厅在年度工伤津贴调整政策中首次提出对工伤1至4级已退休人员予以工伤津贴调整补差，初步缓解了公司1至4级工伤人员关于待遇问题的信访诉求。二是提升领取养老保险待遇资格确认工作的便捷度，加强和改进养老保险待遇资格确认工作，不再要求异地离退休人员将协助认证机构签字盖章的材料寄回单位，取消纸质认证，集中认证。三是推进特殊工种岗位人员信息采集试点工作，根据人力资源和社会保障部要求，建立全国集中统一的特殊工种岗位人员信息库，实现全国范围内数据共享，统一规范全国特殊工种岗位人员信息报送和集中备案管理，为各地特殊工种提前退休审批提供技术支持和监管依据。水电十四局作为云南省试点单位，于2020年3月在全国特殊工种岗位人员信息报送系统预报送特殊工种岗位人员信息730人，共计1602条记录，并且持续推进，不断完善。四是提升企业年金规范管理工作，为保障和提高职工退休后的待遇水平，调动职工的劳动积极性，建立人才长效激励机制，增强企业的凝聚力，促进企业健康持续发展，按照《企业年金办法》政策规范，于2018年参加中国电力建设集团有限公司年金计划，实现第三方法人受托管理。五是推进完成退休人员社会化管理移交改革任务，结合国资委及云南省相关文件精神制定《中国水利水电第十四工程局有限公司退休人员社会化管理工作实施方案》及工作进度计划，形成制度与组织保障，责任与进度落实，宣导与维稳并重，沟通与对接整合的高位部署，做好统筹协调和分类推进，不断强化过程管控推进移交工作，截至2020年12月，公司全面完成移交整体协议、人事档案移交协议、党员组织关系移交协议及社区管理服务协议的签订，统筹外费用承诺书、活动场所承诺书的报送备案工作，共涉及 11765 名退休人员（其中退休党员 1793 名），公司退休人员社会化管理移交改革各项主体任务全部完成。

2. 幸福员工生活

人是推动企业发展的最基本要素，企业对员工的关注与爱护，不但体现了企业责任，而且激发着员工的工作热情。"亲情关怀"理念，为"以人为本"提供更为丰富的情感支撑，水电十四局通过优化员工慰问机制，丰富业余活动，加强员工教育等机制的不断引入，让员工体会到企业亲情的实效，同时通过对各项机制及活动的大力宣传，提升员工对亲情理念的认知度。文化娱乐设施是员工业余文化活动的主要阵营之一，起着明示企业文化建设方向、宣传企业文化理念、幸福员工业余生活、提供企业人文关怀的作用。水电十四局总部及二级单位和项目部均建立各具特色的文娱设施，在忙碌的工作环境中增添了轻松、愉快的氛围。对于项目部员工而言，文化娱乐设施的建立是缓解工作压力、增进员工感情和团队凝聚力的重要平台。水电十四局实行营地标准化建设，在文娱设施建设方面具有明确要求，大部分项目部均标配篮球场、阅览室、体育场馆（内含乒乓球台、羽毛球场等）、KTV 等设施，部分海外项目部还配有游泳池等设施。公司各管理处努力维护后方和谐稳定，积极开展文明创建活动，及时化解各种矛盾，深入做好困难职工帮扶工作，努力做好离退休老同志关心服务工作。通过加强劳务管理、提高劳务保障实效和对出国人员家属的关心慰问，解决出国劳务人员的后顾之忧，一系列工作开展有力促进了企业和谐稳定。

（二）抢险救灾，履行社会责任

水电十四局在坚定不移做强做优做大国有资本和国有企业的同时，积极投身地方各类灾害救助之中，勇于担当国有企业的社会责任，充分发挥水利水电专业化施工的技术优势，全力以赴抢险救灾，为当地民众战胜灾难、重建家园贡献力量。历史的车轮滚滚向前，但可爱的人们从不会被忘记。"时间就是生命，灾情就是命令！"在灾情面前，水电十四局始终以行动践行责任，用关爱回馈社会，在人民需要时义不容辞，在抢险救灾中竭尽全力，减少人民的生命及财务损失，保证社会秩序。其中较具代表性的是汶川地震救援、鲁甸红石岩堰塞湖抢险，以及深圳光明滑坡救援处置，墨江哈尼族自治县泗南江镇、昆明北站隧道等重大抢险救灾事件中，展现出了央企的责任和担当。

1. 汶川地震救灾

2008年5月12日在四川省阿坝藏族羌族自治州汶川县映秀镇发生7.8级大地震，地震严重破坏地区约50万km^2，其中，极重灾区共10个县（市），较重灾区共41个县（市），一般灾区共186个县（市），人民生命财产遭受重大损失。汶川地震发生后，水电十四局迅速组成救援队，于5月13日13时冒雨前往成都集结，次日接受任务抵达都江堰救灾抢险。救援队有61人、16台设备，参与了被埋人员的搜救、废墟的清理运输、乡村道路的抢通、城市排水沟的疏通等救灾抢险工作，在废墟中搜救出被埋人员78人。

2. 鲁甸红石岩堰塞湖抢险①

2014年8月3日，云南省昭通市鲁甸县发生6.5级强烈地震，山摇地动，房屋坍塌，伤亡惨重，灾区人民群众生命财产遭受重大损失。强烈地震，造成了鲁甸牛栏江红石岩村山体大面积垮塌，形成了总库容2.6亿m^3、总方量1200万m^3的罕见巨型堰塞湖。这个巨型堰塞湖犹如一把悬在灾区人民头上的利剑，一旦溃决，将引发灾害链，直接威胁下游沿江的10个乡镇、3万余人、3.3万亩耕地，以及天花板、黄桷树等水电站的安全。

堰塞湖抢险，成为避免地震次生灾害的重中之重！值此危急时刻，水电十四局勇担重担，承担了红石岩堰塞湖治理工作，全过程可分为"应急处置""后续处置"和"后期整治"三个阶段。

第一阶段：应急处置，其目标是"抢险保安"，成功分流堰塞湖，确保水位安全可控。应急处置的方案是打通红石岩电站调压井施工支洞，通过爆破拆除支洞堵头，将施工支洞改造为泄洪通道，分流堰塞湖。根据抗震救灾指挥部要求，水电十四局应急抢险队承担了全力打通红石岩水电站调压井底部2号施工支洞的混凝土封堵段分流堰塞湖水的任务。此时的红石岩电站，大部分区域已经被洪水淹没，调压井里面喷涌而出的洪水形成一个巨大瀑布，施工支洞已难觅其踪。只知道施工支洞大概位于交通洞垂直下方近100m处，但无路可走，几乎是垂直的山坡，覆盖着茂密的植被。在既没有图纸也没有向导的情况下，水电十四局应急抢险队员找来绳索固定在山上，拽着绳索慢慢地往下爬寻找洞口，经过艰苦努力，最终在调压井溢流形成的瀑布后面发现了施工支洞的洞口。根据实地查勘结果，原先预定的打通20m混凝土封堵段的方案根本无法实施。应急抢险队决定改变方案，对检修进人孔

---

① 根据《搏击堰塞湖——电建集团鲁甸堰塞湖抢险纪实》《关键时刻顶得上——红石岩堰塞湖整治工程溢洪洞施工侧记》《集团昭通鲁甸抗震救灾工作纪实》等新闻稿件整理而成。

钢阀门堵头进行爆破拆除。而爆破方案的关键是炸药用量计算,要能顺利炸开堵头又要确保施工支洞不被炸塌以避免更大灾害。经抢险队工作人员连夜讨论,反复权衡论证,最终选择了使用2.4t乳化炸药爆破的拆除方案,上报抢险指挥部。

爆破方案确定后,如何运送爆破炸药到施工支洞口成为一道难题。强烈的大地震导致红石岩电站对外公路完全中断,车辆只能勉强通行到达离电站6km处的天生桥。8月9日凌晨,水电十四局60多名抢险突击队员采用背负肩扛的方式,抢运2.4t炸药及手风钻、柴油发电机、水泵等爆破所需轻型设备,队员们冒着余震、滑坡等危险,穿越泥石流堆积体,绕开垮塌崩落巨石,趟过湍急涌水,小心翼翼,一步一步往前挪,沿着牛栏江右岸峭壁上的山路艰难跋涉,向红石岩水电站施工支洞进发,最后一段的3km竟然走了2个多小时。最终,在80多名解放军官兵和当地群众的帮助下,100箱共2.4t重的乳化炸药和所需设备艰难运送到了调压井施工支洞洞口。这时,更严峻的挑战来了。在高压水流的冲击下,施工支洞中直径1.8m检修门上的"水封"损毁严重。高压水流从检修门法兰缝呈环状大面积喷射,30~50m范围内水流四射,受水流压力,头顶岩石随时可能掉块,检修门也面临崩脱危险。危急关头,20多名突击队员一起冲进施工支洞中,浸泡在齐腰深的冰凉水中,忍受着从门缝喷出的高压水柱冲击,密切配合,一遍一遍寻找位置固定安装炸药包,历经2个多小时的努力,终于成功把炸药安装固定,70多米长的导爆索沿着洞壁上锚杆脚延伸到了洞外。

8月10日红石岩调压井2号施工支洞堵头顺利拆除,红石岩堰塞湖成功分流,堰塞湖积蓄的水以每秒超过60m^3的流量奔涌而出,从电站引水洞绕过堰塞体,流入了下游江段,堰塞湖险情得到有效缓解。看着一泻而下的堰塞湖水,突击队员们欣慰地哭了……从8月5日到10日炸开堵头,他们面临重大挑战,内心焦虑紧张,甚至忘记了生活中的艰苦。几天时间内他们没有吃过一顿热饭,每天限量一瓶矿泉水和一盒压缩饼干,没有帐篷就睡倒在露天场坝上。

第二阶段:后续处置,其目标是"保安减灾",通过新建泄洪洞,全面泄空堰塞湖,确保下游沿江3万多群众的生命财产安全。2014年8月14日,水电十四局承担起新建一条泄洪洞施工的艰巨任务。全长280余米、洞径7.5m×7.5m的泄洪洞,布置于桀骜不驯的牛栏江右岸。它地质条件复杂,施工场地狭窄,开挖和混凝土衬砌质量要求高,要在1个月左右的时间里完成全部施工,工期压力巨大。水电十四局应急抢险队员,冒着余震不断、滚石不断等危险,投入各类设备100余台套,采用人工砌筑浆石填塞支撑、便面挂网和喷混凝土封闭岩面等方法,24

小时 3 班倒，确保每班 5 小时造孔、2 小时出渣、1 小时安全处理，一班进尺 3m。9 月 24 日凌晨 4 时，当应急泄洪洞快速开挖至 266.9m 时，掌子面多处渗水，并且不停掉块和塌方，继续开挖存在较大风险。经红石岩堰塞湖后续处置指挥部组织专家会商，确定了将该掌子面洞段用混凝土封堵，另行改线掘进的方案。按照红石岩堰塞湖后续处置指挥部的部署，水电十四局抢险队员用自己的血肉之躯与时间赛跑，加班加点地工作，于 10 月 1 日提前完成了 15m 的堵头封堵，另从泄洪洞 235m 处改线开挖与红石岩电站原引水隧洞对接。10 月 3 日 15 时 21 分，改线段锁口支护完成，正当大家准备进行超前地质勘探孔施工时，堵头段突然发生巨大的涌水，正在洞内作业的 20 名突击队员在紧急撤离过程中，6 人不幸遇难，4 人受伤。经专家鉴定，在施工中"参建各方严格执行标准且规范设计施工，险情的发生具有不可预见性和不可抗力。"面对着抢险救灾的各种不确定性，水电十四局的英雄儿女们为了人民的利益，义无反顾地拼搏在最危险、最艰难的地方，为国家人民牺牲宝贵的生命。

第三阶段：后期整治，其目标是全断面贯通永久性溢洪洞上层洞身，确保堰塞湖安全度汛，防洪度汛标准由 2 年一遇提高到百年一遇。2014 年 11 月下旬，水电十四局开始建设 1216.5m，城门型洞径 16m×9m 的溢洪洞，该工程具有"灾后整治重点、施工技术难点、社会关注焦点"三大特点，而且工期特别紧，整条隧洞必须确保于汛前全断面贯通，具备过水溢洪条件。在工期紧、资料缺、任务重、难度大的情况下，水电十四局项目部投入 200 多人、30 余台套设备，超常规地边征地、边移民、边施工，采用"新奥法"自上而下分三层开挖，上层洞身超前半幅贯通后，再进行周边扩挖。针对洞子四五类围岩占 67%～70%，结构破碎，纵向裂缝众多，安全风险突出的特性，项目部 24 小时两班倒，短进尺、弱爆破、强支护，平均日开挖进尺 10～12m。项目部领导亲自带班、安全员昼夜坚守，超前支护和管棚支护紧跟，并修建了一条直径 1.8m、全长 140m 的涵管式应急通道以保证施工安全、优质、高效。按照正常工期，承建这样一条隧洞，至少需要 8 个月。但凭借的是高度的社会责任感、高水平的组织能力和精湛的施工技术。水电十四局职工仅用 4 个多月的时间就开挖土石 15 万 m^3，进尺 1800 多米，安全快速形成大洞径、长隧洞过流断面，满足了防洪度汛条件，施工速度至少比常规快了 1 倍。

灾情过后，水电十四局参建了将红石岩堰塞湖改造成集除险、防洪、供水、灌溉、发电多功能于一体的大型综合水利枢纽工程。2020 年，全球首座堰塞湖水电站——红石岩电站投产发电（图 8-6）。

图 8-6　利用地震堰塞湖建成的云南鲁甸红石岩电站

3. 深圳光明滑坡救援处置

2015 年 12 月 20 日 11 时 40 分，广东省深圳市光明新区凤凰社区恒泰裕工业园发生山体滑坡，滑坡覆盖面积约 38 万 m^2，造成 33 栋建筑物被掩埋或不同程度受损，73 人死亡、4 人失踪。事故发生后，水电十四局主动请战，第一时间集结精兵强将与大型救援机械设备，火速奔赴滑坡现场，参与到中国电建抢险搜救队伍中，成为首批投入抢险救援的工程救援力量。按照深圳市救援指挥部统一部署，中国电建作为滑坡现场西区抢险救援的主要力量，肩负抢险搜救与滑坡土方清理的重担。抢险救援人员全力以赴，昼夜奋战，仅用不到两天时间便基本完成责任区内抢险搜救任务，此后不断向核心区突进，搜救区域持续向前延伸扩展，抢险作业范围从 3 万 m^2 逐渐扩展到 7 万多平方米。此次滑坡土方量 268 万 m^3，被埋建筑多达 33 栋，救援土层平均厚度达到 15m，最深处有 20 多米，加之土壤黏度高、现场地质复杂，抢险救援难度之大历史罕见。经过 24 个日日夜夜连续奋战，到 1 月 12 日，滑坡现场已累计完成清底面积 18 万 m^3，占整个滑坡面积的 86%，外运土方 268 万 m^3。

4. 墨江哈尼族自治县泗南江镇抢险救灾

2009 年 8 月 4 日至 5 日，普洱市墨江哈尼族自治县境内持续暴雨，阿墨江、他郎河水位暴涨，导致泗南江乡所在地发生严重坍塌、滑坡等次生地质灾害，威胁 205 户 882 人生命安全和 104 幢房屋的财产安全。8 月 12 日，受云南省政府相关部门通知要求，水电十四局立即组织救援队奔赴墨江哈尼族自治县泗南江乡参加抢险，主要承担三项工作：一是制作安装钢格栅闸门9片，控制导流洞过水量，以防再次造成灾害；二是在坝前围堰开挖过水槽，当再次出现洪峰时，引水通过溢洪道分流，减少导流洞流量；三是用多面体、钢筋笼及土石方对出现坍塌滑坡的河岸进行护坡加固，以控制住山体滑坡加剧，从根本上遏制灾情的扩大。

接到任务后，水电十四局迅速组织人员214人，设备超过100台套，钢筋190t进入现场，并安排120人铺开9个工作面按图纸昼夜抢制作栅闸门9片。短短三天，导流洞格栅闸门安装有条不紊，破堰开挖有序进行，护坡施工道路抢修紧张推进。通过3天不舍昼夜的工作，9片63t重的栅闸门安装完毕，取得抢险施工第一场仗的胜利。水电十四局人用实际行动诠释了"召之即来，来之能战，战之能胜"和"敢打硬仗，无私奉献"的优良传统和作风。展示出企业为民解难，勇担社会责任的良好政治素质，树立了良好的声誉和形象。

5. 2013年昆明火车北站隧道抢险救灾

昆明火车北站隧道，是昆明最易淹水的地方，2013年7月19日暴雨降临，昆明城区大量积水，北站隧道积水深4.5m，完全将隧道口淹没。险情发生后，水电十四局连夜组织了40多名员工，50台每小时抽水200m^3的水泵，1台800kW的发电机，多辆吊车、物资车快速赶往北站隧道救援，以每小时约2400~3000m^3的速度进行抽水，经过所有救援队伍的努力，共花费50多个小时才将北站隧道23.2万m^3积水排完。

除国内救援外，水电十四局也积极参加国外的抢灾救险工作。2019年老挝当地时间8月19日，一张载有44名中国人和2名老挝人的旅游大巴，从万象出发赶往琅勃拉邦的途中发生翻车事故，造成多人伤亡。在得知事故消息后，中老铁路水电十四局项目部第一时间响应中国驻老挝大使馆号召，组织20余人，6台挖掘机迅速赶往现场参与事故救援。

在水电十四局的大家庭里，抢险救灾助人为乐的事件屡见不鲜，就是这样一群人在平凡的岗位上做着不平凡的事，时时刻刻体现着水电人的使命，展现出了央企的责任和担当。

（三）精准扶贫，促进乡村振兴

1. 打赢怒江州泸水市中元村和干本村扶贫攻坚战

水电十四局坚决落实中央和省委部署，坚持履行央企责任，弘扬脱贫攻坚精神，奋战助力推进乡村振兴，脱贫攻坚战中屡立战功。怒江州泸水市曾是全国深度贫困"三区三州"中贫困面较大、贫困程度较深的县（市）之一，贫困发生率一度高达35.68%，是全国脱贫攻坚的主战场、"上甘岭"。从2007年开始，水电十四局开始在泸水市担负扶贫任务，挂钩帮扶老窝乡中元村，2015年开始帮扶古登乡干本村。从泸水市老窝乡中元村到古登乡干本村，水电十四局先后实施扶贫项目40余个，累计投入帮扶资金770余万元，承建易地扶贫搬迁项目4.29亿元，调配各种设备300余台套，800余人次参与各类抢险救灾工作，与泸水各族干部群众并肩作战、风雨同舟、同频共振，始终真心帮扶、真情付出、真金投入，在艰苦卓绝的大战大考中生动实践了"缺条件，但不缺精神、不缺斗志"的脱贫攻坚精神和"苦干实干亲自干"的脱贫攻坚作风，全力攻克深度贫困堡垒，交出了一份圆满的脱贫攻坚答卷。

2007年至2014年，水电十四局积极履行国有企业社会责任，长期定点帮扶怒江州泸水市中元村，数年时间里，先后选派多批次优秀年轻干部担任指导员参与新农村建设，累计投入帮扶资金近200万元，在中元村实施了交通、水利、教育、文化、产业等多个项目工程，并引资1.4亿元开发建设老窝河小水电站，加大农村道路、人畜饮水、环境治理等基础设施建设和改造；新建和硬化路面改造村组道路20余公里；维修改造危桥三座；同时，制定了"山上做文章、田里稳基础、庭院不放松、市场求发展"20字经济发展方针。在老窝、崇仁、中元、荣华、银坡五个村委会进行了300亩芭蕉芋、中药材切块产业试点种植，最终帮助中元村顺利实现脱贫目标。

2015年，根据云南省委省政府"挂包帮、转走访"工作的安排部署，水电十四局承担怒江州泸水市古登乡干本村的脱贫帮扶任务。干本村地处边疆偏远贫困山区，条件型贫困与素质型贫困并存、区域性贫困与群众性贫困交织，贫困面大，贫困程度深，全村整体处于贫困状态，扶贫攻坚的任务艰巨、责任重大。公司领导班子深入实地调研了解情况，52名中层以上干部对口挂包到户，从各方面开展了扶贫工作。水电十四局投入170万元在干本村建起党群活动室、村民活动广场、村卫生室、农家书屋、村组道路、排水沟等基础设施，修通干本村通往乡政府的12km盘山公路，改造水网让村民喝上干净安全的自来水；结合实际情况发展经济，投入217万元发展香橼、迷迭香种植；投入92万元扶持成立民族服饰加工、高黎贡山猪养殖、黄牛养殖、中蜂养殖等合作社，为贫困村民织密了产业发展网，增加了增收致富渠道。

5年时间里，水电十四局先后派出扶贫干部、驻村第一书记、工作队员17人，公司累计投入专项扶贫资金770万元，实施基础设施建设、产业发展、易地扶贫搬迁等20多个帮扶项目，承建易地搬迁项目4.29亿元，先后组织了形式多样的"献爱心"捐赠，为干本村捐赠了1万余元的学习用品、衣物1223件、被子1000余床、洗衣机250台、现金4.28万元等。通过系列项目的实施，干本村村容村貌焕然一新，基础设施改善、人居环境提升、产业结构调整、村民收入增长，村民生活水平和质量有了质的提升。

扶贫攻坚多年来，水电十四局认真履行央企责任，主动担当作为，投入真金白银，真情实意帮扶，为泸水市决战决胜脱贫攻坚贡献了智慧和力量，被云南省委、省政府评为"社会扶贫工作"先进集体，连续多年被怒江州委、州政府授予"扶贫先进单位"荣誉称号。公司派出的新农村建设指导员杨海洋、张智兴等人先后荣获云南省"新农村建设工作队优秀队员"和云南省"脱贫攻坚先进个人"荣誉称号。怒江州委、州政府和泸水市委、市政府分别发出感谢信衷心感谢水电十四局在助力怒江州打赢深度贫困地区脱贫攻坚战中给予的大力支持和无私帮助。

脱贫摘帽不是终点，而是新生活、新奋斗的起点。2021年，水电十四局积极融入泸水市巩固脱贫攻坚成果与乡村振兴建设行动。2021上半年，拨付100万元专项帮扶资金，继续在人员支持、产业发展等方面做实、做好工作，坚决守住不发生规模性返贫底线，继续为建设幸福美丽新怒江贡献力量（图8-7）。

图 8-7　扶贫工作结束离别之际群众与扶贫队员依依不舍

2. 配合中国电建集团做好大理剑川扶贫工作

中国电建集团2003年定点帮扶云南剑川县，结合剑川实际，积极履行央企责任。水电十四局作为集团在云南省的子企业，积极配合集团对剑川县的精准扶贫，书写了很多美丽小镇的故事：老君山镇2014年贫困发生率为77.8%，该镇远离剑兰公路，百姓出行不便，严重制约了当地经济发展，2015年，水电十四局配合建设剑兰公路老君山镇联络线公路桥梁，彻底根除了老君山镇与外界联系的瓶颈问题，将到县城的行程缩短了15km，从此当地百姓告别了人背马驮的历史，解决了18184人"出行难"困境，该桥被村民们亲切地称为"电建桥""爱心桥"；马登镇拥有近8万亩农业生产用地，但缺水问题较为突出，大量耕地因长期缺乏灌溉被群众撂荒，严重制约了马登人民脱贫致富。2018年，水电十四局协助电建集团将向善水库库容由理论蓄水4万m^3，扩建至蓄水量15.6万m^3，有效解决4128人灌溉用水难题，受益农田面积近1500亩，水库建成带动了剑川丰登农业开发有限公司流转300亩陡坡荒地种植党参，丰登公司通过支付流转土地租金和雇佣村民支付劳务费，实现企业利润最大化，形成多方共赢局面。

2013年中国电建集团捐资100万元，委托水电十四局负责实施云南剑川太阳能光伏项目电网延伸改造工程。水电十四局克服施工战线长、交通不便、材料倒运等困难，在确保安全、质量的前提下，保证了施工的有序推进，确保了扶贫资金的使用和扶贫项目的顺利完工，为云南省大理白族自治州剑川县马登、沙溪两镇后山58户村民解决了室内照明和用电不足的问题，对推动当地经济社会发展，改善村民生活条件起到了极大的帮扶作用。

（四）文明施工，企地和谐共建共赢

在项目施工中，水电十四局各项目部秉承和谐共建的理念，坚持共建共享的思路，做好企地协调工作，实现和谐相处、共同发展的双赢目标。建（个）元高速公路项目连接红河州建水、个旧、元阳三个县市。因地处祖国西南边陲，多为群山峻岭的山区地貌，这些行政村中的大多数自然村通行道路仍是机耕道。大多机耕道地势起伏不平，道路弯弯曲曲，宽窄不一，崎岖难行，尤其排水不畅，一旦下雨长期积水，道路泥泞，给村民的出行和日常生活造成严重影响。日常维护沟渠道路，保障村民出行条件便成了项目经理部的家常便饭。水电十四局土建3标项目部进驻工地后，针对当地的主要困难和村委会的重点思路，修建、扩宽并硬化村道，作为施工和村民的共用道路，方便村民出行。雨季到来，雨水导致乡村道路多次塌方，项目部及时调派装载机、挖掘机疏通道路，以保证村民安全顺利出行。并自发组织人员设备，对水沟沟身进行扩宽，重新浇筑了一条混凝土沟渠，解决村民们因水沟排

水量不足，雨季汛期，经常漫水淹田的烦恼。在逢山开路，遇水架桥的同时，心系群众，主动靠前听取村民的诉求，力所能及的及时提供帮助，营造出和谐共建的施工氛围。

此外，项目部主动与当地乡镇党委联系沟通，用工时优先考虑当地劳动力，为当地建卡立档贫困户提供就业机会，本着互惠互利、同质优先的原则，参建各方尽可能在施工中采购当地原材料、租用当地设备，大力扶持地方产业发展，切实促进地方经济民生。

水电十四局积极捐资解决群众困难。积极响应云南省委、省政府关于解决供水保障率低的山区、半山区贫困群众生活生产用水困难、建设"爱心水窖"的号召，参加了"爱心水窖"捐赠活动，分两期向"爱心水窖"活动捐赠260万元。2014年捐资援建云南威信县双河乡偏岩小学建设项目，委托云南省教育基金会对该项目捐赠资金300万元。2014年7月拨付项目扶贫资金110万元，用于云南剑川县新华小学教学综合楼项目施工。热心关注青少年成长。2014年大理分公司认真开展"关爱青少年成长系列丛书"捐赠活动，捐赠100套（800册），合计15760元；公司乌东德项目部积极开展禄劝县"爱心助你上大学"活动，开展"企地共建、捐助自学"献爱心活动为乌东德镇大松树希望小学购买文具用品、电脑等学习用品。

风雨兼程近七秩，牢记使命履初心。

千锤百炼，春华秋实，自胜者强。水电十四局数十年如一日地坚持着"百年大计，质量第一"的方针，心系社会大众公共安全，致力于建设精品工程，铸造匠心品质。六十多年来，水电十四局不断树立工程质量标杆，树水电工程质量标杆是起点，在困难时期建造了"亚洲第一土坝"；在学习变革时期参建了鲁布革水电站；在技术创新时期参与了黄河小浪底水利枢纽和三峡工程。树多元工程质量标杆是延续，者磨山风电场树立了高海拔风电建设的质量标杆；西成高铁，树立了轨距精度的质量标杆；深圳地铁树立了叠线盾构的质量标杆。树国际工程质量标杆是拓展，厄瓜多尔辛克雷水电站和斯里兰卡水库枢纽工程，分别向世界展示了"中国标准和中国速度"。60多年来，水电十四局始终严把安全质量底线，通过建立健全安全管理制度、推进安全生产标准化建设、创新安全管理方法，全域标注安全底线；通过加强安全教育培训和安全责任落实，全员共守安全底线；通过事前做好安全准备工作、事中落实安全生产工作、事后对安全事故进行总结，全程防御安全底线。60多年来，水电十四局持续攀登技术创新高线，学习积累先进技术、提升自主创新能力、积极共享创新成果。在水电十四局人的心里，所谓"匠者"，就是用实力让情怀落地的人！

梦在前方，路在脚下，自强者胜。水电十四局在 60 多年的发展进程中，切实履行好不同阶段的企业社会责任，以中国特色的责任基因为先导，不忘企业初心，牢记国企使命；以质量与技术为责任核心，坚守工程企业质量底线，不断攀登技术创新高线；以建成"世界一流企业"为新的责任目标，将战略性地规划和考量环境责任、经济责任和社会责任等履责内容；动态化创新履行企业社会责任的方式。通过保护生态环境、发展绿色生产、向世界输送清洁能源等，来彰显水电十四局人的环境责任初心；通过保值增值国有资产、提升智能建造能力、广泛增加就业岗位等，来彰显水电十四局人的经济责任底气；通过关注员工成长、抢险救灾、精准扶贫，来彰显水电十四局人的社会责任心愿。新的征程中，水电十四局人将让环境责任、经济责任和社会责任三大战略责任动态结合，让企业社会责任成为每一个水电十四局人建设国家和企业的信仰！

第九章

世界一流，未来可期

只要我们保持战略定力，坚持稳中求进工作总基调，以供给侧结构性改革为主线，全面深化改革开放，我国经济就一定能够加快转入高质量发展轨道，迎来更加光明的发展前景。

——习近平

水电十四局牢记初心，担当使命，履行责任，听党指挥跟党走，几十年奋战在工程一线助力中国经济发展。成立60多年来，水电十四局从地处西南边陲的单一型水电水利施工企业发展成为国际知名大型综合建筑企业，取得了惊人成就。回首企业发展历程，鲁布革冲击揭开了改革序幕，项目法施工促进了科学管理，重大工程锤炼了企业意志，科技创新获得了竞争优势，多元化经营优化了业务结构，国际化发展赢得了国际声誉。公司在长期的奋斗中构建起特色文化，为企业的长期持续发展提供深厚土壤，履行社会责任为建成全面小康社会贡献力量。展望未来，中国踏上了实现第二个百年奋斗目标的新征程，又值百年未遇之大变局，水电十四局将继续高举党的旗帜，在国内国际双循环的新发展格局中，加强供给侧改革，坚持走"创新、协调、绿色、开放、共享"的高质量发展道路，将企业建设成为具有国际竞争力的世界一流企业，为中华民族的伟大复兴再立新功。

第一节 大变局，新征程

2018年6月，习近平总书记在中央外事工作会议上指出："当前，中国处于近代以来最好的发展时期,世界处于百年未有之大变局,两者同步交织、相互激荡。"在这个百年变局下,企业如能深刻领会和把握时代变化的本质,正确地制定发展策略,则百年变局蕴藏百年难得一遇之良机。

一、国内环境变化带来新机遇

(一)供给侧结构性改革促进企业内生增长

改革开放以来,我国注重补短板提质量,从粗放式大规模基建转型走上了"精细化"道路。2018年,国务院办公厅发布了《关于保持基础设施领域补短板力度的指导意见》(国办发〔2018〕101号),指出要优化固定资产投资结构,补齐基础设施短板,聚焦关键领域和薄弱环节,为增强经济发展后劲,带动就业和改善民生提供有力支撑。2019年9月,国务院印发了《交通强国建设纲要》,指出要建设现代化高质量综合立体交通网络,强化西部地区要补短板,东北地区要提质改造,中部地区强化大通道大枢纽建设,东部地区要优化升级。到2035年,基本形成"全国123出行交通圈"(都市区1小时通勤、城市群2小时通达、全国主要城市3小时覆盖)和"全球123快货物流圈"(国内1天送达、周边国家2天送达、全球主要城市3天送达)。为此,建筑行业需要通过供给侧改革,通过提高供给体系的质量和水平,以新供给创造新需求,实现建筑行业的转型升级,为市场提供更加丰富立体、更加多元化的产品和服务。

一是链条延伸,努力向价值链的两端上延下伸,扩大现有的产业领域,系统地将产品、技术、服务等综合解决方案提供给业主,积极向集投资、设计、建造、运营、管理为一体的综合承包服务商转型,拓展相关领域的业务,提升市场份额,形成新的利润来源。

二是模式创新,政府投资项目工程建设方面也出现了BT、ABO及集中组织建设等模式。建筑施工企业要可以变化,积极参与融投资和后期运营,借助PPP、EPC+F等新的商业模式,变革为融投资+建造以及投资建造运营一体化的全新模式。

三是内部管理提升效率,建筑业是以终端需求直接驱动的产业,市场竞争激烈。近年来建筑行业的集中度提升而企业利润空间下降,因此,只能通过加强内部管理控制施工成本,降低资金成本提升盈利空间。

（二）新发展格局带来新变化

2020 年 4 月 10 日，习近平总书记在中央财经委员会第七次会议上发表重要讲话，首次提到了新发展格局。党的十九届五中全会通过了《中共中央关于制定国民经济和社会发展第十四个五年规划和二〇三五年远景目标的建议》，提出要加快构建以国内大循环为主体、国内国际双循环相互促进的新发展格局。新发展格局的两大特征，一是推动国内大循环，二是促进国内国际双循环。

推动国内大循环，关键是提升国内需求，伴随着我国经济发展及新型城镇化建设需要，城乡交通基建网络需要提质增速，国家水网、雅鲁藏布江下游水电开发、水资源综合利用等重点工程建设迫在眉睫，现代农业水利基础设施建设项目纷纷上马，这些都给国内建筑企业带来重大利好。据浙商证券建筑行业研究报告分析，"十四五"期间，交通基建年均可能释放投资项目近 3 万亿元；珠三角、长三角、京津冀三大城市群"十四五"前三年拟建超 6000km 城际、市域铁路，铁路投资也将进一步加快。

为解决重大项目投资中的资金问题，国务院降低部分基础设施项目最低资本金比例，财政部提前下达 2020 年部分新增专项债务限额，支持专项债投向基建领域，为全年基建投资提供资金保障。2020 年 7 月，财政部发布《关于加快地方政府专项债券发行使用有关工作的通知》赋予地方一定的自主权，对因准备不足短期内难以建设实施的项目，允许省级政府及时按程序调整用途。2021 年 3 月 5 日，政府工作报告中提到，计划安排地方政府专项债券 3.75 万亿元，中央预算内投资安排 6100 亿元，继续支持促进区域协调发展的重大工程，推进"两新一重"建设，实施一批交通、能源、水利等重大工程项目，建设信息网络等新型基础设施。2021 年 4 月 30 日，证监会、国家发展改革委联合下发《关于推进基础设施领域不动产投资信托基金（REITs）试点相关工作的通知》，优先支持基础设施补短板行业，涉及收费公路等交通设施，水电气热等市政工程，城镇污水垃圾处理等相关项目。这些措施和手段都将进一步增加国内的基建需求。

在国内大循环的基础上，还要畅通国内国际双循环，面向世界，放眼全球，提高把握国际市场动向和需求特点的能力，提高把握国际规则能力，提高国际市场开拓能力，提高防范国际市场风险能力，带动企业在更高水平的对外开放中实现更好发展。

图 9-1　喀麦隆隆潘卡尔水电站

二、国际环境带来新挑战

2008 年国际金融危机后，全球市场收缩，世界经济陷入持续低迷，西方主要国家民粹主义盛行，贸易保护主义抬头，经济全球化遭遇逆流，国际环境出现恶化。2018 年后，中美贸易摩擦爆发，全球范围内经贸摩擦增多，政策风险重新上行，基于规则的多边贸易体制被削弱，未来发展的不确定性增强，给建筑施工企业的海外发展带来挑战。

2020 年，一场始料未及的新冠肺炎疫情席卷全球，也对建筑行业造成了深刻影响。一方面，新冠肺炎疫情带来建筑行业增长下降，由于防疫需要，各国纷纷实施封锁和其他限制措施，供应商供给断货，工期受到影响，现场施工管理难度增加，导致建筑业产出下降，而防疫物资采购及防疫措施落实又增加了建筑行业的防疫成本。2020 年全球建筑业的产出较 2019 年下降明显，2011 年上半年，全球新冠肺炎疫情防控形势依然严峻，未来发展还有很多确定性。

另一方面，疫情使承包商观念发生变化。新冠肺炎疫情中因封锁限制措施的不定期使用，导致项目管理不确定性增加，风险也随之增大，规模较小、应变能力较差的公司承担了过量风险，因控制不力而诱导了风险的爆发和传递，最终导致整个项目失控。因此，疫情过后，承包商将越来越倾向于寻求实力相当的企业作为战略合作伙伴，因为这样可以更好地平衡风险，保持产业链的稳定，化解不确定性带来的风险。

三、新需求促进行业发展新趋势

随着经济的发展，建筑市场需求发生变化，除高品质的工程质量外，也对施工过程及后期的营运维护及使用体验提出更高要求，建筑企业的发展呈现出工业化、绿色化及智能化三大趋势。

（一）工业化装配式发展趋势

随着供给侧改革的推进，建筑行业的生产组织方式发生了彻底转变，出现了工业化进程。工业化进程表现为两个方面：一是生产的工厂化，发展装配式建筑；二是建筑工人产业化，实现建筑作业专业化。

生产工厂化是以大工业生产的方式在工厂内实现完成建筑产品的模块和构件部件的生产，然后在现场利用机械化手段完成装配。这样的生产方式改变了原来建筑行业主要进行现场作业的现状，改变建筑行业原有粗放式的生产组织模式，减少资源的浪费，方便新工艺和新工具的应用推广，提升了行业整合能力及资源配置效率。2016年以来，我国装配式建筑发展迅速，其中钢结构建筑的推广力度更大。2020年的火神山、雷神山医院火速建成，2021年河北石家庄黄庄隔离公寓等项目让装配式建筑优势得到了充分展示。

建筑工人产业化，就是要实现产业工人的专业化分工，推动部分进城务工人员向技术工人转变。多年来我国推行项目管理及施工中的劳务协作制度，建筑工人的流动性增强、归属感下降，致使队伍素质得不到有效保证，工人专业能力得不到有效提升。随着我国人口红利的逐步减退，新时代背景下城乡结构的变化、务工人员的诉求变得丰富多元，建筑行业用工难的现象越来越突出，由此出现了劳动力数量不足和素质不高两个突出问题。这两个问题必须通过提高各专业技术工人的技能，引导劳务协作工人转变为现代产业工人才能妥善解决，也只有实现了产业化、才能引导产业工人发扬"工匠精神"，以敬业的姿态、专业的能力使建筑产品的质量、安全、绿色、智能得到充分的保障，提供有保障的产品和服务。

图 9-2 水电十四局合作制造的云南省首台盾构机——彩云号

（二）绿色化发展趋势

传统上，我国建筑建造方法以现浇结构为主，由于生产方式粗放，存在劳动强度大、施工现场混乱、建筑材料消耗量大、钢材、水泥以及水资源浪费大，现场建筑垃圾多，工地脏、乱、差的问题，而生产过程中的扬尘也对环境造成不良影响。2017年1月，国务院颁布《关于印发"十三五"节能减排综合工作方案的通知》，要求实施绿色建筑全产业链发展计划，推行绿色施工方式，推广节能绿色建材、装配式和钢结构建筑。2018年7月，国务院发布《国务院关于印发打赢蓝天保卫战三年行动计划的通知》，要求2018年底前，各地建立施工工地管理清单，因地制宜稳步发展装配式建筑。2020年3月，中国建筑业协会发布了《装配式混凝土结构全产业链资源消耗效益评价标准（征求意见稿）》。对装配式混凝土结构全产业链相关的资源消耗、能源消耗及劳动力消耗等事项制定了详细的打分和评价标准，这表明国家将从建造的全产业链过程要求绿色生产和施工。建设施工企业只有顺应绿色低碳发展趋势，秉承绿色发展理念，更加注重资源节约和环境保护，推动绿色建造，才能赢得未来的发展机会。

（三）智能化发展趋势

互联网信息技术和人工智能技术的成熟发展，带来建筑行业全新生产工具的广泛运用，通过信息化和标准化的智能化管理工具，建筑行业可以提高效率，最大程度降低产品生产和日常管理活动中的主观性、随意性，实现精准制造、规范管理、科学决策的系统保障，最终提高建筑行业产品和管理品质，提高效率，促进建筑行业从传统低端迈向新型高端。智能化的建筑也能通过对设备的自动监控，对信息资源的管理，对使用者的信息服务，为用户和业主提供更为高效舒适、更便利人性的建筑环境。

第二节　高质量发展

习近平总书记指出："高质量发展，就是能够很好满足人民日益增长的美好生活需要的发展，是体现新发展理念的发展，是创新成为第一动力、协调成为内生特点、绿色成为普遍形态、开放成为必由之路、共享成为根本目的的发展"。而"新时代新阶段的发展必须贯彻新发展理念，必须是高质量发展"。国务院办公厅发布的《关于促进建筑业持续健康发展的意见》（国办发〔2017〕19号）中明确要求，牢固树立和贯彻落实创新、协调、绿色、开放、共享的发展理念，坚持以推进供给侧结构性改革为主线，按照适用、经济、安全、绿色、美观的要求，深化建筑业"放管服"改革，完善监管体制机制，优化市场环境，提升工程质量安全水平，强化队伍建设，增强企业核心竞争力，促进建筑业持续健康发展，打造"中国建造"品牌。

一、创新发展，引领前行

习近平总书记一再强调：对于企业而言，创新意义重大，它是企业生存和发展的灵魂，也是企业挺进新时代的通行证。对于水电十四局而言，做好了科技创新及管理创新活动，才能为高质量发展创造机会。

（一）科技创新

进入新时代，以质量效益、创新驱动为核心的新型企业发展方式必然取代以企业规模扩张为核心的传统发展模式，成为企业成长的主流模式。对于建筑施工企业而言，从建造走向创造和智造，是企业追求目标，也是科技创新及创新驱动所带来的必然结果。为能更好推进企业内部的科技创新，要在企业内形成以科技创新为导向的决策机制；以科技创新为重心的发展机制及以科技创新为标准的激励机制，并在研发投入方面加大科研投入，形成以科技创新为根本的约束机制。

水电十四局是国家高新技术企业，一直重视企业科技创新，关注信息技术的运用及技术集成创新。公司致力于关键核心技术攻关，不断完善协同创新研发平台体系建设，深化创新成果产业化、市场化应用，具有较强的科技创新能力。未来，公司将通过技术创新进一步提升竞争力，优化资源配置，提高施工质量，缩短工期，降低建造成本。

（二）管理创新

企业发展与管理创新相辅相成，管理创新是企业发展的重要内容及内在要求，管理创新要求企业围绕高质量发展，在人才建设、激励约束、基础管理、创新机制等方面全面开展管理提升和创新活动。多年来，水电十四局不断整合资源以激发内在要素的生产力，建立起管理创新的长效机制，长期致力于项目管理创新的探索。

未来，公司还将进一步完善施工建造模式，构建新型产业链供应链，着力打造专业化施工核心竞争力。

（三）经营创新

水电十四局构建了"大经营、大成本"体系，在巩固国内基础设施、国内水利电力的基础上，不断扩大经营区域和领域，向产业链上下游延伸，提升施工总承包实力和综合经营能力。此后，公司将进一步转变经营理念，主动作为，牢固树立服务意识，提高专业化服务水平。同时，深挖投资潜力，统筹做好融资工作，加强金融创新，积极参与集团公司应收款资产证券化业务，研究开展保理业务，以此推动产业布局优化、产业结构调整及盈利水平提升。

二、协调发展，行稳致远

（一）国内国际市场协调发展

在全球化的浪潮中，成功企业必然是面向世界的开放性组织，从全球市场获取资源，进行要素优化配置，也向世界市场提供产品和服务，输出理念及文化。为获得高质量的发展，水电十四局必须注重国内国际市场的协调发展，在国内市场做大做强优势产业，围绕国际战略确定开发重点，深度参与交通强国、水利兴国设施和生态环境综合治理等重大工程实施。在水利水电领域、基础设施领域、水环境生态治理等业务领域多点布局。在国外则依托海外的亚洲、非洲与美洲三个事业部，深耕集团所划分海外市场区域。

（二）主要业务协调发展

水电十四局传统业务以水利水电为主，十八大后，水电十四局顺应市场变化调整了业务结构，传统水利水电业务增长放缓，国内基础设施业务高歌猛进，新能源、装备制造及投资业务崛起，形成了"一主三辅"的发展格局。2020年，水电十四局国内能源电力业务（含传统水利水电及新能源）所占比重为16.62%、国内基础设施业务所占比重为26.7%、国内水资源与环境业务所占比重高达31.01%，国际业务所占比重为25.67%。水电十四局的业务的变化直观反映了公司伴随国民经济发展所体现出来的良好适应性。今后，水电十四局将继续围绕"一主三辅"，进一步做强水利水电业务、基础设施业务（含公路、铁路、城市轨道、市政及水资源与生态治理工程）及国外建筑工程主业，做大新能源发电、装备制造和高速公路运营三大新兴产业，促进公司整体经营质量地提升。

（三）企业与员工协调发展

企业的良性发展和员工的努力不可分割，企业为员工发展提供平台和机会，而员工的发展必然会形成合力，更好促进企业的发展。水电十四局历来重视员工的发展，也在众多大项目建设中锻炼铸造团队。今后，水电十四局将一如既往关心员工成长，与员工分享企业发展成果，为员工提供上升路径。伴随企业的高质量发展，员工也将获得更多的幸福感、获得感和满足感。

三、绿色发展，和谐共生

水电十四局贯彻绿色发展理念，抓住国家实施"3060碳目标"的历史机遇，发挥并增强优势，重点跟踪风电、太阳能发电、抽水蓄能水电站建设新布局和投资经营新布局，积极参与"两新一重"建设、重大生态系统保护修复、国家水网和送电输气等重大工程。

（一）绿色施工，提高资源利用效率

水电十四局一直秉承绿色施工理念，重视施工现场及周边的生态环境保护，工程中践行落实好"环保工程"要求。此外，水电十四局还大力开发装配式材料及新型环保材料，减少建筑工程在实际施工过程中对自然环境造成的污染，公司将具有自重轻、抗震性能好、保温隔热、空间使用率高、施工周期短、绿色环保等优异性能的装配式轻钢房屋深化研究改造成装配式集装箱房，提供临建规划、设计、制造、安装和回收一体化服务。随着装配式建材的生产发展及推广运用，绿色建造将为公司赢得更多发展机会。

（二）发展新能源，减少碳排放

未来，水电十四局将始终贯彻绿色发展理念，发挥优势，重点跟踪风电、太阳能发电、抽水蓄能水电站建设及投资经营新布局，为社会主义发展提供更多的绿色能源，为节能减排实现双碳目标贡献力量。

(三)做强水资源业务,改善生态环境质量

水资源是重要的资源,随着经济的发展,水资源缺乏成为影响我国经济可持续发展的重要瓶颈。水电十四局响应国家"绿水青山就是金山银山"的号召,将水资源及水环境治理作为公司的核心业务,积极拓展重点区域市场。2021年,国家发展改革委等十部门印发《关于推进污水资源化利用的指导意见》(发改环资〔2021〕13号)中指出,为了解决水资源短缺、水环境污染、水生态损害问题,着力推进重点领域污水资源化利用,要求2025年全国再生水利用率25%以上。随着政策持续推进,水电十四局在现有水资源业务基础上,将持续开发水处理相关业务,满足水处理产业链相关需求,获取更为广阔的发展前景。

图 9-3　石马河樟木头段富盈山水华府碧道鸟瞰图

四、开放发展,合作共赢

(一)追随集团公司步伐,赢得发展良机

中国电建是八大建筑央企之一,全球能源电力、水资源与环境、基础设施及房地产领域的综合性特大型建筑集团。集团公司长期深耕"水""电"核心业务领域,是国内乃至世界水电行业的领军企业,是全球水电、风电、光伏发电建设的领导者。依托集团公司市场布局,借助集团公司品牌影响力,与集团区域总部深化合作,凭借自身实力及良好的工程口碑,赢得更多市场机遇。

（二）积极寻找市场合作方，结成投标利益联盟

现代工程项目工程复杂，技术要求高，投资额巨大，涉及利益方多。为此，企业需要寻找合作者增强实力，联合投标，以获取工程项目。在市场拓展方面，水电十四局强化与外部企业、兄弟单位、设计单位等企业间的战略合作，实现相携并进、合作共赢。

（三）努力拓宽融资渠道，结成投资联盟

随着社会经济发展，以融资形式进行的 EPC、BT、BOT 和 PPP 等工程建设已成为建筑业行业主流的承包模式和获利模式，承包商资金及融资能力已经成为决定其承揽项目的核心因素。为突破资金对企业发展的限制，水电十四局主动加强与国家进出口银行、中信集团、平台公司及银行等金融机联系，构建融资渠道网络，增强企业的融资实力。同时，借助金融机构的专业能力探讨新型融资模式，拓宽业务领域，拓展融资类项目。

（四）选择合适分包商和供应商，结成施工合作联盟

随着水电十四局产业结构的变化及发展战略的调整，水电十四局已从施工生产经营型企业向管理型、工程总承包型经营型企业转变。根据国际优秀建筑企业的发展经验，结合国内外建筑市场发展趋势及工程总承包特点，水电十四局将进一步完善工程分包管理制度，强化执行力，构建分包协作体系，健全分包商黑白名单，选择管理能力和履约能力强的分包商合作，这既能保证工程项目质量、进度和安全受控，也可减少项目管理成本及项目履约风险。

五、共享发展，共创未来

习近平总书记指出："人民是我们党执政的最深厚基础和最大底气。为人民谋幸福、为民族谋复兴，这既是我们党领导现代化建设的出发点和落脚点，也是新发展理念的'根'和'魂'。只有坚持以人民为中心的发展思想，坚持发展为了人民、发展依靠人民、发展成果由人民共享，才会有正确的发展观、现代化观"。

作为工程建设企业，水电十四局未来将在三个层面体现其共享思念：对外与业主和社会公众共享；对内与企业内部员工共享、产业链上与合作伙伴共享。水电

十四局将一如既往诚信经营，守合同重信用，照章纳税，抢险救灾，塑造并维护公司守法企业、诚信企业、责任企业的良好形象，为企业的后续发展创造和谐的外部环境。对内，水电十四局将不断提高职工待遇，使职工收入提高与公司营业收入增长相当；切实改善员工经济条件，帮助困难职工获得生活保障；增强员工的荣誉感、自豪感和幸福感，凝心聚力，打造团结友爱有战斗力的专业团队。同时，水电十四局还将进一步提升合同履约水平，加强客户关系管理与维护，在商业竞争中谋求合作共赢（图9-4）。

图 9-4　以青春之我续写青春之华章

第三节　建设世界一流企业

世界一流企业是指具备足够大的体量规模，具备一流的企业人才队伍、拥有核心竞争力的主业及搭配合理的业务结构，具备较强创新能力，具有高效制衡的公司治理结构，具备一流的风险控制能力，具有独特企业文化的企业。一流企业在行业发展中居于领先地位，是行业中的标志性企业。

一、建设一流企业的内涵

（一）建设一流企业的内涵

对于水电十四局而言，建设一流企业，就是建设具有一流建设水平、一流管理能力、一流管理队伍，作出一流工程，具有一流品牌的企业。其内涵是：有保证可持续发展的合同存量，有带来利润的营业收入，有现金流支持的利润，有安全、稳定的发展环境，有凝聚员工的企业文化及工作生活环境。

（二）一流企业建设的重点内容

水电十四局将构建"水能城"业务、"投建营"模式的全产业链一体化发展，以建设具有国际竞争力的一流企业为目标，坚持高质量发展，推动多产业融合，构筑起双循环发展新格局。

1. 业务方面

按照"适应市场、突出主业、优势多元"的总体原则，持续强化补链、强链、延链，纵深升级优化产业链，打造"投、建、营"全产业链一体化发展、"国际国内"两大市场统筹发展、"水、能、城"三大领域交融发展的"一体两场三域"协同联动产业体系。业务重点包括以下三个方面：

做强"水"相关业务。围绕水领域发力，向江、河、湖、海要市场、要效益，深挖水领域价值链，调水治水，在水资源配置、水环境治理、水生态修复方面开拓进取；同时想办法水资源，持有优质水资产，探索推进水城联动；大力发展海水淡化、海岛生态修复、海岸环境治理等海洋业务。

做优"能"相关业务。着眼"3060"碳达峰碳中和目标，积极抢占抽水蓄能、光伏、风电以及地热能、生物质能、储能、综合能源市场，积极参与电网建设。

做大"城"相关业务。精准对接以人为核心的新型城镇化发展战略，围绕"生根和深耕城市、运营城市、服务城市"创新商业思维和商业模式，加快在房建、市政、轨道交通以及城市综合开发、城市更新、老旧小区改造、城市公共事业运营、未来城市建设等领域抢滩布点，将城市业务打造成新的增长极。

2. 区域方面

海外国内两手抓，两手都要硬。海外市场深耕重点区域及"一带一路"沿线国家，国内积极对接国家区域协调发展战略，围绕长江经济带和长江大保护、长三角一体化发展、粤港澳大湾区建设、成渝地区双城经济圈建设等，加快"生根"和"深耕"重点城市及区域进程。提升产业链协同水平，提高业务集成能力，做深做强城市业务。

促进业务及区域方面的拓展，着力抓好重点项目的实施，聚焦川藏铁路、国家水网、雅鲁藏布江等国家重点工程项目，打造精品工程，发挥重点项目的影响力、带动力和示范效应，赢得后续发展机会。

二、建设世界一流企业的战略规划思路

战略规划是企业的发展蓝图、发展部署，是一套企业运作方向调整、速度及节奏和资源配置的计划，其实施关乎着企业的存亡。水电十四局积极把握新方位、锚定新目标、构建新格局，以政治建设为统领，坚持稳中求进工作总基调，全面贯彻新发展理念，紧扣高质量发展主题、供给侧结构性改革主线，聚焦做强做优做大，推动实施深化改革、全面创新、转型升级、攻坚创效、风险防控，推动全面从严治党向纵深发展，以"12347"的规划思路引领公司"一张蓝图绘到底"。

"12347"即：一个目标、两个核心、三个体系、四种能力、七种要素。

一个目标：建设具有国际竞争力的一流企业。

两个核心：市场（营销）和现场（项目）。把市场营销作为"一把手"工程，着重抓好两级营销体系建设和立体多维营销网络建设；把现场项目管控作为重中之重，着重抓好项目履约、质量、安全、创效水平，保障企业可持续发展。

三个体系：支撑市场和现场的效率提升机价值创造前端体系，服务、支持核心业务的中端增值体系，战略、协调、风控、评价、监督的后端决策支持体系。体系中的前端、中端、后端并非依靠行政命令运行，而是模拟市场进行内部资源的配置。前端体系就是提供产品和服务满足客户需要的过程，中端体系的重点是在企业内部促进资源、信息在纵向及横向上顺畅流动，后端体系中的战略指明了企业的发展方向和路径，关系到企业的长远发展。

四种能力：组织力、创新力、领导力、专业力。通过不断完善公司组织架构，积极探索"扁平化""大部门制"管理模式，致力于打造成为具有工程总承包核心能力的智能建造龙头企业，通过影响力实现价值链的深度融合，打造核心竞争力，避免同质化恶性竞争。

七种要素：资本、知识、技术、管理、人才、文化、数据。通过市场化的运作充分发挥七种生产要素的价值，向市场化要活力实现企业高质量发展。

三、建设世界一流企业的路径

（一）坚持和加强党对企业的全面领导

中央企业是我国国民经济的重要支柱，是国有经济发挥主导作用的骨干力量。中央企业党委（党组）是党的组织体系重要组成部分，在公司治理结构中具有法定地位，在企业发挥把方向、管大局、促落实的领导作用。时代在发展，形势在变化，立足中华民族伟大复兴中国梦战略全局和世界百年未有之大变局，我们一边面临着前所未有的风险挑战，一边面临着前所未有的发展机遇，要在危机中育新机、于变局中开新局，就要不断适应形势、与时俱进，把加强党的领导作为完善央企治理的"重头戏"。人民就是江山，江山就是人民，必须坚持以人民为中心的发展思想，自觉站在人民立场。

水电十四局在成为世界一流企业的道路上，必须将牢牢把握"央企姓党"这一根本属性，毫不动摇地坚持和完善党的领导。

一是要保持清醒头脑，认清形势，认准目标，把加强党的领导放在央企治理的第一位，全面筑牢国有企业的"根"和"魂"。

二是要坚持和加强党的领导、党的建设，强化班子建设、队伍建设、适应性组织建设和文化建设，抓实党史教育，努力把党的政治优势、组织优势转化为企业发展优势。

三是要立足自身实际补齐短板，特别是在服务全面建设社会主义现代化国家中的问题和不足，把加强党的领导作为头等大事，有效破解党建与发展"两张皮"的问题，打造"同频共振"党建模式，为实现高质量党建引领国有企业高质量发展提供坚强保障。

四是要坚持践行"两个维护"和党对国有企业的两个"一以贯之"要求，坚持党组织在法人治理结构中的法定地位在完善公司治理中加强党的领导，进一步强化党委的主责主业，积极推动把中国特色现代企业制度优势转化为治理效能的内在要求，为实现水电十四局的新发展注入强大动力。

五是要驰而不息加强党风廉政建设和反腐败工作，聚焦筑牢廉政之基、筑常长效机制、筑强干部队伍，强化对重点领域和关键环节的监管，重点抓牢关键少数和重要基数，深化专项整治，毫不松懈纠治"四风"，用好监督问责利器，一体推进不敢腐、不能腐、不想腐，构建起风清气正的良好生态。

（二）强化技术创新能力和战略上的前瞻性

技术创新能力应是世界一流企业的基石。当前，全球疫情已成常态化，其影响将随时间的发展和社会的变革逐渐显现，在这种情况下，企业间的经济竞争将更加考验技术创新能力和相应的战略研究水平。要保持行业中的领先地位，做出代表行业发展水平的最好产品，就必须具备适应时代要求、引领时代进步和与时代同行的自我革新能力，而这种能力来自不断地进行技术创新。

一要在业务布局上具备国际化的视野和开拓能力，驾驭市场，配置资源，以拥有行业内不可复制、难以替代的核心竞争力。业务布局上积极开发智慧能源、智慧水务、智慧城市、智慧生态建设。

二要在战略规划上，要及时发现潜在价值和机会，提前布局，占得先机，在前瞻性领域取得关键核心技术突破，引领和带动行业不断发展。进行公司信息化顶层规划设计，制定水电十四局具有前瞻性、科学全面的数字化发展战略及信息化总体规划蓝图，构建"横向协同、纵向贯通"的信息一体化体系，构建大数据共享中心、财务共享中心，提高数据的集中管控、分析能力和决策、管理水平。

三要加快水电十四局"智慧＋"能力建设，构建数字设计基础平台和集成系统，实现设计、工艺、制造协同，推进"智慧工地"建设、BIM集成平台搭建，通过数据驱动决策指导项目智慧设计、智慧施工，提升智慧工地数字化水平，并探索数字化与建造方式、经营理念深度融合。

四要聚焦自主创新、催生新发展动能，整合水电十四局内外科技管理资源，加强科技成果转化新模式研究，探强化技术成果的转化落地、推广力度，优化要素组合、配置共享资源，推进科技成果集成化、专业化、市场化转移转化，加速推动科技成果产业化，带动产业技术升级，实现战略创新发展。

五要加强科研平台团队建设，促进团队自主创新能力，有计划培养院士、大师等科技领军人才，实行科研团队带头人负责制，提升培养一批信念坚、政治强、本领高、作风硬的技术人才队伍。

（三）提升专业化的业务单元和管理上的可持续发展能力

世界一流企业都拥有相当的规模，并且专注于主业来发展自己。受到新冠肺炎疫情的冲击，很多行业需求断崖式下降，在这种形势下，更有竞争力的必然是主业。从产业层面来看，在我国经济从高速增长阶段转向高质量发展阶段后，已从主要依靠要素投入和数量增长转变为更多依靠提高全要素生产率、科技含量，以及与其紧密相关的管理水平的提高上来。

中国电建具有"懂水熟电、擅规划设计，长施工建造，能投资运营"的"水、能、城"全产业链优势，能源电力业务规划建设能力和业绩位居全球行业第一。作为控股子公司的水电十四局将进一步深化构建起的建筑业、新能源发电、装备制造和高速公路运营"一主三辅"的发展格局。

一要进一步提升规范管理水平，进一步增强集团化管控和企业治理效能，全面深化改革三年行动方案，进一步深化市场化改革，完善中国特色现代企业制度，坚持上下联动，做强做优各二级经营单位，形成各自特色和品牌，进一步加快企业转型升级、跨越式发展步伐，融入行业高质量发展大局。

二是深化供给侧结构性改革和企业管理改革，加快转型升级，着力在"筑底、补短、加长、拓宽、提高"五个方面持续发力，筑牢发展底板、补齐短板弱项、加长保障链条、拓宽业务领域、提高智能化水平，有效提升全产业链服务保障能力，实现企业整体工作运行稳健、量增质升。

三要深入贯彻"大经营""大成本"和"四个策划一条线"的管控理念，坚持战略导向、问题导向、市场导向、价值导向、高目标导向，发挥"一线三关"的项目成本控制优势，实现精细管控、提质增效，不断强化全过程和全生命周期管控能力。

四要深入推进人才强企战略，持续深化人才发展体制机制改革，加强干部队伍建设，落实好干部标准，加快建设数量充足、素质优良、结构合理、富有活力的四项之和人才队伍，推动人才强企战略向纵深发展，为公司实现高质量发展提供坚强保证。

五要大力推进任期制和契约化管理，优化业绩考核体系，强化激励约束机制，灵活开展股权激励、分红激励等中长期激励，加快推行职业经理人制度，充分激发经理层成员的活力和创造力，提升企业市场化、现代化经营水平，发挥任期制和契约化管理在推动公司三项制度改革中的"牛鼻子"作用。

六要强化价值创造，持续提升科学管理水平。开展好对标世界一流，实现高效率、高质量、高效益、低成本、低风险、管理领导强、创新驱动强、文化引领强，提高科学管理水平，防范金融风险，突出抓好资本运营、科技创新与数字化转型、风险防控。

（四）提高全球范围内的价值链管理和持续盈利能力

全球价值链的兴起推动了1990年后国际贸易快速增长。全球价值链管理能力是世界一流企业的一个重要特质。世界一流企业首先要有强大的资源掌控力以及世界范围内的行业话语权和影响力，以保证其能够充分利用国内国外两个市场，实现全球范围内的资源最优配置，参与甚至主导行业规则的制定。成为世界级企业很难一蹴而就，在这样的一个长期发展过程中，企业必须要有相应的现金流来支撑企业发展的资金需要，而这个现金流的最终来源则是企业的盈利。因此，要成为世界一流企业必须要有相应的盈利能力。在当前新冠肺炎疫情对全球供应链产生冲击的情况下，企业能否控制好全球价值链的需求和供给平衡，保障现金流是成为世界一流企业有重大影响因素。

一要全面深化改革，激发高质量发展新动能。紧扣"国企改革三年行动方案""双百行动"，围绕服务国家战略、增强企业整体功能、聚焦主责主业，坚持新发展理念，以完善要素市场化配置为重点，加强生产要素市场化改革，全面深化体制机制创新和市场化改革，着力做好优化生产力与产业布局、市场与区域布局、资源与资本布局，在产融融合、产技融合、产信融合上走在前列，深入推进生产经营组织模式转型、管理模式转型、科技创新模式转型、盈利模式和增长方式转型"四个转型"，提升企业核心竞争力，构建水电十四局新发展格局。

二要发挥综合优势，积极践行和服务国家战略，在现代综合交通体系建设、交通强国战略中发挥举足轻重的作用，在服务现代化城市建设、加快新型城镇化建设、实现双碳目标、乡村振兴中发挥排头兵与示范作用，重新发现红海市场竞争法则，重新发现新蓝海市场，丰富水电十四局的业务设计，努力在构建现代化经济体系、提高全球竞争力方面作出新贡献。

三要深化国际业务改革，在"一带一路"和全方位开放中扛旗领军，畅通国内国际双循环，助力构建新发展格局。以高质量共建"一带一路"为重点，按照商业化原则逐步提高国际化经营比重，打造更多具有全球影响力的示范工程。

（五）增强承担社会责任的使命感和履行能力

世界一流企业往往特别重视企业存在的意义，世界一流企业必须超越把利润作为唯一目标的理念，强调对环境、消费者、社会的贡献。在经济全球化日益深入的新形势下，国际社会高度关注企业社会责任，履行社会责任已成为国际社会对企业评价的重要内容。世界经济一体化是不可抗拒的历史潮流，因此，在中国特色社会主义进入新时代的背景下，更需要围绕"打造责任共同体"、建设"人类命运共同体"的价值理念，培育以实现中华民族伟大复兴中国梦为共同目标、以保护社会总体安全和效益最大化为出发点的、具有中国式责任和担当的世界一流企业。

水电十四局作为中央企业，履行社会责任是与生俱来的使命。

一是要继续以高度的政治责任感和历史使命感，在区域产业合理布局、可持续发展、创新驱动、一体化发展、脱贫攻坚、节能减排、急难险重等国家战略、国防安全、国计民生领域，自觉担当、勇挑重担，要为全面建成小康社会和实现第二个百年奋斗目标作出更大贡献。

二是要不断牢固树立社会责任理念，建立健全社会责任工作机制和管理体系，加强顶层设计，不断完善企业社会责任战略，把社会责任理念和要求全面融入企业发展战略、企业生产经营和企业文化。

三是要不断优化治理，构建组织体系，形成持续开展工作的长效机制，在社会责任制度体系建设和社会责任推进机制建设上取得显著成效。

四是要促进融合，优化管理运营，推动社会责任与日常运营和管理体系逐步融合，在发展战略和决策运营中落实社会责任，打造责任品牌，积极建立社会责任示范基地等形式加强与利益相关方沟通，提高企业的运营透明度和品牌形象。

五是要成为海外履责的排头兵，在海外坚持负责任经营，承担基础设施建设任务的同时，积极投身于当地公益慈善事业，增强中国品牌国际影响力。

图 9-5　即将建设的办公楼

水电十四局在六十多年的发展历程中，始终坚持党的领导，牢记初心和使命，坚守中央企业的责任与担当，勇立社会主义市场经济发展潮头，主动顺应世界建筑行业发展趋势，自立自强，励精图治，与时俱进。在企业发展历程中，加强党建引领，强化企业特色文化作用，管理创新促进企业转型发展，项目管理提升履约能力，科技创新打造核心竞争力，多元化发展发挥核心优势，海外发展走向世界，并在各阶段切实履行好企业社会责任，在市场竞争中不断壮大成长，最终发展成为新中国的功勋企业。

"雄关漫道真如铁，而今迈步从头越"，新时代水电十四局又迈上新征程，在建设"世界一流企业"战略目标的引领下，享有水电劲旅、地下铁军盛誉，功勋卓著的水电十四局将继续发扬鲁布革精神，以更加昂扬的姿态开启新的篇章，为实现第二个百年目标作出更大贡献，为中华民族的伟大复兴再立新功。

参考文献

[1] 李鹏. 电力要先行：李鹏电力日记［M］. 北京：中国电力出版社，2005.

[2] 张基尧. 现代水利水电工程建设与管理［M］. 郑州：黄河水利出版社，2004.

[3] 张基尧. 水利水电工程项目管理理论与实践［M］. 北京：中国电力出版社，2008.

[4] 张基尧. 黄河小浪底水利枢纽工程建设管理的实践与探索［M］. 北京：中国电力出版社，2008.

[5] 张基尧. 足迹江河（上下）［M］. 北京：中共党史出版社，2019.

[6] 鲁贵卿. 建筑工程企业科学管理实论［M］. 长沙：湖南大学出版社．2013.

[7] 束国刚，刘学，夏林泉. AE战略——中国工程企业成长实录［M］. 北京：北京大学出版社，2013.

[8] 鲁布革工程管理局. 鲁布革水电站建设项目管理的实践［M］. 北京：水力发电杂志社，2000.

[9] 编委会. 亲历电力三十年：纪念改革开放30周年［M］. 北京：中国电力出版社，2008.

[10] 水利电力部第十四工程局. 水电建设现代化探索——鲁布革水电站建设的基本经验［M］. 昆明：云南科技出版社，2000.

[11] 中国水利水电建设集团公司史志编辑委员会. 中国水利水电建设集团公司志·中国水利水电第十四工程局卷（1954-2006）［M］. 北京：中国电力出版社，2012.

[12] 陈春花，曹洲涛，曾昊等. 企业文化［M］. 北京：机械工业出版社，2011.

[13] 东方治. 国有企业党建工作手册［M］. 北京：红旗出版社，2011.

[14] 刘祥生. 中国建筑工程企业的跨国发展［M］. 北京：中国城市出版社，2007.

[15] 王雪青. 国际工程项目管理［M］. 北京：中国建筑工业出版社，2000.

[16] 项目管理协会. 项目管理知识体系指南（PMBOK指南）［M］. 第4版. 北京：电子工业出版社，2010.

[17] 吉多．成功的项目管理［M］．北京：机械工业出版社，2004.

[18] 建设工程项目管理规范：GB/T 50326—2006［S］．北京：中国建筑工业出版社，2006.

[19] 梁世连，惠恩才．工程项目管理学［M］．大连：东北财经大学出版社，2004.

[20] 中国建筑业协会工程项目管理专业委员会．"一带一路"与建筑业"走出去"战略研究［M］．北京：中国建筑工业出版社，2016.

[21] 中央企业智库联盟．中央企业改革发展研究——中央企业智库联盟重点课题研究成果集［M］．北京：中国经济出版社，2020.

[22] 马洪琪．全面推行项目法施工探索新型施工管理机制［J］．中国电力企业管理，1998（2）：32-34.

[23] 马洪琪．适应市场经济发展，努力探索有中国特色的项目法施工管理［J］．施工企业管理，1998（6）：35-37.

[24] 马洪琪．中国水电建设的成就及前景［J］．云南电业，2003（2）：17-18.

[25] 张基尧．水电建设管理体制改革的实践探索——鲁布革水电站建设始末［J］．百年潮，2018，251（11）：28-58.

[26] 张基尧．项目法施工中企业内部分配制度的探索——水电十四局在广州抽水蓄能电站工程中的实践［J］．建筑经济，1992（12）：22-25.

[27] 张基尧．合同管理是项目管理的核心——小浪底水利枢纽国际合同管理的经验与体会（下）［J］．水利发展研究，2011，（2）：25-30.

[28] 张基尧．大中型水利工程建设管理的实践和体会［J］．中国工程科学，2011.

[29] 张基尧．改革是中国水利水电事业的推进器——关于鲁布革、广蓄、小浪底三个水利水电工程建设管理体制改革的再认识［J］．中国水利，1997.

[30] 张青林．深化鲁布革经验发扬鲁布革精神继续推进建筑施工企业的全面改革［J］．建筑经济，2002（11）：3-7.

[31] 建设机械技术与管理编辑部．水电十四局"地下铁军"在小湾［J］．建设机械技术与管理，2007，20（10）：30-33.

[32] 胡振华，聂艳晖．项目管理发展的历程、特点与对策［J］．中南工业大学学报：社会科学版，2002，8（3）：229-232.

[33] 景小红．从"鲁布革冲击"到"一带一路"项目的国际招标设想［J］．中国招标，2015.

[34] 陈文超，强茂山，林正航．水电类国际工程承包项目管理要素分析［J］．水力发电学报，2014（33）：228-234.

[35] 贺灵童．"国际航巧"是怎样炼成的——德国豪赫蒂夫公司的成长秘诀［J］．施工企业管理，2021（4）：48-49.

[36] 黄保东，方东平．中央建筑企业国际化的探索——中国水电实践［J］．工程管理

学报，2013，27（3）：111-116.

[37] 王克明．从鲁布革到二滩——中国水电建设项目管理与国际接轨的历程和启示[C]//中国（首届）项目管理国际研讨会．中国科学研究院，2002.

[38] Carroll Archie B. Corporate Social Responsibility: Evolution of a Definitional Construct [J]. Business & Society, 1999, 38 (3): 268-295.

[39] Kim, Huang. Multinationals Diversification and the Risk-Return Trade-off [J]. Strategic Management Journal, 1992, 14 (3): 275-286.